边城民族志

一个湘渝黔边界的集镇调查

BIANCHENG MINZUZHI

周大鸣　程瑜　主编

中山大学出版社
SUN YAT-SEN UNIVERSITY PRESS

·广州·

版权所有　翻印必究

图书在版编目（CIP）数据

边城民族志：一个湘渝黔边界的集镇调查/周大鸣，程瑜主编. —广州：中山大学出版社，2018.12
ISBN 978-7-306-06452-3

Ⅰ.①边… Ⅱ.①周…②程… Ⅲ.①民族志—花垣县 ②民族志—秀山土家族苗族自治县 Ⅳ.①K280.644 ②K280.719.4

中国版本图书馆 CIP 数据核字（2018）第 225950 号

出 版 人：	王天琪
策划编辑：	嵇春霞
责任编辑：	罗雪梅　王延红
封面设计：	林绵华
责任校对：	张红艳
责任技编：	何雅涛
出版发行：	中山大学出版社
电　　话：	编辑部 020-84111946，84113349，84111997，84110779
	发行部 020-84111998，84111981，84111160
地　　址：	广州市新港西路 135 号
邮　　编：	510275　传　真：020-84036565
网　　址：	http://www.zsup.com.cn　E-mail：zdcbs@mail.sysu.edu.cn
印 刷 者：	虎彩印艺股份有限公司
规　　格：	787mm×1092mm　1/16　19 印张　360 千字
版次印次：	2018 年 12 月第 1 版　2018 年 12 月第 1 次印刷
定　　价：	56.00 元

如发现本书因印装质量影响阅读，请与出版社发行部联系调换

目 录

总 论
第一章 研究概述 …………………………………… 3
第二章 田野点概况 ………………………………… 11

第一编 茶峒镇
第三章 茶峒镇宗教信仰概况 ……………………… 21
第四章 民风民俗调查 ……………………………… 44
第五章 "神药两解"探究 …………………………… 60
第六章 旅游对经济的影响 ………………………… 68
第七章 土家族和苗族教育调查 …………………… 83
第八章 社会组织调查 ……………………………… 98
第九章 建筑文化及保护调查 ……………………… 112

第二编 洪安镇
第十章 法律、权威与地方性
——洪安镇个案的法律人类学解读 ……… 135
第十一章 宗教信仰概况 …………………………… 148
第十二章 旅游发展调查 …………………………… 158
第十三章 留守儿童问题调查 ……………………… 174
第十四章 扶贫现状调查 …………………………… 194
第十五章 社会经济调查 …………………………… 208

第十六章　医疗健康调查……………………………………226

第三编　综合研究

第十七章　武陵山区三县经济社会发展比较
　　　　　——以湖南花垣、贵州松桃、重庆秀山的政策为例……237
第十八章　茶峒、洪安妇女生活调查………………………248
第十九章　茶峒、洪安留守妇女和老人的调查………………264

结　语

第二十章　行政之边缘，文化之中心…………………………279

参考文献………………………………………………………290
后　记…………………………………………………………299

总论

第一章 研究概述

一、研究经过

田野调查是人类学极其重要的研究方法，是研究的基石。20 世纪 20 年代，马林诺夫斯基（Malinowski）开创了现代人类学的田野调查研究，至此，田野调查真正意义上成为人类学的看家本领。从功能学派、历史学派、结构主义到后现代主义，反思日渐深入，方法日益多元。对于人类学专业的学生而言，田野调查是其成年礼和进入人类学学科殿堂的敲门砖，是重要的人生体验。尤其对于多数本科生来说，真正意义上的人类学田野调查是大三暑假的田野实习。中山大学人类学系一直有实地调查的传统，学生在田野调查中，从老师身上学到了相关的理论和方法、执着的学术研究精神，更体验了人生，进一步了解了社会。

本调查报告集是关于湘西茶峒镇和重庆洪安镇的调查与研究。两镇地处湖南、贵州和重庆三省（市）交界地带，主要生活着苗族、土家族和汉族 3 个民族。本次调查涉及经济与生计模式、婚姻家庭、宗教民俗、基础教育、旅游开发和扶贫工作等方面。

本调查报告集之所以取名为"边城民族志"，是因为不论是在古代还是现代，茶峒和洪安这一带人民的文化互动都十分频繁，而沈从文笔下的"边城"所指代的亦是这一片地区。我们在田野调查中发现，茶峒和洪安两地的人民都认可自己是边城人，对边城有着强烈的认同。从"边城民族志"这一名称，可以窥视跨越行政边界的族群文化互动与交融。

本调查报告集共五部分。第一部分为总论，交代研究概述、田野点概况等内容。第一编为茶峒镇，共七章，包括茶峒镇宗教信仰概况、民风民俗调查、"神药两解"探究、旅游对经济的影响、土家族和苗族教育调查、社会组织调查、建筑文化及保护调查。第二编为洪安镇，共七章，包括法律、权威与地方性，宗教信仰概况，旅游发展调查，留守儿童问题调查，扶贫现状调查，社会经济调查，医疗健康调查。第三编为综合研究，共三章，包括武陵山区三县经济社会发展比较，茶峒、洪安妇女生活调查，茶峒、洪安留守妇女和老人的调查。最后是结语部分，提出本报告的核心观点——行政之边缘，文化之中心。

本次田野调查由周大鸣教授、程瑜教授带领22名同学前往地处贵州、湖南和重庆三省（市）交界地带的茶峒镇和洪安镇，田野调查历时一个月。同学们在两位老师的指导下，各自围绕研究主题开展系统的田野调查，最后每人撰写三万字以上的田野调查报告。白天，同学们前往老乡家做访谈，晚上在住处整理调查笔记，撰写田野日记。通过一个月的系统训练，同学们对田野调查有了更深刻的认识，并掌握了基本技能与方法。

在本次田野调查过程中，我们得到了茶峒镇和洪安镇的领导以及当地乡亲的理解、支持与配合。调查期间，师生们与当地人建立了深厚的友谊。对于老师和同学们来说，一个月的朝夕相处，大家成了好朋友。

本次调查之所以选择湘西茶峒镇和重庆洪安镇作为田野点，主要原因有三：一是茶峒和洪安具有悠久的文化历史，其中以沈从文写的《边城》为典型；二是这里生活着苗族、土家族和汉族，对于研究族群的互动与文化具有十分重要的意义；三是这里属于湖南、重庆和贵州三省（市）交界地带，是行政边缘和文化中心田野研究的典型。

二、研究的意义

本次调查对湘西茶峒镇和重庆洪安镇的研究，具有理论和现实的意义。

本研究的理论意义有：首先，本次田野调查选在茶峒镇和洪安镇，对于研究苗族、土家族和汉族等多民族和谐相处具有深远的意义，同时与"中华民族多元一体"的理论观点进行对话，了解新时代我国民族关系的新特点。其次，尽管沈从文的《边城》让湘西成为旅游胜地，但是学术界的研究仍然比较欠缺。再次，目前国内学术界对于行政边界之间的研究并不多，尤其是三省（市）交界的研究，因此本次调查有助于深化对族群理论的研究，例如族群认同、族群边界等。最后，在本次田野调查中，主要是围绕"行政之边缘，文化之中心"展开，这对进一步完善"中心—边缘"理论，也有着十分重要的意义。茶峒、洪安虽然地处三省（市）交界处，从行政和地理上均处于边缘地带，曾出现"三不管"现象，但是这里却汇聚着苗族、土家族和汉族等多民族文化要素，它们相互之间不断进行文化互动和再生产，具有独特的文化特质。

本研究的现实意义：一方面，有助于学生进一步理解人类学理论，掌握人类学田野调查方法，培养他们解决实际问题的能力，提升与人交往的能力，对于学生的成长意义重大；另一方面，茶峒和洪安等地社会经济发展水平相对落后，存在大量外出务工人员，本研究有助于了解当地农村的发展现状，明确其社会经济发展存在的问题，并结合国内外研究，提出针对性建议，为边城的发展做出贡献。

三、学术研究综述

（一）"中心—边缘"理论

区域经济学研究方面的先驱瓦尔特·克里斯塔勒（Walter Christaller）以及奥古斯特·勒施（August Lösch）早在20世纪30年代就提出了"中心地理论"；著名经济学家劳尔·普雷维什（Raúl Prebisch）第一次用"中心—边缘"的结构性概念来描述当时国际贸易体系中西方资本主义国家与发展中国家的对峙情形，他认为"中心—边缘"理论得以成立的基本条件实际上就是"中心—边缘"体系的三个基本特征：整体性、差异性和不平等性。"中心—边缘"体系是一个统一的、动态的体系，具有整体性，"中心—边缘"之间在生产结构上存在很大的差异性，"中心—边缘"之间的关系是不平等的。①

20世纪60年代末，"中心—边缘"概念受到社会学界的重视，经过费尔南多·卡多索（Fernando Henrique Cardoso）、特奥托尼奥·多斯桑托斯（Theotonio dos Santos）、安德烈·冈德·弗兰克（Andre Gunder Frank）和萨米尔·阿明（Samir Amin）等人的发展，形成了包括"中心—边缘"关系、发达与欠发达、发展的前景三个方面的依附理论。其中，弗兰克等运用了普雷维什的分析思路，将其发展成"都市卫星"关系，也就是称"中心"为"都市"（Metropolis），称"边缘"为"卫星"（Satellite）。在世界经济体系中，发达国家是"都市"，发展中国家是"卫星"。在发展中国家中，相对于大城市而言，中小城市是"卫星"，相对于中小城市而言，农村是"卫星"。②

20世纪70年代之后，世界体系理论的创立者伊曼纽尔·沃勒斯坦（Immanuel Wallerstein）在"中心—边缘"概念基础上增加了半边缘的概念，在空间上将世界体系的经济结构引申为"中心—半边缘—边缘"关系，认为

---

① 参见董国辉《经济全球化与"中心—外围"理论》，载《拉丁美洲研究》2003年第2期。
② 参见贾宝军、叶孟理、裴成荣《中心—边缘模型（CPM）研究述评》，载《陕西理工学院学报》（社会科学版）2006年第1期。

中心无止境的资本积累是通过不平等交换来完成的，这导致了边缘的不发达，世界体系的扩张导致外部地区的边缘化和不发达。中心地区的国家机器的功能之一是保证边缘地区国家机器的相对弱小和不平等交换的顺利进行。半边缘地区转移了部分政治压力，否则那些主要是处于边缘地区的集团有可能直接反对中心国家和那些利用中心国家机器对国内操纵的集团。半边缘在世界体系的中心和边缘之间起中介作用。托马斯·香农（Thomas Shannon）截取了4个世界体系发展进程中具有代表性的时期，划分为中心、半边缘和边缘。比如1975—1983年，英国、法国、德国、美国是主要中心国家，日本、加拿大、澳大利亚、新西兰和苏联控制之下的大多数欧洲国家是次要中心国家，爱尔兰和西班牙处于中心和边缘的分界线上；半边缘包括中东、希腊、葡萄牙、南非、中南美洲的绝大部分和中国的台湾地区、新加坡、韩国、泰国；边缘包括撒哈拉以南的非洲的绝大部分、南亚、中国大陆、东南亚和中南美洲的少数地区。①

在区域旅游规划方面，汪宇明认为"中心—边缘"理论提供了建构区域旅游空间结构系统的认知模型。运用这种空间结构模型在进行旅游资源的区域整合、景区土地利用功能配置与都会城市旅游圈层构造，以及促进区域旅游联动发展方面可取得满意的实践成果。"发展中心带动边缘"是区域旅游发展的重要战略举措，发展中心地区要注意培育旅游中心区，形成旅游创新活动基地，带动边缘区域发展，壮大整个区域的旅游竞争力。②

陈建军、姚先国在对上海和浙江的区域经济关系进行"中心—边缘"理论和"极化—扩散"效应的实证研究后，提出上海和浙江之间并不是"中心—边缘"关系的观点，认为增长极理论和"中心—边缘"理论这种不平衡增长理论主要用于发展中国家和地区或发达国家的欠发达地区，其主要经济社会特征是二元发展空间结构，而上海和浙江共处的长江三角洲地区是我国的经济发达地区，经济社会特征更为接近匀质条件。③颜俊认为中国的民族地区主要分布在地理上的边远地区，由于自然环境的制约、计划体制的束缚、市场经济的马太效应以及人口问题等造成民族地区的经济增长、社会发展、形象地位和思想观念的边缘化，而边缘地区具有异质性、中介性、前沿性、公共性、关联性和层次性等特征，通过加成效应、协和效应等发挥边缘效

---

① 参见贾宝军、叶孟理、裴成荣《中心—边缘模型（CPM）研究述评》，载《陕西理工学院学报》（社会科学版）2006年第1期。

② 参见汪宇明《核心—边缘理论在区域旅游规划中的运用》，载《经济地理》2002年第5期。

③ 参见陈建军、姚先国《论上海和浙江的区域经济关系——一个关于"中心—边缘"理论和"极化—扩散"效应的实证研究》，载《中国工业经济》2003年第3期。

应的作用,促进边缘地区的发展。①

(二) 湘西的人类学、民族学研究

关于湘西的人类学、民族学的学术研究已不少,但是大多研究集中在民族文化、民族历史等方面,而真正意义上的人类学研究,尤其是专著则相对较少。与本研究有关的主要有:

1.《文化人类学的湘西文本:土家族苗族历史文化研究》②

本书从各个不同角度论述了土家族、苗族及其他民族的文化建设和发展状况,例如民族文化遗产的抢救和保护,民族传统文化的继承、弘扬和发展创新,民族教育问题等。全书分为六章:第一章为历史沿革,具体包括土家族民族共同体及其族源、母系氏族社会的历史积淀、民族史应为凝聚民族的同心圆、土家族历史上的爱国主义精神、乾嘉苗民起义的历史传说、清朝对土家族地区"改土归流"的民族政策、清朝"改土归流"在发展民族经济方面留给我们的思考等内容。第二章则是风俗习惯,具体分为土家族传统节日及其祭祀、土家族端午节划"双舟"习俗、土家族婚妆与嫁妆、湘西少数民族婚俗考、土家族"贺生""哭嫁""歌丧"的哲理性等内容。第三章是土家族的宗教信仰,包括"五溪"之域有关龙的崇拜与生殖崇拜,湘西少数民族图腾神话,苗族神话、传说和故事里的"龙",民族神话中的太阳神,巴楚崇火,湘西巫的传说与巫的故事,湘西祭司的特殊功能等内容。第四章讲民间文学,包括《九歌》原型考、《九歌》是土家先民生活的"天意"记录、《国殇》主题质疑、《竹枝词》的原型、《竹枝词》是土家族艺苑里的一朵奇葩、湘西土家族《竹枝词》选、湘西苗疆《竹枝词》选、苗族机智人物"老谎"等。第五章是民间艺术,分别讲述"三女戏"与"还傩愿"、土家族"哭嫁"与"哭嫁歌"、土家族情歌中的婚姻伦理观透视、土家族情歌抒情的艺术性、土家族打"挖土锣鼓"、土家族《梯玛神歌》、苗族舞蹈的历史价值、一首古老的土家族军葬战歌。最后一章则是讲教育治学,具体讲述清朝时期湘西的封建科举制、毛泽东的民族教育理论、"三维论证——五维操作法"的治学之道。

---

① 参见颜俊《边缘效应在民族地区可持续发展中的应用》,载《乐山师范学院学报》2006年第12期。
② 杨选民、杨昌鑫:《文化人类学的湘西文本:土家族苗族历史文化研究》,湖南人民出版社2010年版。

2.《民国时期湘西苗族调查实录》①

《民国时期湘西苗族调查实录》，包括《民国时期湘西苗族调查实录：习俗卷》《民国时期湘西苗族调查实录：椎猪卷》《民国时期湘西苗族调查实录：文学卷》《民国时期湘西苗族调查实录：接龙卷》《民国时期湘西苗族调查实录：祭日月神卷》《民国时期湘西苗族调查实录：祭祀神辞汉译卷》《民国时期湘西苗族调查实录：还傩愿卷》《民国时期湘西苗族调查实录：椎牛卷（上）》《民国时期湘西苗族调查实录：椎牛卷（中）》《民国时期湘西苗族调查实录：椎牛卷（下）》10部著作。湘西苗族"巴代雄"专用苗语进行祭祀的对象有大祖、元祖、寨祖、家祖、雷祖、龙祖、祖师、谷粟祖、日月神祖等。在以这条中轴线为主的范围内，又分有各个种类，光苗祀就有五十四堂之多。前几卷所载施、时姓"椎猪"及"接龙"，吴、龙、廖、石、麻等姓"椎牛"是苗教中之大祭祀。该书是石启贵先生于20世纪30年代在湘西苗族地区经多年调查整理出来的苗族传统文化集，80多年过去了，现在这些民族传统文化已濒临失传，所以这部著作就显得非常重要，对民族文化的保存和记录具有很高的学术研究和参考价值。

3.《湘西历史与文化》②

该书从文化的角度探讨了湘西土著居民历史与文化的源流、特质。湘西历史与文化是中国历史与传统文化的有机组成部分，该书重点论述了湘西历史起源与沿革、湘西土家族苗族溯源、湘西封建政治与封建经济、湘西宗教文化等内容。

4.《湘西苗族调查报告》③

《湘西苗族调查报告》是我国民族学田野调查的一本经典著作，在国内外学术界产生了很大的影响，是国内学术界研究湘西苗族的第一部专著。《湘西苗族调查报告》聚焦于湘西苗族文化的展示，通过实地摄影、图画素描、民间文物的搜集，甚至拍摄成影片，加上文字资料说明等，再现了当时湘西苗族社会文化的真实图景。对弘扬湘西苗族文化，加强苗汉之间及苗族与其他少数民族之间的文化交流，增进不同民族间的相互理解，促进民族团结、社会进步起到了一定的作用。

全书分为十二章。第一章简单介绍苗族名称的递变。第二章则描述苗族的

---

① 石启贵编著：《民国时期湘西苗族调查实录》，麻树兰、石建中整理译注，民族出版社2009年版。
② 熊晓辉、向东：《湘西历史与文化》，民族出版社2008年版。
③ 凌纯声、芮逸夫：《湘西苗族调查报告》，民族出版社2003年版。

地理分布，提出区域的分布和垂直的分布。第三章介绍苗疆的人文地理，包括河流、地形、气候、聚落、房屋、道路等。第四章介绍苗族的经济生活，涵盖渔畜、工艺、贸易、饮食、服饰等方面。第五章则是讲述家庭及婚丧习俗。第六章讲述政治组织。第七章介绍苗人的屯田。第八至十二章分别研究巫术与宗教、鼓舞与游技、故事、歌谣、语言。

四、本调查报告具体章节作者

总论   陈世明
第一章 研究概述
第二章 田野点概况

第一编 茶峒镇
第三章 茶峒镇宗教信仰概况   杨云鹏
第四章 民风民俗调查   冷雪卉 杨丹虹
第五章 "神药两解"探究   廖子宜
第六章 旅游对经济的影响   张 莹 蒋 锐
第七章 土家族和苗族教育调查   莫世琼
第八章 社会组织调查   李 旸
第九章 建筑文化及保护调查   胡 全

第二编 洪安镇
第十章 法律、权威与地方性   郑 谦
　　　——洪安镇个案的法律人类学解读
第十一章 宗教信仰概况   陈达理
第十二章 旅游发展调查   丁梦迪
第十三章 留守儿童问题调查   唐 铎
第十四章 扶贫现状调查   秦华晨
第十五章 社会经济调查   张亚杰
第十六章 医疗健康调查   陈媛媛

第三编　综合研究
第十七章　武陵山区三县经济社会发展比较　　　　　　　　　邵　峰
　　　　　　——以湖南花垣、贵州松桃、重庆秀山的政策为例
第十八章　茶峒、洪安妇女生活调查　　　　　　　　　　　　杨　洋
第十九章　茶峒、洪安留守妇女和老人的调查　　　　　　　　毛晴心

结语
第二十章　行政之边缘，文化之中心　　　　　　　　　　　　陈世明

第二章 田野点概况

本次田野调查的地点是茶峒镇和洪安镇,地处湖南、贵州和重庆三省(市)交界地带,见图2-1。

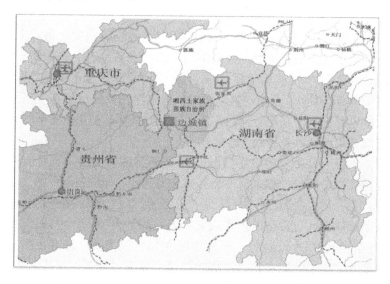

图2-1 边城镇区位图

一、花垣县①

花垣县位于湖南、贵州和重庆三省(市)接壤处的湖南西部边陲,自古以来有"西南门户"之称,地处武陵山脉中段,有"一脚踏三省""湘楚西南门户"的称号。全县总面积1109.35平方公里,其中耕地面积174平方公里(1995年年末实有),含水田101.2平方公里,旱地72.8平方公里。东经109°15′~109°38′,北纬28°10′~28°38′。地势东南西三面高,北部低,中部缓呈

---

① 资料来源:《花垣县志》、花垣县政府网等。

三级台阶状，最高海拔 1159 米，最低海拔 212 米。区域内年均气温为 13℃～17℃，年降水量 1418 毫米，无霜期 245～280 天。2016 年，全县管辖 12 个乡镇 217 个村 24 个社区（居委会），总人口 31.47 万人，有蒙古族、回族、藏族、维吾尔族、苗族、彝族、壮族、布依族、朝鲜族、满族、侗族、瑶族、白族、土家族、哈尼族、傣族、黎族、畲族、高山族、水族、纳西族、土族、撒拉族、仡佬族、锡伯族、阿昌族、羌族、塔吉克族、京族等民族分布，其中苗族人口占 77.3%。花垣县是革命老区县、国家扶贫开发工作重点县和苗族聚居县。国道 209、319 线贯穿全境，长渝高速、张花高速在此交汇。2012 年，全县 GDP 为 59.2 亿元，财税总收入 6.5 亿元，规模工业增加值 29.49 亿元，固定资产投资 18.87 亿元，城镇居民人均可支配收入 15467 元，农民人均纯收入 4354 元。

花垣县还被称为"锰锌之都"。锰矿探明储量居湖南省之最、全国第二；铅锌矿探明储量居湖南省第二、全国第三，有"东方锰都""有色金属之乡"的美誉。2011 年初步探明铅锌矿远景储量 1300 万吨，全县具有年产电解锰 19.8 万吨、电解锌 19.7 万吨的生产能力，是全国较大的电解锰生产基地、湖南省较大的电解锌生产基地、湘西州最大的工业基地，是湖南省新材料自治州基地，花垣县工业园区是省级工业集中区。

花垣县具有十分可观的旅游资源：10 万年前古人类活动遗址、朱镕基曾经求学的国立八中旧址、乾嘉苗民起义古战场遗址、沈从文笔下的边城、全球寒武纪地层第一个标准剖面——排碧"金钉子"、气势磅礴的大小龙洞瀑布群、边城茶峒风景区、古苗河蚩尤风景区等，2006 年被评为"湖南省文明县城"。花垣县也是"百里苗乡"。苗族传统文化保存完好，拥有苗鼓、苗族古歌、苗医药等中国非物质文化遗产保护项目，拥有赶秋节、苗族武术、苗戏、椎牛祭、花带、接龙舞、司刀绺巾舞等湖南省非物质文化遗产保护项目，跳仙、盾牌舞、开山舞、吃猪、傩戏、上刀梯、下火海、踩豆腐等苗族绝技艺术亦丰富多彩。花垣县是苗族巴岱艺术之乡、唢呐艺术之乡、苗山歌之乡、中国民间文化艺术之乡、中国苗绣织锦艺术之乡、全国蚩尤文化研究基地。

花垣县也是绿色环保的"生态基地"。全县森林覆盖率 47.9%，是中烟公司优质烟叶基地、椪木基地、线椒基地、大鲵人工繁育基地、湘西良种黄牛繁育基地、无公害富硒大豆和蔬菜生产基地、油茶基地，西伯利亚鲟鱼、兄弟河大闸蟹、乳鸽等特种养殖亮点纷呈，吉卫优质大米、排碧岩锣西瓜等特色农业品牌远近闻名，是全国农村饮水安全重点示范县、全国农田水利基本建设先进单位、全国绿色能源示范县、国家蔬菜产业重点县、湖南省可持续发展试点县。花垣县建成了湖南省示范性普通高级中学——边城高级中学，以及湘黔渝边区基础设施最齐全的县人民医院，新型农村合作医疗参合率连年保持100%。另外，花垣县也是湖南省第一个建有敬老院、第一个推行孤儿集中免费抚养教育、第一批支农资金整合试点、第一个农村家家享有房屋保险和农业保险的县，是全国民政工作先进县、全国残疾人康复工作先进县、全国群众体育先进县。同时还是全国"两基"教育合格县，2011年、2012年年度湖南省安全生产先进单位，社会治安综合治理先进单位，人口和计划生育工作模范单位。花垣县享有民族区域自治、扶贫开发、西部开发、中部崛起、武陵山片区扶贫攻坚、大湘西开发等优惠政策。2003年以来连年出台1号文件支持工业发展，建成四省（市）边区发展条件最好的工业园区，先后被评为"全国最具投资潜力中小城市百强""全国最具区域带动力中小城市百强""湖南省县域经济强县"。

二、秀山县①

秀山于清乾隆元年（1736）建县，因秀美山峰"高秀山"而得名。1983年经国务院批准建立秀山土家族苗族自治县，下辖32个乡镇，人口63万，聚居着以土家族、苗族为主的，占全县人口的52%以上的17个少数民族。

秀山县位于武陵山脉中段，四川盆地东南缘的外侧，地处北纬28°9′～28°53′、东经108°43′～109°18′。东和东北与湖南省花垣、龙山、保靖县毗邻，南和东南、西南与贵州省松桃苗族自治县相连，北和西北与重庆市酉阳土家族苗族自治县接壤。东北角距湖北省来凤县仅20余公里。距长沙604公里、武汉656公里、贵阳556公里、重庆650公里，是重庆市最边远的县之一。全县面积2462平方公里，边境线长320公里。

秀山县属亚热带湿润季风气候，全年平均气温为16℃。其中，1月最冷，月平均气温5℃。7月最热，月平均气温27.5℃。常年降水量1341.1毫米。80%以上年份降水量在1100～1700毫米。以5、7两月最多，均接近200毫米。1月最少，不足30毫米。县内年日照时数为1213.7小时，占可照时数的28%，属全国日照低值区之一，80%的年份日照时数少于1300小时。

秀山县地处渝、湘、黔、鄂交界地区，在黄金旅游环线的中心点上，旅游资源以"花""边""古""少"特色见长。秀山花灯是中国花灯鼻祖，艺术流派较多，民族民间文化活跃；沈从文名著《边城》的原型地位于秀山，秀山具有独一无二的边城文化；土家族、苗族文化遗存历史久远，具有独特的少

---

① 资料来源：《秀山县志》和秀山县政府网。

数民族特色；同时，秀山位于四省（市）交界之地，除去区位地理边缘外，还有其衍生的边缘经济、边缘文化。这些使秀山县的旅游资源呈现出别具一格的一面，避免了与周边景区的雷同，比较优势十分明显。①

秀山县正在着力调整经济结构和转变发展方式，突出抓好"一城两园、三大产业、四件大事、五个秀山"等重点工作，加快"武陵之心、边城示范"建设进程，取得了巨大的成就。2009年，地区生产总值完成62.12亿元，增长14.1%，三次产业结构调整为15.8：47.9：36.3。社会消费品零售总额完成22.55亿元，增长21.1%。固定资产投资完成47.49亿元，增长39.0%。全口径财政收入、地方财政收入分别达到8.58亿元、5.96亿元，分别增长20.5%、48.6%。2011年地区生产总值达到93.5亿元，是2006年的2.9倍，年均增长16.6%。固定资产投资完成85.1亿元，年均增长38.5%。地方财政收入达到13.1亿元，年均增长49.3%。城镇居民人均可支配收入、农民人均纯收入分别实现16823元、5110元，年均增长14.1%、18.6%。三次产业结构调整为14.7：53.3：32，非农产业比重上升9.3个百分点。规模以上工业总产值达到53.9亿元，年均增长23.3%。工业园区累计完成投资41.4亿元，入园企业76家，投产54家。社会消费品零售总额达到32亿元，年均增长19.3%。物流园区落户项目22个，累计完成投资30亿元。花灯广场商圈年营业额达到12亿元，增长3.3倍。成功举办两届金银花文化旅游节和一届土鸡文化节。金银花、土鸡两大农业举旗产业逐渐壮大，茶叶、高端猕猴桃、油茶等特色农业快速发展，农产品优质率、商品化率分别达到73%、68%。2011年，全县旅游接待人数和综合收入分别达到80.6万人次、3亿元，增长29.1%、69.2%。

三、茶峒镇

现称边城镇，位于湖南省湘西土家族自治区花垣县城西部，距离花垣县城25公里，西与贵州省松桃县和重庆市秀山县接壤，南邻猫儿乡、民乐镇，东北连接团结镇和大河坪乡。清代"永绥"（相当于师一级的军事机构）设协台于此，筑有石城一座，长四百一十二丈，高一丈一尺。民国九年（1920）设茶峒乡。民国二十四年（1935）改乡建镇。茶峒镇历史悠久，始建于嘉庆八年（1803），与里耶镇、芙蓉镇（又称"王村"）、浦市镇共称为湘西四大古镇。茶峒镇，原是苗族聚集地，后随着汉人的不断迁入而形成汉人为主的村

---

① 数据来源：《重庆市秀山县洪安边城旅游总体策划》。

寨。因在苗语中称盆地为"董",称汉人为"乍",所以被称为"董乍",即汉人居住的盆地。20世纪30年代后,小镇因沈从文《边城》而被世人所知,2005年改称边城镇。

关于"茶峒"这个词有四个来源。一是用苗语来解释,"茶峒"为苗语的音译,苗语喊"茶"为"zha"(渣),用苗语来讲就是汉族,"峒"代表盆地,苗族居住在山上,汉族居住在平原,茶峒人多数是汉人,所以苗族人叫汉族、土家族人住的地方为"茶峒"。二是茶峒的"峒"字有山洞的意思,传说以前清水江发大水,水一直淹到房门前,有个放牛的人从河塘的一端进入一个洞子,走了一段路到达另一端,洞子很长,一直走到现在修葺的公路边上,因此得名为"洞"。关于"茶"字,则没有特别解释。三是乾隆时期,皇帝游江来过茶峒镇清水江,据说当时游船到清水江上游时,皇帝坐在船里想要喝水,但又不能喝河水,因此他的妃子要为皇上烧水冲茶,妃子用"定管"去烧开水,不一会儿,水烧热便开始窜动,皇上说:"让你烧水,水烧开了就动了,那你把茶也拿来。"讲到这里,皇上就命名此地为"茶峒"。四是据说茶峒原来有个"茶园坪",在上游的长老坟村,专生产品质好的绿茶进贡皇上。同时,茶峒洞多,比如神仙洞的大洞小洞,起码有十几个,所以就用这个"茶"和"峒"连起来叫"茶峒"。

茶峒镇东北高、西南低。辖小桥、河码头两个居民委员会与农科站,设水井湾、贵炭、长老坟、募老、南太、隘门口、曲乐、骑马坡、米良、小寨、石牛溪、白岩、茶园坪、火焰土、板栗树村15个村民委员会,共48个自然寨,人口以汉族居多,苗族、土家族次之,是一个典型的土家族、苗族、汉族杂居的乡镇。经济以农业为主,主产水稻、苞谷、红薯、烟叶等。部分居民从事手工业、商业及服务行业。① 全镇土地总面积76.95平方公里。2010年全镇总人口24100人,总户数3938户,总人口中苗族占40%,土家族占20%,其中常住户籍非农业人口1530人,常住户籍农业人口14697人。茶峒镇集市贸易历来十分兴旺,每逢农历初五、初十赶场,商贾小贩云集。特别是水运交通可直达沅陵、常德,使这里成为三省(市)边区农副产品的主要集散地和交易中心。随着公路和铁路的开通和兴建,茶峒的水路优势渐渐丧失,但作为三省(市)的商业中心地位仍然存在。

根据花垣县统计年鉴记录,茶峒镇整体经济发展形势较好,但根据当地人的访谈,人们普遍觉得经济危机后的发展形势明显没有前几年景气。目前,茶峒镇以发展商贸经济、旅游业为主,当地人多从事商业、旅游服务等第三产

---

① 资料来源:《花垣县志》。

业，兼以种植水稻、苞谷等。邻近的团结镇锰矿、铅锌矿储量较大，是当地核心产业，周边年轻人多在矿山工作。

茶峒镇古属五溪地，因地处丘陵地区，山壑纵横，多江河险滩，为许多躲避战祸的难民提供有利避难条件。明清时期，大量汉军及家眷因作战、动乱、朝廷实行"调北填南"和"移民就宽乡"策略等历史原因被迫迁于此。大批汉人的移入，影响了当地苗民的生产和生活方式。汉民迁徙者大兴屯田，实行军屯、民屯、商屯等多种移民策略，使边城成为苗族地区中为数不多以汉族居住为主的聚居地。汉军以及众多的随行家属改变了边城原有的人口结构和族群关系，这种"反客为主"的现象，奠定了该地区苗族、土家族、汉族三族文化和谐、互通、共荣共生的基础。

此外，茶峒镇作为往来三省（市）重要的贸易中心，又是运输川黔土特产、货运的水运码头和交易中心，一度有着"小南京"的美誉。茶峒镇的集市文化可追溯到乾隆十六年（1751）。集市不是固定的，而是每逢五天举办一场，民间称之为"赶场"或"插花场"。"赶场"时可开展各类商品交换，包括粮食、家畜、农产品、服装布匹、劳动农具、药品等各种生产和生活用品。民国时期和抗日战争时期，受局势影响，集市萧条，"赶场"活动锐减甚至被迫终止。改革开放后，茶峒镇政府恢复了"赶场"，每逢农历的初五、初十举办一次。赶场从早上5点摆到下午5点，周围三省（市）十八乡的人都会过来赶场，影响力非常大。根据当地个体户管理者介绍，茶峒镇一年"赶场"的税收可达4000万元。

茶峒镇作为湘西北大门，是内地入川、进黔的必经通道，在历史上一直是军事防御要地和兵家必争之地。从乾隆初年开始，由于凤、乾、绥三厅苗民不断起事造反，特别是乾隆六十年（1796）十月黄瓜寨石三保发起的乾嘉苗民大起义，统治者对湘西地区的少数民族实施镇压和统治，在边城地区修筑围墙、增强兵力，巩固对边远少数民族的统治权力。同时，这里也是刘邓大军入川的驻军地，1949年解放军便是由此挺进大西南。

四、洪安镇

洪安古镇地处湘黔渝两省一市交界处，位于长江上游地区、重庆东南部，距离秀山县城47公里，全镇面积52平方公里。洪安古镇是重庆通往中南地区的门户，东与湖南省花垣县边城镇隔河相望；西与龙池镇、官庄镇接壤；北与峨溶镇、涌洞乡相邻；南与贵州省松桃县迓驾镇山水相连，是红色革命老区，也是重庆通往湘西旅游、黔东南旅游的东南门户。全镇地貌以丘陵、低山为主，耕地多为酸性土壤。气候属亚热带湿润季风气候区，其特点是温和湿润，雨量充沛，四季分明，是典型的山区立体生物性气候。年日平均气温17.2℃，最冷月日平均气温4.5℃，最热月日平均气温27.8℃，无霜期290天，年平均降水量1560毫米，相对湿度80%。全镇有清水江、洪安河各一条，均属沅江水系。① 洪安镇平均海拔385米，地理坐标位于东经109°16′和北纬28°29′。

洪安古镇始建于20世纪20年代，因清朝廷于此设"洪安汛"而得名，建县前，部分地区属于酉阳宣慰司，建县时划属秀山县。中华人民共和国成立后，1952年设洪安乡，属第三区，1955年随三区改名，属洪安区，2001年7月撤区并乡后，洪安乡改名为洪安镇。

洪安镇是1949年刘邓大军挺进大西南的第一个据点，有设在镇上的解放军第二野战军司令部、洪安场石级梯街、"封火桶子"，清水江两岸的吊脚竹楼、垂杨麻柳，铁索相连、频繁迎送过客的洪茶渡口。

目前，洪安镇包括5个村，具体为贵塘村、贵亚村、三阳村、贵措村和美其村。总人口约为1.6万人，如表2-1所示②。

表2-1 洪安镇人口统计 （单位：人）

洪安镇	2006年	2007年	2008年	2009年	2010年
户籍人口	15451	15675	15894	16120	16467
居住人口	13649	13866	14083	14307	14567
流动人口	1280	1813	1990	2179	2293

资料来源：秀山县旅游局。

从表中可知，2006—2010年，洪安镇的户籍人口、居住人口以及流动人口的数量均有所增长。

由于洪安镇临江、邻省边界的独特地理位置，交通方式也是多种多样。公路交通主要有G319国道、渝湘高速公路，水运则主要是清水江。镇上交通主要以自行车、小型电单车、摩托车和中小型巴士为主。镇子通往县城主要依靠中小型巴士或私家车。如洪安到秀山的车票是16元每人。运营时间是6:00~18:00，每隔半小时一班。

老街住房分为民房和旅馆两类。其中民房是洪安镇的主体建筑。如表2-2

---

① 资料来源：秀山县旅游局。
② 资料来源：秀山县旅游局。

所示。

表 2-2 老街现有房屋情况统计

现有房屋分类	幢数	建筑面积（平方米）	占地面积（平方米）	备注
居民私房	58	16868	8731	国有性质房屋占地面积约 1000 平方米
单位公房	15	8405	3791	国有性质土地
合计	73	25273	12522	
木结构	44	16129	8530	30 幢属危旧房
砖木结构	6	1280	842	
砖混结构	23	7864	3150	
合计	73	25273	12522	

资料来源：《重庆市秀山县洪安边城旅游总体策划》。

受到湖南、重庆以及贵州地区人民喜好辣味的影响，洪安人民的饮食也偏好酸辣。洪安古镇最流行的一道菜是"一锅煮三省"——湖南的鱼、重庆的腌菜和贵州的豆腐，集重庆、湖南、贵州三地菜品精华烹制而成。除此之外，角角鱼、土连鱼、石锅鱼等各种河鲜美味深受当地人民喜爱，还有苗家腊肉、腌萝卜和苗家菜豆腐等佳肴。总的来说，当地人的口味偏酸辣、喜好油多的菜肴。酒水方面，"土匪酒"在洪安很著名。

洪安老街共有 19 间铺子，其中 7 间暂未营业。G319 国道是湖南通往重庆的主要交通公路，G319 国道上共有 102 间商铺，两旁商铺繁多。除了杂货店，还有日用品店、家用电器店以及五金建材店等。洪安镇商铺的数量是随着旅游的开发而日益增多的。

第一编 茶峒镇

第三章 茶峒镇宗教信仰概况

茶峒镇的传统宗教信仰体系已深受破坏，传统信仰遗存较少。由于社会的不断变迁，如解放战争、"文革""大跃进"、发展旅游、人口外迁等因素的影响，因此茶峒镇的传统宗教信仰体系已极为脆弱。许多当地居民成为无神论者，他们只相信老一辈传下来的"经验之谈"。根据清朝同治年间的花垣县地方志《永绥直隶厅志》记录，古时茶峒镇的宗教信仰十分繁荣。

如图 3-1 所示，当年的茶峒古镇号称有"七大庙五大庵"。笔者就此说

图 3-1 七大庙五大庵示意图

法向当地人请教，得到了不同的答案。由于这些说法出自的年代不同，因此无法一一考证。能够确定的庙宇有：天王庙（三王宫）、香炉庙、关帝庙、马王庙、药王庙和文昌庙。而可以确定的庵仅有一所：观音阁（茅庵）。如今，只有天王庙和观音阁仍存在，而天王庙已近荒废，全靠当地人杨道师勉强维护。

一、白帝天王信仰在茶峒镇的衰落

在古茶峒镇西北城墙处有一座小山包，山上种着许多苞谷。林荫翠幕间，坐落着一座朱红色的道教建筑，飞檐处有祥云浮雕，屋顶外侧有牡丹雕花。它虽破落，但仍能看出近期维护过的痕迹，例如，主殿里的三尊神像颜色分明，并不陈旧；建筑里的一些碑刻尚未完工，上面有未抹去的石灰。"这些字都是我写的，我拓的。"杨叔的脸上尽是满足与骄傲。

杨叔，65岁，茶峒镇当地的道师，汉族人，专门负责当地丧葬仪式的主持，家住在城西高地，祖辈自嘉庆七年（1802）迁入茶峒。乾嘉苗民起义时，吉卫衙门搬到了永绥（今花垣），杨叔家里世代在衙门当主笔，写文书，记录当地民俗。我们来茶峒的第一天便碰上杨叔。那时正好有户张姓人家的老人去世了，我们前去参加他的葬礼并吊唁。在葬礼上，我们希望寻找到了解葬礼仪式的人，后经人介绍，认识了杨叔。当地人说："如果有什么宗教问题、民俗、文化的事情，问他就绝对都知道。"当晚，杨叔向我们详细讲解了当地丧葬仪式的内容及意义，次日午后，杨叔在城西高地又向我们讲解了当地最为典型的民间信仰——三王信仰，又称白帝天王信仰。

白帝天王信仰是流行于湘西、重庆及贵州一带的民间信仰，其信仰对象是当地人所熟知的"三王"，也称为"天王"。[①] 关于白帝天王信仰的源流及发展的讨论有许多，且在学界产生过一次争论。20世纪30年代，潘光旦先生曾对西南地区的土家族进行过民族考察，并在当时就提出了白帝天王的信仰来自土家族人对廪君白虎神的崇拜。随着民族融合程度的加深，白帝天王信仰成了湘西、黔东南及重庆东南部汉族、苗族、土家族共同的信仰。清代严如熤在其著作《苗防备览·风俗考》中对白帝天王信仰有过描述。近人龙圣则以晚清民国在湘西施行屯政为"历史的节点"，来解释社会制度的变迁与白帝天王信仰

---

① 补充说明：白帝天王的称号在茶峒镇十分有趣。许多镇上的居民已经不知道这种信仰的由来，只知道天王庙里有三尊神仙的造像。而当外来人向当地人询问天王庙的情况时，他们会将天王庙喊成三王宫。而如果你问三王宫，他们又会说成天王庙。

社会功能的转变有着因果关系。① 对于白帝天王的传说故事，笔者整理杨叔的原话后，得出以下内容：

三王的外公是个大善人。有一年，他的家乡大旱，没有雨水，禾苗都枯萎了，没有饭吃。他就去拜菩萨说："哪一位菩萨啊，你就帮我们这个地方降了雨，能够解决这个干旱干枯的问题，要我送什么都可以，我什么都愿意拿出来。我有一个小女儿，我都愿意拿出来送你！"这个请求被河里的龙王听到了，就降了大雨，然后逼迫三王的外公把女儿嫁给他。龙王把女子带到龙宫后，她便有了身孕。女子后来回到了娘家，生下了3个男孩，就是三位龙太子，也就是三王，三王随后逐渐长大。那时大概是宋末明初，时局很乱，当地的苗民起义。皇帝身边的奸臣怂恿士兵来镇压。但是士兵来到这，来一个被消灭一个，来两个被消灭一双。那些士兵都是穿靴子骑着马的，来到苗民聚居的山地，自然适应不了这样的环境。苗民拿着竹子，隐蔽在石棚里面，要是士兵一来，他只要把手里的竹子削尖了，一戳，士兵就死了。士兵到处看，也想不通竹子从哪里来。因为竹子很长，长得像是追着士兵去的，你看不到它，等你看到它时，你已经被戳死了。就这样暴乱一直无法镇压下去。直到3个龙太子长大之后，由于天生有神力，才把暴乱镇压了。最后凤凰、祁阳、奇梁洞的暴乱，都被镇压下去了。

镇压完暴乱之后，三王就于当地有功了。功劳大了，皇帝就把他们召进宫去钦赏。他们去了之后，皇帝看他们那么高大，武功又那么高强，凛然若天神，害怕自己的天下变成他们来坐，就想用毒药把他们毒死。于是皇帝假借赐封，实际上赐给他们的是毒药。他们婉拒了皇帝的赐封，于是皇帝顺势赐给他们一人一壶御酒，毒药就下在酒里面。三王爷衣锦还乡，到沅澧的时候，沅澧有一条河，过河要渡船，渡船的船工就说："你们三个这一回来，浩浩荡荡的，你们见了皇帝了？""见了。""皇帝跟你们说什么？""皇帝给我们一人送了一坛好酒啊。""那是御酒，拿出来一起尝一尝嘛。""啊，可以可以。"他们就把御酒拿出来。拿出来之后，按照往日规矩，兄弟之间应长幼有序。因此，大哥先喝一口，然后二哥再喝。二哥酒量大，就多喝了点。三弟最是爱喝酒，一股脑儿把酒都喝光了。最后毒发身亡，大哥的毒最少，脸就是白色的，二哥中毒深一些，所以脸是红色的。至于三弟，他喝得最多，所以脸就是黑色的了。那个船夫也喝了点，成了陪葬。在三王死去以后，他们鬼魂化为三只白虎在皇帝的皇宫里大闹。皇帝害怕了，最后追封了三人的官位，是为"王"，百

---

① 参见龙圣《晚清民国湘西屯政与白帝天王信仰演变》，载《吉首大学学报》（社会科学版）2010年第4期。

姓为了纪念他们，就为他们修了庙。再后来，朝廷又承认了这个信仰，于是他们就演变成"天王"。

从茶峒古镇的社会史来看，这里历来是我国西南地区的交通枢纽及商业繁盛之地。白帝天王传说虽然源于土家族，但对苗族人的威慑力更大。一方面，三王曾镇压过苗民暴乱，而且这种威势为历代湘西地方官员所用，以慑苗民。另一方面，根据明跃玲在《冲突与对话——湘西苗疆边墙地区白帝天王崇拜的人类学考察》①一文中所说，白帝天王信仰是官方与民间对话的平台，是汉族、苗族、土家族等民族之间及其内部平等对话的通道，其社会"减压阀"的功能显而易见。清代末年，三王宫被称为"三侯庙"，多为当地人所祭。当时，花垣县为永绥直隶厅，此庙为土民所请而建，并且素来灵验。在清朝同治年间的《永绥直隶厅志》中收录了三侯庙修建时的《移建三侯庙碑记》，里面记载的故事与笔者上文所言相符，且着重突出了三王因神勇不凡而甚得土民信奉之事。②

然而，如今笔者所见的三王宫却已然破败不堪，大殿内除了三王的塑像仍威武非凡之外，其他的内部结构简单且缺少装饰。另外，三王宫内另设龙王庙与娘娘殿，分别用于祭祀龙王、船夫以及三王的母亲，这些地方的建筑也十分破旧。杨叔讲完故事后，带领我们参观了整个三王宫。他告诉我们，这里位于茶峒古镇城墙遗址附近，三王宫原本也非常繁华，每到阴历六月十八，还会在大殿对面的戏台举办庙会。现在，他只能依靠一己之力，默默地守着这个地方，给破旧的墙面上漆，重刻石雕，重塑碑拓，希望有一天能够修复好这座始建于清代嘉庆年间的老建筑。据杨叔说，抗日战争时期，茶峒是个非常繁华的地方（这是让茶峒人非常引以为傲的一段历史）：茶峒毗邻清水江，交通便捷，且由于曾为屯兵之所，城防发达，因此来此躲避战乱的人很多。在此期间，茶峒成了十里八乡的经济中心，三镇及乡里居民都来此赶场，一时之间，此处经济发达，被称为"小南京"。由于外来人很多，因此各种宗教信仰也相当发达。三王宫在那时是一个大庙。解放战争期间，茶峒的经济迅速凋敝，由于三王宫就在洪茶大桥不远处的高地，因此成为一座军事据点。"文革"期间，也正是因为其军事意义，它才被保留下来。

在笔者看来，白帝天王信仰在茶峒镇的衰落乃至消亡是与其历史事件相关

---

① 参见明跃玲《冲突与对话——湘西苗疆边墙地区白帝天王崇拜的人类学考察》，载《中南民族大学学报》（社会科学版）2009年第4期。

② 参见〔清〕周玉衡等修，杨瑞珍纂《永绥直隶厅志》卷二《寺庙·移建三侯庙碑记》，同治七年（1868）刻本。

联的。然而除此之外，还需要将茶峒镇的社会变迁纳入中央王朝的历史变迁中来谈。解放战争对茶峒镇产生了巨大的影响，例如这里曾作为红军挺进大别山的第一个据点，又作为国民政府的大后方，当时的社会内部矛盾与分化非常严重。随着战争的爆发，其经济结构特别是工商业开始崩溃，导致了社会矛盾激化以及宗教结构的变化。此后，在"文革"的浪潮中，茶峒镇原有的社会结构迅速发生改变，不同的宗教信仰被统一"格式化"，并最终导致其原本社会价值观的解体。

二、灵魂观——从茶峒镇的丧葬仪式（设灵堂）谈起

笔者在茶峒镇经历了两场丧葬仪式，主持仪式的均为杨叔。在进入田野以前，笔者通过各种渠道对湘西的神灵观、鬼神观以及丧葬、婚俗等有了一定的了解，比如在湘西地区流行过"赶尸"的习俗，或者"蛊"文化及"傩"文化等充满神秘主义的概念。但真正进入茶峒镇后，发现这些神秘主义的符号体系已被打破。在茶峒镇，若某家有人去世，那么需要分两种情况来进行处理。一种是"死在外面的"，也就是说，去世的人没能在自己的家中咽下最后一口气的。这种情况，无论死者的死因是什么（如溺水、车祸、械斗，包括在医院死去），都不能将尸体及死后所立的牌位放入家中正厅。他们的葬礼只能够在家门口的街道上举行，牌位也只能被固定在家门口外面的墙壁上。另外一种情况是"在家中死去的"，这样的死者则幸运得多，他们的尸体可以停留在家里供家人瞻仰，并且在下葬后拥有把牌位放在家中正厅的资格。

此处可衍生出茶峒地区的一部分灵魂观念：在外面死的人不能进屋，事实上象征着此人的灵魂对于本家来说是"不合法"的。根据杨叔的介绍，人若在外面死去，那么他的灵魂便立刻变成了孤魂野鬼，不可以进家门。因为家中正厅神榜处所祭祀的，都是在家中死去、未受外面"邪气"感染的灵魂。更重要的是，这些已经在家中被供奉已久的灵魂中，还有这家人的祖先。祖先的灵魂，是最不能亵渎的。在家门口外面的墙壁上钉上一个额外的神龛，放上这个死者的牌位，表达的是现世的人对亲人的怀念与追思。牌位放在家门口，也可以让这个"孤魂野鬼"离自己家更近一些。在此，笔者不由想起了玛丽·道格拉斯（Mary Douglas）在她的著作《洁净与危险》中关于分类体系的论述："污秽从来不是孤立的。只有在一种系统的秩序观念内，它才会存在。因此，任何企图以零星碎片的方式解释另一种文化有关的污秽的规则都注定失

败。"① 在这里，死在外面的人的灵魂便是一种"社会化的污秽"概念，与有资格进入屋内的"灵魂的圣洁"相对立。这种根据人去世的地点来进行分类的法则，与我们在日常话语中所持有的现代灵魂观是相违背的。通常，我们的价值判断会告诉我们，逝者已矣，应求得安息，甚或是我们对死人有灵魂这种说法抱以不相信的态度。然而，在茶峒却是通过另外一种逻辑来确保其家庭内部祖先灵魂的纯洁性。这看似不近人情的习俗，反映的是边城地区的居民对祖先的敬畏，以及对灵魂纯洁近乎苛刻的追求。事实上，不能进家门的"孤魂野鬼"也因为牺牲了"落叶归根"的资格，完成了一种转变。这种转变，在其家属心中是伟大而悲怆的，他的灵魂事实上也得到了升华。

　　除去在外死去的人不能进屋的习俗外，茶峒镇的丧葬仪式与湖南其他地区并无特别之处（事实上，在外死去的人不能进屋的习俗也并非此处独有）。也正是它的无特别之处，反而引起了笔者的思考。按照笔者先前的假设，此处为苗族、汉族、土家族三大民族混居之所，3个民族间的文化理应相互影响及渗透，在丧葬、婚俗这些仪式性场面中应当有所体现。然而，笔者所目击的丧葬仪式中最核心的部分，却与笔者家乡的葬礼仪式无甚不同。丧葬仪式举行的天数是有所讲究的，出殡的天数根据家中的经济条件从3天到一个月不等。据杨叔的说法，丧葬仪式本身并无什么差别，但苗族人的葬礼一般持续的时间会长一些。他举行过的一次将近一个月的葬礼，正是在苗寨里面。由于那次的工作强度太大，以至于对于以后的苗族葬礼，杨叔都会慎重考虑后才决定是否接手。笔者所见的葬礼，是属于一位张姓老人家里的。从老者去世到出殡，共5天时间。在葬礼的第一天，杨叔和他的葬礼班子来到老人家里搭设"道场"（灵堂）。前3天，老人家门口都放着沉痛的丧礼音乐，直到第四天晚上，杨叔和他的葬礼班子才来到老人家中"做法"。"做法"当天的内容整理如下：灵堂外，张家的大门口另外设置了一个"地狱"的模型，"虚拟地狱"主要以桌、椅为托，放置米饭、香火于其上，并以阎王、金刚、通灵将军等神话形象作为祭祀的对象，这些神话形象被画在铜板上，一张铜板一个形象，置于不同方位，代表不同的神话形象。其中，正北与正南的最外围是四大金刚，最核心的中央部分是十大阎王殿，坐北朝南的阎王殿有4所，东、西向各两所，坐南朝北两所。在南向阎王殿外围是通灵将军像，呈坐南朝北的格局，与对面的4所阎王殿遥相呼应。

　　"虚拟地狱"的设置及祭祀意义有两点。一方面，它体现的是一种原罪

---

① ［英］玛丽·道格拉斯：《洁净与危险》，黄剑波、卢忱、柳博赟译，民族出版社2008年版，第73页。

观。杨叔认为，十八重地狱即阴间的监狱。没有人在阳间一生清白、完全没干过亏心事，所以在人死后，神灵（佛教与道教所糅合的）会很公正地看待死者的灵魂，并让他下地狱去接受相应的处置。另一方面，这种惩罚除了惩戒性以外，还具有净化性。人们相信，供奉、祭祀并在一定程度上在死者的葬礼中还原地狱的原貌可以与神灵产生共鸣，神灵将网开一面，将惩戒性的地狱苦海变为净化死者灵魂的殿堂。在接受惩罚后，死者承认错了，请求谅解，最终灵魂得到解脱。在这里需要注意两点：一是灵魂得到解脱，并不意味着灵魂可以挣脱地狱，而后上天或去到西方极乐世界，因为大多数普通人的灵魂只不过一直在六道中轮回罢了；二是设置地狱可净化人的灵魂，但不代表就此抹消死者生前的罪恶，特别是一些"大"的罪恶，是无法消去的。这种对地狱及地狱神灵的祭拜体现了民间"大事化小、小事化无"的中庸思想。

老人因病去世，死于家中，所以他的灵堂也设在家中。灵堂中央停放着老人的棺木、灵枢。灵堂的大门被分为左右两边，右边进人，左边出人。在葬礼的过程中，有专门的葬礼乐队进行演奏。演奏的乐器有唢呐、铜锣、镲等。在葬礼的过程中，乐队的演奏一直非常喧闹，但曲调哀婉。仪式的全过程将持续整个通宵。丧葬仪式的核心是一位身着古装的"加持"，他带领"披麻戴孝"的"孝子孝孙"，以棺木为中心不断地进行绕行。每绕行一次，加持便会面向灵堂，向灵堂内的棺木作揖。此时，孝子孝孙也仿效加持作揖。作揖过后，加持将再次率领孝子孝孙围绕棺木行走；也有一些时候，在作揖完毕后，位于灵堂大门右侧的工作人员会大声诵读事先准备好的文章。这些文章写在一本封面残破的书中，多是一些神仙法号。而另一种朗诵的题材则写在本子上，多是死者亲朋好友的名字，在死者棺木前朗诵出来，抒发这些人对死者的怀念，也希望死者的灵魂可以保佑这些还在阳世的人们。在葬礼的后期，老者的长子五体投地，跪倒在灵堂门前，加持此时则在一旁休息。坐在"虚拟地狱"隔壁的工作人员再次诵读神灵的名字（主要是菩萨），祈求让老者的灵魂得以归天安息。

作为贯穿丧葬仪式的核心人员——加持，其身份及意义都有着特殊性，这可以从他的着装上直接反映出来。在丧礼当晚，加持一共换过两套衣服，分别是头戴纯阳巾、身着道袍的装束以及身着袈裟的装束。第一套服装所象征的，是道家的形象；第二套则为佛家。在与杨叔聊天的过程中，笔者曾询问加持所扮演的是哪两个具体的角色，经解答，得知道家形象为元始天尊，即经过神化后的老子，而佛家则为玄奘，即中国人最熟悉的释迦牟尼的弟子。这两套服饰的背后，隐含了许多信息，特别是将它们放到茶峒镇这一地区的背景下更是如此。道家与佛家的形象，原本是我们最常见的两种扮相，且无论是元始天尊舞剑，还是玄奘作揖，都是极具汉族特色的仪式。茶峒镇作为长期由3个民族混居组成的小镇，在丧葬仪式中却看不到除汉族外其他少数民族的传统，这让笔者感到有些疑惑。为加以确认，笔者特意询问杨叔，此处的元始天尊与玄奘的身份转换是否与其他地区一样，象征着华夏文化中佛道两家的合流，结果得到了肯定的回答。另外，杨叔的这门手艺是世代相传的。他们家从乾隆年间自湖南怀化地区（葬礼的唱词都是用怀化方言唱的）便迁居于此，也一直是这套仪式，只不过在中华人民共和国成立以前，人们更重视鬼神的观念，所以仪式会更郑重，过程更严格些。年复一年，如今的茶峒镇只有杨叔一人懂得这些仪式，可以主持葬礼，那么这几百年来，其他的道师去哪里了？为何这小镇的丧葬仪式全与汉族地区无异呢？

对于这一点，杨叔并无特别关注，他说："你看今天这个敲敲打打的，只是我们说的'道场'的一小部分。人死了，我们这些懂得这套东西的人来给主持，会设立一个道场，守灵、埋葬都是'道场'的一部分。今天这里只是很小很小的一部分，整一套东西下来，那是有好多内容、好多规矩的。像我们刚刚说到的佛和道，这两个信仰啊，在整个过程中，是看情况（变化）的。刚刚耍剑的属于道教，道教就是八卦。现在这个是释家扮的唐玄奘，反映的是释迦牟尼的弟子。"

更令笔者吃惊的是，不仅佛道两家的文化传统在葬礼中有着明显的体现，杨叔还主动向我们介绍起了丧葬仪式中儒家文化的体现，现摘录部分对话如下：

杨叔："这整个仪式，都是代表着儒家的东西啊。佛和道都是神灵的（注：非现实的），儒家的思想才是生的（注：与现实秩序相关的）。"

笔者："比如说那些孝子就体现了'孝'的思想？"

杨叔："那些孝子不仅仅有孝子咯，还有孝孙，孝重孙，孝重重孙，这都是序列，不能乱的。你看那个头上加红点的，就是孝孙，加绿点的，就是孝重孙。要是还有更小的，孝重重孙，哈哈哈，两个重咯，头上点的就是黄色的点点。"

另外，死者的挽联也极具儒家的书生气质，而且体现了儒家社会的长幼秩序观。张老的挽联全文是："从戎转儒门一生坎坷父恩未报，解甲为园丁十年浩劫儿泪难干"，这一挽联，揭示了张老坎坷的一生。"从戎转儒门"说的是张老年轻时被国民党拉壮丁从而入伍，中华人民共和国成立后，便在家乡搞起了教育，入了"儒门"。"解甲为园丁"说的是同一个道理，而"十年浩劫"则是指"文化大革命"的十年间，老人被划为"右派"，历经劫难。挽联用汉字写成，是杨叔用毛笔在宣纸上写的，且字形端正，对仗工整，文气十足，是一副中规中矩的汉式挽联。另外,"父思未报"一句暗示了写挽联者的身份,是杨叔代替张老的儿子所写,这里体现的是儒家社会儿子对父亲应尽的"孝"道。在讨论起丧葬习俗的社会意义时,杨叔更是大谈儒家的伦理道德,他说:"我们为什么要做葬礼咧?首先是你要晓得,它是个从旧社会来的东西。旧社会是乱的,很多事情都不规范。除了说葬礼是对死者的尊敬和怀念,希望他们在那边也能过得好的愿望以外,它对现实中的人有教育作用。在这个旧社会里,它弥补了法律的不足,你看那些地狱,就是教育小孩子不要做坏事。它教育下一代尊敬老人、孝敬长辈,不许违法、不孝、乱杀、作恶。还有,刚刚说过的,用这个办法可以盖掉这些罪恶。"

从以上对丧葬仪式的描述中可知,茶峒地区的丧葬仪式充满了汉族地区的灵魂观念,只有极少数的少数民族传统被包含在内(舅叔必须出席葬礼并接待来宾,主持大局,此为苗族丧葬传统)。佛家的极乐世界与地狱观念,儒家的天地人及社会等级观念(包括祖先崇拜),以及道家的神仙鬼魂观念混杂在一起,形成了茶峒镇的灵魂观。关于此种汉族灵魂观占据统治地位的原因,笔者有如下假设:

(1)文化竞争说。自清末开始,茶峒古镇便是屯军之所。汉族文化、苗族文化和土家族文化相互交融、碰撞,最后由于在边城聚居的汉人数量占据了优势,且生苗被隔绝在边墙外围,而土家族在历史上素称"自归流蒸陶雅化,卖刀买犊,鲜往时斗狠之习矣"①,因此汉族文化最后发展演变成优势文化,使得当地的苗族和土家族居民被"汉化"。

(2)官方倡导说。在《永绥直隶厅志》中,有不少对当地风俗习惯的描写。经笔者整理,发现涉及此类描写的,大多数都带有鄙夷的态度。这是因为书写方志的是中央派遣到地方的朝廷命官,他们以儒家文化为正统,并常常以"循吏"的身份自居。余英时先生在《汉代循吏与文化传播》一文中曾经有过一个说法,可应用于中国所有的封建王朝,那就是:地方的官吏,特别是循吏,首先都以教化民众为己任,把教师的职能放在第一位,更遑论边缘地区"未开化"的民众了。其次,地方官吏才会履行他们的行政职能。经笔者统计,同治年间的《永绥直隶厅志》中,记载了当地成立的教育机构有4所,全由官府出资修建,且政府还提供补助,朝廷承认当地居民的读书资格,可参加科举考试。② 由此,在地方官的努力下,茶峒古镇被不断地纳入朝廷的文化

---

① 〔清〕严如熤撰,罗康隆、张振兴编著:《〈苗防备览·风俗考〉研究》,贵州人民出版社2011年版,第183页。

② 参见〔清〕周玉衡等修,杨瑞珍纂《永绥直隶厅志》卷二《寺庙》,同治七年(1868)刻本。

体系中，以汉文化为"正统"的官方文化在边城地区不断被加强。

（3）文化断裂说。回到中华人民共和国成立、"文化大革命"及"大跃进"这几个历史节点上，由于对传统中国文化的破坏非常严重，因此包括少数民族文化在内的茶峒地区的文化结构受到了强烈的冲击。在这种冲击下，由于汉文化已经长期占据主导地位，且根深蒂固，因此并没有被完全摧毁。相比而言，苗族、土家族本民族文化则较为脆弱，并由此产生了文化断层。在文化重建及身份认同重建的今天，许多少数民族也选择了接受汉族文化。另外，不得不提的是，在20世纪50年代的民族身份确定的过程中，茶峒镇不少汉族居民被官方认定为土家族，而他们的生活习俗及宗教信仰观念，均与其他汉族人无异。直至今日，他们的身份证上"民族"一栏仍为"土家族"，但他们则一直坚持自己的汉族身份。

三、茶峒镇的祖先崇拜——"天地君亲师"信仰及在民俗中的体现

在茶峒镇的田野调查中，我们发现了一个在城市里早已销声匿迹，而在茶峒镇却家家户户都有的东西——神榜。边城镇供奉神榜的方式是将神榜高悬在堂屋正对大门的墙上，神榜上除了"天地君亲师"等传统字样外，其前方若有空余的位置，还会放置本家已故亲人的遗照（如前文所述，必须是"死在家里"的），部分家庭还会供奉祖先的牌位。图3-2为茶峒镇村民家最常见的神榜基本形式。①

由此可见，神榜的组成并不复杂，上联为"金炉不断千年火"，下联为"玉盏常明万岁灯"，横批为"祖德流芳"，正中的矩形区域有"天地君亲师位"字样及本家祖上的名号，并写明神榜所供奉的神仙名号（此处为"四官大帝"）。另外，位于"天地君亲师位"左右两旁的小字，分别是"是吾宗支""普同供养"。通过这些文字的内容，笔者认为，茶峒镇的神榜及"天地君亲师"信仰事实上所体现的，乃祖先崇拜。也就是说，"天地君亲师"的信仰，着眼点在于"亲"字。

然而，北京师范大学徐梓教授认为，"天地君亲师"的思想发端于《国语》，形成于《荀子》，在西汉思想界和学术界颇为流行。东汉时期，在《太平经》中最早出现了形式整齐的"天地君父师"的说法。北宋初期，"天地君亲师"的表达方式已经正式出现。明朝后期，崇奉"天地君亲师"在民间广

---

① 补充说明：神榜下方的红烛及"福"字不在讨论范围，拍摄时，此家正举行婚礼，这些内容是婚俗中所需的，而非必须和神榜放在一起的。

图3-2 边城神榜

为流行,把它作为祭祀对象也已经比较普遍。清雍正初年,朝廷第一次以帝王和国家的名义,确定"天地君亲师"的次序,并对其意义进行了诠释,特别突出了"师"的地位和作用。从此,"天地君亲师"就成为风行全国的祭祀对象。民国时期,"天地君亲师"又衍变出"天地国亲师"和"天地圣亲师"两种形式。① 在徐梓的《"天地君亲师"源流考》一文中,"天地君亲师"信仰的形成及发展轨迹非常明确,而且对于天、地、君、亲、师这几个概念的解释也非常到位。徐梓认为,特别值得留意的是"君"。君反映了中国儒家礼教传统,而君仅次于天和地,体现了"君权神授"的概念。另外,君的位置一直在中间,体现了它的核心性。而民国以后,由于封建帝制已除,所以在这一信仰系统的本身,有实质变化的只有君的位置,这反映了时代的变迁和主流思想的变化。

徐梓教授的论述时间跨度很大,空间范围也很广,基本上是在说整个国家的大体情况。然而,以"君"为核心的信仰体系,与茶峒镇并无大的联系。茶峒镇地处行政边缘,是旧时被认为"天高皇帝远"的地区。这里苗族、汉族、土家族长期混居,对于"忠君"的认同度比纯汉族地区要更为低一些。笔者在走访民家的过程中,对所经过的上百所民房进行了观察,结果只有两户人家的神榜上写的是"天地国亲师"字样,其余的皆为"天地君亲师"。这种"不改变"并非说明旧时的茶峒人守旧忠君。相反,这说明了在茶峒镇,当年轰轰烈烈的废除帝制,创立民国而导致神榜内容改变的运动在这个地区影响甚

---

① 参见徐梓《"天地君亲师"源流考》,载《北京师范大学学报》(社会科学版)2006年第2期。

微。与岭南地区的情况类似，在行政边缘化的区域，"家"或"亲"的影响力往往要大于"君"，甚至决定了这一地区的社会秩序。85岁的地方文人张忠献老人曾表示，堂屋里的神榜，上有"天地君亲师"字样的，是一个家族赖以繁荣兴旺的根。而对于"天地国亲师"的字样，他认为这只是"不同的样式而已"。前文所提过的杨叔也曾说茶峒有一段历史，这里居住着5个大姓家族：杨、五、石、潘、蓝，这也与岭南地区宗族的情况比较类似。

相对的，茶峒镇"天地君亲师"信仰的落脚点在"亲"上并不是无依据的。神榜与祖先崇拜的关系最直接地体现在神榜的文字上。从对联看起，横批"祖德流芳"直接表达了茶峒镇居民对祖先的怀念和崇敬。这短短四字，实乃神榜基石。一切的祈愿都在祖先的荫庇之下。上联"金炉不断千年火"中，"金炉"原本有两种解释：一是做饭用的炊具火炉，二是焚香用的香炉。对联以繁体写成，若是香炉，则当写成"金鑪"，因此可以判断，此处的"金炉"指的是炊具。"金炉不断火"表示对家里有富足的粮食的愿望，而"不断火"更可以引申为"不断香火"，也就是说，希望祖先可以保佑自己家里子嗣不断，并且有足够的物质基础使后代的繁衍持续下去。下联为"玉盏常明万岁灯"，其中"玉盏"也可做两种解释，一为酒杯，二为灯具，此处取后者。"万岁灯"容易让人想到在旧时，皇帝被称为"万岁"，此处有向"君"靠拢的意思。然而，横批的"祖德流芳"所表达的意思却和这里矛盾了。因此，"玉盏常明万岁灯"，表达的意思当与"金炉不断千年火"类似，"常明灯"寓意家族的香火不会断绝，子嗣可一直繁衍。

另外需要补充的是，祖先崇拜在茶峒镇已经是最为普遍的一种宗教形式了。各种宗教教派在这片土地上传播、消逝，唯独祖先崇拜一直被重视。张忠献老人在告诉我们岁时节日民俗时，特别强调了茶峒镇居民对于祖先崇拜的重视。当地居民会于正月、清明和农历七月十三日为祖先"烧包"，即把纸钱放在一个红色的纸包里，在纸包上写上死去亲人的名字，把纸包烧掉，这样在阴间的亲人就能够收到"钱"了。"烧包"的时候，需要先在地上画圈来圈定烧的范围，这样才能保证分清所烧的钱是哪家的，不至于弄混，才能确保阴间的亲人能够收到。正月时，"敬家仙"（苗族也有"打家仙"的民俗，"家仙"，意味着死去亲人的灵魂，具有保佑在世家庭成员的能力）是必需的习俗。特别是到了大年三十的晚上，饭菜上桌后，需要先给祖先烧纸钱后才能开始吃饭。二月过"社节"，吃"社饭"，这原本是苗族的祭祖节。茶峒镇苗汉混居，遂成为小镇的共同节庆。清明及重阳不消说，属于汉族三大祭祖节日，也都是要隆重地祭拜祖先的。清明需上坟扫墓，吃清明粑粑，重阳登高前也需要祭祖。另外，对于每家每户而言，祖先崇拜就相当于"敬家仙"，也就是祈祷祖先能够保佑家里平平安安，万事皆顺。因此，除了过节以外，寿辰、嫁娶、乔迁等家中大事发生前（时）也都需要祭拜祖先。

四、佛教信仰——普净寺的故事

在茶峒镇的范围内，有两座村子，一座是隘门口村，一座是水井湾村。从《永绥直隶厅志》的老地图上，可以找到这两座村庄旧时的痕迹。隘门口村的所在地原本是一座关隘，后来聚居的人多了，逐渐形成了村落。水井湾村则位于茶峒镇的东南面，地势更高一些。在水井湾村的半山腰，坐落着一座庙宇，名叫"普净寺"，在古时唤为"观音阁"，现在的茶峒镇居民习惯称之为"茅庵"或"观音庙"。普净寺不大，两层楼高，钢筋水泥建筑的外墙下依稀可见曾经的木质结构。据贵州铜仁来帮忙照看庙宇的李居士说，普净寺已经有超过200年的历史，这里的住持"老和尚"曾经在5年前修缮过大殿，庙宇才有了今天的模样。另外，在我们的交谈中，一位姓吴的中年妇女透露，"大跃进"至"文革"期间，茶峒的庙宇基本上都被拆除了，普净寺之所以得以苟延残喘保存下来，是因为这里在"大跃进"的时候，曾经被用作粮仓储藏粮食。关于茶峒镇的佛教信仰，笔者的主要采访人是李居士。李居士来自贵州省铜仁市，入佛门已有18年。18年前，她的儿子病重，医生下了病危通知。恰逢此时，有4名僧人来到她家门前向她化缘。李居士当时精神恍惚，在茫然不觉的状态下招待了他们，给了他们家里的花生作为粮食。作为回报，4名僧人劝她早晚念佛，祈祷儿子的病可以好起来。万般绝望下，李居士念起了佛，儿子竟然痊愈了。她幡然醒悟，认为那4名僧人是佛祖派来点化她的，于是从此遁入空门。虽然她并非本地人，但观音庙的住持与她既是亲戚，在信仰上也是同宗。她每天清晨5点起床，直到天黑都待在庙里帮忙，举行各类仪式，负责帮助当地人求签，对于茶峒镇的佛教信仰状况有着较为全面的了解。

从普净寺的建筑结构上看，由于5年前的修缮，其钢筋水泥结构让人在远处几乎看不出来这是一座寺庙。唯独庙宇左方的砖墙上的"佛"字和庙宇二层露台上的一个石制香炉，透露着这座建筑的身份。普净寺共分两层，第一层入大门后，两侧为四大金刚，中间为弥勒佛。从两侧台阶稍微上移，则可正式来到一层大殿。大殿非常简陋，供奉的只有财神。在财神两侧，分别有残旧的红色布帛吊顶，上面的文字也已模糊。另外，在财神两侧的墙壁上，用黑色毛笔写有"佛"字，字的外围画上了圆圈。财神像的正对面是一座扶梯。沿梯而上，可以看到一尊仙像，是玉皇大帝。再往上，则可以来到普净寺二层主殿。二层主殿的装潢及规模比起一层有天壤之别。入门处为几张椅子，供善男信女及寺庙工作人员休憩聊天使用。主殿左右两侧墙壁处放置有四十二尊佛像，为十八铜人及二十四尊佛。主殿中央从右往左分别为观音菩萨、阿弥陀佛、释迦牟尼和药王佛。以上所有佛像均通体金黄，做工精美，且保存得完好无损。关于一层与二层的规模和维护程度相差甚远的情况，李居士解释道："楼下供奉的是仙，楼上供奉的是佛，我们这里是佛教的寺庙，仙和佛是不一样的，仙其实是道教的，只是不知道什么时候大家一起来（祭）拜了。"四尊主佛各主其用，各司其职，且暗示了普净寺这座佛寺的宗派。笔者首先注意到的是阿弥陀佛。在询问下，不出所料，李居士爽快地表明了普净寺为净土宗佛寺的身份。这是大乘佛教在中国分布最为广泛的一个佛教流派，其信徒相信，阿弥陀佛在佛教信仰体系中负责人的转生。因此，只要人在去世前一直念诵阿弥陀佛的佛号，就能在临死时受到阿弥陀佛的照拂，接他们前往西方净土。对于净土宗信徒而言，早课、学经与念佛是他们每日必做之事。

另外，李居士向我们介绍了她作为寺庙暂时的看管者对茶峒镇佛教信仰的了解。根据李居士所言，边城镇的信众并不多，且大多数为45岁以上的中老年人。在这些信众中，有许多人并不真正了解佛教，而只是为了来普净寺求签的。边城镇的年轻人基本上都外出打工了，留下来的也不会来庙里。关于这一点，笔者在水井湾村问路时深有感触。在寻找普净寺的途中，笔者曾询问过一名25岁左右的男性，是否知道观音庙在村里的位置。然而，他却一脸茫然，表示完全不知道村里有座庙宇。而事实上，笔者后来发现，观音庙离这位男性青年的家，只有一条小路和约半亩田左右的距离。

除了李居士外，普净寺里还有两位帮忙的老人。他们身穿灰色布袍，为来求签的居民举行仪式。在问及他们身份时，李居士向笔者介绍了佛门的等级系统。在佛教中，有"出家信众"和"在家信众"两种。李居士是"出家信众"，那两位老者也都是"出家信众"，而且是佛门的最底层弟子，也就是"善民"。用李居士的话说，年纪已大，仍是善民，那么就表示他们其实是"愚驽"的，成不了正式受戒的佛门弟子。普净寺之所以多被当地人称为"观音庙"，原因就在于居民朝拜最多的是观音像。李居士说，在佛门中，观音菩萨专门负责普度众生。普净寺的观音像前，是茶峒镇居民求签的地方。来求签的人在工作人员的帮助下，向观音菩萨求签，询问命运，包括了事业、家庭、学业、姻缘等内容。求签过程如下。

主持者首先需要向观音菩萨请示，告诉菩萨有信徒来求签。请示的过程如下：主持者会要求求签者跪在菩萨面前，然后他将询问求签者的名字，并告知佛祖，"某某某来求签，求姻缘、财运、事业、诉讼等"。跪拜时，需要求签者心诚，并要求双脚要与小腿呈一条直线的状态。若没有呈一条直线，则将被视作"不诚心"的表现,求签结果不能作数,需要重新求。接下来,主持者负责敲鼓和敲磬。鼓敲五声,是为小鼓;磬打三下,但不是一般意义上的片状的磬。求签用的磬是黑色碗状物体,金属材质,碗口较小,敲起来声音清脆、有回音。

随后,主持者为求签者拿出装有竹签的签筒,并允许求签者摇签。求签者摇签时,需要态度诚恳,心中不想他事,一直摇到某一条签比其余的签明显长出为止。此时,主持者会对所求的签进行掷筊,道具是有正反两面的石头。若是所得结果为"一正一反",则此签得到菩萨的承认,可以作数。否则需要重新摇签。

得到有效的签后,求签者将签取出,并交予主持者,主持者根据签的编号和名字查阅本年的"取签书"。笔者在茶峒所见的取签书,书中将"菩萨的答案"分为地支十二宫,每宫为一卦,可卜求财、婚姻(姻缘)、六甲、占病、批信、花喜、问事、功名(事业)、月令、灶君、阳居、隐穴、寻人、出外、失物、求雨等方面的内容。

根据李居士的说法,一支签可卜一年,也就是说求签者所求的签,有效期是一年。一年以后,人的各方运势又会有新的变化。另外,二次求签的结果是无效的。而且,"通常来说,两次求得的签不会有太大的不同,可能只是程度上的变化,因为这都是命里注定的,是菩萨的意思"。

除了求签仪式外,普净寺还有一个比较重要的仪式,叫作"请佛吃饭"。从名字上看,这个仪式便充满了将信仰对象拟人化的意味。李居士说:"请佛吃饭,佛跟人一样,也要吃饭。但佛又跟人不一样。一个是,他们要别人请;另一个是,他们只要吃一顿就可以咯。"整个仪式的过程并不复杂,持续的时间约15分钟,形式也比较单一。本次所记录的仪式发生在15:40。以下是仪式的几个阶段及其所含内容。

(1)准备阶段。在"请佛吃饭"仪式的准备阶段,主持仪式者需要更换着装。在本次笔者所考察的"请佛吃饭"仪式中,主持者有3名:李居士、吴居士(常在普净寺与李居士聊天的另外一名老年妇女)以及另外一位未问及姓名的居士(与李、吴年纪相仿,称为"居士甲"),协助者一名(一位善民)。前三人所穿服饰相同,皆为黑色长衣外配棕色袈裟,衣摆及脚踝位置。善民则只穿黑色长衣。在准备阶段,李居士体现出她在仪式中主导者的地位。她非常严肃地吩咐善民为仪式摆放好所需道具,包括在释迦牟尼佛像前一张放有《楞严经》、仪式专用书本、香坛(上竖香三支,倚靠在香坛正前方的有三张黄底黑字的硬卡纸)。据李居士介绍,这上面的文字是为了消除一位信徒的业障,请求佛祖宽恕所做,放有金碗、小铜锣、镲、纸钱、红烛及莲花座的桌子（神坛），以及在大殿的露台外准备好一只石碗及另一张桌子，桌上的事物呈对称性结构，分别为两只苹果、三只酒杯、一个香坛及香坛两侧的锥形金属物件。一切准备就绪后，善民向释迦牟尼佛跪拜了3次。15：43时，李居士站在了神坛的左侧，吴居士站在了靠近释迦牟尼佛右旁有木鱼和磬的位置，而居士甲则站在李居士的对面。至此，"请佛吃饭"仪式的准备阶段已全部完成。

（2）进行阶段。李居士翻开仪式专用书本，开始主持仪式。3位居士对仪式的过程似乎也并不特别熟悉。她们在一开始时便七嘴八舌地讨论起仪式进行的步骤和内容来。吴居士不时敲一敲她手中的磬，发出清脆的声音。讨论大概1分钟后，也就是15：45，仪式正式进入了进行阶段。首先，吴居士打响了她面前的鼓。鼓声一响，李居士便附和着鼓声打起了桌上的镲。与此同时，居士甲也拿起了神坛上的小铜锣开始敲打。霎时间，大殿内充盈着打击乐器的不同声音，显得非常热闹。这样的行动持续了约1分30秒，乐声停止。李居士吩咐善民来到神坛前，并面向释迦牟尼佛站好。而后，李居士敲一下镲，吴居士便打一下鼓，居士甲再敲一下小铜锣，吴居士再敲两下磬。随后，善民便向佛祖鞠一躬。在第二次进行类似的往复时，吴居士打了两下鼓，善民则行了跪拜礼。第三次时，吴居士的鼓声则更长，持续了大约5秒钟。随后，李居士一声令下，居士三人同时唱起了佛歌。唱佛歌过程中，3位居士跟随着佛歌的韵律敲打自己手中的乐器。而每到书上指定的位置时，李居士便会大喊一声"跪！"善民则会立刻向佛祖行跪拜礼。逐渐地，善民掌握了行跪拜礼的时机。但当他有一次跪拜得过早时，就会被李居士大声呵斥了。在这个过程中，3位居士的歌声并不齐整，而且乐器敲击的时机显然拿捏并不十分准确，仪式的过程虽顺利，但熟练度并不高，默契度也不足。这一过程持续了5分钟。15：50时，仪式进入了另一个环节。3位居士都放下了手中的乐器，只有吴居士转了个方向，来到了木鱼前，准备敲打木鱼。开始敲打木鱼后，李居士和居士甲双手合十，双眼紧闭，开始念诵佛祖和菩萨的名字。这些名字便是大殿中供奉的4位主佛的全名：南无本师释迦牟尼佛、南无消灾延寿药师佛、南无西方极乐世界大慈大悲阿弥陀佛、南无大智文殊师利菩萨。根据李居士随后的解释，在"请佛吃饭"的仪式中，这样反复不断地呼唤着佛祖的名字，正是带有"请佛"的意味。随着木鱼声的加速，3位居士诵念的速度也增加了。15：53时，李居士在另外两位居士的快速诵念声中，从释迦牟尼佛像左前方拿起了一双事先准备好的筷子，并走到佛像的正前方，双手托起筷子，向佛像鞠躬。她又重新走到了佛像面前，用这双筷子恭敬地夹起佛像前方小碗中的一撮米饭，回到了佛像的正前方。此刻，她双手捧着筷子，筷子上有饭，李居士向四尊佛像分别示意及鞠躬后，便转身往大殿门外露台方向走去。在露台处，她把饭放进了已经准备好的石碗里。随后，她回到释迦牟尼佛像前方的米饭处，重复刚才的步骤，共重复了4次。与此同时，善民拿起神坛上的纸钱，来到露台处焚烧。

（3）往复阶段。李居士并未向笔者说明为何进行阶段结束后还需要往复进行另外一些仪式。按照笔者最初的理解，进行阶段时，李居士已经向四尊主佛献上米饭，按说"请佛吃饭"仪式应当接近尾声了。然而，4位工作人员又开始了新一轮"请佛吃饭"的仪式，且与进行阶段笔者所展示的内容有所不同。在进行阶段中，仪式的诵词是反复提及4位主佛的名字，然而在往复阶段，3位居士则一直在诵念某一位佛的名字。在诵念的同时，他们以李居士为首，在大殿内进行"S"形的队列移动。这个过程，持续了4次，正好念诵完了4位主佛的名字。据笔者猜想，进行阶段的念诵是纯粹的"请佛"过程，用"饭"作为媒介，将4位佛祖象征性地"请"到大殿中。而在往复阶段，才是不断地为每一位佛祖献上米饭，请他们"进食"。也就是说，进行阶段可概括为"请佛阶段"，而往复阶段可称之为"进食阶段"。

"请佛吃饭"的仪式全过程如上文所述。通过对这一仪式的观察，笔者产生了一些关于茶峒镇佛教信仰的想法及感受。正如笔者前文所言，佛教信仰的受欢迎程度在边城镇并不高，信众不多。从单纯功能论的角度上来说，普净寺作为唯一的一所佛寺，它的教化性功能（传播佛教教义、发展佛门信徒等）要远低于功利性功能（求签、祈福等）。在这样条件下，它的信徒基本上都是中老年人，而且数量稀少，唯一可传播佛法的老住持病重后，也没有入室弟子可以协助管理，还需要请在家修行的释家弟子来帮忙，情况确实不容乐观。在"请佛吃饭"的仪式结束后，李居士曾对我们说："我们都是带发修行的人，对这些正规的规矩（流程、规则等）是不清楚的，只能是（做到）心中有佛。"在这样严酷的条件下，笔者认为普净寺在茶峒镇得以生存，很大程度上归结于两个条件。

其一，是普净寺为茶峒镇居民提供"求签"服务。在茶峒镇，尽管对白帝天王和佛教的信仰均信众稀少，但本地的居民对于"命理"的相信程度却非常高。关于这一点，笔者将在后文的"算命先生和烧蛋婆婆"的论述中详加说明。事实上，求签、算卦、问观音菩萨是中国民间信仰的一种"歪曲"现象。通过占卜来知凶吉的历史由来已久，可追溯到夏商周三朝时期，发源于巫觋之术，随后被道教及阴阳家继承。而观音菩萨作为外传中原的宗教——佛教的神祇，与求签算卦的功能本是扯不上关系的，只是随着佛道合流，特别是随着观音菩萨在人们心中的地位愈加提高，因此渐渐地，就有了"观音灵签"一说。茶峒镇的情况亦如此。从当地人喜爱称普净寺为"观音庙"这一点就可以看出来，对于当地的居民而言，观音才是这座佛庙的门户和代表。

其二，是佛教的思想已经融入了茶峒镇的社会价值中，尽管非常不明显，但仍发挥着潜移默化的作用。新中国的解放、"大跃进""文革"等宣扬的皆为"无神论"观点，在近60年里，它已经成为社会主流价值体系的一部分。然而，茶峒镇作为远离行政中心的边远小镇，其"革命"本身就带有浓厚的形式主义倾向。无可否认，在一个相对封闭的社会里，社会价值体系在形式上的支离破碎必然给其实质带来巨大的冲击，但强大的、新来的形式冲击和稳固的、旧有的社会价值体系产生碰撞，会使当地居民产生不确定感（uncertainty，如新思潮与旧秩序的选择）及模糊感（ambiguity，如主流价值与自身生长环境的联系）。事实上，这也在一定程度上说明了为什么在茶峒镇，当地人"不信神佛却相信命运"。他们往往面临着一种两难的选择，而他们往往意识不到这一点，到最后也没能选择某一方，而是分别加以吸收和消化，融入个体的价值观体系中，最终达到自圆其说的目的。于是，神佛观念切切实实地被一场又一场的社会运动破坏得体无完肤，但神佛观念下属的命理观却仍然坚挺地延续了下来。而事实上，做出这种选择，是非常合理的。因为命运与个人是直接关联的，而神佛作为偶像，则在当代的主流价值观中一直受到批判。况且，中国人所谓的"天命"，本身就是一个非常含混的概念。除了笔者所提到的神佛系统下发展出来的"命理观"以外，长期居于中国文化正统地位的儒家学说也将人的命运与"天理"联系在了一起。正因为如此，本着一种"宁可信其有，不可信其无"的想法，普净寺得以延续。

在与李居士的交谈中，我们可以听出她的担忧，看到她眼神中的失落。她常说："这个小庙，真的是个小庙。呵呵。"那自嘲的笑声时常回荡在我的脑海中。当我们谈到那些国内著名的庙宇时，她的脸上会流露出向往的神色。普净寺与茶峒镇的佛教信仰，不知道还能够走多远呢。

五、流行的算命占卜方式——求签、算命、烧蛋

此小节笔者将重点讨论有关茶峒镇较为流行的与宗教信仰相关的行为——算命占卜方式。而茶峒镇的算命占卜方式，主要可以分为三类：一是求签，二是算命，三是烧蛋。关于求签的内容，由于茶峒镇居民口中"最灵验"的求签地就在普净寺，因此笔者把求签的部分放在了普净寺的章节中进行描述，在此便不再赘述了。在此部分，笔者将重点从两个方面分别介绍茶峒镇的算命、烧蛋两种占卜方式，算命占卜在镇里的现状以及算命占卜与茶峒镇经济、社会之间的联系。为了区分算命与烧蛋两种算命占卜行为，笔者将从事算命工作的

人称为"算命先生",将从事烧蛋占卜的人称为"烧蛋婆婆"。

目前,算命占卜行为在茶峒镇"大行其道"。与白帝天王及佛教信仰的式微相反,算命占卜行为,特别是算命先生和烧蛋婆婆在茶峒镇非常流行。茶峒镇的算命先生,与我们常见的算命先生并无差别。一张桌子,先生坐在桌子后面,桌上放着可随时查阅的命理书和《易经》,桌上常常铺着一块布帛,上面写着"求签算卦""易经算命""知天命"等字样。据笔者观察,边城镇的"瞎子蒙"比较少,大多算命先生都是中年男子,很少有女性从事这一行业。算命的方式,有看手相、看面相、知生辰算命理等方式结合,最后得出顾客所求内容的结果,以此牟利。至于烧蛋占卜,其流行程度比起算命来是有过之而无不及的。烧蛋占卜在字面上与"蛋卜"似乎有所联系,但笔者难以确认。"蛋卜"是根据生鸡蛋的流向来判断吉凶的方式,而烧蛋则不一样。主持烧蛋的一般是中老年妇女,而来烧蛋的也以女性及小孩为多。烧蛋的目的有二:一是祛病,二是占卜。因此,其操作的手段也因其目的不同而有所区分。对于目的为祛病的烧蛋,在烧蛋前需要向烧蛋婆婆买一个或三个鸡蛋以及三支香,到一口装满木屑和纸灰的大锅前,把香点燃,然后给烧蛋婆婆。烧蛋婆婆随后会询问所需祛病者的名字,并用点燃的香在鸡蛋的上方凌空画符,口中念念有词(会念出患者的名字)。随后,她会把鸡蛋埋入锅中的木屑和纸屑里,利用炭火加热大锅的热量将鸡蛋烧熟。接下来,烧蛋婆婆会询问前来烧蛋者的姓名及生辰八字,并要求患者吃下烧好的鸡蛋,且必须全部吃完,几日后病情便会有好转。若是患者不便亲自前来,也可由前来的烧蛋者替他报上姓名及生辰,把烧好的蛋带回去给患者吃完。至于用于占卜的烧蛋,其过程与祛病烧蛋大致相同。所不同的是,占卜烧蛋在购置烧蛋用具时,还可以购买纸钱,与蛋一起烧,据说这样可以使得占卜结果更加准确。蛋烧完以后,烧蛋婆婆同样会询问前来烧蛋者的姓名和生辰八字,并结合其手相和面相来回答烧蛋者的疑问。当然,若需要询问命理的本人无法前来,烧蛋婆婆就只能根据蛋的形状来判断运程了。根据烧蛋的形状,可以判断一个人的人缘、婚姻、事业、学业等方面的情况。笔者曾经亲自尝试烧蛋,得出的结论是22岁这年适合缔结婚姻,不然此后多年,都无法遇到合适的伴侣。至于学业,婆婆则说笔者今年的学业运及事业运都非常不错,若持之以恒,将得到贵人相助,这与笔者在普净寺所尝试求签的结果"午宫签"结果一致。烧蛋结果的好坏与蛋的形状相关。一般而言,若蛋的形状完好,则说明这个蛋的主人身体好或运程好。若蛋的形状残缺,甚至连蛋黄都烧得破了出来,说明蛋的主人身体状况不容乐观或命途坎坷。

说到算命占卜与茶峒镇的经济、社会环境的关系,则需要从其现状出发进行讨论。在花垣县县城，笔者并没有发现烧蛋婆婆的踪迹，算命先生在花垣县县城却非常普遍。笔者曾经在大街上看到过一排10名左右的算命先生摆着地摊，颇有架势，但基本上无人问津。赶集是茶峒镇一个由来已久的社会民俗。每月农历逢五逢十，都是茶峒镇赶集的日子。算命先生和烧蛋婆婆就在赶集的日子来到集上做生意。可以说，算命占卜与集市经济息息相关，因为集市除了为其提供做生意的场所，也为其提供了稳定而庞大的人群数量，并把算命占卜的场所，特别是烧蛋的场所，变成了一个社交舞台。笔者的烧蛋经历，正是发生在农历六月初十的赶集上。据当地居民传说，笔者所寻得的那位烧蛋婆婆特别"灵验"。笔者到时，发现前去烧蛋的大多数都是妇女。她们蹲坐在两口黑色的铁质大锅前，守着为自己以及为家人所烧的蛋。在这不到20平方米的空间里，所聚集的人群超过了30人。一时之间，聊天的声音、烧蛋婆婆的声音、小孩的哭闹声此起彼伏，充满活力的市井气息扑面而来。据一位烧蛋的当地人说，这里的生意总是很好，每次赶集，"人总是满满的"。每一个蛋，烧蛋婆婆卖两元，香免费，纸钱一元。经笔者粗略及保守估算，若以每次有25人同时烧蛋，每人每次只烧一颗，且不购买纸钱，那么烧蛋婆婆每一批人可赚50元。烧一次蛋，加上婆婆的解说，时间大约是20分钟，也就是说，烧蛋婆婆每小时可赚150元。一天下来，赶集人多起来时为早上8点左右，一直持续到中午12点，共计4小时，婆婆可以赚得600元，一个月的收入是3600元。除去当地鸡蛋的成本，对于茶峒镇而言，一个月3600元的收入已经相当可观。由此可见，烧蛋人对于茶峒镇赶集的依赖程度是非常高的。

　　茶峒镇居民对于算命占卜的迷信程度之高，也是当地算命占卜行为得以长期延续的重要条件。前文已述，在系统的宗教信仰体系遭受冲击后，对于命理的信仰却没有中断。相反，由于"神祇已死"，因此与个人息息相关的"命运"得到了更多的重视。茶峒镇居民对于"命运"的执着，笔者尝试从一个社会现象出发进行阐述。在茶峒镇，赌博的风气比较盛行。茶峒镇和重庆洪安镇以及贵州的交界处有一座小岛，自古以来被称为"三不管"岛。这里强盗横行，人烟荒芜，曾经属于3个行政区域都不想管辖的范围。中华人民共和国成立后，"三不管"岛被纳入重庆的管辖范围。为了发展茶峒地区的旅游业，在岛上修建了一所四星级的"三不管"岛度假酒店。据当地人说，酒店是当地的一位锰矿老板投资的，里面设有赌场。笔者认为，赌博风气的盛行，滋养了当地人对于运气的依赖。而运气从何而来呢？这只有求助于算命先生和烧蛋婆婆了。因为他们是"通神"的人，可以告诉人们命运如何，以及如何转运。

　　最后，烧蛋的场所为当地的居民提供了一个社交舞台。围绕这两口大锅，来自各家各户的妇女得以聚在一起聊天，家长里短，不亦乐乎。除了赶集烧蛋时可以有如此多的人聚在一起以外，茶峒镇的居民很少能够有类似的机会。平日在几条主要的街道上，大多是邻里之间的往来，烧蛋的社交舞台给前来烧蛋的当地人特别是当地的妇女提供了一个相互交流的机会。笔者认为，烧蛋这一民俗可作为一种宗教现象，很大程度上归功于它的社交功能。通过这样一个场所，烧蛋把本地居民聚集起来，并不断地吸纳新的成员。

六、婚俗中的民间信仰——迎"喜神"

笔者在将要离开茶峒时，有幸目睹了当地的一场婚礼，并从中观察到了与民间信仰相关的内容。婚礼并不在茶峒镇，而是在清水江对面的洪安镇的一户人家。长期以来，贵州、重庆、湖南的茶峒地区三镇居民都有通婚的习惯。一般而言，女方的流动性较大，经济欠发达地区的女子会向经济较发达地区的男方家庭流动。由于对"命理"的相信程度很高，因此茶峒地区的婚俗中，八字是否相合仍然很受重视。在请算命先生算好八字后，还要请来家中长辈把男女双方的八字写在红色纸条上，并将纸条放入一碗盛满清水的碗里。用手指搅动水后，如果两条红纸没有残破、交叉，而是顺着水的流向流动，则表示二人完全相合。这寓意着夫妻双方可以和谐共处。同样，娶亲及迎亲的时间，也要看好黄道吉日，并根据男女双方的八字来进行安排。除此之外，在整个婚礼仪式中，最具有宗教意味的要数迎亲仪式的一部分——迎"喜神"。这个仪式需要专人来做法。当地居民相信，两人在大婚之日，必须将喜神请到，方能顺利成婚，婚后的生活才会和和美美。

婚礼当天，笔者与同伴一行清早6点左右便出门了。搭乘渡船从茶峒镇至洪安镇后，我们径直走过洪安大街，来到了男方的家中。时候虽早，但男方的亲戚朋友已经开始为今天的婚礼做准备了。在男方家正对面的马路上，有一位道师正在为"迎喜神"做准备。笔者来到时，准备工作已经基本结束。据当天参加婚礼的男方亲戚说，按照习惯，迎喜神要在早晨7点前完成。只见道师面前摆放着一张木质矮桌，且面向将要用车接女方来的方向。桌上放置着香、一把菜刀、纸钱、白酒、两只酒杯、一对红烛（南瓜底座）、一碗肉（肉上插着一双筷子）、一捆柴、一对筊、一碗米以及米中的两个红包。其中，红色为主色调，这非常符合中国汉族婚俗的传统，红包、红烛、红香和被红色布帛包着的柴都透着婚俗的意味。道师首先点燃了纸钱，并蹲在地上等待它们燃烧。纸钱燃烧时，他顺便借火点燃了手中的香。与此同时，他的协助者点燃了桌上的两根红烛。随后，道师站起身来，手持焚香，对着远方鞠躬。他的协助者此时则蹲了下来，继续烧纸钱。道师随后分三次将十支香都插进了装有红包的那碗米中。与此同时,他的协助者满上了两个酒杯的白酒。道师数了数香的数量,发现多了一支,便抽走了一支,最后碗里香的数量为九支。道师嘴里开始念念有词,但说得很快,无法听清所讲的内容(但可以判断是根据某一模板进行改造的说词,有提到男女方的名字以及"中华人民共和国"等词,大概是在向喜神说明这是在什么时候谁和谁举行的婚礼)。他一边念词,手中一边在弄散一把粘在一起的纸钱,而他的协助者则不断地拿起桌上所剩的纸钱,并用红烛的火焚烧,放在道师前方的马路路面上。说词持续了约两分钟后,道师的另一名协助者从一个麻袋里掏出了一只活公鸡,公鸡的腿被捆住。道师此时则拿起桌上的筊,并将它们投掷到地面上。卦像分别呈阴阳,于是道师便开始在红烛处焚烧他手中的纸钱。焚烧一回过后,他将手伸入装有米的碗中,用拇指、食指和中指夹起了一撮米粒,并向空中撒去。接下来,他与协助者继续烧了一些纸钱。等道师觉得时间差不多时,便拿起脚边的公鸡,一手托着鸡脖子,让它脸朝新娘将要来到的方向,另一只手托着它的身子,不让它乱动。念词持续了约一分钟后,道师在公鸡的鸡冠处咬了一个小口,继续念词。随后,他停止念词,用刚才咬开小口处的鲜血在桌子的左方、中央和右方的桌沿上各点了一下。随后,他拿起桌上的酒杯,在红烛上绕过一圈,把一半的酒撒在了地上。剩下的半杯,道师则自己饮尽。到第二杯酒时,道师重复了刚才的行为,但他此次则配合着念词。在此以后,他一边念念有词,一边依次拿起一撮米和米里的红包,在红烛上分别绕了两圈。米撒在了地上,而红包则放回了碗里。道师此时已经完成了大部分仪式,他停下手中的活,让协助者继续烧纸钱,自己则坐在路边的凳子上休息。不久,鞭炮声充斥了整条街道,迎接新娘的车队开始进入我们的视野。鞭炮声中,一身红装的新娘与新郎一同撑着一把红伞,向家的方向走来。在经过道师的桌旁时,新娘站在了桌前。道师拿起桌上的菜刀,一刀割断了公鸡的喉咙,然后把公鸡向空中抛去,并在越过了新娘头顶上的红伞后着地。新郎新娘拿起了桌上的柴,向新郎的家中走去,准备正式进行婚礼。随着新郎新娘远去,道师在一个碗里装满了酒,并撒在了桌子的周边。他又盛满了一碗酒,洗净了刀上的鸡血。如此,整个仪式便算是完成了。

在整个仪式的过程中,并没有出现任何"喜神"形象相关的内容。所谓的喜神,并不是具象化的神仙。在人们的观念中,喜神是与人的习俗非常相近的。他喝酒吃肉,而且人们还特地为他准备了一双筷子。他还好钱财,整个仪式过程中,不论是道师还是他的助手,总有一个人在不间断地给喜神烧纸钱。喜神的"神性"体现在杀鸡的环节上。此处,用鸡血作为引子,属于"活祭",是用活物的牺牲来召唤神的降临。另外,"请喜神"仪式充满了象征性的元素。比如道师在发现他上了十支香后抽走了一支,便代表了九支才是正确的数量。这九支香分三次上,每次三支,三支为一炷,象征着"敬天、敬地、敬神明"。南瓜底座与红烛则形成了一套完整的传统儒家家庭观:红烛象征夫妻二人生活和美,而生活和美的"基础"是南瓜底座。南瓜底座象征着什么呢?在中国人的传统观念中,南瓜由于籽很多,所以象征着"多子多福",夫妻二人成婚,幸福的基础在于多子多福、家族的延续,这是中国传统家庭观念的本质。再比如新娘拿着柴走进男方家中,也充满了象征意味。此处,"柴"与"财"在当地方言中是谐音,因此"拿柴"相当于"拿财"。拿上柴走进屋子,就相当于"拿财进屋"了。这里不仅图个意图上的大吉大利,还隐含了新入门的儿媳妇为夫家带来福气的意思。

值得一提的是,道师将公鸡抛过新娘头顶的这一行为。道教认为,鸡血有神圣性,且具有辟邪的作用,鸡血在道教仪式中是常用的道具。笔者认为,道师首先将破开喉咙的公鸡从新娘的头顶上抛过,寓意着喜神的保佑。在鸡血流出来的时候,喜神才真正降临,并且附着在公鸡的身上。也就是说,公鸡从新娘头顶降到了地上,表示喜神从头到脚都保佑了新娘。而且,鸡血起到了"净化"的作用。在边城地区传统的看法中,女性是"不洁"的。张忠献老人曾经说过,若是一早打开门就看到女人,茶峒人会认为自己看到了"披发鬼",一天做事都会不顺。新娘即将入男方的门、进男方的屋,所以用鸡血来祛除污秽也符合当地的逻辑。

小 结

在近一个月的田野调查中,笔者所负责调查的,是茶峒镇宗教信仰的情况,包括地方的传统宗教信仰、世界性宗教信仰以及地方传说、宗教民俗等方面。在本次田野调查中,笔者主要运用了传统人类学田野调查方法——参与式观察及深度访谈的方法,对当地的宗教信仰状态进行了记录,并形成本篇田野报告。另外,笔者采用了影视人类学方法,对本次田野调查进行了全程的拍摄记录,共拍摄数码静态图像400余张,胶片静态图像100余张,以及视频素材100G。这些视觉素材虽然并不全是宗教方面的内容,但它们真实地反映了当地人民的生存状态及民风民俗,具有很强的纪实意义。这些图片和视频也展示了笔者所在的田野小组在工作、学习及娱乐时的生活状态,以及两位指导老师的全程指导,对于田野工作者而言,具有纪念意义。

第四章 民风民俗调查

　　自20世纪90年代以来，民俗文化旅游已成为我国的消费热点。民俗文化旅游以其多样的形式、深刻的内涵而表现出强大的魅力与旺盛的生命力，成为当前世界旅游业的新潮。民俗文化旅游是一种高层次的文化旅游。发展民俗文化旅游不仅可以丰富人民群众的精神文化生活，为旅游目的地居民带来可观经济效益，同时对保护和传承中华传统文化都具有重要意义。

　　本报告的民风民俗主要集中在物质民俗和精神民俗两大方面，包括饮食民俗、生产民俗、居住民俗、商贸民俗和岁时节日民俗、民间娱乐民俗。透过这些民俗事象，可以看到茶峒人的热情好客和当地淳朴的民风。

一、物质民俗

（一）饮食民俗

1. 饮食

　　当地人吃饭时间大都不固定、不围桌，除了家中来客、节日和有事商讨的情况以外，人们喜欢走巷串户，大门常开。大家分别端着碗夹着菜就出门吃了，或坐在清水江边的石凳上，或站着和捕鱼的人家聊聊天，甚是悠闲。多数人家好粗茶淡饭，吃杂粮，以大米为主，常吃苞谷、红薯和豆豆饭，很讲究营养。菜以蔬菜为主，平时少吃荤菜，不大吃鱼肉，他们喜欢吃用铁锅煮的锅巴饭，爱吃用锅巴包酸辣面和酸菜，爱将锅巴晒干炸香当菜。他们也爱鱼火锅，有黄焖鱼、炸鱼、泡菜鱼、腌菜鱼，角角鱼煮豆腐是其中最具特色的一道菜。他们很少吃无鳞鱼。这里人吃狗肉火锅更是一绝，炖狗肉必须专用砂罐，其方法是：砂罐放汤，加入花椒、辣椒、五香大料、姜片、蒜子、食盐，将汤烧开，再放入事先用开水煮了片刻并切好的狗肉，将罐盖密封，置于文火上煨熟，揭盖上桌即可食，真是原汁原味，清香可口，但少不了一碗用生茶油做的酱油辣椒，更为清香。当然，随着经济的发展和人们自我生活选择的多样化，也有一部分人适应了一日三餐的饮食习惯。

当地人一般吃两顿饭，早上七八点钟的早饭和下午四五点钟的晚饭。喜欢食用各种粑粑，例如，市场上卖的石灰粑（外面包裹着一层当地桐树的桐叶）、苞谷粑、炸锅巴。其中最具特色的食物叫"油香粑"，油香粑是将豆子、米混在一起磨成白色的浆，用一只长把的半圆柱形勺子舀上半勺白浆，再在浆里加上配料：酸萝卜、葱花、绿辣椒等，然后放在烧开的油里面炸，直到粑粑的颜色变成金黄色后取出便可食用。当地一块钱就可以买6个，再配上一碗绿豆粥，就可以是一顿早餐。每天清早，很多户人家便摆出摊子做油香粑卖。

"一口吃三省"是指在茶峒这个三省（市）交界处的镇上，在一口锅里就能够吃到放着重庆的辣椒、贵州的豆腐和湖南的角角鱼，把所有的食物放入一锅中，然后炖煮，"一口"就吃了3个地方的特色。

2. 饮酒喝茶

饮酒，当地产"苞谷烧"，即"苞谷酒"，这种酒分"半花酒"和"满花酒"两种，区别的方法是：将苞谷酒倒入碗中，根据酒花的多少、是否粘碗、散开的快慢分出为"半花"和"满花"。再有一种方法就是"烧"，燃起后颜色为绿色则是好酒，燃不起绿色火苗的则是"水酒"。

喝茶，茶峒人喝当地生产的茶，当地人分为"粗茶"和"细茶"，茶的品种有白毛尖、清明茶、社茶、谷雨茶、颗颗茶、棒棒茶、糊米茶等。其中，白毛尖、清明茶、社茶、谷雨茶属于"细茶"，颗颗茶、棒棒茶、糊米茶属于"粗茶"，当地人喝茶是为了解渴。各种茶的味道和制作方法不同，粗茶味道浓、颜色深红；细茶味道淡、颜色清绿。

喝茶也称作"吃茶"。泡茶的时候，如果是细茶，就用壶，粗茶用钵。吃细茶的人用细料茶杯，吃粗茶的人用碗或者瓢盛茶。这里也有人吃"盖碗茶"，用铜壶烧水，也有用铁锅烧水，有一部分人爱喝浓茶，就将茶缸或茶罐放到火上烧，烧得茶又浓又苦，原因是这样才解渴、化油腻。喝细茶的人，最爱的是喝"二道茶"，往往是将水倒掉再第二次用热水泡，只有如此，茶才泡得出味道来。有的人家很讲究用水，要选用好的泉水烧开水。同时也注意烤茶，当地人叫"打火"，将茶摊薄在白纸上置于文火上烤。除此以外，也用锅烘焙，当地人叫"焙茶"，但锅内绝对不能有油，烤过的茶摊凉后装入瓷坛内，加盖封存。

（二）生产民俗

1. 捕鱼

当地渔民在清水江捕鱼，清水江中的鱼虽没有几十年前种类丰富、数量多,但现在仍然能够在江中利用传统的放鱼线的方式捕鱼。

捕鱼的鱼线总长2000米,是用麻绳制作的,在鱼线上每隔两米放置一个钩子。等到捕鱼之前,在钩子上挂好蚯蚓或者蛆虫(蚯蚓可以在潮湿的翠翠岛后面的树林地里挖到),准备工作完毕后就可以顺着水坝,从上游一直放线到下游,前一天晚上天黑时放线,在第二天凌晨5点多涨水的时候就要去收鱼线,涨水的时候江水比较浑浊,鱼儿看不清楚鱼线鱼钩,比较容易捕到鱼。但现在的行情大不如前,每天收线只能够打到七八斤鱼,但这已经算是比较好的收成了。前几年河水被污染,死了很多鱼。现在鱼的种类和数量都减少,主要为土鲶鱼,因为土鲶鱼喜欢沉在水底捕食。捕鱼的渔夫爷爷卖给饭店的土鲶鱼价格在30元/斤左右,饭店卖给顾客的价格则为50元/斤左右。最贵的要数甲鱼,可以卖到100多元/斤。从收网鱼线到整理鱼线再到晒干鱼线,这个过程需要花费两个多小时。从前人们捕鱼也常用鱼鹰,而如今整个清水江沿岸只有两只鱼鹰。不再使用鱼鹰的原因是鱼少、鱼鹰也少,索性就不用鱼鹰。鱼鹰平时被锁在船只上,捕鱼的时候,渔夫就在鱼鹰的脖子喉咙处绑上绳子,鱼鹰潜入水中吃鱼时能够捕到,但是却咽不下腹,如此一来便可以捕鱼。多年以前,很多人吃、住、睡都在渔船上,渔船便是捕鱼人的家。

2. 背笼

背笼是一种常用的、很有当地特色的工具,虽用竹子编成,但样式各异、品种繁多。有用棉竹编的大孔背背笼,是专供割牛草人用的;有用精竹或水竹编成的花花背笼,是妇女背小孩子用的;还有一种背笼是给妇女洗衣服、买米买菜等用的;还有用精黄篾条编成的"上坡背笼",专供劳动生产人背东西、打猪菜等。

用背笼背东西十分方便,且由于材质的问题,结实耐用。不论是上坡、赶场,还是干农活,都离不开背笼,许多人到哪里都把背笼背去,这也成了茶峒人生活习惯的一大特征。碰上背背笼的女人,那她很可能就是边城人。

妇女背小孩,都用花花背笼。她们将背笼底部高约6寸的地方织上布条,这便成为身后孩子的座位,后方是坐垫,前方是漏脚之处,这样小孩在背笼里站或坐才方便。背笼中的孩子伏在背笼上,当母亲要给孩子吃东西的时候,只要转手伸过去,小孩子就可以稳稳地接住,当要抱孩子屙屎尿时,将背笼解下,抱出小孩便后还可喂水喂奶。孩子可以在母亲背上跟随着到处走。

由于结实适用,价格便宜,因此背笼现在仍然是茶峒人的一个普遍生活工具。

3. 布鞋草鞋

当地现在仍有人做布鞋草鞋,同时也穿草鞋,这也成了一个风俗,并且成为茶峒人的一大特点。这里姑娘做的布鞋，最为讲究质量和式样。布鞋分浅口和列式两种，亦分棉鞋和单鞋，分男款和女款，分绣花鞋和青蓝布鞋，分千层底、软底和厚底，这些鞋子都是一针一线手工缝制而成，一双鞋要三五天才能做好。草鞋主要是农民穿，主要是用于生产劳动，其优点很多，如轻便结实耐穿，不臭脚还吸汗，防滑且价格便宜，非常适合当地人。草鞋是用谷草芯编制的，也分水草鞋、草鞋、麻板草鞋等。当地人说："草鞋无娘，越穿越长。"指的是草鞋短点尺寸没关系，穿旧了自然就会变长。

（三）居住民俗：木屋

木屋随处可见，当地居民仍旧住在传统的木屋中。木屋同时也是边城土木建筑史上工艺最为精细、历史最为悠久、最受边城人喜爱的房子。木屋的特点是夏凉冬暖、通风透气，常年居住不会遭受风寒潮湿侵体，加之其成本较低、建造快、便于维修的优势，建造木屋便成了茶峒一代又一代人的习惯。木屋结构看来简单，其工艺却特别精细和繁杂。木屋的设计尤为重要，一栋木屋需多少柱头、多少挂子、多少掌方、多少挂扣、多少檩子、多少木钉门，采用几分水面，用多少瓦角，怎样翘檐，如何钉檐口等，全都装在木匠心里和他那根用于丈量的竹篙上，通过他无数次的比画，花上几十个工日，才能进入排扇（合架）阶段，通过竖屋敬鲁班后，方才建成一栋崭新的木屋。屋的宽窄、高矮亦记录在木匠那根竹篙上。木屋有高有矮，有单间、双间、三间、五间或七间，有正屋、厢房、平屋、楼房，特别是江边沿河的吊脚楼，更显示出了木屋工艺的高超，更厉害的是他们的雕花工艺，雕龙成龙、雕凤成凤，雕出来的作为装饰的飞禽走兽显得活灵活现。

木屋里不论有多少个房间，中间的一间定为"中堂"，又叫"堂屋"。尽管是两间，也要按大小定一间为堂屋，堂屋大门要开"六合门"，木匠要用"门官尺"来算尺寸，中间两扇宽，边上四扇窄。"六合门"分两节，下装木板，上雕花板，两间厢房只开半截花窗一个，有雕花的和打格子的，格子花样很多，可以按照喜好选择。木屋装板壁十分讲究，装神壁、大门都要先请师傅、敬神，以求大吉大利。安装多在夏天，原因是木料干燥，很少出现裂缝，这样建造后框架结构才紧实，加上涂的油为桐油，板壁就更牢固结实耐用，不会变形。

木屋的房顶"兴"（流行）盖青瓦，分高低采用平台，或放低尺码呈"八"字形，每台前后墙角封成"翘檐"，又叫"搬鳌"。围墙一般只封齐楼口，起保护作用，主要是防盗，但不防火，这多数是单家独户的人喜欢围墙的原因。

（四）商贸民俗：赶场

逢五、逢十赶场是茶峒的传统，每当赶场的日子，从清早四五点开始一直到中午，老街上的人络绎不绝，周围的镇子和山上的苗族百姓也会来赶场，热闹非凡。从老街沿路而上，就到了赶场的地方。原本赶场是在山下沿江一带，后来由于旅游景点开发和规划设计，搬到了上面。赶场的生意人有的为长期交租金租摊位，卖食品，农畜产品，日用品如衣服、鞋子等；有的人则是偶尔背着背篓，逢收成的时候卖出多余的产品以帮补家用。买家也是有所需时才买，也有人只是去看看热闹。

赶场的内容很多，小到买生活用品，大到美容治牙、求佛算命，甚至还有不同的赌博场子供人们娱乐。赌博的玩法多样，有专门的便衣"保安"看场子，若看到外来者拍照录像，他们会当场警告。

二、社会民俗

（一）岁时节日民俗

在茶峒，庆祝节日的方式与习俗也保存着当地特色。从年头到年尾，边城的父老乡亲们都按照自己的传统习惯延续着这些习俗。

冬至过后人们开始腌制腊肉。选在这时节是考虑到季节节气，因为在这个时节腊肉才能腌制得特别香、不发霉。同样，冬至以后才做糯米粉，否则不香不糯不好吃。冬至是寒冷的气候达到顶峰的时候，糯米粉的味道也会相当好，现在仍旧沿袭。边城还有煮甜酒的习惯，煮甜酒用糯米，有一套工序：选用上好的糯米，放在水盆里发胀等待，第二天用"木蒸子"蒸。"木蒸子"是高的桶状物，一般水烧开后，会有蒸气。蒸的时候须"莫塌气"（即用锅盖盖住上升的气体），如果未盖住就无法蒸熟糯米。有一个有意思的讲究是：蒸糯米的时候，怀孕的女人不能看，如果怀孕的女人看了，糯米就无法蒸熟。

腊月二十三"扫阳尘"，各家各户忙着打扫卫生，为新一年的开始做准备。这天，每家每户也要送灶神，又名"谢灶"，提前准备好茶、红包、香烛。一般为穿青衣戴小帽的法师，双手捧着小钹来到家中，法师敲小钹，还边唱边作揖，约十几分钟后，便将灶神"送上了天"，他将红包收下，又走到下一家。

腊月二十八过小年，小年就是要吃青菜。过小年吃青菜意为一年"青青吉吉"，就是祝福平安的意思。腊月二十八以前要打糍粑、煮甜酒，通常为自家打糍粑、煮甜酒，这些通通要在腊月二十八前完成。

大年三十晚上要贴对联、贴喜钱、贴门神，且要在吃团年饭前完成。喜钱是用四方形的红纸，将其四周雕出花纹，就是剪纸，中间写着"新年快乐"或者"恭喜发财"。喜钱贴在正门中间，以前很兴这样贴，看着喜庆，又给人一种很神圣的感觉。接下来是吃团年饭，旧习俗是吃团年饭之前必须拜祭祖宗，将拜祭所用食物摆在祖先牌位正下面，一般用腊猪头、腊鱼和公鸡三种肉类祭拜，俗称为"猪头三牲"，有钱人家都会如此祭拜。如果是穷人家，就摆上一块煮熟的肉，也叫"刀头"。如若家庭实在穷困，也就摆两个糍粑粑或者油香粑敬奉祖先。不管有钱没钱，都一定要祭祖。作揖磕头后才可以开始吃饭。不论长幼辈分，家中的人都必须上餐桌共吃团年饭，不能像平时吃饭一样"不围桌"。座次要分大小方位，坐好后共同请酒祝福。即使再困难的人家，也要称四两肉，这样才表示过了一个"年"。大年三十那晚，要点三支香（一炷），由家中男子朝牌位、门槛、门匾三个方向祭拜。

大年三十晚上除了吃团年饭，还要"烧旺火"，即将柴火放在家中的火坑里烧。烧的时候一家人围着旺火拜拜，昭示着旧的一年、辛苦劳作的一年过去，祈求新的一年平安和乐。晚上烧旺火到半夜以后，每家每个人都要洗热水脚，洗热水脚的意思是表示"一年四季走好运"，以后逢好事、喜事、生财有道，走路才快。如果有人做生意发财了，也会说是因为"三十夜洗了好脚"才发的财，于是也就有了这样的俗语："三十夜洗了好脚，你一定就能走好运发财。"如果说"恭喜你三十夜洗个好脚"，意思与"恭喜你发大财"是一样的。洗好脚之后就没有什么其他事情，以前没有"春晚"看的年代，一家人就睡觉了，现在则会聚在电视机前看完"春晚"再去睡。

大年初一的时候，家家户户大人小孩都不起早床，因为大年初一不能开"财门"，一家人起床吃过早饭后，便坐在家里谈心或做家务。小辈们都要主动到老人屋中请安、磕头、贺新年。如若是有80岁的老人，尽管只是认识的三四十岁年纪的中年人也要过来拜年，老人给小孩发压岁钱红包。

大年初二不开家中正门，只能开侧门出入。如若到街邻父老、亲朋好友家拜年，要亲自带礼品登门拜访，外出路上碰上熟人，要互相拱手拜年。初二还有带"猪头三牲"去"敬庙神"的习俗。边城镇这里有四座庙，分别为观音庙（马王庙）、天王庙（三王宫）、万寿宫和禹王宫，同时还要敬保佑一方平安的神明——"土地神"，即敬土地公。

从大年初五开始赶"开年场"，又叫"拜年场"，生意人开始做生意。从这天起也开始玩灯。玩灯队只敬"庙神"，俗称"开光""挂红"，只有拿"开光"过的灯去给别人拜年，别人才肯接灯。这里还有一个习俗是白事人家不接灯，玩灯队也不去拜年。而且辨别白事人家的标志是看门上是红对联还是绿对联，绿对联说明这户人家有孝服在身，要等3年后才能接灯。

从正月开始，庆贺新年的主要活动以"舞灯"为主。"舞灯"包括龙灯、狮子灯、花灯等。正月初五到十五的主要娱乐活动是"舞灯"和打金钱板。金钱板为一个一米长的竹筒，打通竹筒，把钱串起来摇，"金钱"为圆形方孔铜钱，现在仍旧可以找到。家家户户几乎都在门前挂彩灯，有宫灯、竹编灯、扇子灯、走马灯、凉瓜灯。

满街都玩龙灯，同时龙灯也到屋里"玩"，龙灯队白天要先下帖子，告知来的时间，然后主人家准备送的东西，龙灯进屋玩灯以后，要"答话"，就是要"赏"。龙灯来时，要放鞭炮迎接、烧香纸，到门口烧，走时要送红包，或者糕点、香烟。龙是吉祥物，寓意着恭喜发财。当地村寨每年都会组织龙灯队玩龙灯，玩龙灯已有1000多年的历史了。

正月十六，"烧灯送神"后，春节算是过完了。

二月过"社节"，"社"代表一个节气，正月立春，二月雨水，今至春分，春草萌芽。"社"是指地方民族的农历，代表春草发芽。"社菜"长了嫩苗，村民便把它们采摘回来，剁碎，把苦水沥干，用锅炒干，把腊肉切成块状，把"社菜"混在腊肉里再拌匀，放花椒、盐、葱等辅料，做好后特别香。下面一个包，上面一个细管，在铁锅里面煮糯米，将米汤倒出，将腊肉放进去焖熟，就成了上等的"社饭"。以前有"社骏"，是一个忌日，也为茶峒地方风俗，在日期上起到一个过渡的作用，表明立春后吃过"社饭"，人们应当开始新一年的劳动。

三月清明，清明讲究"前三后七"，即清明节的前三天和后七天都可以去拜祭。家家户户在这天准备扫墓用的香纸、蜡烛、清茶、白酒、刀头、贡果。坟上插上清明吊，表示"后代有人"。家人烧香化纸、放鞭炮，作揖磕头表示对死者的一片敬意和孝心。在清明这一天，可以上坟，可以扫墓，可以踏青，但是不能动土，这是一种忌讳。茶峒清明节这天，大姑娘可以出门，出门上坟踏青，纪念祖先、亲人。有时逢清明那一天恰好为"寒食节"。关于寒食节还有个故事：有个叫介子推的人，不愿意为朝廷办事，就去了绵山；皇帝下令让他出山，他不愿意，皇帝就放火烧死了他（"火烧绵山"的典故即来源于此）。后人为了纪念他，就把介子推被烧死的那天称为"寒食节"。

五月端午节，是为纪念屈原。茶峒人习惯在端午做舂糯米粑粑，即把米捣碎，用筛子筛出，糯米与黏米以3∶1的比例混合，主要是包粽子，当地人叫"角角粑"，为倒四棱锥形状，再如同普通粽子一般捆起来。每家门前要挂菖蒲、艾叶辟邪。据传说，端午时节是蛇虫蚂蚁最活跃的时间，会来扰乱人间，挂菖蒲在门上，外面再乱，它们也进不来屋里。有个道士这样讲，艾叶的根部同时也是中药，一般用艾叶晒干后搓成棉花（絮）状，用艾灸可治很多病。祖传秘方为"针"和"灸"，穴位为"列缺""太渊"，而且身体疼痛时都可以烧艾叶去痛。同时端午节时还要将白酒、雄黄、大蒜泡成雄黄酒，作用有二：一是食用，能杀菌，但因雄黄酒毒性比较大，所以不能多喝，在吉日抿一口即可，喝了雄黄酒，免灾免难，人不生疱疮；二是洒在角落防止昆虫、毒蛇进屋。

吃鸭子也是当地过端午节的一大特色，而且"抢鸭子"是端午时人们的娱乐活动之一。"抢鸭子"活动开始前先把鸭子脑袋的毛剃掉，再把花椒和盐擦到它们的毛里，然后关进笼子。在清水江边，"抢鸭子"开始，被擦了花椒和盐的鸭子会觉得特别痒，它们一痒，见了水就往水里头钻，或往水上飞，加上人一起去抓，它们就拼命地蹦、钻，水手们抓起来很费力，这样场面就相当壮观和有趣了，包括划龙舟的船手在内，多数人都去"抢鸭子"，谁抢到谁就可以把鸭子拿回家。现在参与"抢鸭子"这一活动的人就不知道这种老方法，这也是人们常说的"老人不讲古，伢儿（小孩儿）失了谱"。

端午节还兴"大端午""小端午"，小端午就是五月初五的端午节。如因山河雨水导致"小端午"涨大水，没办法进行娱乐活动，便会改到五月十五的"大端午"进行，如大端午再涨大水，划龙舟等庆祝活动便会取消。

早餐吃过"包面"（别名"馄饨儿""抄手"）后，比赛划龙舟的人便下河划船，周围男女老少也来当观众凑热闹。用"桡"（比桨长度稍短的工具）划龙舟，因为没有第二、第三名，划船赢了就是真正的赢家，赢的一方把"桡"举高以示胜利。

"抢鸭子""抢包子"（极为少见）、"抢猪尿泡"都是端午节的娱乐活动，其中最有意思的当属"抢猪尿泡"。小的尿泡从杀猪的地方找回来，与地草灰混在一起踩，把脂肪全部踩掉，把它踩爆，再用稻草挂起来将其晒干。然后往里面塞一两块光洋（旧时为"袁大头钱币"），把尿泡吹胀，吹成气球那么大，用线把尿泡的"蒂"捆实，不让里头漏气，然后剪平，造型像气球一样，但不同之处是没有能直接攥住的地方。最后把十五六个"气球"摔到河里。由于猪尿泡是干的，待见了水后，摸起来很滑很难抢，一碰它，它就跳到水面上，引得人们争抢，场面壮观有趣。虽然在两岸观看的人干着急，但却使不上力气。最终还是懂得用技巧、有"技术"的人才能抢到。技巧就是慢慢等猪尿泡浮上来，不让波浪推动它，把它引到一个浪静的地方，一下拿起。"抢猪尿泡"不讲输赢，抢到的人就把猪尿泡带上岸后一拳打破，或者戳破，把两块光洋拿走。

六月六，有一个习俗为"晒龙袍"，另一个为"吃伏羊"。"晒龙袍"就是每家每户把冬天里贵重的毛衣，特别是羊皮、豹皮袍子拿出来，经六月六这一天的太阳一晒后，就不会生虫子，一直可以保存到下一年。"吃伏羊"是指伏天吃羊，"伏天"是三伏天，分头伏、二伏、三伏。在这一天吃羊，对身体有益，使人不生火气，相反还能去火，尤其是在肝火上身的时候可以去火，其实这是"馋嘴人"的讲法。在这天，男女老少也互邀上香炉山、八排洞、大坡、马鞍山上去"打平伙""吃伏羊"，敬高坡菩萨。

七月十五，也称"七月半""鬼节"，也叫"中元节"，实际上是祭祖的日子。到七月，需要给祖宗钱。如给过世的人"烧包封"，其实就是烧纸钱。"烧包封"就是用纸把散的纸钱包在里面，纸上写着过世的人的名字。如果写父亲的名字就只给父亲用，母亲不能用。例如，纸上写着"建中元之期虔备包财，上奉，故父某某某大人亲收，孝某某某"的字样，从右到左，就像寄信一样，而且给父亲的就写父亲的名字，给母亲的就写母亲的名字，互相分开。除了这个以外还有"烧散纸"，就是将纸钱烧给生卒年不详的人，比如太公等记不得名字的人，就为其"烧散纸"，烧了之后，各路孤魂野鬼会回来"抢"，谁"抢"到就是谁的。

八月十五中秋节的传统习俗有吃月饼赏月、吃鸭子、偷瓜送瓜等。鸭子的做法有黄焖鸭、麻辣鸭、卤鸭、子姜鸭等。将鸭血滴进糯米里，再将糯米放入鸭子中煮，很入味。黄豆子"焖子鸭"更是一大特色，"边城鸭子"堪称一绝。此外，还有吃糯米做的粉粑粑，偷瓜、送瓜、抢月等习俗。晚上偷瓜是为了送瓜，送瓜给没有生孩子的女人，祝愿她来年能生孩子，所以送瓜就是送祝福。如果送买来的瓜是没有这个寓意的，所以要偷来送她，因为买瓜要花钱，而偷瓜则不需。偷瓜时如被主人家撞见是要被骂的，但被骂也是吉祥的，被偷的人家一般不撵偷瓜的人，因为知道这人偷瓜是为了做好事送人。一般偷冬瓜、南瓜。偷冬瓜是因为冬瓜圆圆的长得像孩子的身体，加上柚子像人的脑壳，偷瓜人用刀子刻出眼睛、鼻子、嘴巴，然后将柚子放在冬瓜上，就成了一个小孩。再把冬瓜的瓜肉瓣取出灌进水，放一个红辣椒做成男性生殖器，给没生孩子人家的妇女送去，祝福她生一个身体强壮的娃娃。偷瓜送瓜主要是"送吉祥、送美好"。再晚些大家就看月亮，聊家常，各家各户也把大锅子摆在自家门外，里面放着大骨头炖着，洒些盐巴煮清汤，偷来的南瓜、冬瓜直接放在锅里煮熟。大街小巷的人们都会到锅里盛瓜，可以随便吃，你装一碗，我装一碗，大家一起就是为了吃出热闹的气氛。

九月九日重阳节的习俗之一就是做春粑粑。茶峒的油香粑是用粳米做的，用粳米加黄豆磨成浆，再加食盐、花椒。这里的粑粑还有包猪肉馅的。当地有个说法叫"重阳不舂粑,老虎呷他妈",因此人人都要吃粑粑。特别是苗家人,过重阳是最讲究的。还有一个就是登高爬山,去庵堂、庙宇,与好友闲谈聊天,或吃一餐斋饭。

十二月进年关。从冬至开始到腊月,家家户户就开始腌制腊肉、做米豆腐、舂粉粑……冬至后做的食物更香,煮的甜酒也特别甜。当地腊八也喝腊八粥,"腊八豆"是一种豆腐的名称。

(二) 民间娱乐民俗——放河灯

过节时,茶峒也举办放河灯等娱乐活动。河灯,是放在水面上浮起漂动的灯。放河灯,大多数是庵堂、庙子做斋,或地方上打扫、做道场时放,其意指超度孤魂野鬼,为求吉祥如意,保佑地方平安。

放河灯的"灯"是把生柚子切成片状,做成灯座飘浮在江面上,每个柚子片上面插上4个香棒,组成四方形,用红、黄或绿袋做成灯罩,内点红烛,便成了河灯。放灯下河的时候,要请做法事的道士如"孔明借东风"那样坐在高台上,燃香点烛,口念咒语,叨叨不绝。河岸上还要摆若干斋粑、豆腐和毛人(用纸扎的人)。烧纸制的长钱、放鞭炮、念咒后,才能将灯点燃放进河里,让它随水漂走。

现在放河灯较以前有所改变,是以观赏性为主的新式河灯。河灯有莲花灯、串串红灯、标语牌灯、白蜡灯、小河灯、大河灯、龙灯、宝墙灯、旋转灯、吊脚灯等10多个品种,照亮了清水江,也照亮了河两岸。每到放河灯的时候,边城的清水江上便成了灯的世界、灯的海洋。

三、精神民俗

(一) 辟邪

当地很多人都会手戴一只银镯,男子将银镯戴在左手,而女子则戴在右手。手上戴银镯是用来辟邪的,镯子的样式是普通圆环状,没有特别的雕花装饰,但镯子的含银量都是98%。手镯是由需要辟邪的人的舅辈专门去找银匠打制的,并且到庙里开光后亲自为外甥戴上。戴上后要等银镯自然脱落(例如游水时不小心丢掉),才可以不再佩戴。如果青少年上学时经常和别人打架惹事,不好好读书,家中的人就会请舅舅为外甥打制银镯戴上,据说戴上银镯后外甥就不再与人打架了。

当地很多木屋建筑——民居是有200年历史的重点保护单位。有的民居的门口正上方挂一面镜子,这镜子意味着将不吉利、不祥和的事物反射到家门外面,使其不能进入家中,有辟邪之意。

(二) 数字忌讳

茶峒人对数字特别讲究,有忌讳,也有喜好。数字从一到九,各有评价和用处,有民谣写道:"一品当朝,二进宫,三进士,四季发财,五子登科,六位高升,七子团圆,八仙过海,九长九(久)远。"

对于忌讳,例如"36"这个数字,在当地被认为是最不吉利的数字。因为不论男女,最怕过36岁,"男怕三六九,女怕二七十"。人一到36岁时,就容易患病、事业不顺利,若未婚娶,则这年也很困难。因此,有人摆酒席设宴请客,想要进行"冲喜",表示36岁这个时刻"转运",期待事业、财运、家庭兴旺。

如果买东西付钱时遇到"36元"或者"360元"时也要避开,商议变成358等其他数字。婚礼喜酒、寿宴、满月酒、葬礼等红白喜事记账的礼簿,大家都不喜欢被记在第36号的位置,所以礼簿上的"36格"需要空出来再继续往下登记。镇上的人遇到不顺利的事情时,会买"三尺六"的红纱棉布,到观音庙向庙里的神仙菩萨许愿,敬奉菩萨,驱除不顺心的事,如祈求不得病和易婚娶等。

但"三六"忌讳对于牲畜就与人大不相同。例如猪、牛、羊的圈栏,必须在长、宽上都要有"六",寓意为"六畜兴旺"。如果请木匠做桌子,则离不开数字"八",即"三八桌子"(2.4尺)、"二八凳"(1.6尺),做床不能离了"半"(伴),长度为半米,即长是六尺三寸半,宽是三尺六寸半。半字加个人字旁,就是"伴",谐音"伴侣",而且,六三、三六,加起来就是九九,其意是夫妻同床共枕久长长远,天天有"半"(伴)。

建造房屋不能离"八",即木屋中柱高离不开"八",不论主人家一开始想建造成一丈二还是一丈五或是其他高度,木匠都要在数字最后加一个"八",即1.28丈、1.58丈,寓意为有"八"才能"发"。木匠测"六合门"的尺寸,比如门的宽和长,都是按照一定的规定,尺寸也都是为求吉祥、幸福。他们也喜爱"四",因为"四"代表着"四季发财","爱八要得发,不离八;爱九,遇事都久长长远"。当地人也同样认为,"六"和"八"是比较吉利的数字。

总结起来就是:"圈离不得六,床离不得半,房离不得八。"

关于修猪圈还有一个故事。以前有个木匠修猪圈。猪圈修成之后,他就把猪赶进去了，但是他也坐在猪圈里不出来。主人问他盖好了为什么不出来，他只说："你给我做吃的我才出来。"主人说："你出来，我们一起出来坐在桌子上吃多好。"但是木匠就是一直不肯出来。主人只能给他做了一碗面，端进猪圈给他吃，于是他就大口大口地吃起来，吃得又快又急。吃完他说："吃得好，长得好。"他后来解释："在这里吃得好，你以后养猪，猪也能吃得好、长得好，希望你以后发财。"原来，这个木匠刚修好猪圈的时候，就把自己当"猪"，是希望主人家的猪以后"吃得好，长得好"，是个好意头。

（三）出门忌讳

茶峒人参加生产劳动、出门做生意、走亲访友都很讲究，如出门时辰一般是早晨。以前一开门看见妇女，心里头就会不舒服，特别是打牌赌钱的人，看到女人会立刻关上门。因为在当地，一出门看见女人是个忌讳。在上厕所时，若听到阳雀叫（阳雀叫作"不死也要脱层皮"）是不吉利的，意味着你快要离开了。有的人甚至会到外面去乞讨百家饭3天，以求平安。

若出门前听到乌鸦叫，则宁愿不出门，因为乌鸦"心直口快"，"哇哇"的叫声很是凄凉，与喜鹊"喳喳"声形成反差，会让人听到后汗毛竖起，所以通常会在第二天另外找个时间出门。

出门碰到妇女的，会骂自己运气差，起早了遇到"披毛鬼"。但是女人会好言好语地应对，例如会说："你碰到我行大运、发大财。"这虽然是种安慰，但还是觉得会遇到倒霉事。特别是打牌的时候，会感觉一天手气都不好。一般出去打牌的，若是头一天晚上梦到棺材，或是涨洪水，或是捞到鱼，便觉得这些才是好兆头，打牌会赢。如果梦到吃饭，打牌肯定要输。这些是老一辈人多年总结流传下来的，没有办法解释，只是一个民风习俗而已。

（四）捕鱼划船忌讳

捕鱼或者划船之人忌讳说"翻""打""倒""扑""沉"几个字。在水上即使说"翻菜"也要说成"转菜"。另外，妇女不能够坐船头，因为这样不吉利。卖船的时候可以卖船只，但是不能卖锚，否则以后的船只容易被水冲走。

四、语言民俗

（一）山歌

茶峒人民喜欢山歌，从内容上看，有风俗歌、仪式歌、情歌、时事歌，等等。唱腔上有"坡头腔""沿河腔"之分,演唱的方式有"热唱"和"冷唱"两种。"热唱"为触景生情,很多人根据不同场景和人物事件,能够信手拈来,不停歇地唱着不同歌词的山歌;"冷唱"则是编好歌词后再唱。

若逢婚礼、寿宴等喜事,有的人家会专门请山歌队来唱山歌庆祝,青年男女也会通过山歌来传达爱慕情意。当然,也有很多的山歌唱出了茶峒当地的民风民俗,这些都被编辑成册收录。以下列举几首:

拉拉渡上过把瘾(张忠献 编)

男:边城茶峒有条河,重庆湖南隔河坐,渡船老板不摇桨,过河过水拉铁索。

女:渡船老板拉铁索,为妹想去来邀哥,我坐船上你拉船,上岸打酒请哥喝。

男:老妹打酒请哥喝,请妹看哥拉铁索,只用木棒不用手,两头渡船两头梭。

女:刚才我俩到茶峒,一下就到洪安坡,拉拉渡呀拉拉渡,渡船老板好快活。

男:这个渡船不用桨,当然老板就快活,渡船接送千万客,客人上船把瘾过。

女:老妹也要把瘾过,送我木棒拉铁索,为何木棒不顺手,险些老妹搭下河。

看龙船(张忠献 编)

男:吃罢端午酒和饭,哥邀妹妹去河边,我俩并排站拢来,一同去把龙船看。

女:哥邀妹去看龙船,就怕爹妈不喜欢,男大当婚女当嫁,众人面前难显眼。

男:老妹实情对我言,这桩实情也不难,我俩同对爹娘讲,他们一定不会拦。

女:你要邀我你去讲,爹妈面前我不言,如果爹娘答应你,妹打花伞陪你玩。

男:糍粑蘸糖糯又甜,丈母娘看郎好喜欢,一年一度看龙舟,她叫妹同哥去看。

女:既然爹妈同意了,我俩双双去河边,花船上面围鼓响,只只龙船划得欢。

桡板打得水花沾，锣鼓敲得震破天，划了一船又一船，观者得尝更喜欢。

男：妹喜欢来哥喜欢，我俩再往下面看，听说今天抢鸭子，哥先给妹讲一遍。

女：哥哥莫讲你快看，河里鸭子到处窜，水手你撑他又抢，鸭子拼命水中钻。

男：人在抢来鸭在钻，岸上人声笑翻天，鸭子终于被抢去，打起平伙更壮观。

老妹耐心慢慢看，下面节目更好玩，边城人抢猪尿泡，比抢鸭子还要难。

女：哥哥快把河里看，尿泡全部浮水面，你争我夺好吃亏，抢着一个飞上天。

男：你看好看不好看，累坏好多男子汉，看看尿泡也到手，一滑一溜飞一边。

合：真好看来真好看，笑破肚皮腰闪断，边城风情实在美，一饱眼福代代传。

（二）神话传说

1. 火灾

1956年2月16日，村里发生了一场火灾，大户人家被烧掉了，火灾的地点就在天王庙那边。大火烧了100多户人家，具体的位置便是在杨道士家转弯的位置。这里曾经有一户姓田的人家，人们称他为"田雕匠"。田家是专门雕菩萨的，雕的菩萨就是天王庙等庙子里的菩萨。那场大火发生的时候，田雕匠家周围都是火，四周的房子都烧着了。而他们家是木屋子，没有砖墙，但奇怪的是大火就是没烧着他们家，这是无法解释的。田家的木屋最烂，条件最差，正常来说他们家应该最容易着火，但是火都没飘进去，这是茶峒镇的一个奇迹。这里人都说因为他是雕菩萨的"田雕匠"，有菩萨神灵保佑，所以才没烧着。

2. 蛟龙下海

1950年夏，茶峒涨了大水，水势特别凶猛、湍急。传说有蛟龙出现，水涨到了最高水位，水到了"幸福苑"（茶峒的敬老院）门口。门口停的两辆大货车被冲得连车轮都没了，这里的桥也被冲垮了。但是，奇怪的是，老街一点水都没有。据后来考察，水是往"贵碳村"去的。这场洪水，传说是"蛟龙下海"，老人说有条龙顺水而下。蛟龙不残害人民，它要出来生活，要下海，就不能够用水湮灭生灵，因此不往茶峒这些老街淹。

1963年发大水，治水过后，这里有一种说法叫江水"吞生"，外地人总有因游水而溺死的，因而本地人都会劝外地人不要下河游泳。

五、人生仪礼民俗

逢喜事时，请客必不可少，通常会邀请街上的亲戚、朋友来做客。程序是先发大红请帖，奔走告知人家时间、地点、目的。参加宴请的人要带上一定的礼金前往以表祝贺。从前逢建房、婚嫁、老人去世才收礼金或者摆酒，近年来兴起了满月酒和生日酒，收礼风气日渐加重。

（一）寿宴

茶峒的男人过寿是按照虚岁来庆贺大寿，而女人则按照周岁过寿辰。比如男人在59岁时要庆贺60岁大寿。当地俗语说："人到三十抵半世，有命才作六十岁。"这表明60大寿是值得庆贺的岁数。过大寿时要摆桌请客，请镇上的亲戚朋友吃酒，客人来之时先去登记姓名、礼金，拿一包"白沙烟"，凑足一桌人后便开始吃饭。这饭都是用柴和大锅烧的，朋友们会帮忙来回送菜、盛菜。每一桌人吃完酒菜后便迅速离开，换上下一桌人。等到晚上的时候，家人和亲戚才在家里面吃蛋糕庆祝。

（二）婚礼

婚礼当天会请来法师做法事，迎接"喜神"。当法师完成了迎接步骤之后，就等待着新人的到来。大约上午8点的时候，新娘穿着红衣，打着红伞和新郎走过桌前，此时鞭炮声响起。当新娘子路过法师做法的桌前时，法师将做法事时用的公鸡扔过新娘打着的红伞。同时，新郎、新娘要拿着放在桌子上的柴先去拜祖先，随后要打着红伞、拿着柴走进新房，意为"大吉大利，拿财进屋"。

新人到新房中接受亲戚们的祝福并稍作休息。通常情况下，亲戚们每一家都会送一双鞋子，因为在川话中"鞋子"与"孩子"音相同，带有祝愿新人可以"早生贵子"的意味。婚宴通常是在餐馆摆桌，亲戚朋友们会前来帮忙洗菜、做大锅饭、洗碗、上菜等。

（三）丧事、孝帕

寿木是"寿屋、棺材"的统称，是给老年人提前准备的棺材。茶峒人活到花甲时，便开始为自己准备棺木。他们认为，生老病死是一种自然规律，并不觉得提前准备是不吉利的事情。相反，提前准备了棺木，对老人是个安慰，以免老人将来发愁，遭到众人笑话。另外，也是趁着有多余的钱时先办，以免以后无钱时犯难。于是，几乎家家户户屋里的阴暗角落里都摆有棺材。可能有人会觉得屋内阴气重。然而，这里的人一点也不介意，反而认为这是一笔财产，是一种行孝、安顿老人的方式。为老人准备的棺木依大小、高低分内棺、外棺，常视自家情况和喜好而定。但一般情况下，都必须大一点，因为大一点才显得气派。棺材要用漆漆好，防朽防蛀，延长入土保存期。茶峒人特别重视这个提前准备棺木的习俗，一般给老人选择最好的杉木，请手艺好的木匠做，这也成了敬老、爱老的风俗习惯。

"孝帕"又名"戴孝"。孝帕是子女孝敬老人的一种戴孝标志，其中分"家孝"和"普孝"。"家孝"即为自家的亲戚给死者戴孝；"普孝"是指除自家亲戚戴孝外，包括帮忙的人、法师、亲朋好友、送人情者都散发孝帕。"孝帕"的规格为"七父八母"，即死者是男的，主孝的"孝帕"必须是七尺长；死者是女的，主孝的孝帕必须是八尺长。因为"女人在盘儿养女"，在操持家务中是最苦的，所以给女人戴孝要长于男的一尺。"普孝"只有三尺六寸长。

（四）丧葬

茶峒习俗对在家与在外死亡的人，很有讲究。在家死亡属正常死的，才能上家仙神榜受供奉和拜祭；在外死亡的，属伤亡野鬼，不得上家仙神榜。于是，在家死者可停柩在屋内，时间三、五、七、九天甚至十天半月不等。在外死的人，只能停柩在门外院坝，停顿的时间较短，而且在人死后要请法师超度。

人死后，要给死者削光头发、洗澡，穿上白衣、外青衣、单棉衣裤，然后准备一整套褐色长黑色袜子、鞋子（鞋底为龙图案，男子穿黑色鞋，女子为绣花鞋）、寿衣（红色、青色）、寿被（儿子给老人准备青色，女儿给老人准备红色或黄色）、红色黄边枕头（价格有100元、200元、300元不等）。男子过世用"鸡枕头"象征"吉"的意思。鸡枕头是做成公鸡样子的枕头，纸钱烧成灰后装到袋子里再塞到公鸡枕头里。死者穿着妥当后被送至堂屋等待装棺。在死者上山前一两天内，如果是有女儿的，则要上"猪羊祭"，表示一片孝心和敬意。茶峒镇丧葬多为土葬，要经过风水先生用罗盘看过风水后才可以下葬到山上。

第五章 "神药两解"探究

一、巫医结合、神药两解：引人深思的民间医疗行为

（一）"神药两解"

"神药两解"包含"神"与"药"两部分。"神"是指巫医运用念咒、画符、驱鬼、祈祷等仪式驱除病人身上的病症和鬼神；"药"是指服用药物或前往医疗。"神药两解"即指将两者结合，是一种在少数民族中广为流传的民间医疗行为。

人类学的理论认为，文化上的差异导致了对病因的不同解释。与此同时，当地的经济生活水平、现代医疗卫生体系影响着人们就医的方式，决定着人们采取何种治疗手段。从某种意义上说，很多疾病并非由于细菌、病毒或生理性失调而产生的，在很大程度上是由文化和社会环境的影响造成的。[1] "生产性活动、资源和生产的组织形式、实施办法和资源分配上的差异造成的生活工作状况的差别，使得不同社会产生出不同的疾病。"[2] 因此，人们采取何种方式治病与对病因的认识密切相关。

"神药两解"的医疗行为贯穿于诸多民族，如苗族、傣族、壮族等少数民族。人们在适应自然和改造自然过程中，逐渐完善了自身的能力，产生了人类特有的思维活动模式。由于对很多自然现象（尤其是灾害）和人体生理现象的不理解，人们产生了"万物有灵"的观念，产生了对自然的崇拜、对祖先的崇拜以及各种各样的图腾崇拜，这便是原始宗教观念的起源。

---

[1] 参见刘志扬《"神药两解"：白马藏族的民俗医疗观念与实践》，载《西南民族大学学报》2008年第3期。

[2] ［美］莫瑞·辛格：《批判医学人类学的历史与理论框架》，林敏霞译，载《广西民族学院学报》1996年第3期。

如刘志扬教授曾做过白马藏族的民俗医疗观念的研究。① 他在《"神药两解"：白马藏族的民俗医疗观念与实践》一文中曾详细介绍了白马藏族的"神药两解"观念和具体表现形式。白马藏族人对于"神解"的看法和理解是："每逢遭遇群体性灾变，关系到整个社区时，人们往往求助于木座寨的最高神灵'年那撒都珠'，祭拜仪式也是全寨子的集体性行为。""一般来说，使用神灵医术治病的方式根据病情的轻重主要分为几种：如果是小病小灾，病人自己深夜去到十字路口烧纸钱，煮牛骨、羊骨或者猪骨；如果病情较重，就请人去十字路口帮着做这些事，当其回家时，就在他的家门上钉一块木板，表示把鬼钉住，使之不能跟随人进入家内。当病人病情严重时，家人就会宴请几个法师在家里诵念一日经文，还要在十字路口烧纸钱，给冲犯的神灵献酒；对于病情很重且久治不愈的，要杀牛杀羊，把病人的衣服穿在扎好的稻草人身上，请人背出去，扔在十字路口或者交通要道、桥梁等处。"

再如学者龙开义对壮族"神药两解"观的介绍。在《壮族的民间信仰与民俗医疗》② 一文中，记载了关于壮族的"神药两解"观念：壮族乡村的病人在积极寻求药物治疗的同时，还借助麽公、囊妹、道士等人员施行各种仪式来治病，且往往能取得意想不到的效果。壮族"神药两解"功能和作用为："壮族的巫术与祝由疗法与其民间信仰紧密相连，壮族村民受鬼神观念的影响，认为最大的病因是由于超自然能的精怪侵入体内，必须借由麽公、囊妹、道士进行诊治治疗。巫术与祝由疗法本质上是文化疗法，其治病的机理主要是通过心理暗示来增强患者的信心，缓解或调剂个人身体所遭受的压力，其对象偏重于慢性疾病以及属于心理与精神方面的疾病。"

（二）"神药两解"的起源

1. 原始崇拜和万物有灵观念

英国人类文化学家爱德华·伯内特·泰勒（Edward Burnett Tylor）通过对史前人类文化遗址和原始部落的深入研究，提出了著名的"万物有灵论"。原始宗教思想是人类早期的世界观，其特征是认为宇宙中有超自然的力量左右着世界的运动和变化。在当时原始而落后的年代，人类试图通过寻找某种缘由来解释生活中的现象，并认为自然界存在某种异己的、神秘的、超越一切东西的力量在冥冥之中主宰着万物，从而对自然产生了敬畏心理，逐渐形成崇拜意识

---

① 参见刘志扬《"神药两解"：白马藏族的民俗医疗观念与实践》，载《西南民族大学学报》2008年第3期。

② 龙开义：《壮族的民间信仰与民俗医疗》，载《青海民族研究》2007年第2期。

和早期的原始宗教信仰。

在土家族的习俗中,"万物有灵"的思维表现得十分显著。他们认为万事万物的背后都有着神秘的、充满灵性的、实实在在的相互关联。在现代社会,许多土家族老人保留着火烧旧物的习俗,究其原因,是因为他们害怕用旧了的物品"时间一长就成了精"。

此外,原始崇拜对土家族文化有着很深的影响,土家族的民间信仰就是建立在"万物有灵、灵灵相通"的原始宗教基础上。在生产力极其低下的原始社会,土家族先民在面对自然界的时候,感到自身力量薄弱,在面对众多诸如日出日落、雷鸣电闪、森林火灾、洪水泛滥等自然灾害和现象难以解释时,自认为在大自然的背后有一种看不见的神灵在支配着万物。这种人格化的欲望到处创造了许多神。土家族从原始社会延续下来的多神崇拜、祖先崇拜、图腾崇拜等则是出于对疾病和死亡的恐惧,也是出于征服病痛和逃避死亡的愿望,于是,人们产生了灵魂崇拜,力图通过对灵魂的祈祷和祭祀,以及针对灵魂的巫术来消除疾病、逃避死亡。

2. 巫、巫术与巫医观念

"神药两解"是原始宗教影响下产生的医疗行为。在原始宗教中占主导地位的当属巫术。先民认为生命与健康是神灵所赐,疾病是鬼怪作祟、天谴神罚引起的。巫术观念敬畏鬼神,认为神为超能神圣不可侵犯,鬼为万恶不可接触,从而产生了对禁忌、鬼魂避而远之的心理。鬼神即病因,病人要解除这些禁忌,就要拜神、敬鬼,其具体表现为祈祷、祭祀、占卜等活动。因此人类社会便产生了许多驱鬼避邪的仪式,成为原始人类的一种习俗。

随着生产力的发展,剩余产品的出现导致了私有制的产生,人类社会有了初步的分工,开始出现专事祈祷、祭祀等与神、鬼"交流"的迷信活动的"巫"。在自然崇拜的原始宗教时代,人们生病之后习惯于向巫师求助。巫师主要通过祭祀、念咒等方法为病患提供服务。克洛德·列维-斯特劳斯(Claude Lévi-Strauss)在论述巫信仰时,认为它应当具备三个相通要素:一是巫师相信自己的巫术效力;二是牺牲者或患者相信巫师个人的能力;三是社会集团需要和依赖巫术。三者缺乏任何一项,巫术这种文化形态也就不存在了。[①]

在世界范围内,特定的历史背景下"巫"的存在是一个普遍现象。"巫"是指在各个族群被公认具备最高品质的人。"巫"应是最早的"知识分子",他们能利用某种"法术"与神、鬼"沟通",同时也认识到某些自然规律,掌

---

① 参见董晓萍《民间信仰和巫术论纲》,载《民俗研究》1995年第2期。

握了某些医药知识，因而"巫"多兼"医"，古代的医字有写作"毉"者，可见医和巫是有密切联系的。《针灸甲乙经校释》中写道："先巫者，因知百病之胜，先知其病之所从生者，可祝而已也。"说明巫是掌握了一定的疾病知识的。巫医同源并存，是世界各民族都有过的史实。① 巫医是神权社会下具有神秘色彩、高度威信并掌握了一定医药知识的阶层。"神药两解"是对处于巫医分离前人类有关医疗活动的恰当概括。

重巫亦重医是土家族原始崇拜文化的核心，在土家族的民间医疗中，"巫医结合""神药两解"现象十分普遍。土家族的"巫医"作为巫教、巫术和医术的继承者，保留着巫与医的两种重要特征，在治病时始终坚持"神药两解"的原则。他们在看病、治病前，都会进行念咒、画符、祈祷、驱鬼、敬神的仪式，然后才采取按摩、推拿和开药方等医疗行为。

3. 土家族神灵体系与多元文化交融

古代土家族人对许多自然现象同样十分关注，并形成了他们朴素的自然神灵崇拜。土家族人自己本身信奉的神很多。在土家族人看来，山、树、风、雷等自然万物都有灵性。这种"万物有灵论"的观念，导致了土家族人信仰的多神性。他们不是信奉一神，而是信奉多神。他们崇拜白虎神、梅山神、阿密婆婆、火烟婆、火畬神婆、四官神、五谷神、土地神、灶神、门神、社巴神、毛娘神、财神、井水神、树神、龙神、山神、高坡煞、雷公神、风神、麻阳神、摆子神（鬼）、青草神、瘟神、地仙神、焚山神、茶神、烟神（送婆嘎）、田神、牛神等。②

除了多神信仰外，相邻民族也对土家族文化产生了重要影响。茶峒镇所在的湘西地区是具有典型意义的多民族聚居区，有土家族、苗族、汉族、白族、瑶族、回族、蒙古族、壮族等43个民族，其文化呈现出明显的多元复合、叠加的特征，宗教信仰也能看出多民族融合的痕迹，既有土家族、苗族的自然崇拜，也有汉族的道教、佛教等宗教信仰。当两种不同的文化和其文化主体共存于一个地理单元，其结果至少会有这样两种情况：一是强势文化压倒弱势文化而占据绝对优势；二是两种文化旗鼓相当，既相互影响又各自独立，并存发展。③ 在湘西，土家族、苗族、汉族文化当属第二种情况。

土家族长期与苗族毗邻而居，其民间文化信仰也相互影响。乾隆《永顺

---

① 参见马力、杨柱《论殷人疾病观念及其对医学发展的影响》，载《南京中医药大学学报》（社会科学版）2008年第4期。
② 参见丁世忠主编《重庆土家族民俗文化概论》，重庆出版社2006年版，第6页。
③ 参见周大鸣《动荡中的客家族群与族群意识》，载《广西民族学院学报》2005年第5期。

府志·风俗志》卷十载:"苗民性悍,……祀青草鬼,忌带青草入室。"土家族人受到了这种观念的影响,据《苗疆风俗考》云:"其好祀青草鬼,忌带青草入室,剖竹为契,血誓为信,则蛮庙固无区别也。"这里所说的"蛮"就是土家族。此文献充分说明土家族吸收了苗族的民间文化信仰的现象。此外,汉文化对土家族文化的影响也十分明显。土家族处于古代中原和西南之间的通道区域,与汉文化圈接壤,与汉族文化的接触很多。特别是明代以后,随着汉人大量迁入,先进的汉族文化逐步传播到土家地区。汉族的土地神在土家人聚居的地方备受尊崇,笔者在秀山、花垣等地考察时发现,几乎每一户人家的房屋旁边都建有一个土地庙。灶神、五谷神、财神等汉族神祇在土家族也很常见。

(三)"神药两解"观念下的医疗行为及意义

1. 多种多样的医疗行为

"神药两解"在湘西地区十分普遍,除了上面介绍的烧蛋习俗外,还有划水、冲煞、摆手等。在茶峒镇对岸的重庆洪安镇有一位远近闻名的苗族"土医生"龙文平。他没有门诊和摊位,主要是病人主动登门来找他看病。他自称可以医治风湿、乙肝、乳腺癌、胃出血、肾结石、肿瘤等重病,不看感冒等小病,也不看儿科。这些"农村土办法"是祖传的,是他母亲教给他的。

在龙医生家中,他告诉笔者一个治疗鱼刺卡喉的土方子——划水。具体方法是装一碗水,神解者对着碗里的水念咒语(音):"刘海道,传下来,六月十八,顽石生,疼骨蛋,花骨蛋,好时犀牛下西山,千人挑担填不满,万人挑担填不平;无风太姥君,急急如牛。"咒语要连续念三遍,当念完咒语后,水就逐渐变成类似蛋清的东西,然后用手在水上画一个"吞"字,反复三遍,患者将水喝下,卡住的鱼刺当时便可吞下。水喝下缓解后,神解者要给师傅烧香。烧香后,整个仪式才结束。

龙文平说:"这个土方子主要是这个口诀比较重要,也并非所有人读这个土方子就能神解的,需要神仙托梦才能得到。我的这个土方子就是在梦中一位老婆婆告诉我的。我醒来后,用笔写下来才有这个土方子。算算到现在我已经治好很多嗓子卡鱼刺的人了。"

此外,"划水"还可以治疗各种创伤。将"划"过的水涂抹在伤口上,无论是刀疤还是刺伤,在四五天内都可痊愈。神解后,也需要烧纸送走神仙。据居民说,这个方法很灵验,很管用,以前很多人的刀疤、伤疤都是这样治愈的,比医院快还很便宜。但遗憾的是,这个方法失传了。

2. 多层次的文化功能和社会意义

如果我们以科学的视角来看"神药两解",或许认为是荒诞的,但是,对于诸多古老的民族来说，它却有着很深刻的内涵。

首先，民俗医疗行为不是一个单纯的医药医疗的实践活动，它与经济、宗教信仰、民族间交流的族际互动等联系在一起，是文化整体的一个有机组成部分。"因为文化的意义就在要素间的关系中。"① 民间医药和医疗观念受到社会环境的制约，具有很强的社会性。

其次，"神药两解"具有一定的心理安慰作用。生活中有很多疾病是现代医疗无法解释且查不出病因的，但可以通过神解者的一些仪式或法术将其治愈。"神药两解"相当于现代医学的心理安慰、心理治疗以及转移病人注意力，从而有效达到止痛等目的，很多疾病实例都能反映出来。因此，现在越来越多的人对"神药两解"产生了神秘感；可能有人认为以其经验积累为主，只有零散的游离经验及口传心授，没有理论记录，故视其为非理性医学。列维－斯特劳斯曾用结构主义的方法对巫术治疗进行分析。他指出，巫术治疗法和心理分析法在目的和方法上是相似的。两者的目的都是诱发某种经验，都是使处于无意识状态的冲突和阻力进入意识之中，巫医使停留在情绪层次上的状况转为思维层次上的状况，使身体无法忍受的痛苦能被意识接受，心理分析专家是通过移情出现在病人的冲突之中，消除病人头脑中的荒诞故事。

最后，"神药两解"还体现出一定的社会文化整合和传承功能。如土家族、苗族的原始崇拜、多神崇拜观念、魂魄观念以及避鬼心理等。这些观念往往代表一种群体行为，体现出一种广泛的社会意识和共同的民族心理素质。"神解"中的巫术仪式在潜移默化中成为联系群众的纽带，增强了民族凝聚力，强化了集体观念和民族意识。此外，神解者往往都是本民族文化的记录者，是民族文化的"活化石"。神解方式是人们历史经验的总结，它包含了人类对大自然的认识和理解，包含了一定的合理的地方文化和医药知识。

综合而论，湘西茶峒地区"神药两解"的行为融合了民间信仰体系中原始信仰、本土多神信仰以及汉文化中佛教、道教的成分，它通过将"神"与"药"巧妙结合的方式，真实地反映了湘西地区人们的宇宙观、思维模式和心理特征，是茶峒镇文化多元性、复合性、叠加性以及兼容性特征的有力证明。

在科技文化高度发达的现代社会，"神药两解"的现象依然存在于茶峒地区，不仅作为驱邪除病的手段存在，而且渐渐形成一种地方观念。尽管"神解"活动中有迷信、落后的消极的一面，但也应该看到它在对人们进行心理抚慰时具有信仰的独特优势。

---

① ［英］马林诺夫斯基：《文化论》，费孝通译，华夏出版社 2002 年版，第 151 页。

二、转型时期对少数民族地区传统医疗观念的看法

（一）社会转型与传统民间信仰

马克斯·韦伯（Max Weber）指出：现代化是一个不断祛魅的过程，社会生活越来越理性化。那么，不断发展的现代社会是不是就不需要民间信仰了呢？学者金耀基给了我们答案："中国现代化运动绝不是斩绝中华传统的反古运动，也绝不是全盘西化的同化于西方的运动，中国现代化运动绝不是中国文化的死亡，而是中国文化的再造。"[①]

在传统社会的精神文化中，民间信仰作为一种相对稳定的文化现象，存在于大众生活的方方面面，几乎能在任何一个适宜的地方，甚至每一个人的行为举止中反映出来。它作为一种不自觉的力量支配着人们的行为，是民众精神文化的建构性因素，其整合凝聚和教化控制的功能有利于社会结构的稳定和巩固。

与其他社会文化事项一样，湘西茶峒地区的医疗观念和实践也一直处在一个动态的发展过程，生计方式的变化、宗教信仰的变迁、现代科学知识的引入、国家主导的医疗卫生体系的建立等都对茶峒镇人们的观念和行为产生了深刻的影响。湘西茶峒地区原有的民间信仰和医疗行为，是土家族、苗族、汉族等多种文化元素相互叠加融合的结果，是当地多元文化长期交流融合的结晶，是茶峒的苗族、土家族、汉族等多个民族在与自然、疾病、创伤做斗争的过程中，在生存繁衍的漫长岁月里，积累的丰富的医疗保健和民间医药经验，是具有民族特色的民间信仰和医疗文化体系，是珍贵的和值得保护的民族遗产。

（二）转型时期的少数民族民间医疗观念

从文化整体观的角度出发，"人类学的整体观强调人类社会的不同部分是相互整合的，对人类学家来说，一个特定的文化研究不仅包括对政治、艺术、宗教、文化、亲属关系、经济的逐项研究，而且要把特定文化的各个方面与更大的生物环境和社会环境相互整合，形成系统来研究"[②]。因此，民俗医疗行为不是一个单纯的医药医疗的实践活动，它与经济、宗教信仰等联系在一起，是文化整体的一个有机组成部分。

少数民族的民间医药学是一门经受了千百年实践考验的传统医药学。虽然在许多少数民族地区，由于历史的原因和特殊的地理环境，经济文化还十分落

[①] 金耀基：《从传统到现代》，中国人民大学出版社1999年版，第160—161页。
[②] 周大鸣：《文化人类学概论》，中山大学出版社2009年版，第2页。

后，民族民间医药在其发展的各个历史时期难免受到神灵、宗教、巫术的影响，因而带有封建迷信的色彩，但是民族民间医药学来自千百年少数民族先民的生产实践，是民族文化的一部分，对丰富祖国医药学宝库做出了贡献。在民族民间医药学研究中我们不难发现，古代不少植物药、矿物药及动物药一直沿用至今，许多具有民族特色的民间疗法，至今仍然以简便、奏效、实用取胜。民族民间医药治疗疑难杂症的有关报道屡见不鲜，即使在现代医学发达昌盛的今天，民族民间医药学也同样受到各方面群众的欢迎。

"神药两解"在现代人看来是神秘而迷信的文化现象，但总的来说，它在部分区域性少数民族的思维里是笃信不疑的，人们对它虔诚备至。正是这种虔诚心理使得人们容易接受暗示，使疾病得到一种身心方面的积极感应，减轻甚至消除了人们对疾病的恐惧，对疾病的治疗起到一定的作用。这种虔诚心理的作用类似于现代心理学的暗示作用，这无疑又启示我们如何客观性看待神药两解在疾病治疗中的作用。巫医者通过驱鬼神、念咒语等一系列祭祀活动消除患者思想顾虑，达到精神治疗，再加上使用药物进行疾病治疗，病情就会日渐好转或康复。由此可见，精神治疗也是疾病治病中的一个重要环节，这时的"驱鬼神"所产生的效应并非纯粹意义上的驱鬼神。

随着经济、政治、科学、文化交融，现在为数不多的、在民族医药中存在着的"活化石"——"神药两解"现象趋于消亡，但巫术、巫医在民族文化发展过程中的历史地位是不可抹杀的！巫术同样也是民族文化中不可或缺的组成部分。科学研究表明，巫术和巫医虽然包含着大量的心理暗示和伪科学的成分，但并不都是反科学的。事实上，许多民族医药知识的产生和积累常常与巫术、巫医相关。因此，我们应该从特定文化及客观实际的角度来认识与衡量少数民族民间医疗观念，重新界定其历史价值和学术意义。

小 结

人类文化具有多样性，我们不能用熟知的文化习惯、价值观念评判"神药两解"文化的优劣，更不可能用某一种民族文化去取代另一种民族文化、用一种医学模式完全取代另一种医学模式，任何一个时代的理性医学都是相对而言的。在许多边远贫困地区，"神药两解"疗效显著、无毒副作用、经济、方便，亦可以缓解当前医疗资源的不足，尤其是面对久治不愈的病症或突然来袭的病灾时，人们在心理上更倾向于找到心理安慰和寄托的力量，因此，其有必要性和合理性的一面。神奇的"神药两解"疗法将会是诸多学者深入研究的特殊领域。

第六章　旅游对经济的影响

旅游经济是指"由旅游者的旅游活动引起的，旅游者同旅游企业之间以及旅游企业同相关企业之间的经济联系"。其中，旅游者与旅游企业之间的经济联系表现为：旅游企业为旅游者提供吃、住、行、游、购、娱等服务，而旅游者给付一定的报酬。在此过程中，旅游企业为安排好旅游者的旅游活动，就必须同其他相关企业或部门发生经济联系，而这些经济联系便构成了旅游经济的全部内容，它是国民经济运行的重要组成部分。

一个地区发展旅游业势必会对该地区的发展造成一定的影响，包括积极的或消极的影响。随着旅游业在全球范围内的迅猛发展，旅游业的发展对旅游目的地产生的影响越来越突出。从1960年起，关于"旅游影响"的研究已成为西方旅游研究的热点，主要集中在旅游经济、旅游环境与生态、旅游社会文化三个方面。

一、经济发展现状

（一）种植业衰落

2009年以后，种植业相对于以前开始衰落。一方面是因为2001年以来政府一直推行退耕还林政策，很多耕地被用来种植林木，并且人们为了建设房屋等，不顾耕地红线，导致耕地大量减少。另一方面是因为种植业利润较低，远没有打工挣钱多，所以很多年轻人放弃耕种土地而外出打工。茶峒多山地，很难推行机械化并形成规模效应，老年人因为体力问题，大多将自己的土地租给别人耕种或者只种苞谷（工序较少，比较容易种植）。

据镇上植物医院（主要经营农药化肥等）的负责人反映，茶峒居民是很重视教育的，而单单靠种田无法满足孩子的教育需求，所以现在很多人改为发展林业，改变原有的单一种植模式。但是现在种田的人还是越来越少，同时因为茶峒村民的耕地很多分布在重庆和贵州，也很难继续种植。政府征地，村民盖房子，都导致了耕地面积大幅度下降。年轻人觉得种地过于辛苦，也不想继续劳作。

罗大爷在河边开了一家照相铺，今年70多岁。他讲，中华人民共和国成立前翠翠岛是有人住的，还有田，但是因为开发旅游，所以上面就不允许继续种田了。他家里在重庆有田，但是不种了。现在人们多是种玉米，玉米除了用来吃，也可以喂牲畜，也有种花生、红薯的，其他还有稻谷、黄豆等，而以前红薯是主要的作物。现在没有太多人继续种稻谷了，水田面积减少，因为上下游都修了水坝，水被控制了，没有以前用水方便。现在物价也比以前高很多，家里有人读书的话一个月要几千块的开销，如果单单靠种田，是完全没有办法养活这么多人的，现在他有两个儿子、4个孙子，大儿子在矿上开矿车。他在旅游开发前主要从事生产和做生意，卖大米、花生、茶叶、茶油等。现在茶油很少了，以前的茶树都被砍掉了，虽然现在退耕还林，但是茶树不容易繁殖。他提到现在的年轻人很多都不愿意种地，而是选择外出打工。这也使得劳动力进一步减少，很多耕地只能外租或者任其荒废。

（二）市场迁移，商贸经济发展速度减慢

2009年政府开发旅游，首先就是迁移了市场，将原来在河边和街道中的市场迁移到一个高坡上，并且严禁商户在街边摆摊。新市场于2009年10月建成，属于湖南省日元贷款环境与生活条件改善项目，总面积达12000平方米，政府登记的直接受益范围达3个乡镇48村19200户58800人口。

新市场比原来的市场更加规范，并且有更大的场地供人们租用，但是这一举措破坏了边城原有的商贸经济，导致政府与居民的矛盾激化。虽然新市场的建立方便了其他乡镇的村民，但是对茶峒镇的冲击非常大。市场在镇上的时候人们还可以走亲访友并且有很多的娱乐活动，现在迁到专门的地方后，人们都是买完东西就走，不会过多地停留，减少了很多消费机会。镇上的人减少，很多商户没了生意，或者被迫迁到新市场上摆摊，或者放弃经商。其他服务业的经营也比较困难。

新市场刚刚建立时，当地居民曾表示反对，与政府发生过冲突。市场迁移后，当地人觉得交通不便，去赶场的人减少了。同时，新市场场址接近319国道，并且和重庆的洪安镇市场仅有一桥之隔，带动了洪安镇的市场，分散了人流，使得来茶峒新市场的人进一步减少。

刘姐是重庆人，2005年嫁到边城，现在在"三不管"岛的酒店茶楼当服务员，一个月有1000多元的收入。据她回忆，以前边城市场没有搬迁时，赶场天非常热闹，人们在购物的同时还会进行各种娱乐活动，一直可以玩到晚上12点才乘坐拉拉渡回重庆，有时候拉拉渡坐不下那么多人，还会有男人游泳过河。女人在船上说话聊天，男人在河里比赛打闹。但是市场迁移后就没有那么多人去了，这也和很多年轻人出去打工有关，老人们不愿意走那么远去赶场。中午场就散了，拉拉渡晚上8点也停工了，都比较萧条。

据开家纺店的舒阿姨讲："现在为了开发旅游业，政府把农贸市场迁到了800米的高坡上，因为交通不便，人们很少去赶场了，商业慢慢衰落，经济发展速度放缓。"

当地旅游业加上前期的造势宣传（如宣传茶峒是古时的"小南京"等）有15年左右的时间，但是由于县里并没有把全部的款项用于发展旅游（之前经济发展的重心在矿山上），所以旅游业一直发展缓慢，居民的经济收入减少。因为经济不好，人们的收入大幅度减少，因此出现抗税行为。

以舒阿姨家纺店为例，以前赶场的时候，一天少则几百元，多则能卖出几千元的货物，而现在一天只能卖出50元左右的货物。主要是在吉首和凤凰进货，每年交给地税局和国税局120元，而平时收税则是工商局来收，工商局大概一个季度或者半年来一次，不会认真查对账本，而是大致看一下存货的多少，以存货量计算，收0.3%的税。

之后我们访谈了花垣县茶峒镇集贸大市场管理所的工作人员，他们主要是负责对新市场的流动商贩收取管理费用。据他们讲，这个市场是2009年修的，他们收的摊位费分为几个等级，一般只有一个篮子的是1元钱；稍微大点的，如油炸摊子收2元钱，大点的5元钱；卖生肉的大些的摊子是15元。固定的摊子按年收费，离马路近的一年1000元，远的600元，开的是"湖南省非税收入"的收据。有时候因为生意不好，也会有些人不想交，有时候会有些抱怨和争执，但是最后都会交，因为如果执意不交，他们的货摊就会被没收。

商贩一般都是在花垣县城进货。固定的摊位有三四百户。新市场很好管理，地方大（新市场占地60余亩），临时的摊位都是赶集时才会来，固定的摊位平时也可以摆，但是很少有人过来买。人们经常会因为争地盘而发生纠纷，因为靠外摆摊的一般生意会好，而交了钱又被占了摊位或者挡了摊位的人会主动找市场管理人员解决纠纷，而市场管理人员一般都是通知派出所来解决纠纷。市场上还有人摇色子赌博，摊位赌博应该是固定的，管理人员对赌博采取默认的态度。新市场刚刚搬过来的时候摊位比较多，现在开始减少，因为生意并不好做。

在赶场的时候，我们也看到了3位过来采购的高速公路收费站的工作人员，他们说人们也会在常德、长沙进货，因为这边都是山区，没条件搞大棚种植，很多人走高速进来卖一些农产品。而2012年4月份建成的高速公路，也大大促进了旅游的开发。

（三）矿山整合

现在主要的矿是硫化锌和锰矿，但矿石存量在不断减少。2009年政府开始整顿矿山，因为打洞开采很容易出事故。小公司资金较少，出事后老板就跑掉了，老百姓家里死了人就往上告，但是因为老板不在很难解决。同时经济危机导致很多小公司纷纷倒闭。后来当地政府整合，小老板的矿洞被重新评估后，将资金入股大公司，大公司有法人负责。同时矿产资源也没有以前那么多了，前几年无节制的开发使得资源存量骤减。铅锌矿属于战略物资，国家控制（锌锭存储量要在1000万吨以上）禁止出口，国家控制后价格没有以前那么高，以前最高一吨锌3万元，现在每吨只有1.5万元。

现在是大老板控制小老板，小老板出产锌的半成品，卖给大老板加工。主要卖到株洲或者上海进行国际交易。以前打工都是去矿上打工，男女都有。女的主要是分拣出硫化锌和石头，一小车15元，一天可以拣出5~8车。整顿后，人减少了80%，都出去打工了。以前上面一个山头至少有一二万人，有十几个山头。现在减少了很多。

目前最大的矿产公司是太丰集团，但是利润很低，资金流量太大，周转困难，借到钱利息也太多，税负很重。政府不让停工，以增加当地就业机会。政府集中管理大公司也比较方便，安全也可以得到保障。基本是零利润，但是硫化锌脱硫时可生产硫酸，硫酸价格不高。现在矿上工资也不高了，从2008年出现事故后开始整顿，工资下降。

据在矿上打工的人说，现在工资没有以前高了，同时觉得矿山经济现在也并不景气。茶峒镇隘门口村的村会计现在在矿上打工，是太丰集团的一名货运司机，每月有1.3万元左右的工资，除去油费和经过村子时给村民的"过路费"，一个月到手工资6000元左右。而3年或者更早之前，是同样的工资水平，这几年没有涨过工资。据他打听到的消息，现在类似于太丰集团这样的大公司，资金周转多少都存在一些问题，小公司向其交货时，一般都需要现款支付，而卖出矿石的回款有时不能及时收回，给公司带来很大的压力。他认为矿上的衰落也是必然，毕竟资源是有限的，不可能一直持续开发。

现在多是三四十岁的人去矿上打工，但是大家都知道矿上比较危险，一般都是家庭经济负担重的人才会去矿上。现在很少年轻人在家，一般是家里富裕，有事情做的才不去打工。

（四）旅游业兴起，旅游相关产业发展

2009年政府开始将经济发展的重心转移到旅游业上面，并出台了一系列与旅游开发相关的政策。目前正在对茶峒的各种建筑进行整体的包装和规划。旅游业的兴起带动了沿河的商户，沿河的商户大多发展餐饮和住宿业，并且会有游船和照相，都发展较快。沿河的商户可以算是旅游开发的直接受益者，他们同时发展多种产业，谋求利益的最大化。

茶峒镇隘门口村村主任华叔也提到：现在的旅游开发并没有太大的进展，需要政府进一步加大投入，建设更多的景点，同时要注意保持民族文化底蕴。现在旅游开发的主要问题是景点少，留不住人，没有太大的旅游意义，而且是不应该收门票的，应该等到景点建设好、配套设施完善之后再去创建边城旅游的品牌。

（五）现阶段不同的生计模式

1. 渔业

沿河的几户人家现在还有渔船，会去河的上游捕鱼。一般是晚上出发，在船上睡，早晨5点左右收网。同时还有人养鱼鹰，鱼鹰可以捉到十几斤的大鱼。渔网捕到的鱼多是角角鱼，是当地的特产鱼，离水即死，鱼肉鲜嫩。角角鱼和豆腐、番茄等放在一起炖，成为当地的特色菜——"一口吃三省"，野生的角角鱼可以卖到50～60元一斤。

沿河的几家餐馆都有专门负责捕鱼的人，他们用渔网、鱼鹰捕鱼，一天基本可以收几十斤。现在的渔民并不多，因为需要在渔船上过夜，非常辛苦。

2. 榨油厂

茶峒这边有4种油：桐子油、煤油、菜籽油、茶油。桐子油主要是工业用的，可以防腐；煤油是用来照明的；菜籽油一般是用来作为食用油的，进货也多是进这种油；茶油一般是9月份之后榨，因为茶树较少，所以产量较低，一般是送礼用的食用油，30元一斤，属于比较贵重的油。

隘门口村有一家榨油的作坊主要出菜籽油，收集了菜籽后将其放入机器中搅拌，将其炒熟，然后将炒熟的菜籽倒入高压锅中，用高压将其榨出油。机器是烧煤的，温度很高。榨出来的油先沉淀，之后将上面的油渣舀出来，就可以食用了。这个作坊一天可以出产两三千斤油，9元一斤。顾客主要是周围的居民，有时候县城的人也会来买。

3. 食品加工业

在茶峒,有些村民家中有一些加工食物的机器,通过帮人加工挣钱。我们居住的茶峒宾馆的老板赵叔,平时会为人加工香肠、辣椒等,同时出售大米和菜油。这些机器多是在花垣或者吉首买的,加工费很低,大概一斤只有一毛钱的利润。但是积少成多,逢年过节时人们加工香肠等比较多,收入还是比较可观的。

4. 外出打工的年轻人群

2009年矿山经济不景气,小公司倒闭,导致大量年轻劳动力闲置,原来矿上的人80%都失业了,很多人选择外出打工。外出打工的人多去广东、福建、浙江等地区,从事建筑业或者进入工厂。外出打工虽然比务农挣钱多,但是也非常辛苦,因为他们并没有完善的保障,工资也仅能够维持在大城市的生存而已。

而大量年轻人外出打工导致留守儿童、留守老人等诸多问题,同时这也是导致当地商贸经济发展速度放缓的一个原因。

茶峒镇的翠翠岛、百家书法园是要收取门票的,10元一次。景区售票处的工作人员以前曾经是矿上的记录员,2008年矿山停工后来售票。与他交谈得知,茶峒镇是2003年、2004年左右开始开发的,2005年翠翠岛修好,开始对外开放。矿上兴旺时村子里60%~70%的年轻人都会去矿上打工,现在停工后大多自己做点小生意或者出外打工。男女划船的比例差不多1∶1,大多都是中年人划船,年轻人都是出外打工,如果家里做生意,比如开饭馆,年轻人也会去帮忙。出外打工一般都是链式迁移,一个介绍一个出去的,老乡也经常聚集在一个地方。

二、旅游开发

(一) 当地与《边城》的渊源

在当地,几乎每个人都可以说出《边城》的故事,沈从文在《边城》中描述的地方和茶峒是一样的:"由四川过湖南去,靠东有一条官路。这官路将近湘西边境到了一个地方名叫'茶峒'的小山城时,有一小溪,溪边有座白色小塔,塔下住了一户单独的人家。这人家只一个老人,一个女孩子,一只黄狗。"翠翠岛的修建就是在对翠翠和黄狗的形象进行艺术加工后的产物,书中的白塔也有迹可循。

但是并不是每个人都认同政府的做法,茶峒镇的付爷爷告诉我们他并不赞同政府依托《边城》小说来发展当地的经济。他认为《边城》中的一些描述实际上是在丑化边城——小说中曾说边城买卖女人。与其凭借一本小说来发展，不如深入挖掘茶峒本身的历史，例如这里曾经是刘邓大军挺进大西南的地方，有着丰富的"红色"历史。

（二）当地发展旅游的规划

当地政府出台的边城控制性规划中提到茶峒的总体定位是：山水古镇、文化名镇、风情小镇和休闲小城。近期，面向国内市场重点推出古镇文化体验旅游产品，面向长江中游城市群和湖南省内市场重点推出古镇休闲游憩、文化体验等古镇文化休闲产品，政府打算将来把古镇文化休闲度假推向国际市场，打造独具特色的文化休闲旅游目的地。

具体的建设分为两期：一期建设期为2011—2015年，这一阶段是旅游区重点开发建设的时期，是抓紧各项开发建设、搞好基础设施建设的关键时期。在此阶段，主要进行古镇基础设施建设，营造边城意境，以及建设包括古镇风情游览片区、边城艺术体验片区、金窝村文化休闲区等区块，核心景区旅游线路以及城镇入口、旅游区入口等重要节点打造完成。

二期建设期为2016—2020年，茶峒古镇文化意境打造完成，引进文化休闲项目，基本实现文化休闲古镇旅游区的打造；同时结合周边区域，开发建设山村休闲度假区块、古镇人居示范区块、古镇风貌协调区块、生态景观游憩区块等，提升旅游区品质。

从建设规划中可以看出，政府现在处于刚刚进行旅游规划的阶段，在原有的旅游开发基础上进一步做出了较为长远的规划。

（三）不同利益群体对开发旅游的态度

根据人们居住的位置不同，茶峒镇村民分为3个不同的利益群体。不同的利益群体受旅游开发和市场迁移的影响不同，从而对旅游开发也有着不同的态度。

1. 沿河的村民

清水江两岸是主要的景区，沿河的村民是旅游开发的直接受益者。沿河的村民多是开饭店或者旅馆，并且提供划船和照相服务，有的也会卖一些旅游纪念品。照相是5元一张，生意好的时候一天也可以收入几百元。划船基本是50元一次，一天下来也可以收入二三百元。但是划船有单干和集体干两种形式，单干就是自己拉生意，挣的钱也是归自己。集体干是18艘船组织起来，有统一负责收钱、拉生意的人，轮流出船，挣的钱一起分。集体干比较适合家里人口比较多的居民，这样会保证每个人每天都会有收入，但是由于是分钱，所以积极性不如单干的人，同样收入也不如单干的挣得多，不过集体干会轻松很多。集体干的人和单干的人之间并不会抢生意，因为集体干的人和单干的人停船位置不同。但是在没有集体组织之前，村民之间是会存在抢生意的情况的，经常会出现纠纷。

这部分村民是非常支持旅游开发的，毕竟来的人越多，他们的收入也会越高。在传统的商贸经济中，这部分人主要是从事种植业并买卖农产品的，收入较低，而且也比较辛苦。而现在如果一家人有划船、照相、旅馆或者餐饮等多项业务的话，年收入可达上万元。

罗大爷今年70多岁了，政府开发旅游后，他将自己沿河的屋子改造成一个3层的旅馆，并在一楼开了一家配有民族服装的照相馆，游客可以穿着他们提供的民族服装拍照。同时罗大爷也加入了集体的划船中，每天出船，并参与分成。罗大爷主要负责划船，他的儿媳妇负责照相馆和旅馆的生意，他的儿子在广西打工，是一名货车司机。在市场没有搬迁之前，他是从事种植业生产和买卖大米、花生、茶叶和茶油等。罗大爷每天划船，平时可以分到一二百元，周末或者节假日时可以分到三四百元，而照相在周末也可以挣到几百块，旅馆因为是自住的房子改建的，一层楼共用一个洗手间，因此生意不是很好，平时一天能住三四间，周末可以住满6间房，一间房的日租价是50元。开发旅游后的收入要远远高于之前罗大爷做生意的收入，因此罗大爷希望政府做好宣传，进一步开发旅游，吸引游客。他计划将自己家的旅馆改造成每间房都有独立卫浴，这样可以更加吸引游客入住。罗大爷认为以前市场在河边和街内时，卫生比较差，而且赶场时人挤人，会有偷窃等行为发生。现在新市场规划较好，环境也好了很多。他觉得新市场搬迁后虽然对于重庆等地的人来说比较不方便，但是也会方便其他村子的人，比如板栗村。

2. 街内的村民

街内的村民是旅游开发的直接受害者，他们多从事餐饮和住宿，或者百货、家纺等方面的工作，旅游开发导致市场迁移，来赶场的人减少，使得这部分人失去了经济来源。而传统的坐商很难迁到高坡上去赶场或者像小商贩一样赶"转转场"，一是交通不便，二是他们的货物较多，品种较杂，不好搬运。

虽然只有一街之隔，但是因为现在茶峒的旅游还没有完全开发起来，所以他们从事旅游产业是完全没有生意的，而原有的商贸经济又被破坏。很多人关闭了店面，靠政府的低保为生。

舒阿姨就是一个典型的例子，她家的房子离河边只有一街之隔，开了一家比较大的家纺店。在市场没有搬迁前，家纺店门前就是赶场的场地，赶场一天可以卖出几千块钱的货物。但是市场迁移后，几乎没有人再来买家纺，而她自己也很难把很多货物运到新市场中去经营。现在经常是几天都没有生意做，而她觉得就算她改卖旅游产品，在目前旅游还没有完全开发的情况下，也很难卖出。

她十分反对市场迁移，认为政府做决策时并没有考虑到群众的利益。同时她向我们展示了旧市场的照片，并说旧市场是非常具有文化底蕴的，但是现在新市场一点特色都没有，完全没有了之前的民族特色。她认为如果旧市场的景观还保留，比现在又重新建的茶馆什么的要好很多。新市场刚刚建好时，群众反对意见很大，很多人签署了万人状。上访后省领导认为迁市场的决策是错误的，但是省级的意见很难贯彻到基层，现在一直没有得到解决。后来人们自发筹资修了另外一个市场，在街上，有遮阳棚等，比较规范。但是政府把它拆掉了，导致群众和政府的关系非常紧张。

同样持反对意见的还有原来开饭店现在已经不做生意的一对老夫妻，在市场兴旺的时候，夫妻两人一起开饭店挣了不少钱。但是市场迁移后，他们门前都没有什么人经过了，生意做不下去，夫妻两人只能关了店，依靠低保，专心养老。由于年纪比较大，他们赶场一次非常困难。因为新市场地势较高，老人腿脚不灵，便很难走山路，如果碰上下雨等恶劣天气，山上的水沿着台阶往下流，就更没有办法赶场。老人给我们算了一笔账，如果想买一元钱的豆腐，需要坐两元一次的车去赶场，来回就是4元钱。这样本来成本为一元的豆腐需要花5元钱，这对于经济并不宽裕的老人来说是非常贵的。

3. 临国道的村民

这部分村民对于旅游开发并没有太多的意见，因为他们本身多是从事单一的、规模较小或者规模较大但是比较容易搬运的商品的运营或者是服务业，如理发等，市场迁移之前，他们也是要赶"转转场"的，现在只是多增加了运输的成本，但是因为他们离国道较近，旅游真正开发后，发展前景还是很好的，所以他们并不反对旅游开发，但是对迁市场略有微词，因为迁市场后他们买东西不如以前方便了。

如上文提到的榨油的作坊，在市场迁移前，红场时会有比较多的人来油厂买油，但冷场天他们也会去别的地方赶场，多是带几桶油、秤、装油的容器就可以了，他们也有自己的车，运输比较方便。市场迁移后，当地人还是会来这里买油，只是他们需要每次赶场都要去，增加了运输的费用。但是旅游开发后，如果可以带来大量的人群，带动餐饮业的发展，他们的生意也会好做一点，所以他们对旅游开发并没有太多的意见。

三、旅游经济

茶峒镇在花垣县政府的领导下，自2005年起开始着手打造旅游产业。旅游规划范围以茶峒老镇区为核心，北起曲乐村—清水江，东沿狮子洞—下寨—王通坳一线，南至秦家—马槽湾—水懂—大坡一线，西以金窝村、清水江为界。区域规划总面积约3.1平方千米，其中水域面积约0.22平方千米。茶峒旅游景区基础设施建设项目总投资17178.2万元，目前已投入5300万元建设以下工程：完成从文大道建设，完成占地18亩的翠翠岛工程，制作了翠翠塑像，建成翠翠岛石林，建成总长110米的清水江橡胶坝，完善茶峒景区的绿化，保护修复茶峒10万年前的南方人类遗址，完善茶峒古镇老街、民居改造，修建"中国茶峒百家书法园"及其他附属设施工程，建设茶峒白塔景区及附属设施，建设茶峒名联坊及附属工程，茶峒工商所搬迁，修建茶峒综合楼、茶峒公厕，修建茶峒停车场、茶峒通往秀山城门等工程。

通过政府前期的规划建设，茶峒的旅游产业已经初具规模，并在2007年7月成功申报国家AAA级旅游景区。2008年茶峒景区又被评选为湖南省文明风景区，2009年被评为湖南省水利风景区。由此带动了旅游相关产业的发展，使得当地人慢慢开始从事旅游服务业。

赵叔是在茶峒清水江上经营观光船的船夫，有一栋水泥木质混合结构的3层小楼在边城景区河边的码头上，他家有两艘观光船就停在码头上。赵叔是地道的茶峒人，做着各种生意来养家糊口。旅游开发后，赵叔家的房子改造成客栈供旅客入住，一楼门面还卖些桐油或粮食，他主要是出租船只让游客乘坐，妻子日常则帮忙拉些客人光顾或是料理家务。他说："船的租金一般收费在50~60元一趟，一天有时能挣五六百元。而在这河道上经营观光渡船的大概有差不多100艘，湖南的和重庆的几乎对半。现在湖南船的顶棚一致为竹片和棕叶编制的，由湖南政府统一为船只改装，费用也是由政府负责，大概一艘船要两三千元的费用。重庆的船只则是统一的用绿色的挡雨布做顶棚，这种顶棚没有湖南的竹编顶棚美观，隔热效果不好。此外，政府不让船只改装成机动，统一要求人工划船，其一出于安全考虑，其二也是作为一个卖点，让游客可以更加真实地感受自然原始韵味的一种游览方式。而游客也比较乐意选择人工动力的船只，这种船只更加增添了一番乐趣。"

由这些船工组成的同行在营运时有着他们的一套行规，它大致规定了行业的行为准则，保证了各自经营的次序。例如在茶峒景区最繁华的河岸码头边上，由18只观光船组成一个营运集体，每只船被标上号数。游船依次搭载游客游玩，一天的船租费则由每只船派出的代表人统一收取。当天的盈利则在当天平均分配给18只船的船主。这种自发形成的经营模式避免了同行在争夺游客资源时发生矛盾或不快，也使得船主每日的收益稳定。

赵叔的船属于单干，并没有加入这个集体经营的模式中。而罗大爷家的船则是这18只集体经营船只的其中一只。罗大爷今年70多岁，在河边家里经营照相馆、民族服装店和客栈，一楼为两个店面，楼上几层是客栈。家中由媳妇看店和担任摄影师，大爷划船。他有两个儿子、4个孙子，其中，一个儿子在厦门教书，一个儿子在广西做司机。

据罗大爷介绍："我们这个集体营运的有最低价规定，包船最低要30元，往上的价格由我们自己决定。而重庆的船只和单独经营的船只的包船价格都不一样，像赵老板的就是单干的，他单干就可以乱搞价格，挣得多一点，不过也辛苦一点。集体的就是要轮流划船，排队的。一天中营运的所有钱就按船只平均分，我跑你没跑，我跑的钱也要分给你，你跑我没跑，你跑的钱也要分给我，这就避免了因抢夺客源而产生的矛盾。不过单干的船只不能在我们这个集体营运的码头停靠载客，这样他的位置就没这么好。我们也不会排斥他们单干的，如果我们也单干了，他就没这么容易了。现在我们集体经营的平均一天有五六十块钱，多则有百多块，而生意不好时就是四五十块。"

除此之外，罗大爷儿媳负责相馆、客栈和服饰店面，主要是为游客拍照并打印，办理和登记旅客入住以及服饰商品的销售。在观察中发现，她的工作轻松并且回报率高。这正是成为旅游初期的社区参与精英的代表，由于年轻，接受了较先进的技术和观念，掌握了如摄影和电脑等技术，在旅游业的兴起中得到有利的发展条件，从而从中获益。

四、旅游经济影响下的经济发展走向

从上文政府的旅游规划中可以了解到，政府一期旅游开发是2011—2015年，起码在这几年中，当地的经济发展速度还是会比较缓慢。毕竟处于过渡期，街内的居民还是很难在短时间内找到更加合适的发展方式，收入还是会比较低。但是如果政府可以坚持旅游发展的中长期目标，不断加快建设步伐，旅游经济应该会有一个比较好的发展。

（一）农业

在可预见的未来，种植业的种植面积还将进一步减少，愿意从事种植业的年轻人也会继续减少，但是种植业的单位面积产量会随着科技水平的不断提高而有所提高。要进一步提高机械化水平和单产量，而且可以鼓励农民将土地集中，实现规模效应。同时政府应该调控农产品的价格，对农业进行补贴，毕竟粮食生产是非常重要的。

农副业的发展会进一步加快，会发展多种经营，这也是农业发展的一个整体的趋势。农业向集约化发展，并且发展绿色农业，符合科学发展观的大趋势。

（二）矿山产业

矿山产业未来也是要向深加工发展，将矿石加工成附加价值更高的相关产品，同时应该有计划、有节制地开采，并且政府应该会进一步加强宏观调控。

（三）商贸经济

市场迁移后比较规范，有专门的市场管理人员，而且减免了税费。但是街内很多人依然反对市场迁移，并提出要将新市场改为旅游的停车场或者学校，将市场重新迁移回街上。但是市场迁回街上的可能性不大，而且长远来看，在旅游业发展完善之后，街上也不宜继续赶场，不断搬迁的成本也比较高。

（四）旅游业

目前茶峒镇和重庆的洪安镇的旅游开发都面临着开发资金不足的问题。茶峒计划开发的旅游项目有很多，包括香炉山上的一些寺庙和修复一些古迹等，这些都需要大量的资金投入。政府还应该进一步招商引资，加快旅游经济发展的步伐，同时要加强旅游基础设施的建设，加强旅游宣传，重点考虑如何才可以更好地吸引游客并且规范旅游市场，加强政府的监管。

茶峒居委会的退休干部付启贵大爷对茶峒如何开发旅游有着自己的构想，他认为茶峒要开发"红色"旅游，要做好旅游"走、看、听、玩、吃、买、住"七件事的规划和实现"古城游区、水上游区、江畔游区、山地游区、苗寨游区"五大游区的开发。

"走"是要有足够的地理环境，逐步扩展自然环境"一日游""二日游"甚至更多。"看"，要有实景、实物形象的美。"听"，要有即景生情的恰切的解说、传说。"玩"，要有多样化的民族特色、地方特色的文娱，民风民俗的欣赏和参与。"吃",要有地方特色的餐饮小吃,适应各地人群的口味。"买",要有地方特色的旅游商品,吸引游客购买。"住",有星级的宾馆、旅社,适应各类经济条件的游客的住宿要求。

而"五大游区"则是指:①古城游区,包括民居、街道、天王庙景区、"刘邓大军临时指挥部""支前委员会""革屯抗日军总指挥部(博物馆)"、"地方交通站""茶峒青年假期服务团",可以恢复的古城墙、古城门,茅庵景区(包括协台衙门标示、水井湾村民居、观音堂景区等);②水上游区,包括清水江水段,上至红卫水库,下至长滩(现洪安兴建拦河大坝),约5公里的河流上游;③江畔游区,上至红卫水坝,下至曲乐村;④山地游区,香炉山、马岩碉游区(包括常云山烈士陵园、八排瀑布游区,与水上游区连接);⑤苗寨游区,开发仫佬、茶园坪(包括老红军石邦智故居)、南太、桂花树等苗寨。

这些建议有些比较难以付诸实现,但是有些还是比较有见解的,茶峒的旅游开发如果仅仅依靠沈从文的《边城》,未免显得有些单薄,还是应该开发出一些有自己特色的东西才是长远之计。

(五)年轻人群的职业选择

茶峒人对教育非常重视,现在也有不少人考上大学或者取得更高的学历。而这部分人群多是在长沙或者吉首工作,并且在工作稳定后会经常将父母接过去小住一段时间。而初中或者高中学历的青年人多是在沿海发达城市打工,并且从事劳动强度较大、对知识技能要求较低的职业。这部分人多是同乡介绍去工厂或者建筑工地打工,属于链式迁移。在茶峒镇的旅游发展到比较成熟的阶段后,这部分学历较低的年轻人回乡就业的可能性非常大,毕竟在外打工会引发一系列的问题,比如夫妻长期两地分居导致当地离婚率较高;留守老人无人照看,年纪很大还需辛苦劳作;留守儿童无人看管,逃课、打架、沉迷于网吧的人数较多等。而当地政府也应该积极发展乡镇企业吸引年轻人返乡就业,年轻人回乡后可以照顾老人,并且促进当地经济的发展。

(六)旅游与新农村建设:以隘门口村为例

面对复杂多变的经济发展形势,村主任有着自己的看法,在对他的访谈中,他向我们介绍了隘门口村发展的整体思路和未来的规划。他的很多看法非常有借鉴意义,其他乡镇可以参考。

隘门口村的总体规划是贯彻落实科学发展观,充分利用地理和人文上的优势发展经济,以旅游为主体,强村富民。目前主要有3条发展线路:①临清水江的住户，要做好水上旅游文化开发，现在全村有20多条船，要努力发展旅游，大力支持旅游开发；②靠山的要发展山地旅游文化开发，发展农家乐，休闲旅游等，现在也正在洽谈投资；③沿街的，只要有人行走，有旅客的地方都要发展商铺旅游开发，促进游客在当地的消费。

现在刚刚修的五层楼村部，有1800平方米，花费150万元，处于从文大街和老街的交汇点，将会装饰成吊脚楼的样子，并建设成旅游接待中心，成为当地的标志性建筑。

隘门口村的规划将村子分成了三个部分，实行不同的发展方式，是比较科学的。正在修建的村部现在是隘门口村临时的菜市场，当村部修好后，市场要迁移到哪里去还是没有具体规划，这个在后期也应该进一步考虑。

同时，现在隘门口村的发展也面临着一些问题，主要是投资建设的资金不够。现在村里想要引进一家服装加工企业，外部投资300万元，村里自己出300万元建设厂房，垫付工人工资和购置固定资产。现在有资金缺口80万元，想抵押村集体的房产贷款，但是银行拒绝贷款，所以计划一直搁置。但是为了开办服装加工厂，村里和邻乡已经培训了400人。希望通过投资建厂来解决返乡农民就业和促进农民工返乡的工作。

隘门口村村主任对市场迁移、旅游开发是抱非常积极的态度并有应对措施的，也主动寻求解决问题的方案。虽然市场迁移后经济转型会有很多困难，但是还是应该积极应对，加快旅游开发建设。

小　结

长远来看，旅游经济具有投入少、见效快、受益多等特点。搞好一个旅游景点，不仅有可观的门票收入，还会有交通运输、餐饮、住宿、娱乐、购物等30多个相关产业的收入，对当地经济的发展有着很强的带动作用。据统计，旅游业平均创汇率为92％，而外贸创汇收入仅为44％；旅游业自身增加1元收入，国内生产总值就可以增加3.12元，其他相关产业可以增加4.30元；旅游业每增加一个直接就业人员，社会就能增加5个就业机会。而且发展旅游业可以带动第三产业的快速发展，并关联到第一、第二产业，有利于调整优化产业结构，推动经济持续、快速、健康发展。发展旅游业带来大量人流、物流、资金流，并促进了生产力水平的进一步提高。

在文化方面，旅游业为弘扬民族文化、民间文化和现代文化提供了广阔的舞台。旅游景点开发需要挖掘传统文化，旅游娱乐活动需要开发民间文化，旅游产品的包装需要融合现代文化。同时旅游业也把外地先进的和优秀的文化带进来，通过观念的冲击、信息的交流、文明的传播、生活方式的潜移默化，进而开阔人们的视野，转变人们的观念，促进本地区的文化建设。

发展旅游产业是具有相当的优势的，但是不可操之过急，旅游业的发展是一个比较长期的过程，在发展得较为完善后才可以取代当地传统的经济发展方式，从而进行更好地发展，所以一定要有一个过渡期。

第七章　土家族和苗族教育调查

教育有狭义广义之分，狭义的教育主要是指学校教育，即教育者根据一定社会（或阶级）的要求，有目的、有计划、有组织地对受教育者的身心施加影响，把他们培养成为一定社会（或阶级）所需要的人的活动；广义上的教育，是指凡是能够增进人们的知识和技能、影响人们的思想品德的活动，都是教育。[①] 从文化的角度来看，不同的教育在不同的文化背景下是不同的，要研究一个地区的教育，则需要在特定的文化背景中进行，并把教育与特定社会文化的各个方面和社会环境相互关联、相互整合来研究。[②] 伊曼努尔·康德（Immanuel Kant）把关于教育的问题划分为训练化、文化化、文明化和道德化四个方面，庄孔韶也表示教育对文化的传递、转变与改造具有重要的功能，[③] 如果我们采用最广泛的"文化"定义和最广泛的"教育"定义的话，那么教育就是在不断发生、整合、涵化的过程中发展与传承的，其功能是以文化为载体，通过人来实现的。笔者在湖南湘西茶峒镇土家族、苗族居住区进行了为期一个月的田野调查，结合实地考察与文献资料，从教育人类学的视角来分析和探索湖南湘西茶峒镇土家族、苗族教育传承和行政边缘的教育问题，以期透视当地的民族教育体系。因此，本章着眼于土家族、苗族具体个人家庭教育和学校教育，尝试讨论湖南湘西茶峒镇的教育问题及其背后的"文化化"问题。

1927年前，茶峒镇没有学校，儿童的教育主要依靠亲友长辈言传身教，家庭教育占主导地位。1927年，茶峒镇兴办了第一所私塾，开始有了学校教育，随后，学校成为年轻一辈成长教育的重要场所。因此，这里将把茶峒镇土家族、苗族人的教育划分为家庭教育和学校教育两个方面来论述。

---

① 资料来源：http://baike.baidu.com/view/3496.htm。
② 参见冯增俊《教育人类学》，江苏出版社2001年版。
③ 参见庄孔韶《教育人类学》，黑龙江出版社1989年版。

一、家庭教育

家庭是社会的最小单位，也是一个很重要的文化载体。家庭的社会功能除了繁衍后代、绵延种族这一人口再生产的功能之外，还要承担促使其成员实现个体社会化的功能。因此，只要家庭存在，家庭教育就会存在。而父母或长辈本身就是一种传统，在代与代之间进行传承。可以这样说，父母或长辈本身就是一个简单的传统文化载体，因此，由于家庭成员之间关系的稳定和长晚辈之间固有的文化传递性，家庭教育成为一个传统文化传递与传承的重要环节，而家庭教育作为一种自教育形态，随人类社会的发展而逐渐分化之后，其职能似乎更趋向于日常行为的教化，而茶峒镇在这方面显得更加明显。

茶峒镇发展至今，虽然商业是经济生活的主体，但相对而言，商业的发展却是极其缓慢的，因而当地的年轻一代都选择外出打工，留守在镇里的，绝大部分是老人和小孩。所以，在茶峒镇的土家族、苗族里，主要是以年龄来划分人群，与自己玩耍的同龄伙伴是最重要的朋友，这些小伙伴往往也就是和自己一起接受教育、一起成长的伙伴。此外，茶峒镇的土家族、苗族家庭教育虽然是小家庭的父传子、母传女，但更多的还是隔代传承，即祖父传给孙子，祖母传给孙女。按其主旨大致可以将他们所学习的内容分为三类：一是生产技能型教育；二是生活技能型教育；三是行为劝诫性教育。

1. 生产技能型教育

茶峒镇坐落于群山环抱的丘陵地区，面朝渝东的凤鸣山，左依黔东北的九龙山，右傍湖南香炉山，前临清水江，地方文化深受商业氛围影响，所以，其生产技能是自然环境和商业环境共同作用的结果。笔者在茶峒镇所观察到的生产型技能有苗医、划船、造船等，在这里，笔者将以造船技术和民间医药为例对茶峒镇土家族、苗族的生产技能型教育进行分析。

（1）造船技术。在清水江边，经常可以看到大叔们在锤葛根，给船的缝隙抹上石灰等搅拌物，那就是在造船。造船的技术是祖传的，有相关的禁忌和仪式。清水江是古镇的水源和货运的重要途径，船运是其重要的运输和交通方式，故其造船业发达，造船技术精湛，但发展至现在，水路没落，公路兴起，再加上与外界联系的加强，年轻一代宁可外出打工也不愿意学习祖传的造船技术，许多技术出现断层和失传。究其原因，主要是造船经济效益不好，外出打工赚的钱也比靠祖传技术赚得多，再加上造船工作量繁重枯燥，愿意学习造船技术的人就更少了。

据调查，造船技术在传承上有相关的禁忌和仪式，只传给自家人，属于

"传内不传外"的类型。而造船技术极耗体力,故只传给男性,不传给女性,但实际上,外人对造船有浓厚兴趣或者说自家人不愿意学习的时候,外人还是可以拜师学艺的。拜师也是有一定过程的,先要请人看日子并定好日子,到了拜师那天,在屋子堂中敬天地君亲师,师傅坐在天地君亲师牌位正下方的旁边,拜师的跪拜了天地君亲后,再跪拜师傅,并奉上茶水,师傅喝了茶后,要给拜师的人一个工具,如斧头、锯子,意味着接收徒弟了,拜师过后,徒弟还要请师傅和众人吃饭,这样才算拜师完成。

造船的收入极低,一天只有100多元,工作量大且辛苦,而且也不是经常有人需要造船,有时候半年才有人来请帮忙造船。在茶峒镇,懂造船技术的人不多,技术精的也只有三四位师傅,田师傅是其中之一。田师傅告诉笔者:"我当年也是跟我父亲学的技术,我父亲告诉我,我们家的技术是家里一代代祖传下来的,镇上的人都相信我们家的技术,在我学技术的时候,父亲要我学好、学精,不能给祖宗丢脸。我们家现在还有一套工具,也是祖传下来的,但传到我这一代,可能要传不下去了,我儿子不愿意学造船,他说造船又累钱又少,根本养不活自己,于是他就到长沙打工了。后来,我也收了一个徒弟,但徒弟也只学了一年,然后也说钱少,也受不了那份辛苦,就不学了,也出去打工了,现在都没有人愿意学了。"

(2)民间医药。在茶峒镇,民间医药知识是当地极具历史传统的知识,是当地人在发展生计过程中不断借鉴、选择、吸收、创新、积累起来的。从如何识别草药、何时会有何种草药、如何上山寻找草药到各种草药具有何种药性和效用、如何用药如何治病等,都是民间医药要学习和实践的最主要内容。茶峒镇三面环山,传统上,民间医药具有很大的发展空间,但随着西药进入边城镇,民间医药仅在老一辈中间具有权威性,年轻一代则更多是选择西药了。而且,上山采药的人越来越少,很多草药都是直接从其他地方收购来的。民间医药的禁忌跟造船的相似,药方、采药的习俗和规矩,都是传儿不传女,传内不传外,如果儿子不愿意学,那也不能传给女儿和外人。

苗医龙文平说:"我从小就跟着父亲上山采药,然后我父亲会告诉我在哪里可以采到什么药,这种药又有什么用,我就是一边跟着父亲采药一边学会各种草药的知识的。在我十几岁的时候,我父亲就让我自己上山采药,采回来后给他检查,然后回答他哪些药有什么用。我记得当时用草药的人还是很多的,后来镇上西药店多了,西药又便宜又没草药难吃,所以很多人生病了都是吃西药而不是找我们了。现在我卖的药很多是从别的地方收购来的,自己上山采的很少了,而且啊,现在生意难做,来买药的大多是老人家,很少有年轻人,也不知道以后还有没有人愿意买草药了。"

2. 生活技能型教育

茶峒镇土家族、苗族的生活技能型教育主要偏向于伦理规范的教育，主张在日常生活中进行日常行为规范教育。在孝敬长辈方面，要重视传统的家庭等级制度，尊敬长辈，在力所能及的范围内侍奉父母，使他们心情舒畅，不能在外面惹是生非，给父母添麻烦，让父母担心；在待人接物方面，也要讲究尊重长辈，谦恭礼让，与人交往要注意礼节；在修身做人方面，要明辨是非，向善背恶，重视以诚待人、言而有信的社会意识教育；女性还要接受妇道教育，自珍自爱。如果有人违背了当地的道德伦理观，则会受到严重的社会舆论谴责。

然而，根据调查，当地的道德伦理观教育存在诸多问题。首先，部分子女不知道传统五伦，不懂得侍奉父母，经常在外惹是生非，让父母担心，甚至不赡养父母；其次，许多子女在父母的溺爱下，不仅没有养成良好的生活习惯，还处处依赖他人，缺乏良好的行为习惯，生活自理能力较差；再次，不少家庭中的子女缺少生活理想和目标，以利己和眼前得失为重，缺乏社会公德和品格修养，也缺乏同情心和责任心；最后，妇道教育的约束力大幅度降低，受外界社会环境影响，部分女孩不那么认同甚至反对妇道教育，如发生婚前性行为、堕胎。

赶场卖服装的田阿姨，有两个女儿和一个儿子，她说："我媳妇知道我很喜欢她，我直接跟她说：你在我家，我很喜欢你，但是你一定要给我严守妇道，对于女人来讲，这点是最重要的，不管你干什么，我都会原谅你，但如果做了不守妇道的事情，你不要怪我心狠，不守妇道的女人，我绝对不会喜欢，我很传统的。以前，我老公出去打工打了3年，我在家里，没有一个人说我半句坏话。所以，作为女人来讲，这点是最重要的，不管到什么地方，都是要谨遵的。我女儿还没结婚的时候，去她男朋友那边玩，有时候晚了还没回来，我一个电话打过去，告诉她必须回家，她男朋友的妈妈说：'你好封建，现在什么社会。'我说不行，这点绝对不允许。我两个女儿也很听我的话，她们都跟我一样，是很传统的。"

田阿姨还说："去年，我邻居的女儿出去打工，出去没几个月，回来了，大着肚子回来的，当时她爸爸差点没把她打死，一直在说滚出去，你做出了这种事，你不是我的女儿，你不要进这个家门之类的话。后来，她妈妈带着她到医院堕了胎，不让她出去。她妈妈经常跟我一起打牌的，跟我说了这件事，我跟她说以后一定要看好她女儿，一定不能让她再做这样的事，女孩子一定要重视妇道。我的女儿都很传统，如果她是我的女儿，我一定不认她。现在，在我们这里，这样的事情已经很多了，那些女孩子出去，不守妇道，不自爱，但我绝对不允许我的女儿这样做的。"

花垣县第三中学的马老师说:"我家教育孩子的主要办法是以身作则,为孩子提供榜样,家长是孩子最好的老师,父母的一言一行都会成为孩子模仿的对象,家长在平常生活中就应该做出表率,做正确的事,说正确的话,使儿童在潜移默化中形成良好的品德。我认为,我们做父母的,要帮助孩子形成良好的人格特征和良好的人际交往能力,要注重孩子品德的培养,重视孩子的诚信教育。我记得有一次,我女儿在她朋友家做作业,她跟我说好到7点钟就回家的,但7点的时候还没回来,我就打电话去问她,她说忘记时间了,并要求在朋友家再多玩一会儿,我很生气,我直接跟她说:我们说好了7点的,说出来的话就要算话,不能不讲信用,你要马上回来。后来,不管是她跟人约好了还是答应了别人什么事情,她都会守信,把事情办好。所以,孩子的教育还是要靠家长来引导的。"

3. 行为劝诫性教育

本土信仰产生于本土,并且被当地人赋予了神性,当地的每一个人都知道其来历、功用,不需要专门系统的知识训练和教导,地方神灵无疑是与人们的日常生活紧密联系在一起的。在茶峒镇有多座庙,不同的庙供奉着不同的神灵,当地的人都知道每一座庙供奉的是什么神,求什么事情要到什么庙。另外,每家每户的堂上都有个神榜,神榜上书"天地君亲师",天是指天,地是指地,君是指君主,亲是指近亲长辈,师是指圣人。中国古代以天为至上神,天主宰一切,以地配天,化育万物,祭天地属于自然崇拜,有感谢造化之意,祭祀君王则有祈求国泰民安之意,祭亲则是祭祖,由原始的祖先崇拜发展而来。

在茶峒镇土家族、苗族人眼里,不能坐在天地君亲师牌位正下方,初一、十五给神榜上香时,还在月经期的女子被认为是有污秽的,凡是香火纸钱、果品茶水都不能碰触,不然会触犯神灵。根据道德伦理观,供奉"天地君亲师"成为茶峒镇教育下一代的基础,如不能用手指直指神榜,不能用不干净的东西碰触神榜,否则都被视为对神灵不敬,会遭到神灵惩罚。这些诫言都是当地人平时从长辈处习得的。

在茶峒镇土家族、苗族的社会意识中,历史传说、习俗禁忌、风俗习惯和传统的图腾崇拜等,都是其教育体系的重要内容,孩子们从长辈处习得这些相关内容,还能从这些内容中学到涉及本民族历史、社会生产方式和伦理道德等多方面的综合性知识。

花垣县第三中学读初中二年级的黄效慧说:"小时候,奶奶就告诉我,晚上的时候不能吹口哨,不然会引来可怕的鬼。有一天晚上去隔壁家玩,然后忘记了奶奶说的这件事,吹起了口哨,隔壁家的奶奶让我马上停下来,也说不许吹,会引来'鬼'。回家后,我都没敢跟奶奶说。奶奶还跟我说,晚上走在路上的时候,如果听见有人喊自己的名字,千万不能答应,也不能回头看,因为那是'鬼'在叫你,你应了的话就会被'鬼'抓走。我没敢试,不过听同学们说,她们的奶奶也这样跟她们说过。"

二、学校教育

教育有传递文化、转变和改造功能,可以建立或打破社会秩序的力量,赋予青少年自治和自我认识能力,它是适应时代的文化使命的。教育人类学家认为,就内容而言,教育就是文化传承与习得,因此学校教育仅是其中的一种特殊形式,但毫无疑问,它一旦实行,将成为最主要的形式之一;同时,作为社会组织机构的学校不仅是传递知识的地方,它还有许多其他社会功能,与其他社会组织有密切的联系。学校系统是一种社会机构,它与社会的其他机构相互关联,尤其与社会的经济有着不可分割的联系。学校中教师与学生的现状也不同程度地反映了社区乃至整个社会的一些现状。[①]

(一) 幼儿园教育

1. 幼儿园具体情况

茶峒镇镇上一共有4所幼儿园,一所宏远幼儿园,两所牡丹幼儿园(这两所牡丹幼儿园是由同一个园长开设的,收费、课程、管理等是一样的),还有一所是花垣县茶峒镇中心幼儿园。

这4所幼儿园收费情况不一。宏远幼儿园的报名费是800元/学期,空调费30元/月,生活费150元/月;牡丹幼儿园的报名费1200元/学期,空调费30元/月,生活费200元/月;花垣县茶峒镇中心幼儿园的报名费是800元/学期,不收取空调费,生活费是146元/月。

4所幼儿园收费不同是有原因的。一方面,牡丹幼儿园招收的孩子比较小,对孩子的入学年龄没有要求,一岁多即可入园,相对难管理,故收费比其他两所幼儿园贵;另一方面,花垣县茶峒镇中心幼儿园至少要四岁半的小孩方可进入学习,教室内没有空调。

值得注意的是,宏远幼儿园和牡丹幼儿园的小朋友即使幼儿园毕业了,也必须在花垣县茶峒镇中心幼儿园上一年幼儿园才能进入中心小学就读一年级,

---

[①] 参见庄孔韶《人类学通论》,山西教育出版社2002年版,第435页。

而在花垣县茶峒镇中心幼儿园就读的小孩，幼儿园毕业后即可进入中心小学就读。

幼儿园的作息时间表是由幼儿园的园长安排的，其中，宏远幼儿园和牡丹幼儿园的时间安排是一样的。其时间安排如下：早上 7：00 进园，7：00～8：00 吃早餐，8：00～8：30 做早操，9：00～11：00 为上课和活动时间，11：00～12：00 为吃饭和活动时间，12：00～14：30 午睡，15：00～17：30 为上课和活动时间。

小班的课程是识字、数学、珠算、拼音、英语、三字经、音乐、美术，大班的课程是语言、数学、音乐、美术、健康、社会、科学。

2. 细节观察

笔者观察到，幼儿园里面的活动都是集体活动，不管是吃饭、洗手，还是上厕所，都是由老师带着小朋友排着队进行的，如在吃饭前，老师带小朋友去洗手，小朋友们排着队，一个一个地伸出手让老师帮忙洗。

老师是有幼儿园教材的，笔者观察到的两位老师都是按照教材来给小朋友授课的。小朋友不能自带铅笔，铅笔是由幼儿园老师在上课的时候统一发的，上完课又将笔收回去，免得小孩拿笔玩，铅笔也是由老师削的。据幼儿园老师解释，这是出于对小朋友的安全考虑，因为铅笔是尖的，小朋友又都爱拿东西玩，他们会不小心戳到手或眼睛，这是不安全的，万一不小心出了问题，家长会责备老师。

另外，老师管理课堂纪律有一套共同的办法，即看谁表现好，就和小朋友们一起表扬他，如果小孩不听话，虽然严厉教导，但不能骂，如果小朋友实在是不听话，则把小孩拉到老师旁边坐，就近看管。笔者看到，在小朋友吃饭的时候，老师就会说："来，我们要好好吃饭哦。"如果有小朋友不好好吃饭，老师就会说："××怎么了？谁知道他哪里不对呢？""他该不该挑出胡萝卜不吃呢？看看××，看她吃得多好！都没有挑食哦。"

3. 家长对幼儿园教育的看法

对于幼儿园的教育模式，家长们也有自己的看法。部分家长认为不能让孩子输在起跑线上，在幼儿阶段，小朋友成长的速度是非常快的，而这一时期教育的好坏会影响孩子一生的发展，所以，接受幼儿园教育对小朋友来说是非常必要的；也有部分家长认为，幼儿园其实应该从小朋友的心理和生理特点出发，注重幼儿的身心和谐发展，寓教于乐，在教小朋友玩的同时，培养小朋友良好的习惯和性格，激发幼儿的求知兴趣；同样也有部分家长认为，幼儿园教育可以参照小学教育，相应忽略一些游戏、唱歌、跳舞之类的活动，为孩子进入小学和中学做好准备；也有少部分家长认为现在茶峒镇上的幼儿园要改进教学方法，将"灌输式教学"变为"操作式教学"，让小朋友参与到活动中去，从活动中去体验和获得知识，变"被动接受知识"为"主动参与获取知识"；不过，更多的家长表示，送孩子去幼儿园其实相当于给孩子找个保姆，可以有人帮忙照顾孩子，但在照顾过程中要重视孩子的安全问题。

莫叔叔表示："我们家大人要看店，实在是很忙，经常没空看小孩，可又怕小孩出去玩不安全，于是就把小孩送到幼儿园去，有人帮忙看着也放心。其他的，只要小孩子没出什么问题，幼儿园的老师教给小孩什么东西，我们一般是不管的。"

杨奶奶说："我儿子和儿媳妇都在外面打工，一年没回家几次，留下孙女给我照顾，儿子和儿媳妇回家时，看着别人家的小孩会唱歌、会写字，就和我商量把孙女也送去幼儿园，至少可以学学拼音和数学，那样上小学的时候就不会比别人差，我想了想，我又不识多少字，教不了孙女，于是就同意了。"

李姐姐则表示："我家琪琪很喜欢画画，看见别人来河边画画，她都要跑去看，平时她自己也会在家画画，可是幼儿园里教画画的课不多，我就特别希望幼儿园能够多花点时间去教画画，让琪琪能够多学一些画画，认真培养她画画的兴趣。我觉得，幼儿园最重要的是要教会小孩们怎么去玩，让她们开心就好。"

（二）小学教育

茶峒镇中心小学的课程有语文、数学、英语、美术、音乐、体育、信息、生命与健康、品德与社会、劳动与技术，除了这些常规课程外，茶峒镇中心小学还经常举办晚会等活动，让边区的少年们在接受课程教育的同时，又有琴歌舞画、比拼才艺等尽显风采的机会，让每一个少年在学习之外，锻炼自我，放飞理想，成就自我。可见该小学既重视学生的德育教育，坚持德育立校，依法治校，又注重培养学生社会技能和特长，重视学生的文明礼仪教育，教学质量优良。

茶峒镇中心小学的彭老师同样告诉我们："按照我们学校的教育理念，我们学校不仅仅抓学生的德育教育，同时也注重培养学生的社会交往能力和特长。比较重大的就像我们学校的校庆，学生们唱歌、跳舞、表演小品等，很热闹。另外，你看这次吉首大学欢送晚会上的表演，很多我们学校的学生，他们表演得都很好啊。其实，我们学校还特别重视学生的文明礼仪教育，你进我们学校看看，就可以看到很多标语，像什么'请勿随地吐痰''脚步轻轻，勿扰他人''轻声慢步过走廊''清洁校园，不乱扔纸屑''语言文明，礼貌待人'等，我们不仅仅是把这些标语贴在墙上，还要求学生认真看和读这些标语，并把这些要求应用到实际生活中去。"

笔者认为，小学生是稚嫩的，他们的成长需要家庭和学校的引导，这些引导是否得当，从眼前看，关系着一个学生是否会成为一个懂礼貌、懂文明的孩子；从长远看，关系着一个学生是否会成为一个讲道德、有品质的公民，所以，学校开展德育教育和文明建设是非常有必要的。茶峒镇人群多样化，各种不良意识也在影响着还未形成个人思想的小孩，这样一来，德育教育和文明礼仪教育更是不容忽略的重中之重。在调查过程中，笔者和在重庆调查的组员遇到了两件极端的事情。

某天，笔者走岔了路，正迷茫的时候，两个小学四年级的学生热情地上前给笔者带路，并热情邀请笔者前往他们家一起玩耍，到了他们家之后，他们的妈妈正好在家，于是拿出冰西瓜，热情款待笔者。当知晓笔者是来做调查的时候，又去将他们在打麻将的奶奶叫回家，积极参与笔者的访谈，两位小学生还给笔者表演他们在学校学到的歌曲和舞蹈，最后还盛情邀请笔者在他们家吃晚餐。

同一天，在重庆做调查的两位同学也遇到了两个看起来像小学四年级的学生。她们在做访谈的时候，伞从包里掉了出来，这两名小学生捡到后藏了起来，一位调查员好声好气地跟他们要伞，其中一个小孩说："你有钱吗？给我钱我就给回你。"调查员无奈，说没钱，小孩又问："你们是来做调查的吗？"调查员以为有转机，便说是，但想不到他说："那你们老师有钱，你去问你们老师要，给我钱我才把伞还给你。"期间，另一个小孩一直在说话的那个小孩旁边说："让她们给钱，不给钱不还给她们。"后来两个小孩跑来跑去就是不肯还伞。

（三）中学教育

1. 学校特色设施

花垣县第三中学（简称"三中"）坐落在湘渝黔两省一市交界处酉水河畔的茶峒小镇上，在镇的东北角，香炉山下，高楼耸立，一排排青砖教学楼有序地布于山下，苍松直立，绿树成荫，这个环境幽静、风景秀丽的区域就是校园的所在。因其大多建立于湘西民族第二师范学校时期，即使历经了多年的社会变迁，也依旧带着其独特的时代特色。

如今，大部分的旧建筑已经被推翻重建，民国时期（当时的三中叫国立茶峒师范学校）建造的建筑物在花垣县三中已经找不到了，剩下的仅是为数不多的湘西民族第二师范学校时期建造的。究其原因，久经风雨，大多建筑物已破旧不堪，不能继续使用，便推翻重建，移作他用。2011年，中央政府实行合格学校建设，给学校拨款，再加上县里给拨的约500万元，三中的许多设施得到了维修与重建。现今，学校领导试图把三中打造成茶峒镇的一个文化旅游景点，但困难重重。

三中的吴校长说："所有古建筑都弄一个说明牌，牌上说明包括国立八中时，原来是什么功能，现在是什么功能，建筑年代和建筑结构是怎么样的，把学校打造成边城的一个文化旅游景点，既是学校又是旅游景点。"

政务处吴主任表示："我们很早就打算把三中打造成旅游景点，但这想法一直没能成功。我们打了申请上去，上面也派人下来考察三中开发旅游的价值，但每次来人都只是看了看，说几句话，然后就没有消息了。"

2. 文化教育

根据教育局的要求，三中的文化教育模式是相当正规的，一方面它极其重视德育教育，不但开设了思想品德课，还将德育教育贯彻到学校的全部课程的教学和各项工作中，另一方面又坚持开展普法教育，狠抓安全教育，但作为少数民族学生集中的学校，相对忽略了民族意识教育。

（1）德育教育。第一，通过教师的正常引导和平时的活动对学生进行德育教育，如国旗下的讲话、清明节的扫墓、过节去敬老院的活动等；第二，加强学生平时习惯自理的训练，规范学生的卫生习惯、生活习惯、记录习惯，如提倡节约粮食、珍惜粮食等；第三，加强学生的纪律管理，如狠抓学生课堂纪律和就餐纪律等；第四，树立学生正确的人生观、价值观、世界观。

吴校长表示："德育教育是全方位的，不能只靠思想品德课来提高学生的思想品德，其他课程也要贯穿思想品德的教育。这样，才能把我们三中的学生培育成有理想、有道德、有文化、有纪律，德、智、体、美全面发展的好学生。另外，我们接下来还打算把学校的升旗仪式打造成茶峒的一个旅游特色，要别具一格：每次要有一个政教处的老师讲话，一名学生代表讲话，每周的升旗手要从每个班里选出来，让学生从内心深处把校训喊出来，让班级真实感受到荣誉感、升国旗的庄严感，也让学生用心去体会什么是国旗，什么是民族，什么是国家。"

（2）普法、安全教育。第一，开辟专栏进行普法、安全宣传，目前已经办了三期，第一期是普法知识，第二期是安全知识防护，第三期是食品卫生知识；第二，邀请相关部门人员来学校开讲座，有时候还搞一些实际演练和带学生去观摩违法犯罪分子的下场；第三，在老师之间开展普法教育，并就普法教育进行考试；第四，极其强调安全问题。

吴校长告诉笔者："虽然教育局并没有安排与法律相关的课程，但我们学校还是很重视学生的法律意识培养的。我们学校开展过一次紧急疏散演练，一次交通知识的讲座和演练，还有司法知识的讲座，有一次还带学生去观摩那些违法犯罪分子的下场，让学生掌握必要的法律常识，意识到自己不能违法，要做一个对社会有用的公民。另外，每周一国旗下的讲话，我们不仅仅是对学生开展德育教育，同时也开展普法教育，对一些学生存在的问题，也会及时处理。"

"安全这把刀，是随时悬在老师的头上，不得不重视。我们每天都在强调安全问题，我们班主任每天晚自习都有20分钟来把一天的情况、学生的问题进行小结，每天要求，每次放学回到家里，一路上的交通规则都要讲，不讲不行的，安全警钟时时敲啊。现在学生在学校里走路，摔了一跤，不分青红皂白，家长找到学校就骂，只要是学生在学校发生的任何问题，不管责任在哪，都是找老师。"

（3）民族意识教育。第一，茶峒镇少数民族都比较汉化，所以在这里，不管土家族也好，苗族也好，都是一样使用本地语言，上课时都要按照国家标准，统一使用普通话；第二，在保持民族特色方面，保留学校的特色建筑；第三，有学校自己编写的带有浓厚民族特色的课外读本，在笔者看来，这点是有待商榷的，受访者对是否有这类课外读本各执一词，笔者也未能见到这些读本。

政务处吴主任告诉笔者："我们学校也有注重学生的民族意识培养的，像我们有带有民族特色的教材，作为课外读物，让学生了解我们民族传统是怎么样的。这些课外读本是参考小学的，中学跟小学基本上都使用同样的课外读本，学生对这课外读本很感兴趣，对民族本土特色也很感兴趣。"

一名叫黄效慧的初三学生说："我们上课的时候不全是用普通话的，要看什么课什么老师，像我们数学老师上课就用我们这里的话，很少用普通话，他一说普通话我们都觉得很好笑。""我们学校没有这样的书吧？我们都没看见过。"

一位教初二的龙老师表示："按规定，我们都是要使用普通话的，但也有些老师是用本地话，应该还要看是什么课吧，像数学课、体育课的老师就很少用普通话。""关于你说的那种课外读本，我们学校应该是没有的，至少我没有看见过。"

3. 师资力量

编制上，三中目前有42位老师，但有些老师面临退休，有些老师是做后勤的，还有位老师生病了，现在能上课的只有35位，教师数量相对较少，有些教师兼上两门课。三中的老师都是参加县里面教师的招聘考试，然后被录用的，由教育局统分下来。三中教师的平均年龄在37岁，偏向年轻化，女教师占的比例较多，占整个三中教师队伍的2/3，且女教师较年轻，男教师比较少，仅占1/3，且年龄偏大。

吴校长指出："实际上，我们现在缺少的师资还是蛮多的，我数了一下，我们目前还缺少7位老师。物理老师一个都没有，英语老师少一个，化学老师没有，我们现在必须让有些老师兼上两门课，比如说，教数学的兼教物理、化学，由不是学本专业的老师来代课。"

相对于其他地区而言，自治州对教师的福利有很大倾斜，比其他自治的县市要多100多元，但学校老师的工资不高，平均是2200元，老师根据职称的高低拿工资。

4. 入学率和升学率

（1）入学率。茶峒镇初中的入学率是99.63%，其中，选择花垣县第三中学的大约是83%，选择第一中学的大约是8%，选择第二中学的大约是7%，去其他地方的是2%。

第一中学和第二中学的录取分数线较高，达不到分数线的都选择花垣县第三中学，这个没有录取分数，只要小学毕业，均可就读；选择去其他地方的原因主要是所去学校有自己亲人任教，可以得到很好的照顾。

田爷爷的孙女考上第一中学，他说："她考上第一中学的时候，三中的老师一直来找我，希望我让她留在三中，我当时坚决拒绝了，带着她去了一中报名、注册、缴费，一中的老师、纪律都比三中好，当然是去一中才能让她得到更好的机会。她成绩好，争气，我们怎么能耽误她呢？只要她能考得上，我就是卖屋卖地也要供她念书。"

赵旭，初二，就读于吉首市一所中学，他说："我姐姐在那里教书，我小学毕业了之后，她让爸爸妈妈叫我去那里读书，然后我爸爸妈妈就让我去了。那里其实挺好的，我跟我们镇上几个同学都在那，放假了就一起回家。"

（2）升学率。根据湖南省规定，花垣县三中初三毕业学业考试七科总分456分合格，七科合格方可领取毕业证。2012年全校78名学生参考，有13名学生达700分以上，600～699分有36人，500～599分有19人，七科平均合格有77人，人平均分616分，合格率达98.72%，全校七科平均合格人数有74人，不合格人数有4人，合格率达94.87%，人平均分居全州145所农村中学第8名，合格率居全州第6名，优秀率居全州第11名，全校50人被茶峒高级中学录取，上线率达64%。

5. 中学教育面临的问题

学校经费不足、学生家庭贫困、学生辍学率高是三中面临的三大重点、难点问题，亟待解决。

(1) 经费不足。为了适应城乡统筹发展的需要，政府投入 495 万元对三中校门、操场、寝室、食堂、路面、内部设施等进行修缮。县里对教育的投入是很大的，现在有中央政府的合格学校建设，正是有了合格学校建设，再加上县里给三中拨了 495 万元，在很大程度上改善了学校的办学条件。但学校需要维修、打造的地方太多，教学楼、办公楼破烂不堪，教室的墙壁都发霉了，瓦都是破碎的，资金上极其欠缺。

有一个加拿大的爱心华人通过互联网知道了三中的情况，跟学校联系，每年给三中 3 万～5 万元，其中一半捐给学生，救助贫困学生，另外一半给学校采购办公用品。但学校的关键问题是维修建筑物，教学楼和办公楼这些房子没有维修好，捐赠的课桌椅、办公桌、空调等都没办法摆进去，没法使用。三中现在的问题就是老师办公的办公室和学生上课的教室在资金缺口上比较大。

吴校长认为经费不足是学校目前面临的最大问题："经济上比较欠缺是我们学校面临的最大的一个问题，学校需要修建和打造的地方太多了，最紧张的就是教学楼和办公楼，我们学生上课的教室，墙壁都发霉了，雨直接从墙上沁下来，瓦片也全是破碎的，老师的办公室也是，办公桌和电脑都被大雨淋湿了，弄坏了，没办法办公。还有就是我刚才讲的把学校打造成文化旅游景点，所有的都需要花钱，学校资金是远远不够的。我这几天也找到了一些资金，找到了 10 多万，现在我还缺口 10 万，有 10 万块钱给我，我就可以把学校打造得漂漂亮亮的。"

(2) 贫困生多。整个湘西农村地区都是比较贫穷的，政府对贫困生接受义务教育给予了极大的关注，政府有个贫困住宿生的补助，每个学期每个贫困生都可领取接近 700 元。另外，政府领导成员与贫困生结对子，2011 年，党委政府领导成员及镇直机关与镇里的中小学的贫困学生结对子，共帮助支持贫困生 50 多人，帮扶资金近 2 万元，2012 年春季，政府分配给三中贫困寄宿生专项资金 58760 元，受补助人数 91 人，标准是每人 625 元。另外，社会贤达的捐赠也在很大程度上解决了贫困生就学难的问题，"加拿大关爱"基金每年给三中 3 万～5 万元，其中一半作为扶贫奖学金，捐给学生。

目前，三中每年都在调查确认贫困家庭学生，学校 400 多人，摸底的结果可能是 100～200 名贫困生，这个数字是有些惊人的。另外，三中按照政府要求，在学生在校期间，对家庭经济困难的学生，免除伙食费，直接从经济上给予贫困学生支持。

陈玲，初三，父母双亡，由奶奶抚养长大，说："我每个学期都能拿到贫困生补助和'加拿大关爱'扶贫奖学金，如果没有这些钱，我没办法读到初三,家里太穷,奶奶靠赶场烧蛋赚的钱也不多,我想努力学习,可是想到奶奶年纪大了还那么辛苦,我也没心思好好用功。我念完初三也不念了,出去打工,赚钱回来给奶奶,让奶奶可以不用那么辛苦。"

(3)辍学率高。辍学是三中面临的比较严峻的问题,每年辍学率在1%以上。

受传统的教学行为影响,学校教学方法死板生硬,老师越教,学生越不会学、越不爱学,遏制了学生学习的主动性和积极性,久而久之,学生对学习失去了信心,便有了厌学情绪,放弃了继续接受义务教育。调查过程中,听到了许多对教师队伍素质的不满,教师队伍素质参差不齐,必然影响教育质量,使教育失去对学生的吸引力,甚至有些教师缺乏职业道德,缺乏耐心,动辄处罚学生,教育方式极其粗暴,从而导致学生走上辍学道路。

田金富,男,17岁,初二时(15岁)辍学,据他所说:"初一下学期的时候就不想读书了,因为不想读书,不喜欢读书,觉得读书没意思。那时候我们学校有个老师特别凶,班里很多人都被他打过、骂过,有一次我们几个迟到了几分钟,他就罚我们在操场上跑,跑完了也不让我们坐,就让我们站在前面听,经常动不动就罚我们,我们都很讨厌他,有一次他被别人打了,我们都觉得打得好。"

周围环境的影响也是学生辍学的原因之一,身边许多人出去打工,逢年过节回家,个个衣着光鲜,学生便认为,读书浪费时间,不如去打工,也有个别例子是家长为了眼前利益,盲目地让孩子在没有接受完义务教育的时候外出打工赚钱。

杨晓红,女,16岁辍学,她说:"我是初三那年辍学的,过年的时候,看见很多同龄的人出去打工回来,赚了很多钱,穿的衣服鞋子和提的包包都很好看,我就想,我成绩也不好,就算参加中考也考不上什么好学校,还不如跟她们出去打工呢,然后跟我爸爸妈妈说了一下,他们也就同意了。"

家庭贫困也是辍学的一大原因,根据九年义务教育,三中虽然完全免了学杂费,其他费用如保险、课外读物等少于200元每学期,但少数家庭对此还是无力承担。

杨光,男,杨晓红的爷爷,他说:"阿红的爸爸妈妈一直在外面打工,能赚到不少钱,听到阿红说也要出去打工,他们都是同意的,本来,她要读我们就供她读,她不想读了,我们也不勉强。不过,听说读书要花很多钱的,读个高中,一年应该要五千块左右,3年要一万五,就算家里有一万五能供她继续读,读完高中还要读大学,大学本科要4年,平均算了一下,一年平均一万五,4年六万,太贵了,读书还是读不起啊。"

因此，辍学问题是三中面临的重要问题之一，亟待解决，学校采取了相应措施去解决这个问题，即学校与政府、村干部联系，划定范围，然后以校长统筹领导全局、行政领导包片、老师包村的方法去走访辍学学生家庭，劝说他们回校接受义务教育。吴主任表示，这样的方法是对学生负责，但实际上收效不大。

第八章 社会组织调查

一、文献梳理

(一) 组织概念

弗雷德（Fred）认为政治组织和社会组织具有某种共通性：政治组织包括社会组织中的某些特殊部分，这部分和能够处理公共政策事务的个人或群体息息相关，或者与寻求控制这些个人或群体的要约或活动的个人或群体有关。

巴纳德（Barnard）的定义为：正式组织是一种人与人之间有意识、经过协商和有目的的协作系统。

詹姆斯·G. 马奇（James G. March）和赫伯特·A. 西蒙（Herbert A. Simon）的定义是：组织是互动的人群集合，是一种具有集中协作功能的系统，而且是这类系统中最大的。……与非组织人员之间和组织之间的松散且长变的关系不同，组织内部具有高度专门化和高度协作的结构，使组织成为一种社会学单元，就像生物学中的有机体一样。

再看彼得·布劳（Peter Michael Blau）和詹姆斯·C. 斯科特（James C. Scott）的定义：由于……组织的区辨性特征是它们都是为了实现特定目标而正式建立的，因此应称之为"正式组织"。

所有上述定义都强调了组织区别于其他社会集体的两个结构特征，具体如下：

（1）组织是具有相对具体目标追求的集体。参与者的活动和他们之间的协调都是为了达到特定目标这个意义，组织是"有目的"的。组织目标的具体化要达到能够明确表达、清晰界定，能够为不同行动的选择提供明确的准则的程度。

（2）组织还是一种相对而言高度正式化的集体。参与者之间的协作是"有意识的"和"经过协商的"；关系结构被"直言表达"。结构的正式化程度需要达到能够精确定义和明确表述约束行为的规则,使角色之间关系的规定不因具体占据这些位置的人的不同而不同。①

(二) 组织研究的重要性

组织可能是现代社会最突出的特征。虽然在中国、希腊和印度的古代文明中就已经有组织的存在,但是直到现代工业化社会,我们才发现有这么多的组织在我们周围,而且几乎所有社会运转功能都离不开它们。从自古以来的军队、行政和税收,到当今的发明与发现,儿童与成人的社会化、再社会化,商品的生产与分销,人身及财产安全,文化保护,通信、娱乐休闲,各种服务、各种组织无所不在,无所不包。②

正因为它们的丰富性,引起了人类学家的浓厚兴趣,研究组织可以使人类学者更加直观地了解到被研究社区是如何正常周转的,从而发掘出经济、信仰、宗族观念等一系列人类学核心关怀的问题。

(三) 组织的共性

组织有哪些共同的属性?在众多不同的特定目标和结构安排中,分析者能够找出什么一般性的问题?大多数分析者将组织视为"个人创造的社会结构,用以支撑对特定集体目标的追求"。基于这一概念,所有的组织都会面临一系列共同的问题:必须定义和重新定义其目标,必须吸引参与者为其贡献服务,必须挑选、培训和更新成员,以及必须做好协调邻里关系的工作。

除了这些共同的运作层面的任务外,一些学者指出,所有组织都受到一个共同难题的困扰,即并非所有的资源都能直接用于实现目标的活动,有些资源——有时甚至占相当高的比例——要用于维持组织自身。组织被看作实现目标的工具,但这个工具本身吸收大量的能量,在一些极端的情况下(或许并不少见),组织自身甚至变成目的。此外,组织必须寻找有效的方式,协调与整合工作流要素和人际与社会要素,前者包括技术、设备、技能、技巧、与任务相关的信息和沟通等,后者包括动机与激励、利益与兴趣、权威与地位和平等与分配等问题。③

---

① 参见[美] W. 理查德·斯科特、杰拉尔德·F. 戴维斯《组织理论——理性、自然与开放系统的视角》,高俊山译,中国人民大学出版社2011年版,第26—27页。
② 参见[美] W. 理查德·斯科特、杰拉尔德·F. 戴维斯《组织理论——理性、自然与开放系统的视角》,高俊山译,中国人民大学出版社2011年版,第2—3页。
③ 参见[美] W. 理查德·斯科特、杰拉尔德·F. 戴维斯《组织理论——理性、自然与开放系统的视角》,高俊山译,中国人民大学出版社2011年版,第10—11页。

美国学者莱斯特·M.萨拉蒙（Lester M. Salamon）认为民间组织的共性主要有：

（1）组织性，即这些机构都有一定的制度和结构。
（2）私有性，即这些机构都在制度上与国家分离。
（3）非营利性，即这些机构都不向他们的经营者或"所有者"提供利润。
（4）自治性，即这些机构都基本上是独立处理各自的事务。
（5）自愿性，即这些机构的成员不是迫于法律要求而组成的，这些机构接受一定程度的时间和资金的资源捐献。

（四）组织的形式与管理方式

在现代社会中，正式组织多采用科层制的组织管理方式。所谓科层制是指建立在法理型统治基础上的一种组织形式和管理方式。科层制组织一般具有以下特征：

（1）明确规定的固定权限。科层制组织通过对组织各项工作的细致分工赋予每个职位以特定的权力，使占有职位的个人能够明确自己负有的责任以及拥有的权力。这些责任和权力都以组织规章制度的形式确定下来。

（2）明确规定的职位等级。组织中的各个职位遵循层序原则规定等级体系，上级可以监督下级，下级服从上级命令并接受上级审查。

（3）执行职务建立在公文基础上。组织内部活动和对外活动都要求以公文的形式来进行，并保存公文档案。组织运行中产生的各种规章、决议、指示、法令都用文字固定下来。

（4）职务的专业化和量才录用。职务的分工使职务工作成为专业化的工作，需要专门的培训。组织在招聘人员时就要按照职位所需的专业技术的标准来录用。

（5）照章办事。科层制组织要求其成员在处理事务时完全按照组织制定的规则行事，不看人行事，不允许掺杂个人的好恶爱憎，个人的情感因素不得干扰组织事务的处理。

现代科层制组织的兴起和初级群体的衰落是现代社会发展的重要现象，也是社会组织现代化过程的两个方面。现代社会中，以血缘、亲缘和地缘为纽带的家庭、家族、邻里等初级群体的重要性日益降低，而科层制组织在生产和生活的各个领域开始发挥日益重要的作用，并成为现代社会最主要的组织形式。①

---

① 参见刘豪兴《农村社会学》，中国人民大学出版社 2004 年版，第 236—237 页。

（五）农村组织的主要类型

（1）农村政治组织。主要包括县、乡镇的政府组织、村一级的村民委员会和村民代表会议、农村基层党组织等；一些人民团体在农村的基层组织，如团组织、妇代会等，以及计划生育协会、调解会等。

（2）农村经济组织。主要包括各类集体经济性质或个体、民营经济性质的乡镇企业、各种农村专业合作经济组织、正式的或非正式的农村基金会组织等。

（3）农村文化组织。主要包括各类学校组织、科研科普组织、文艺组织、宗教组织、体育组织以及各种文化传播组织等。[①]

（六）农村组织的主要功能

（1）促进功能。现代化的大生产要求农民把资源和劳动力组织起来，降低成本，提高效率。

（2）整合功能。农村组织的根本作用在于它的社区整合能力。

（3）协调功能。农村组织虽然根源于农村的乡土社会，却不是作为国家的对立面出现的，而是微观的个人和宏观的国家的联系纽带，是针对宏观与微观层面的低效率现象而产生的。因此，农村组织不仅要整合组织内部的声音向国家传达，还要对各种低效率无序现象进行协调治理。

（4）监督功能。由于中国农村组织根植于民间，从传统的宗族组织和乡民自治发展而来，使它天然就具有监督公共部门、维护社区利益的特性。[②]

梁漱溟先生认为组织的引入对于中国人学习西方先进文化和思维方式大有裨益："西洋人的长处有四点：一是团体组织——此点矫正了我们的散漫；二是团体中的分子对团体生活会有力的参加——此点矫正了我们被动的毛病；三是尊重个人——此点比较增进了以前个人的地位，完成个人的人格；四是财产社会化——此点增进了社会关系。"[③]

（七）农村组织发展遇到的问题

（1）农村民间组织与政府联系非常紧密，在一定程度上损害了民间组织的独立性和自主性。

[①] 参见刘豪兴《农村社会学》，中国人民大学出版社2004年版，第238—240页。
[②] 参见刘豪兴《农村社会学》，中国人民大学出版社2004年版，第240—241页。
[③] 梁漱溟：《乡村建设理论》，上海人民出版社2011年版，第161页。

(2) 农村民间组织具有某种过渡性。绝大多数民间组织都是改革开放以来产生的，历史很短，自身结构和功能都没有定型。

(3) 农村民间组织发展的不平衡性。目前不同类型的农村民间组织，在发展水平和组员占有上的差距非常大。一般来说，与政治、经济密切相关的民间组织发展最为迅速，而一些为农民服务的组织还有待发展。①

二、官方正式组织

（一）政府组织

茶峒镇镇政府位于国道旁边，是蓝白相间的中等建筑群。去政府办事的民众并不多。新的政府办公大楼是2010年修建的，一楼是办事大厅，两侧是工作人员办公地。表8-1是笔者根据茶峒镇政府组织情况整理所得。

表8-1 茶峒镇有关领导成员及职责分工

职　务	分管工作
党委书记	主持镇的全面工作
党委副书记、镇长	协助党委书记管理镇的全面工作；主持政府工作
人大主席	主持茶峒镇人大工作；分管大河坪片区全面工作、高速公路重点工程
管委会专职副主任	主持风景区日常工作；分管整脏治乱、景区建设、污水处理厂及新老水厂管理工作
党委副书记	主持政法工作；分管矿山、安全生产、综治维稳、道路交通和信访工作
纪检书记	主持纪检工作；分管农业农村、民居改造、民政、林业、合作医疗、新农保、统计、动物防疫、大河坪片区新农村建设和老龄工作
党委委员	主持组织、武装、政协、统战、党史、远教、妇联、基建工作
党委委员	主持宣传工作；分管计划生育、宣传、统战、宗教、工商联、民族事务工作
副镇长	协助党委副书记管理政法、矿山、安全生产、综治维稳、道路交通和信访工作；分管文化、教育、卫生

---

① 参见刘豪兴《农村社会学》，中国人民大学出版社2004年版，第245—246页。

(续上表)

职　务	分管工作
副镇长	分管后勤、财务工作
人大副主席	协助人大主席管理人大工作；分管计划生育工作
科技副镇长	分管办公室、政务大厅工作
副镇级干部	分管农网改造、洪安电站、新街电站工作
副镇级干部	协助纪检书记管理农业农村、民居改造、民政、林业、合作医疗、新农保、统计、动物防疫、大河坪片区新农村建设和老龄工作

资料来源：田野调查整理所得。

（二）基层政治组织

茶峒镇下辖小桥、河码头2个居委会，以及隘门口、水井湾、贵炭、板栗树、曲乐、骑马坡、小寨、石牛溪、米粮、白岩、火焰土、长老坟、茶园坪、南太、募老15个村委会，以上构成了茶峒镇的基层组织。

（三）农村医疗合作社

农村合作医疗是由我国农民自己创造的互助共济的医疗保障制度，在保障农民获得基本卫生服务、缓解农民因病致贫和因病返贫方面发挥了重要的作用。农村合作医疗是社会广泛关注的话题。为了缓和城市农村发展不平衡，各种保障措施纷纷出台。合作医疗是其中比较基本也比较有成效的。笔者对茶峒镇农村医疗合作社进行了深入的调查，并对当地民政部门沈干事进行了深入访谈。

据沈干事介绍："茶峒镇人生活水平虽然说衣食无忧，但是还是会在面对重大疾病时黯然神伤。大笔的医疗费用就是所谓的旦夕祸福。"一般的家庭存款不会超过4万元，其中包括家中老人的丧葬费，小孩的教育费用，之后是儿女的婚事费用，还有自己的养老费，这样算起来，可以说并没有太多钱用来处理意外情况。但是一个手术加上术前住院和术后休养所需要的费用不会低于一万元，这对于一个农村家庭来说，是一笔很难负担的费用，合作医疗就是为了解决这种问题应运而生。

在茶峒镇，合作医疗是这样开展的。首先是大队干部到每家征求意见，到底入不入。如果入的话，就每年到家里来收钱，按户口本算每人每年20元，其他什么都不需要做。合作医疗关注更多的是报销的问题。报销的比例是根据住院的条件和所用的药物。合作医疗的报销最高额规定是 2 万元，这就暴露了制度的一个缺陷，如果是心脏、骨髓或脑等大型手术，这 2 万元真的只能占很小的一部分，甚至可以说有和没有都是同样的结果，那就是不能做手术。当然这个问题并不仅仅是政府的职责，同时也是因为我们这个社会的发展程度还不够，还没有条件实现高程度的医疗保障制度，但是笔者个人认为我们应该就这个问题多多思考一下，在目前这种条件下，我们可以从哪些方面尽力弥补。毕竟这部分患者已经不是极个别案例了，当医学水平已经能够治愈某种疾病时，谁也不希望因为金钱的原因让生命遗憾逝去。在有能力报销的范围内，也根据药品类别不同，A 类、B 类、C 类依次排列。下面是沈干事给笔者提供的一些数据。

1. 农村住院补充医疗保险报销标准

已参加新型农村合作医疗保险的，住院医疗费用在扣除新型农村合作医疗报销后，剩余部分按照乡级医院 60%、县级医院 55%、市级以上（含市级）医院 50% 的比例报销，每人每年封顶线为 10000 元；未参加新型农村合作医疗保险的，住院医疗费用在扣除 100 元起付线后，剩余部分按照乡级医院 60%、县级医院 55%、市级以上（含市级）医院 50% 的比例报销，每人每年封顶线为 5000 元。

2. 可报销的费用项目

（1）床位费（乡镇卫生院最高 12 元/天，市级及市级以上医疗机构最高 15 元/天）。

（2）药品费（药品使用范围执行省规定的药物目录）。

（3）检查费（检查、化验等，限额 600 元）。

（4）治疗费（300 元以内按实结算，300 元以上部分按 50% 纳入报销范围）。

（5）手术费（按规定收费标准执行）。

（6）输血费（手术或抢救，每次住院最高限额 500 元）。

（7）材料费（每次住院最高限额 2000 元）。

（8）各种肿瘤患者的放疗、化疗及肾功能衰竭需要透析的门诊费用，视同住院费用进行补偿。

剔除不可报销费用后，可报销费用根据就诊医疗机构级别的不同比例报销：本市乡镇卫生院 100%，本市市级医院 90%，市外 80%，无转诊证明 60%。折后费用实行分段按比例结算：4000 元以内报销 45%；4001～8000 元报销 55%；8001～12000 元报销 65%；12001～20000 元报销 75%；20000 元以上报销 80%。每人每年最高补偿金额不超过 30000 元。

在乡级医院，很多药品有数量的限制，尤其是少得可怜的止痛药。农村需要保障的很大一部分是老人，而老人因为自身身体器官的衰弱和免疫系统的退化，会对这些药品产生一定的依赖，而另外一些游走在违禁边缘的药品更是少见，这对医生用药也是一个很大的束缚。另外就是床位的问题，虽然一些大城市已经渐渐形成规范的乡镇医疗室，但在一些发展不太好的小城市，床位还是一个很大的问题。由于雇用的人员过少，清洁卫生这种在医院必备的东西都令人担忧。还有就是因为医疗所的地方过小，往往只是两层楼，还要包括医生办公室和诊疗室，而我国在计划生育政策的影响下，老年人的比例在逐渐增加，这些都成为限制医院发展的因素。

（四）社会保障站

茶峒镇社会保障站主要负责根据国家相应政策和法律对贫困家庭进行资助。笔者到该社会保障站调研的时候，新任站长还没有到岗，社保站仍旧由民政部门的沈干事负责。

沈干事主要介绍了茶峒政府推出的"两项制度"扶贫政策：补助困难家庭和农村互助合作社。困难家庭的界定标准主要是：①家中没有楼房。②没有摩托车。③村干部不能参评。补助有：按家中人口算，每人每年300元，这些钱主要用于困难家庭养猪养鸡等农业劳作，若发现补助金并没有用于这些方面，则取消其资格；如果家中有孩子考上二本以上的大学，则资助学生2000元。沈干事又介绍了"五保"的条件：年老、残疾或未满16周岁的村民；无生活来源、无劳动能力、无人赡养的老人。

除此之外，茶峒镇社会保障站还成立了农村互助合作社，由各个居委会负责人和村支书负责。农村互助合作社于2010年开始在村设点，政府每年投入15万元。要求60%的村民入社，入社的门槛是每人要上交100元，后入社交300元每人。入社后可获得最高5000元的贷款，贷款主要用于养殖业、种植业。

（五）农业合作社

茶峒镇农业合作社于1953年实行粮食统购统销。1955年农业、手工业实现合作化，成立合作社，如：铁业社、建筑社、缝纫社、竹编社。商业实行公私合营。个体户成立合作小组共28户。1950年成立国营贸易公司，下半年成立供销合作社。1958—1961年成立公共食堂，1959年还能吃粮食，1960年之后群众只能吃红薯梗、瓜菜带，条件很艰苦。1961年之后国家政策调整，恢复"国家领导下的自由市场"，粮、油、棉等物资定期关闭、定期开放市场

（秋收时关闭、春种时开放），成立市场管理委员会。1964年下半年，推行"杀猪一把刀"，农民不得上街卖猪肉。1966年成立肉食站（公司），农民上缴猪肉到供销社，供销社根据猪的重量奖励粮食。

1967年集市赶场盛行，农业合作社逐渐落幕。"五天赶一场"，也叫插花场、赶转转场，是一种习惯型市场。1967年下半年限制农民自由交易。1969年改为"星期天赶场"（农民很吃亏）。现在的赶场赶初五初十，赶场地点被迁移到山上的农贸市场，当地群众对此褒贬不一，民众同政府对于此事有很大分歧。

（六）敬老院

茶峒镇敬老院修建于1982年，1988年翻修至今。占地0.5亩，由以前的老房子改建而成，目前有15间房屋可供居住，院内居住6名"五保"老人，配备一名服务员。笔者在对院长的采访中了解到，敬老院由于年久失修，近年来出现了如墙面脱落，房门无法关闭，天花板漏水，水沟设计不合理，以及由于当年技术原因，导致整栋敬老院墙面渗水严重等诸多问题，虽然在2012年年初得到县民政局的支持进行了小范围的维修，但问题仍然存在，给院内管理和住宿带来了很多不便。

根据沈干事提供的资料，笔者了解到茶峒镇全镇现有"五保户"140人，其中集中供养6人，分散供养134人，分散供养"五保户"中有"危房户"63人。"五保户"集中供养率仅为4%，原因在于现在的敬老院占地少、房间少，可供老人活动、娱乐的空间小，若入院人数增加，必然带来管理上的困难。

关于敬老院目前的发展状况，沈干事有着自己的想法："增加床位和入住率，这就需要政府方面的支持。去年有一个关于扩建敬老院的规划，县里已经批准了，但是钱还没有到位。将敬老院建设成集住宿、活动、娱乐为一体的宾馆式敬老院，这样的话，用地面积就要扩大。上个月和镇长去边城周围考察选址。最后定在茶峒镇贵碌村征地3亩用于建院，贵碌村在319国道旁，交通便利，可以方便我们采购生活必需品。贵碌村距中心镇区大约2公里，也方便入住老人们的医疗就诊以及各项社会服务。"

（七）其他正式组织

茶峒镇官方正式组织主要还有妇女联合会（简称"妇联"）和共青团，但是这两个组织都缺乏足够的资金，因此形同虚设。当地石镇长介绍："妇联没有经费，没有起到什么实质性的作用，每年妇联组织一些女干部到周边旅旅游,就当作妇联活动了。妇联和共青团本应该是要大力扶植发展的社会组织,但是在茶峒却发展不起来。"

三、民间非正式组织

在乡土社会的茶峒镇,民间自发的非正式组织按功能分主要有两大类:经济合作组织,如集市、船会;文化娱乐组织,如老年协会、老年综艺百花团。

(一) 经济组织发展脉络

1949年成立农民协会,农民协会是一种基层机构,取代了原先的保甲制度。

1951年成立工业商业联合会(简称"工商联"),茶峒工商联是花垣县工商联的分会。其主要的宗旨是团结工商团体,拥护中国共产党。工商联现在已名存实亡。

1964年成立合作商店、合作小组管理委员会,主要的活动内容是学习党中央的决策政策,以"自我教育、自我管理、自我服务"为宗旨。

1982年成立个体工商业者协会,至今仍存在。

1990年成立私营企业协会。

1. 集市

最初的集市形式是"以物易物",因为古时候货币不流通。苗族以金银丝等物换取汉族地区的粮食油茶,逐渐形成了苗汉往来。民国时期流行银圆,流行了30多年。集市是三省(市)物资的集散地,集市上有银匠、铜匠、铁匠、石匠、木匠、桶匠、瓦匠、泥水匠、雕匠、篾匠、撬猪匠(阉割猪)、补锅匠。集市上的流行语:一撬二补三打铁。

现在的茶峒镇集市逢三逢七赶场,集市上的商品琳琅满目,人头攒动,讨价还价声此起彼伏,一派繁荣景象。下面引用笔者的田野日记来说明边城集市的情况。

今天上午在一个阿姨的带领下去茶峒镇赶场。赶场位于一座小山上,赶场要爬山,这让很多乡民抱怨不已。我们9点钟出发,大概步行3分钟到达集市。集市不是很大,总共三条大街,全长超过300米。当天来赶场的人很多,集市上卖的东西琳琅满目,蔬菜瓜果等出售得比较多。在集市入口处有一个专供算命的场所,两个烧蛋的摊位,前来算命的人很多。我们很好奇当地的烧蛋活动,于是就趁机烧了几个蛋。要先去买一个鸡蛋,再在附近买几张打了孔的黄纸，然后交给婆婆。婆婆将鸡蛋包入黄纸中，放入大铁锅中烧。然后她就开始给前来算命的人看手相。算完命出来发现旁边的赌场人声鼎沸，于是又过去凑凑热闹。赌场保安警惕地看着我手里的相机，不时地打量我们这些外地人。乡民们下的赌注均在100元左右。他们手握人民币，神情异常紧张，等待着幸运之神的到来。看来集市上的两大主角当属算命场和赌场，在这里，乡民们将命运抽空，托付给了他人。

2. 船会

茶峒镇近两年大力发展旅游业，以清水河、翠翠岛一带为主要景区。我们到达茶峒的时候，当地旅游业正处于发展状态，清水河两岸修筑了大量古色古香的吊脚楼建筑，清水河上游船旅游观光产业也逐步形成，游船众多。旅游产业向来利润丰厚，投入低回报高，这就吸引了大量的当地乡民投入造船划船搞旅游产业的淘金浪潮中。再加之河对岸的洪安镇乡民也跑过来同边城分羹，造成了两岸船工纷争不断，行业内部竞相抬价，两败俱伤。在这种情况下，茶峒镇清水河船会应运而生。船会可以帮助船夫协调对外关系，处理好不同船主的利益诉求。船工们对船会的看法不一，但大多人肯定它的存在。船工们的说法是"挣得少总比挣不着强"。

（二）文化娱乐组织

在传统社会中，农村社区曾存在较多的自愿组织，如神明会、庙会、龙舟队、长老会、堂会等，这些组织将民间文化娱乐活动开展得有声有色。但是在当今时代的中国乡村社会，年轻人多数选择外出打工，留下的是一座座空镇空村，这也在一定程度上导致了很多乡村活动无法组织和开展。茶峒镇总人口为24000多人，外出打工人员占60%，留下来的以老人和儿童为主，也就是所谓的空巢老人和留守儿童。在边城开展得如火如荼的文化娱乐组织活动主要围绕老年人展开，如老年协会、老年科技工作者协会和老年综艺百花团。

1. 老年协会

（1）概况。茶峒老年协会成立于1986年，至今仍很活跃。老年协会于镇民政局登记，分属花垣县老龄委员会。老年协会最初由街道居委会自发组织起来，组织老年人参加健身、文体、旅游参观、打麻将、打牌等活动，也练过"香功"。

老年协会由40～50人组成，50岁以上民众自愿参加。在边城，女55岁以上，男60岁以上颁发有老年证。老年证有两种，绿色的表示年龄在69岁以下，红色的表示年龄在70岁以上。老年协会还成立了文艺队，由女性组成，每晚在边城广场组织跳舞健身活动，活动成员在20人左右。文艺队平时只是普通的娱乐组织，但是政府也会请老年文艺队参加政府的宣传演出，帮助政府宣传边城。镇民政部门对老年文艺队并没有资金补助，但是文艺队受邀参加演出会得到一定的报酬，文艺队平时的开支都是队员们自发出钱出力支持的。

（2）老年协会资金获取途径。老年协会理事会成员有14名，其中，会长1名，顾问1名，理事2名，财务2名，组长8名。会长是小桥社区居委会主任杨奶奶，在当地有较高的声望。老年协会公约规定，入会须交一次性会费，此外，逢会员去世时，在世会员须交纳10元作为"互助基金"，老年协会的互助性质是非常显著的，发放"火葬互助金"可以减轻老人家庭因丧葬而产生的经济负担，有助于子女养老敬老。老年协会活动经费主要有三个渠道：一是社区居委会拨款；二是会员会费；三是社会捐助。

（3）老年协会与社区公共生活。一般来说，老年协会的活动可以分成三种形式，即日常活动、节庆活动和突发情况活动。平日里，老年协会会员在固定的老年协会活动场所内活动，场所内备有娱乐休闲的棋、牌、电视、书、报、躺椅和茶水等。老人们可以在这里打牌、下棋、看电视、看书报，也可以聊天、休息等。打麻将与扑克牌是要收场地租的，通常是一张桌子每半天（分上午、下午、晚间）收费5角或1元。有的时候也会组织到村民家中打牌。这项"生意"由村民承包经营，承包款构成老年协会收入的一部分。每晚，协会还会组织老奶奶们跳广场舞。广场舞极大地丰富了老年人的娱乐活动。

节庆活动，指到了节庆日，如春节、五一、重阳节、国庆节等则举行庆祝会、联欢会活动。最隆重的当然是重阳节，老年协会会组织盛大的联欢活动，活动内容有放电影，或请戏班唱戏等，村委会给老年人赠送过节礼物，发放红包，最后是聚餐活动。

突发情况活动，主要是指村中老人去世、某个老人生病或某个老人家庭发生纠纷等，都会有一些活动。村中老人去世时，老年协会送上数百元钱到丧家，并送个花圈表示哀悼，安排老人参加葬礼，有老人乐队者则为葬礼奏乐。当某个老人生病时，老年协会会组织慰问，请医送药，对重病号派人轮流护理，一些卧病不起的老人，老年协会也会定期派人上门探望。如果某个老人与家中成员发生纠纷，老年协会会根据情况进行调解，教育该老人的子女要孝敬老人。发生损害老人权益的事情时，老年协会会出面督促村委会予以处理，以监督老年人权益保障法的执行。因此，老年协会有众多的支持者，很多老人都踊跃报名参加老年协会活动。老年协会活动能力与会长关系重大，会长多是社区中德高望重的长者，他们在未退休之前都是乡村干部，拥有丰富的社会网络资源，能够为社区老年协会办实事，解决实际问题。

社区老年协会的存在较好地解决了老年人权益保障与休闲娱乐问题，增强了老年人对协会的归属感，老年协会真正成了老年人的"家"。老年协会在解决自己娱乐休闲的同时，也参与社区公共事务活动，在多方面协作居委会开展工作，减轻了居委会的工作负担，实为居委会的必要补充。

2．其他民间组织

（1）老年科技工作者协会（简称"老科协"）。隘门口村村支书付启贵是现任会长。老科协主要组织退休老干部、教师、农民开展科研活动。活动基地位于翠翠宾馆附近的农园里，拥有15亩的试验田。2004—2008年很活跃，但因经费不足，现已停止。

（2）植物医院。指导农民买农药肥料。每年春耕秋收植物医院的生意都很好，有几百户的关系户。

（3）关心下一代协会（简称"关协"）。由当地有名望的退休老干部组成，活动并不多。活动方式主要是会长向镇政府提交活动策划及提议书，政府批准后给予活动经费。"关协"最近几年的主要成就是帮助修建了常云山烈士陵园，作为边城青少年的爱国主义教育基地。该协会亦缺乏经费。

小　结

通过调查，笔者发现茶峒镇的各类正式组织中普遍存在着经费不足这样一个问题。由于缺乏经济资源，各级组织的功能都有所削弱，不能够很好地完成自己的使命，甚至有的组织连日常周转都成了问题，遗留了不少空壳机构。反而村民自发兴起的一些文艺性社团类组织的发展却如火如荼，因为一来村里娱乐活动少，村民的参与度高，会主动捐纳部分经费；二来这类组织所需资金不多，当地政府愿意把它当成政绩工程的一部分，会以补贴或表演报酬等形式扶植它们。尽管经济条件限制了边城镇各类组织的手脚，但其影响确实印证了梁漱溟老先生和刘豪兴先生的看法，确实对茶峒镇经济的发展、村民矛盾的舒缓、合作意识的提升、娱乐生活的丰富等方面起到了不可替代的作用。笔者坚信，如果政府能够更加开明廉洁，提供给民间组织更多的资源，它们将成为和谐社会的基石，成为政府和民众之间的减压阀、缓冲带，可以更快地提高边城人民的精神生活水平和物质生活水平。正因为如此，笔者深信茶峒镇各个组织的未来必将一片光明。

显然，组织发展过程中所呈现出来的问题也是我们不能忽略的。最紧要的便是其独立性问题，由于政府把控着财权，在大政府小社会的宏观背景下，各级组织的话语权是有限的，对政府的依赖性过于严重，从而丧失了一个组织最重要的部分——独立性。故而，其社会减压阀的功效便大打折扣，部分民间组织渐渐演变成官方意识形态的旗手和传话筒。再者，各类组织的发展也极不均衡，与经济、政治有关的得到政府的资助较多，发展也较快，而那些与科教文卫有关的组织却处于一种无人过问的尴尬状态，这也是我们应该思考的。最后是组织的定位问题。经调查发现，茶峒镇的部分组织是历史遗留下来的，其职责、功能、权利、义务皆不明确，究竟其是否有存在下去的必要也是个问题，与其这样闲置或浪费资源，倒不如把它们整合，将钱用到该用的地方。

第九章 建筑文化及保护调查

一、边城民居建筑概况

绝大部分的湘西人民习惯聚族而居，大多数的村寨都是一个单姓村，这一特点对自治州内不同村落的民居建筑的具体形式和方式影响很大。不过，由于旅游开发等多方面的原因，以土家族为主的茶峒镇相对于其他的聚居地，房屋样式显得相对复杂多样。茶峒镇清水江沿岸以传统的木式结构的干栏式吊脚楼建筑为主，内街夹杂着大量的石质房屋与汉式新砖房。除此之外，还存在着不少的旅游开发影响下的过渡类型：半木半石式房屋、半石半砖式房屋、半木半砖式房屋。

（一）直柱式干栏式建筑

直柱式干栏式建筑最大的特点，就在于"整柱建竖"。其屋架的房柱，从梁顶至地面基层就是完整的一根木材。由于这种特点，对于用来制造房柱的树木要求相当严格。其建筑结构，面阔一般为四开间或五开间（"间"指房屋的宽度，两根立柱中间算一间，间数越多，面宽越大），进深则为四间。当然，如果地基面积充足，也可以加装更多的间数与架数。屋顶多为歇山式或悬山式（后文会详细进行描述）。按瓜头（即短柱）的数量来分，每排屋架通常为五柱四瓜或五柱六瓜，最大的甚至可以达到五柱八瓜。上下层的屋架，都用木枋连成一个整体。这种类型的民居，传统上以木材作为全部的建筑材料，一般分为两层，从功能上说，底层一般用于圈养牲畜或者放置杂物，有时则完全空置；二楼用于住人，是房屋最主要的部分。

（二）木构瓦房吊脚楼

此类型的建筑建造在偏坡上或岸边，建筑平面与地表形成一定的夹角，夹角的度数不等，由山坡的陡峭程度而定。一般来说，住宅前半部与地表距离较大，楼下房柱较高；住宅后半部与地表距离较小，楼下房柱较短。

茶峒镇临近清水江沿岸，都采用木构瓦房吊脚楼，且在建造过程中都会尽可能地将吊脚楼的底柱抬高，这是由其特殊地势决定的。当地的老一辈人告知，由于边城镇地处下游，1963年曾经发过一次大水，洪水几乎将整个茶峒镇淹没，渡船甚至都可开到比沿岸地势要高将近7米的内街。这场洪水冲走了大量沿江的直柱式干栏式建筑，遗留下来的建筑在往后的水涨过程中不断提高，增加高度，最终形成了独具特色的沿河木构瓦房吊脚楼。

这种独具特色的吊脚楼是一种直柱式干栏式建筑与吊脚楼相结合的产物，与传统意义上的吊脚楼形式不一样，这种吊脚楼是修筑于平地之上的。它的建筑结构同样采用传统干栏式建筑常用的"穿斗式"结构，一般由5～6排屋架作为主要支柱，每排屋架由5根柱子构成，中间穿引横枋，枋条上再加上装瓜头。

这种吊脚楼的独特之处在于，它的屋架是"接柱建竖"组成的，这就表示下层（第一层）与上层（第二层及以上）间的房柱是独立分解的。上层有多少根房柱，下层也需要相应的柱数相抵。此外，下层柱头与上层柱脚互相顶立，形成俗称的"柱抵柱"设计。房柱与房柱之间需要一条粗横枋与一条楼枕来垫着，起到缓冲与承重之用。在房屋内部，除了两侧山墙的屋架外，其他中柱并不垂直到地面，它们会形成吊脚柱并使得楼层空间增大。

在结构上，吊脚楼要比直柱式房屋更加牢固，这主要是由于吊脚楼每一层的房柱相对独立。这样的安排不仅使得房屋的重量均匀地分散承担，而且每个房柱承受的重量要比直柱式的房柱要小。在直柱式的房屋样式中，每一排房柱都是支撑全屋重量的支点，只要其中一个支柱出现了问题，全屋结构都会受到影响。据笔者的实地统计，在整个茶峒镇的所有房屋中，吊脚楼房屋约占全部房屋的35%。随着经济的高速发展，百姓的生活水平在不断地提高，一方面吊脚楼的生活条件已经不能满足他们对耐用的渴求，另一方面吊脚楼高额的建造成本已经远远超过建造砖房的成本，传统的吊脚楼在发展中不断地被拆除，取而代之的是全新的水泥砖房。因此，在这种情况下，35%是非常大的一个比重。

（三）火砖与新式砖房

在当地，火砖房屋虽然出现的历史不是很长，但是相当多见。本质上说，火砖房屋可以看成由传统的木构干栏式建筑向新式砖房过渡的一种主要中间类型。由于传统的木式房屋防火较差，村寨经常因着火而遭殃，加上当地有一定数目的火砖场和瓦厂，因此火砖和瓦片成为当地人民至今仍在大量使用的建房主要材料之一。

笔者走访了数个烧制火砖和瓦片的窑子，发现火砖与瓦片的需求依旧相当庞大，满载的运砖车络绎不绝。火砖制造的材料主要是泥土，切成一定比例大小后在窑子烧制，一般提供给茶峒镇及周边的城镇。由于火砖的广泛使用，使得砖房在建筑结构上突破了传统木式建筑在房柱与屋架上的空间限制，完全脱离了传统的木构干栏式建筑结构，内无一根圆柱，因此，砖房在形式上的变化更加多种多样。但由于火砖的稳固性不强，镇上不少的房子因为渔民在江中炸鱼而受到波及，震出不少裂缝，让人堪忧。而当地的百姓用自己聪明的头脑，发明了一种新式的砖材料。这种材料中间是空的，砖也是由细小沙粒聚集在一起的，是用砂浆黏合到一起的，通风透气，冬暖夏凉效果甚于火砖，价格比火砖还要便宜，因而成为边城镇及周边一带建筑的最主要建材。

（四）砖木结合结构

由于外界一直没有对该类型的房子做定义，因此笔者将其定义为砖木结合结构。该类型的建筑结构顾名思义便是砖与木头相结合的建筑，但本质上是相关政府在推广旅游业时，为统一规划而进行的"穿衣戴帽"旧城改造工程。由于凤凰古城的火爆，茶峒镇及相关政府在统筹规划后决定将镇子中的建筑进行规划改造，在原有砖房的基础上，进行木头外表包装。先用新型材料打基础，然后补木质结构，作为正面的包装，等木质结构开始干了，再用调配好的混凝土涂抹在新型材料附近，作为黏合。然后再把火砖切成1/3薄，贴在非承重墙的上面，再涂抹上混凝土水浆。该类型的砖木结合结构本质上依旧是新式砖房，但是由于其特殊的木头装饰表面，需要单独提取出来进行分析。

经笔者仔细考察，茶峒镇的建筑分布情况为木构瓦房吊脚楼，聚集于清水江沿岸一带，从沿岸至内街，木构瓦房吊脚楼逐渐减少，改为少量的直柱式干栏式建筑以及大量火砖与新式砖房。这不仅与当地雨季时常涨水的特殊气候有关，也与政府的相关规划密切相关。为了配合旅游业的发展，对本地的土家族建筑文化进行宣传，沿河一带木构瓦房吊脚楼被强制设为沿江吊脚楼旅游区，私人不得擅自对其进行改造，必须在规划内尽可能保持原貌。越往内街，越远离清水江，政府对建筑的控制力度逐渐放松，村民也就可以建造大量的砖房以供居住。因而在政府决意开始进行旅游规划的时候，制订出砖木结合的包装计划。

二、房屋结构及细节特点

（一）一般结构

用专业术语来说，房屋的进深"五柱"中，中间的柱子为"主柱"，主柱两旁的柱子为"二柱"，两侧外沿的两根柱子为"檐柱"。在一座中等规模的吊脚楼式民居中，通常上层屋架的中柱高度约为6米，二柱为1.5米，檐柱约为4.5米。就茶峒地区来看，一间标准的干栏式房屋，面阔一般长为10米，进深为6米，柱间距离为1.5米，一排屋架需要安装4个瓜头，专业上一般称之为"五柱四瓜"结构。

五柱四瓜也可称为"十一檩水步"，这是按照屋顶的檩子条数而进行划分的。水步造型有"人"字、"金"字、"八"字等样式。有些房屋外挑长瓜，盖着重檐，俗称"二滴水"。重檐下可作挑廊和栏杆。

除此之外，一栋干栏式房屋从侧面来看，有可能不止五根柱子，有可能是六柱，甚至是七柱。这其实是五柱房屋架的一种变形。屋顶变成硬山式，同样是以最高的主柱为中心向两翼降低并延伸出去，只是在其中一侧加装了1~2排柱子，其上再穿上横枋，加上瓜头。这样从侧面看上去，屋檐的等腰三角形平衡就被打破了。这种改变形式的房屋的宽度明显加大，居住面积相应地增大。

除去一般的干栏式房屋，火砖与新式砖房的建造结构基本与汉族的房屋建造结构无异，材质不同，但框架基本已汉化，因此不做进一步的结构解释。

（二）外部细节

土家族在历史的变迁过程中逐步形成了自己悠久的历史文化和优良传统。土家族建筑作为土家族文化中一个重要的部分拥有自己独特的审美倾向和文化内涵。土家族建筑的特点是井院式木构吊脚楼。茶峒镇作为土家族的主要聚居地，保存了大量极具土家族特色的建筑，其独特的建筑结构凝结了土家族人的经验，是他们智慧的总结，体现了他们对幸福家居生活的追求与憧憬。建筑样式只是外在表现，内里所承载的土家族民俗文化丰富多彩。这类的建筑文化具有几种重要的细节特色：

1. 封火山墙（马头墙）

封火山墙（见图9-1），又称马头墙，是我国传统民居中常见的一种防灾建筑形式。这种建筑形式最早出现在明代，初衷是用来预防火灾的蔓延，后来似乎更多的是作为一种装饰出现,土家族的封火山墙的分布一般集中在传统集镇。由于商贸的原因,传统集镇基本上采用联排式的建筑格局。

图 9-1 封火山墙

茶峒镇临近清水江,早期是一个繁盛的集镇,商业繁荣、万物集散、商贾云集,主要以油商与米商为主,因而联排式的建筑格局在茶峒镇有所体现。这种格局的特点是建筑物之间的间隙极小,有时候甚至没有间隙。一旦失火,火灾就会迅速蔓延而导致整个街区在极短的时间内毁灭。为了防止火灾的蔓延,古人在单体建筑屋两侧建立了一堵厚厚的砖墙或者夯土墙来隔离可能发生的火灾。

封火山墙一般高出屋顶 1~2 米,呈阶梯状,造型上分为一屏、二屏、三屏、观音兜等。墙体的厚度有时可以达到 0.4~0.6 米。常见的有青砖墙体和卵石夯土墙体。封火山墙的压顶采用了两坡水盖本土生产的小青瓦的压顶方式,两坡水的坡度要大于建筑的屋顶坡度,其目的是方便迅速排水。

封火山墙的形式多样,其风格的变化主要体现在装饰方面。墙顶盖本土生产的小青瓦,有的地区会在垛头上安装上搏风板,并在上面安装各种式样的座头,有"鹊尾式"即雕凿形似尾巴式的座头(见图 9-2)。据洪安镇彭老人介绍,"鹊尾式"座头以前是大户人家特有的装饰。

但据笔者考证,"鹊尾式"并非像村中老一辈人所说的那样仅为装饰,没有其他内涵。鹊即有吉祥之意,鹊尾形似祥云,体现了当地对幸福生活的一种向往,但是随着时间的推移,这种装饰的意义逐渐淡化,并且在政府开发旅游产业的同时被大量统一使用,变成纯粹的附加的装饰。此外,为了加强封火山墙的艺术效果,往往在墙顶瓦檐口下添加装饰带,并在转角处绘出岔角花,题材有花卉、树木、亭阁等,皆为水墨绘制,体现出一种淡雅精致的国画意境。

图9-2 鹊尾式座头

2. 坡屋顶

传统的土家族民居建筑的屋顶基本上采用的是坡屋顶的形式（见图9-3）。土家族人深居武陵山区，武陵山区一带雨水丰沛，四季分明，为了适应地区的气候，土家族人采用了两坡水的建筑屋顶。坡屋顶的坡度基本上控制在22.5°～23°。土家族建筑的屋顶变化多样，最常见的有歇山顶、悬山顶。

图9-3 坡屋顶

土家族的建筑属于半干栏式建筑，其屋顶的特色在吊脚楼上体现得十分明显。吊脚楼的屋顶与主屋顶的连接采用"对撞"的手法，吊脚楼的屋顶要低于主屋顶1米左右，交接处呈现出"丁"字形。为了解决采光问题，土家族人利用吊脚楼与主屋的高差创造了一种类似老虎窗的屋顶结构，这种构造是脊部屋面的自然延伸，土家族人称其为"鸦雀口"。在处理转角处方面，土家族人处理得十分成熟，"将军柱"是最有土家族特色的构造方式。

坡屋顶的屋面盖小青瓦，脊饰由小青瓦堆砌而成，脊的中央堆砌的造型各异，常见的有"品"字形，其含义为一品当官，体现了土家族普通百姓对美好生活的追求。也有的将其堆砌成"莲花"以及其他与"水"相关的造型。在传统观念上，水可以克火，因而这些造型体现了土家族人在木构建筑上对"火"的忌讳和对安全的向往。歇山顶的飞檐是土家族建筑屋顶最具特色的部分，飞檐翘角在歇山顶上在湘西被称作"搬爪"。在土家族人的观念中，"搬爪"最初并不是为了审美而设计。设计"搬爪"是因为建筑的朝向方面有影响风水的山洞、怪石等形态古怪的自然造型。但是现在的土家族人更多的是将其看作一种装饰，与其他民族不同的是这种装饰拥有非常厚重的檐口，这些檐口由多层木板加工而成，体现了土家族人独特的审美情趣。

3. 装板

装板在木建筑中相当于建筑墙面，装板的制作以材料来分可以分为夹板式装板、竹编式装板、木装板。其中，木装板在土家族民居建筑中又可以分为可拆卸木装板、印壁、落膛壁。夹板式装板：夹板式装板常常出现在建筑的山墙面上，用来填充穿斗屋架穿枋与木柱之间的空隙。夹板式装板做法指传统建筑竹墙的做法。夹板的主体骨架为竹编，外用黏土与谷壳等混合外贴后再在外表面刷一层白石灰。夹板式装板是土家族建筑中用白最多的地方，它改善了过度统一的木材料的建筑外表，在土家族建筑中非常醒目。竹编式装板：竹编式装板是指土家族人采用一种武陵山区生长的箴竹编织的装板。箴竹具有中空小，竹结变化小、细长等特点。竹编式装板编制的手法非常粗犷。其粗糙的表面，改善了建筑表皮的多样性和建筑表皮肌理。在边城镇均未发现有这种类型的装板，笔者认为这是就地取材的缘由。茶峒镇附近并未有大量生长的箴竹，因而竹编式装板基本不存在，这里不排除有极个别未被考察到的案例。

(三) 窗雕与装饰

1. 窗雕

在干栏式建筑中，窗户最主要的功能在于通风、采光。但由于木构干栏式建筑的全部建材都为木材，如果屋内过于潮湿，就会导致楼板受潮，将会缩短房屋的使用寿命。因此，为了防止过多的雨水飘洒入屋，窗户数量有限而且不宜开得过大。

茶峒镇的木构干栏式建筑开窗方式与传统的湘西开窗模式不一，例如凤凰古镇的建筑窗户多数用棍子撑起或链子拉起，而茶峒镇的建筑开窗是正常的外开式，外平开窗防水性能好，开启时不占室内空间。早期的茶峒镇在清水江沿岸有大量的传统土家族吊脚楼，经过多次洪水的洗礼，吊脚楼遗失大半，传统的开窗方式已无从考究，但就现状来说，茶峒镇的外平开窗是考虑到实用性和统一规划性。茶峒镇所保留下来的沿河一带吊脚楼是直柱式干栏式建筑与吊脚楼相结合的产物，地势较高，因而外平开窗可以吸纳更多的阳光，采光效果好，造价低，易于打理，不容易损坏，不占空间，成了政府在规划的时候采用的统一模式，以至于内街一带的直柱式干栏式建筑开窗也采用这种方式。

古建筑在没有使用玻璃之前，多用纸糊或安装鱼鳞片等半透明的物质以遮挡风雨，因此需要较密集的窗格。对这种窗格加以美化就出现了各种动物、植物、人物组成的千姿百态的窗格花纹。茶峒镇的窗格以蝙蝠、石榴、凤凰和梅为主。在建筑装饰中，应用象征手法，经常借助于主题名称的同音字来表现一定的思想内容。例如狮与"事"，莲与"连""年"，鱼与"余"。这种方法被称为"谐音比拟"，这是伴随着中国语言文字而产生的一种特有的现象。蝙蝠最具有谐音比拟的效果，被广泛运用到边城镇的窗雕上。蝙蝠是一种动物，头尖身体有翼，色灰暗，其貌不扬，又常年躲在黑暗中，只有夜间出来活动，其形其色皆不具装饰效果，但它的形象却常出现在建筑装饰中，这全归功于其名与"福"谐音，所以格扇窗格上喜欢用蝙蝠作菱花。在窗格上除了蝙蝠，还有比较特殊的石榴。石榴不像松、竹、梅那般象征着人品的高洁，它代表着丰收，硕大迸发的果实反映了边城镇乃至湘西人民对丰收的渴望。而蝙蝠相向而拥，石榴在其怀中，指代着福福寿寿，以及对美好生活的一种向往。窗格下方是传统窗雕上应用广泛的双凤闹梅，这种采用动植物的多种形象组合一起，综合地表现出其内涵的方式已经被普遍运用。凤凰指代涅槃、重生，代表的是盛世太平，梅花是中华民族的精神象征，代表着坚韧不屈。而"双凤闹梅"则是茶峒人民对平安生活的追求，对自身品格的恪守。

2. 装饰

茶峒镇的建筑有大量的装饰不为百姓所了解，许多建筑文化被掩埋着，十分可惜。笔者进行了全面的考察，将其中有代表性的装饰进行了记录和分析，试图将茶峒镇未经开发的建筑文化展现出来。

（1）马头墙装饰（见图9-4）。马头墙在湘西地区是相当常见的建筑物，其"鹊尾式"座头前文已进行了描述，而座头下面的马头墙侧面，也有大量的装饰。十分值得考究的是侧面上方的"笛子"，或称"箫"，下方是"双鹤踩松"。在装饰中将松树和仙鹤组成画面，寓意着"松鹤延年"。而装饰中的器物，如马头墙上的笛子，来自八仙的形象装饰。八仙的形象很复杂，很难在木雕、砖雕中表现，所以干脆将八仙的形象免去而只剩下张果老的道情筒、钟离权的掌扇、曹国舅的尺板、蓝采和的笛子、李铁拐的葫芦、韩湘子的花篮、何仙姑的莲花和吕洞宾的宝剑，这8件器物在装饰中也形成了相当标准的花样，此处的笛子正是出自此。

图9－4　马头墙装饰

（2）木构件装饰。经笔者考察，茶峒镇的直柱式干栏式吊脚楼建筑是两三百年前保留下来的，绝大部分的房屋在柱、梁、枋等方面都偏向于实用型，简单朴实，没有过多的雕琢，再加上随着政府在旅游开发方面的引导，古建筑的修缮更多的在于包装其外表，所以在外部结构方面下了足够的功夫，仅檐下斜木装饰就有数种。以丰收的葡萄、石榴，硕美的荷花为主。石榴和葡萄代表着丰收，表现了边城镇人民及湘西人民丰衣足食的渴望。莲荷出淤泥而不染，洁白自若，质柔而能穿坚，居下而有节的生态特点表现了古代社会所倡导和弘扬的道德标准，是湘西人民对自我的一种要求和升华追求。

3. 石雕

在笔者考察的过程中发现，茶峒镇内保留了不少石雕，其雕刻的内容百态不一，可以说各个形象丰富，极具表现意义。这些石雕主要集中在边城镇的两条镇内拱桥上，即观音桥与隘门桥两侧，以大理石为底建造，有100多年历史，是村民自助设计建造的。尽管年代较新，但是其内涵却不为村民所知，由此可知，传统的文化有遗失的危机。

桥两侧雕刻不一，但据笔者仔细观察为相对而雕，桥两端以鲤鱼跃门与莲荷盛放（见图9-5）为主题相对，伴以祥云，作为雕刻描述内容的开端，鲤鱼作为中国流传最广的吉祥物，而莲荷出淤泥而不染的高洁生态特点，用作雕刻内容的开头，寓意着平安幸福以及坚韧的精神。

图9-5　鲤鱼跃门与莲荷盛放

而笔者认真对比了观音桥与隘门桥两侧雕刻的主要内容，发现差距略微大。观音桥作为沿江一带的贯通桥梁，其雕刻内容正文主要以动物、植物为主，辅以百姓的生活图，据笔者分析，主要是记录当地人的日常生活以及反映一种平和朴实的生活状态。观音桥雕刻的主要内容为猫、鹅、凤、牛、鹤，以及百姓舞龙舞狮庆祝丰盛丰收的场面。猫、鹅、牛等作为当地居民日常的动物，雕刻得较为安定祥和，动静结合，侧面反映出当地生活的安宁状态。鹤与凤为祥和物象之一，是幸福平安的化身，是一种生活的向往与渴望。而百姓舞龙舞狮，庆祝丰收的场面，给予百姓富足生活的渴望。这类雕刻雕在观音桥上可谓有其特殊意义，观音普度众生，以之命名，更能表现百姓对这些美好生活的向往与追求。

而另一方面，在茶峒镇内的隘门桥，雕刻的内容则与观音桥不同。隘门桥两侧雕刻记录的内容与观音桥两侧的较为不一，偏向于人文方面，展现的是百姓齐舞、竹下抚琴、男女对唱、嫦娥奔月等内容。作为边城镇内桥，它连接的是百姓日常来往的道路，反映内容更加贴近百姓的生活，所雕刻的大多是为了表现百姓对生活的热爱、对美好生活的追求。

4．颜色

湘西茶峒镇带有浓郁的乡土建筑风格，其建造风格较为简单朴素。就乡土建筑本身而言，其色彩处理不是很多，主要是依靠周围的山川地理、自然植物，依靠乡里的人物服饰，依靠民俗民风把环境打扮得多姿多彩、有声有色。

茶峒镇依山傍水，四周都是青山绿水。而边城镇的建筑偏灰暗，无论是吊脚楼还是新型砖材建成的平房，都是一大片的灰色，它们配合着四周的环境以及妇女们的民族服装，使这里的环境色彩不但不单调，反而特别和谐。传统的湘西土家族、苗族服饰较为亮丽抢眼，百姓也喜欢选择色调较为跳跃的衣服。当地的妇女、小孩告诉笔者，因为觉得这些颜色好看，所以才穿戴偏红色的衣服。她们不了解色彩学中的互补色、对比法，但是她们了解在生活中创造美，知道色彩的作用，所以苗族、土家族的浓美是人创造出来的，是建筑环境色彩不可分割的一部分。

建筑的色彩不是单指建筑物本身的色彩，它还包括四周的环境、天地山川、植物绿化、人物服饰以及依附于建筑物上的种种装饰。人们常说湘西吊脚楼美，美的不仅仅是其构造，还应该包含着其与环境相融的独特色彩，古朴但美丽的乡土建筑之感。

（四）内部结构

茶峒镇由于经常发洪水，地势越修越高，除了沿河一带的吊脚楼，越往内街，直柱式干栏式建筑越多，但是不同于其他地区的干栏式建筑，茶峒镇的干栏式建筑比较明显的底层功能被逐渐弃用，形成较为汉化的结构。

1. 底层

传统的干栏式建筑中的底层主要是用于圈养牲畜、储存农具（包括犁、耙、锄头等）以及其他杂物。而边城镇的干栏式建筑底层已经逐渐失去了其功能，由于当地居民在旅游开发的情况下，生计模式由传统的耕作、圈养转向经营旅游业、商品交易等方面，底层已经被户主开发成客厅或者商铺，极尽其用，尽可能地利用每一寸空间。传统的干栏式建筑底层一般是不开窗户，或只开小窗户以透气，但茶峒镇的干栏式建筑底层基本已现代化，宽敞明亮，甚至不少百姓已经把堂屋搬到底层。

2. 堂屋

茶峒镇保留下来的干栏式吊脚楼建筑一般以第二层为居住的主要空间，具体在格局上因屋主个人喜好不同而会有多种的具体变化，但还是以"一明、二暗、三开间"的格局最为常见。正门之上是堂屋，即中堂，是全家人日常生活与平日接待友客的主要场所。所谓中堂就是大门经常开的，两边厢房不开门，只开窗。中堂有个规定，大门必须是六合门。

在堂屋内，中堂的后方会设置祖先牌位，牌位两边写有"天地君亲师"的字样，堂屋的后侧（有时会在堂屋内一侧），通常会设一个火塘，作为家人日常煮饭、用餐的场所。在另一侧，会放置数张桌椅矮凳，平时供家人和友人使用。

茶峒镇的百姓家居摆设大多较为简单朴素。经笔者实地考察发现，在大多数百姓家中，堂屋的家居主要包括电视机、吊扇、木式碗柜、桌、椅，不少经济条件好的还会有电冰箱。由于旅游业的开发，当地居民的生活条件大大改善，堂屋布置得比较整洁宽敞。堂屋后墙的一般陈设及装饰品包括地图、奖状，还有子女的偶像海报，以及用于早期政治宣传的领导人的相片。

从家庭的堂屋家居陈设、布置上，可以侧面反映出当地百姓在旅游开发的巨大影响下生活条件的变迁与改善，以及在受到外来文化冲击下的民族文化生存状况等。

3. 火塘

传统意义上，火塘是整个堂屋的核心区域，也是一个家庭的中心区域。家人吃饭用餐时，都会围绕着火塘而坐。尤其是到了冬季，全家人都会聚集在温暖而温馨的火塘周围。按照传统的设计思路，在火塘的泥质或者石质或者水泥板周边放上三块小石头，然后架上锅即可煮食，人们会围着吃饭或者烤火。现在，则会在其上放置一个铁质的圆形大盆，盆中堆放木炭或柴，故俗称"火盆"。这个火盆的造型像一个铜钹，四周扁长，中间凹下去，用于盛放木炭。火盆要配合一个方形的中空桌架来使用，使用时把火盆放在桌子中空部位，使其悬垂于水泥板上，然后在桌子上放一个三脚架，架环悬垂于火盆上方。一口用于煮食的锅既可以直接架在这个三脚架上，也可以两端附设两个耳环，吊着两根绳子一直牵引到天花板上。

但是由于旅游开发的缘故，火盆的使用逐渐减少，茶峒镇不少的家庭已经弃用了火盆，但是火塘的位置还是能明显找到。取而代之的是现代化的电磁炉或者其他电器，可见旅游开发对当地居民的生活水平有很大的改善与提高。

三、民居样式与观念变迁

（一）民居样式的变迁

1. 半木半石式干栏建筑

这种建筑在边城沿江一带最为明显，由于早期洪水频繁，冲走大量的传统干栏式吊脚楼建筑，于是当地居民开始想办法解决这个问题。随着山区石灰岩石材的开采方式不断简化，而沿江一带的吊脚楼又作为政府最早开发和保护的建筑群，自然从稳定性和坚固性上进行斟酌考虑。简单描述就是在木构干栏式建筑的基础上，在其底部用石质垫高，放弃了原有的底层，用石质封死。这种半木半石的干栏式介乎传统的木式与当代的石式结构之间，是典型的过渡类型，保留了原生态的木质结构，弃用了底层的建筑构架，但是下层的质量较大、稳重，有利于对上层进行支撑，亦能抵挡突发的上涨洪水，能较好地对传统建筑进行保护。另外，底层石材可以缓解木式屋架的压力，使得房屋久经风霜磨砺后仍然不易被侵蚀、坍塌或倾斜。

2. 砖式建筑

随着经济的发展，小部分的百姓开始不满足于居住在传统的干栏式建筑之内，汉文化的传播使得他们渴望与时俱进，住进气派的砖式建筑之中，当地火砖厂及瓦片厂的兴起给了他们一个良好的建造契机。火砖房相比老式的吊脚楼建筑，更加耐用，结实稳固，造价也低廉，维护方便，与时代接轨也使得住进火砖房的百姓倍感气派。火砖的广泛应用并不能满足村民的需求，随着凤凰一带新型砖头的兴起，村民也开始使用上了这种新型的砖头，通风透气，价格比火砖更为低廉的优点使之以迅猛的速度横扫整个城镇。新建的所有砖式建筑都采用这种新型砖材料，其结构已经完全与干栏式结构相背离，以现代的多层平房为体现，是现代化的展现。

3. 半砖式建筑、半木半砖式建筑

这两种过渡类型都是砖房引进之下的产物，其中，半木半砖式结构的建筑样式下面还可以再细分为两个子类型。第一个子类型是属于加建型，即在传统的木构干栏式建筑旁边加建一座砖房，两间房屋相互打通，合为一体。堂屋是早期的干栏式建筑，但是住人的房间却是由砖砌成的。这种情况的出现一方面和经济条件有关，推倒整座干栏式建筑再重建需要耗费大量的金钱，并不是所有的家庭都能负担得起。于是退而求其次，在久居的干栏式房屋旁边加建一间砖房来满足家庭人口发展的需求。另一方面，不少居民对数代人居住的祖屋有不能割舍的情感，会选择这种方式，既保留了祖屋，又满足了自己对现代生活的需求。第二个子类型便是在旅游开发下，政府主导的新型建筑。由于早期政府规划不力，旅游业还在沉睡阶段，不少居民为了满足自己的居住需求，自主修建了火砖平房建筑或新型砖结构建筑，在众多的干栏式建筑之中孑然而立，十分突兀。随着旅游业的不断发展，政府开始重视整体的城镇规划，而早已建立的砖结构建筑该如何处理成了政府头痛的问题。最后政府想出了一个一举两得的方案，"穿衣戴帽"式地将所有的建筑物进行统一规划。砖结构建筑需要进行外包装，在砖结构的基础上，将外形以木质结构进行包装。用干栏式建筑的风格，在砖结构外层加以吊脚柱、檐柱、挑廊等，再进行统一粉刷，形成了如今的新型房屋结构。

（二）样式变迁的因素

茶峒镇的干栏式民居样式在变迁过程中，有许多不同的因素共同起着作用。下面就几个主要因素来分别展开讨论，在现实的变迁之中，它们都是相辅相成、不可分割的。

1. 火灾因素

自古至今，对于居住在木构干栏式建筑的人民来说，预防火灾一直都是必须放在首位的切实的要务。对于广泛建造的传统木构干栏式建筑，火灾的危害性是相当严重的。尽管茶峒镇临江，水资源丰富，对于突发的火灾有良好的条件进行扑救，但是当地曾经发生的大火给所有居民都敲醒了防火的警钟。

茶峒镇的百姓深切体会到防火的重要性，他们关注自己所居住的条件，对火灾隐患十分敏感，木构干栏式吊脚楼夏季时，木头会干燥，加上生活水平的提高，大量的电器进入，使得居民对防火问题的关注程度越来越高。茶峒镇百姓开始寻求自身房屋的结构改变，甚至是重建，新房子基本改用防火性较好的火砖，木结构的新房子越来越少。乡镇的民居样式逐渐开始发生变化。

2. 建筑价格因素

在旅游业未开发以前，茶峒镇整个地区经济水平不高，建筑的材料一般以就地取材为主，而茶峒镇依山傍水，林木资源丰富，木材成了主要的利用资源，这决定了当地的建筑样式结构。在改革开放之前，部分乡镇的家庭拥有祖传的山林育地，他们可以自由地使用属于自己的林地资源，广泛利用木材。但是改革开放以后，一方面政府开始收购部分山林的归属权，另一方面人们的观念开始发生转变，将木材投入流通的市场经济之中，用于销售而非建房，是导致木构干栏式建筑日渐稀少的原因之一。此外，木构干栏式建筑的手工艺要求较高，橡木间吻合的程度需求亦增高，需要的费用也随之增加，导致越来越少人愿意花钱建造美观但烦琐的木构式吊脚楼。

随着茶峒镇当地火砖厂与瓦厂的大量兴起，不少的窑子在茶峒镇建起，大量的投入生产不仅能满足当地的盖房需求，也解决了附近城镇的需求，成为一个显著的转折点，而火砖的兴起大大降低了盖房的费用。

一家砖瓦厂的老板给笔者介绍，在边城镇车站附近大约有6家砖瓦厂，原材料泥土在洪安镇上运来，一年大概能有20万元的毛收入，刨除成本还有16万元左右，除去工人工资（100元/天），还能剩下10万元。每天瓦厂产出的砖瓦四五百万块。镇上最近装修耗材比较多，尤其是政府用这种瓦片作装饰，统一风格，此外，洪安镇也会进行购买。据制砖瓦的技术工人介绍，他一天大概制瓦片250～300片，一片能赚6分，老板大概赚个一毛，一月能赚个两三千元。

由于砖瓦的大量兴起,其原材料又来源于当地,因而价格相当低廉,与之相对的干栏式建筑成本高昂,让人避而远之。大多数的茶峒镇居民从事经营旅游渡船、商铺、餐饮等工作,平均月薪在2000元左右。由于木材的短缺与昂贵,需要较高的手艺,茶峒镇人民的建房首选已经从木质结构改为砖质结构。因此材料价格差距过大成为茶峒镇干栏式民居日渐衰败的重要原因。

3. 外界因素

笔者认为外界因素应该有三个方面,分别为政治因素、环境因素及旅游开发的改造因素。民居样式的改变并不是单单几个方面就能形成的,这是多年延传下来的建筑文化传统,必定是在多环境条件下共同促使形成的变迁。

从政治因素上讲,20世纪三四十年代,抗日战争时期,湘西一带有不少的战事,连绵的战事使得大片的木式房屋被烧毁。此外,当时的湘西土匪居多,成了一方之害,而众多的剿匪运动使得村落大片的木式房屋被烧毁,木式建筑也少之又少。

20世纪五六十年代的"大跃进"时期又受到"大炼钢铁"运动的政策影响,茶峒镇山上原本十分茂盛的原始森林受到了大面积的砍伐。这一点在茶峒镇的国立茶峒师范学校上可以得到考证,大炼钢铁的宣传标语仍印在不少的建筑物之上。木材的急剧减少,使得其后政府不得不加以重视和管理。改革开放以后,由于前一段时间的大规模砍伐,山地林木资源极度减少,政府开始重视封山育林、退耕还田,严禁私人砍伐山林,使得木材价格不断上涨。笔者考察期间,在茶峒镇内没有发现一家木材加工或制造厂,可见倘若进行新房的修建,木材需从其他地方运来,需要花费大量的财力和人力。

从环境因素上来说,由于茶峒镇依靠着清水江,地属下游。每年雨季,上游的水途经茶峒镇就会减缓移速,阻塞,进而上涨,厉害的时候能涨到10米多高。笔者在茶峒镇调查期间,恰逢大雨数日,涨水有5米多高,渡船可以从渡口开到特意修高的沿河吊脚楼门口。在这种恶劣的条件下,传统的干栏式建筑虽然受到的影响并不是非常大,但是村民开始担心江水对木头的侵蚀,以及木质结构下,潮湿对家用电器的损害。木质结构被逐渐弃用,取而代之的是更加坚固且相对防潮的砖结构建筑。另外,由于与茶峒镇仅隔一江之遥的洪安镇受益于其归属重庆直辖市的管理范围,因此很早就进行了开发和规划,沿江一带被开发成餐饮店铺,居民早已不居住在吊脚楼内,而搬进了县城的高档住宅区。这一点刺激并影响了茶峒镇居民对房屋的渴求,砖质结构意味着富足,于是民居样式开始发生变迁。

而从旅游开发改造的因素上来说,由于旅游产业的开发,带来的经济效益逐渐增大，因此当地的经济产业结构也随之发生了改变。一切因旅游而起，牵一发而动全身。旅游开发，带来了大量的外地游客，而服务业的短缺使得当地的经济模式开始转型，人们放弃了原有的农耕作业，将吊脚楼改造成商铺，或者重新建造砖质结构建筑以供游客居住，提供优质的服务业。而政府方面也意识到旅游的潜在价值，统一规划和整理原有的吊脚楼，征收不少的木构干栏式建筑，而村民在售卖自己的吊脚楼后，得到了一大笔资金以购买或搭建砖构平房。可以说，旅游业带来的改变是多方面的，虽然对民居样式的变迁并非决定性因素，但是依然有相当大的影响。

（三）干栏与砖房的对比

1. 舒适程度

对于干栏式建筑的变迁，大体上还是因为其自身有一定的缺陷，比不上砖房，所以才会被逐渐淘汰。但是就舒适程度来说，总体上，干栏式建筑还是优于砖房，这也是茶峒镇很多老一辈的居民不愿意搬离干栏式建筑的原因。

干栏式建筑拥有砖房所不能比拟的天然调节功能。由于干栏式建筑是用木材建造，夏天的时候，待在室内依然十分清凉，这一点笔者亲身感受过。笔者调查的时期正值盛夏，干栏式建筑内的长时间访谈无须任何扇风设备，不会有明显的汗意，但是砖房则不一样，汗流直下，即使开了风扇也没办法明显缓解。不过，干栏式建筑也有其弊端，冬天的时候情况恰恰相反，室内的保暖性砖房要远胜于干栏式建筑，这和建筑材质的本身有决定性关系。

2. 卫生条件

干栏式建筑民居内部一般不会附带厕所，没有铺设排污管，不利于居民解决生理需要。另外，干栏式建筑毕竟是木质结构，在清洁与打理方面相对烦琐，尤其是其窗雕、木雕等方面容易染灰，清扫极为麻烦，而对于砖房来说，打理卫生要简单许多，能使屋内长期保持一种干净的状态。

3. 功能布局

关于功能布局一点，最为显著的就是厨房一处。在干栏式建筑中，厨房不会被单独划分开来，居民大多在堂屋的火塘处烧饭、做菜。屋内也没有任何的排烟系统，导致屋内火塘附近经常被烟熏黑。砖房则基本与时代接轨，有专门的厨房，功能的划分虽然从某些程度上极大地便利了村民的日常生活，也使得屋内保持较为通风干净的状态。此外，砖屋的存在也使得不少传统的饮食起居习惯发生了相应的改变。

（四）居住理念的变迁

居住理念的变迁在茶峒镇人民的身上集中表现在其在新式观念的影响下对待民居样式的态度。干栏式建筑在现代社会中的变迁过程，也反映出湘西人民在物质层面与精神层面上的变化。物质生活的不断充实与丰富，自然会对精神层面上的观念产生一定的冲击与影响。随着旅游业的发展，大批的外地游客来访，不仅带来了经济效益，也带来了城市中较为新鲜的理念。居民开始意识到这个世界还有很多新鲜的东西自己不曾接触，因而努力将子女送出去就读或者让年轻一代南下打工，这样一来，他们既开阔了视野，也增长了见识，更重要的是带回了新技术与新理念，以及与传统文化截然不同的居住生活态度与追求。

茶峒镇居民从木构干栏式建筑居住习惯中走了出来，将房屋改建成砖质结构，在他们看来，就像江对面的洪安镇一般，砖房气派，象征着富裕与一定的地位。这种理念的形成有点唐突，但是符合社会发展的规律，从实用性方面来看，砖房的确有取代干栏式建筑的优点。

值得一提的是，在茶峒镇依然有许多固守的老人，不随大流，坚守在干栏式建筑之内，这种现象是可以被解读的。随着经济的发展，不少居民改干栏式建筑为砖房，其子女诞生在这些砖房之内，没有干栏式建筑的居住经历。对于他们来说，干栏式木房是离他们年代十分久远的古屋，因此不愿在其中居住。而老一辈不同，干栏式建筑见证了他们的成长、他们的青春和他们的老去，是美好记忆的托付品，是岁月流逝的记录板。即使他们至今仍坚守在破败的干栏式建筑内，但是无可避免地是，他们必须得接受现今干栏式建筑正逐渐被新式建筑所取代的现实。

（五）建筑"凤凰化"的旅游开发及相关保护

茶峒镇的旅游开发思路则相对来说比较混乱。据笔者的调查访谈得知，由于财政方面的紧缺，加上政府在旅游开发保护意识方面相对落后，才造成了今天茶峒镇建筑风格参差不齐的现象。

茶峒镇的开发起步相对稍晚，不少居民在没有相应的规划管理下，早已私自将干栏式房屋推倒重建成砖式建筑，待政府决定花精力投入进行建筑管理和开发的时候，发现难以入手解决。于是严格控制从开发保护日起，所有的新建建筑必须符合其所在建筑群的建筑风格，需要向相关部门提交申请，再进行规划装修改建。

茶峒镇居民彭氏的邻居家，原是有相当长一段、且建造精美的干栏式吊脚楼建筑，雕花、窗棂都有一定年代，具有相当的考古价值。但是老人家病逝以后，房屋由子女继承，子女又将房产卖给了外地商人。商人将古屋拆掉，打算重新建造水泥砖房进行商业用途。不过还没开始建造，就被政府叫停，说建造风格不符合标准，与周围吊脚楼建筑不搭配，不允许建造。后来这事儿一直在打官司，打了好多年都没有一个最终的结果。而就目前的状况来看，结果就是一座历史悠久的干栏式吊脚楼建筑变成了平地，然后一直荒废着。彭氏告诉笔者，自家的房屋出现了裂缝，但是因为需要给政府写报告、报审批，迟迟没有被批下来，所以他家一直是危房，裂缝越来越大，但不能修。

茶峒镇的开发较为迟缓，思路相对比较混乱，使得不少的干栏式建筑在被破坏后才决意进行保护，可惜为时已晚。而在被破坏的原址上又不能随意地建造房屋，必须等统一的规划和明确的开发思路出台后才可以投入建造。

庆幸的是，茶峒镇人民创造性地发明了半木半砖式新式结构，即笔者所说的"凤凰化"建筑。由于开发时间较晚，不少居民已经私自建造了相当一部分数目的砖式结构房屋，而这严重影响到了古镇的统一规划，以及沿江吊脚楼作为旅游景点的开发。如何在最低成本的情况下尽可能地将砖式结构房屋进行整合，使之能更好地配合整体的规划，形成一定规模的旅游景区建筑，是政府一直思考的问题。而半木半砖式新式结构解决了这个难题。

半木半砖式结构套用当今通俗的话解释就是"穿衣戴帽"的面子工程，在砖式结构的基础上，在其外层进行包装，用木头以及雕好的门窗进行包装替换，最后进行统一的粉刷，这样既可以省下推倒重建的经费，又形成了一系列统一规划下的景区建筑群。但是在这种统一的规划下，不可避免地造成了一些负面的影响。

茶峒镇逢农历初二、初八赶场，按照镇中老一辈人的描述，在旅游开发之前，赶场的地点在镇中心路边一带，人山人海，热闹非凡。但是随着旅游开发，政府为了方便管理，形成独特的赶场文化，将所有的赶场地点统一规划到边城镇的半山上，划出一块专门的地点给予赶场的商贩进行摆摊。这样一来，使得茶峒镇老街的人流量大大减少，怨声连绵。一方面，老街的百姓平日的赶场原来极为方便，出门即是，而今需要千里迢迢爬上山才能进行采购，极不便利。另一方面，老街不少的百姓在旅游开发的时候已经转型成为服务业的一分子，提供餐饮、商货、旅店住宅等服务，但是随着赶场地点的统一规划，人流量的减少使得生意萧条，不少的旅店被迫关门，欠下了大笔欠款。

茶峒镇某户姓李的居民，为了迎接旅游开发的热潮，借款在老街上建造了5层旅店，结果政府为了获得更多的财政盈余，将原来的租金提高了一倍，但是统一规划下将集市的整顿又使得老街上面的人流大量减少，为了偿还欠下的款额，子女不得不南下打工。实际上，这些居民在旅游开发过程中没有受益，真正受益的只是沿江一带拥有吊脚楼的户主。

旅游开发固然是好事，带来的经济效益会影响到整个城镇的各个方面，如从衣食住行到生计模式，等等，如何处理好旅游开发和百姓的经济收益，以及古城镇的建筑文化包括自身的文化，是值得政府思考的问题。

就目前的状况来看，半木半砖式结构在一定条件下来说是成功的，它成功地将城镇之中参差不齐、样式百态的建筑群进行了统一的规划整理，但同时它又是失败的，它的失败之处在于它将整一个茶峒镇的建筑风格"凤凰化"了。虽然凤凰古城也属于湘西文化，但是正如上文所解释分析的，茶峒镇与凤凰古城在建筑文化方面还是有一定的差距，茶峒镇独具一格的干栏式建筑值得相关部门包括老百姓去保护。

小　结

1. 当地干栏式建筑的再定位

茶峒镇的干栏式民居虽然是当地富有少数民族特色的建筑样式，但是如先前所述，当地的木构干栏式民居早已趋向于"汉式建筑化"，因此一栋干栏式民居建筑其实是同时包含了土家族人民与汉族人民的智慧的。

干栏式建筑从古至今都在不断地吸收其他文化的先进技术，不断进行自我改变与调整，纵观其从巢居、栅居再到半干栏和全干栏等过程，无不体现了这些特点。从文化层面来看，一种新式文化的诞生意味着另一种文化的淘汰。如今，茶峒镇传统的干栏式建筑在砖式结构建筑和"凤凰化"建筑的影响下，不断地被侵蚀，甚至被淘汰，木质结构越来越少，其建筑之上的窗雕、木构架雕刻等都不被现今的居民所了解，建筑文化在逐渐消逝，被遗忘。然而，其蕴含着的丰富的民族居住文化与习俗，是茶峒镇人民自身的民族文化的立足点，皈依所在。

建筑是为了让人从居住当中获得安全感与归属感，并感到家庭的温馨和舒适。传统的直柱式干栏式吊脚楼延续下来的不仅是一种建筑模式，更是一种居住的习俗。也许年轻的一辈并不是在干栏式建筑中长大，但他们会逐渐发现自己漂泊不定，因为他们没有根，不像老一辈的边城人民一样，根深蒂固地扎入了这一块土地、这一种文化之中,干栏式建筑作为他们青春的见证,是一种文化的载体,也是他们的根的具体表现。只有身在干栏式建筑之中,才能让他们感受到他们是谁、来自哪里。因此,干栏式建筑存在的价值和意义就在于其文化的民俗性,挖掘其文化民俗的精神是十分有意义和有必要的。

笔者认为,茶峒镇的新型干栏式建筑极具有创造力,不但满足了旅游业的需要,也反映了干栏式建筑的特色。但是其弊端也是不可忽视的,毕竟是面子工程,包装的东西永远不是真东西,而"凤凰化"的路会将原有的文化侵蚀吞并掉。如何将茶峒镇的干栏式建筑文化传授给年轻的一辈,如何将其建筑特色以及精神意义发扬传承,是我们需要思考以及认真去做的。而当我们正确地将干栏式建筑的文化及其蕴含的精神展现出来的时候,干栏式建筑的定位也就明确了。

2. 关于当地干栏式建筑保护和利用的若干建议

第一,重庆市与湖南省通力合作,可以通过国务院的协调,将重庆市秀山县洪安镇与湖南湘西土家族苗族自治州花垣县茶峒镇在"边城"项目上通力合作,将洪安镇与茶峒镇建成连成一片的旅游区,这样不仅可以在资金上得到有效的分配,而且人流带来的经济效益也是相当乐观的。洪安镇有大量直柱式干栏式吊脚楼群,茶峒镇有沿河吊脚楼群和半木半砖凤凰化式干栏式建筑群。两者可以充分展示土家族及苗族的建筑文化特色与文化精神内涵。

第二,政府应做相关引导,开放部分林业,或通过政策降低木材的销售价格,并鼓励百姓改造干栏式建筑,予以一定的补贴。这样既可以调动居民的积极性,使得干栏式建筑的数量不至于减少过快,又可以使下一代在干栏式建筑之中对干栏式建筑产生一定的感情,能够找到其文化价值所在和精神归属。

第二编 洪安镇

第十章　法律、权威与地方性
——洪安镇个案的法律人类学解读

纠纷一直是法律人类学所研究的重要方面。赵旭东在关于河北一村落纠纷解决的法律人类学文章中，通过民间纠纷的具体解决过程来揭示国家法与民间习俗的多元互动实践，"这样的互动表现在具体的纠纷解决中，就应当是一个运用多项原则来做出决策的过程"。① 如此一来，其中就隐含着一个法律多元的过程。可以说，在一起民间纠纷的解决过程中看到国家法律以及其他权力关系对纠纷解决多方位、多层次的影响，这种法律多元的视角或许是目前法律人类学研究的一个新方向。将"法律多元"置于地方社会的秩序场景中来理解，更易于解释其复杂的实践面相，而不是简单地勾画其间的理论逻辑关联。②

解释人类学主张人类学的主要责任和目的就是寻找文化的意义，因为人生活在意义的网里，而这个网就是文化，是人自己编织出来的。按照克利福德·格尔茨（Clifford Geertz）的说法，法律是一种地方性知识，所谓地方性不只与地域、时代、阶级以及问题的多样性有关，还与直觉和直接个案相连，法律分析的一个重要方面是事件的文化背景。法律是在不同的时间、地点，由不同的人群根据不同的场景创造出来的，在创造时，人们固然要顾及某种社会需求，但其中也注入了创造者的想象、信仰、好恶、情感和偏见，这样的法律表达了特定的文化选择和意向。格尔茨关于法律的定义表明他不满足法律的实证主义和功能主义的解释方法，他把自己的方法称为解释学的立场。③ 格尔茨在法律民族志解释的层面上认为："法律就是地方性知识，地方在此处不只是指空间、时间、阶级和各种问题，而且也指特色，即把对所发生的事件的本地认识与对可能发生的事件的本地想象联系在一起。这种认识与想象的复合体，以及

---

① 赵旭东：《习俗、权威与纠纷解决的场域——河北一村落的法律人类学考察》，载《社会学研究》2001年第2期。
② 参见张佩国《民间法秩序的法律人类学解读》，载《开放时代》2008年第2期。
③ 参见［美］克利福德·格尔茨《地方性知识——阐释人类学论文集》，杨德睿译，商务印书馆2014年版，第224—225页。

隐含于对原则的形象化描述中的事件叙述，便是我所谓的法律知识。"① 他说他不是要将法律的意义注入社会风俗或者以人类学的发现来纠正司法方面的推理，而是以阐释学居间将两个领域拢合起来，先看一方，再看另一方，以便能对道德、政治以及思想方面诸问题做出有益于双方的系统阐述。②

本章将用法律人类学常用的延伸个案法来对重庆一个处于与湖南、贵州交界处的小镇的一起民事纠纷进行分析，试图对国家法和地方法之间的关系进行一个描述，解释两者之间的互动关系，以揭示乡村司法机关应当更多地考虑当地具体民间风俗来解决纠纷以获得最好的效果。

一、一起民事法律纠纷的案例

2012年夏天，笔者调查处于湘黔两省交界的洪安镇的一起民事法律纠纷的案件。原告人龙文平因为以下事件向法院提起上诉，状告其堂弟龙文均对其进行人身损害而要求赔偿。

2012年4月5日晚上约18时许，原告在邻居彭大山家玩耍，被告骑摩托车过来，把原告从彭大山家叫出来，原告出来走到自家门边时，被告便质问原告房屋钥匙的事，原告说不知道。被告便动手殴打原告，对着原告胸部、头部等拳打脚踢，原告被打倒在地后，被告又用砖头击打原告头部，致使原告当即昏迷不醒，耳朵出血。原告被打伤后，周围群众打120，救护车将原告送往秀山县人民医院抢救。原告在昏迷一天后才醒过来，在秀山县人民医院住院治疗15天后，原告于2012年4月19日因家中无钱医治出院，医院出院建议：一是注意休息；二是门诊随访；三是加强营养。

原告认为，被告无端殴打原告，造成原告人身损害，已违反了《中华人民共和国侵权责任法》（以下简称《侵权责任法》）第十六条：侵害他人造成人身损害的，应当赔偿医疗费、护理费、交通费等为治疗和康复支出的合理费用，以及因误工减少的收入。造成残疾的，还应当赔偿残疾生活辅助具费和残疾赔偿金。造成死亡的，还应当赔偿丧葬费和死亡赔偿金。依法应当承担损害赔偿责任，为此，特将本案诉至法院，请求依法做出公正判决。要求：①龙文均赔偿我医疗费3643.8元（含救护车费300元）、误工费6000元（80元/天×75天）、护理费750元（50元/天×15天）、住院期间伙食补助费180元

---

① ［美］克利福德·格尔茨：《地方性知识：事实与法律的比较透视》，载梁治平编《法律的文化解释》，生活·读书·新知三联书店1994年版，第126页。

② 参见郑林《法律人类学研究综述》，载《前沿》2005年第8期。

(12元/天×15天)、营养费1125元（15元/天×75天）、交通费150元，以上共计11848.8元；②本案诉讼费用由龙文均承担。

在这份诉状中，我们可以看到纠纷是由原告被被告殴打所遭受的人身损害引起的。从原告的叙述来看，在告上法庭之前双方似乎并没有经过协商的过程就直接上诉至法院，而且可以看出原告与被告之间本身就有过节，这些背景会在后面的分析中得到解释。一旦到了法庭这样的地方，原告会依照法庭这个场域中的规则来修改自己的表述。因为在这个权威场域的规则讲究的是以事实和法律条文来解决纠纷，原告在这里从《侵权责任法》的条文中为自己的行为找到了合适的依据，并强调是被告无故殴打他，自己没有任何责任，要求被告为他所遭受的损失进行赔偿。

在这里，我们还要再来看一看，在法庭权威的场域中，被告对原告的指控是如何回应的。被告的答辩状是这样的：

请求驳回原告的诉求，原告所有的诉讼损失与被告无关，由其自负。理由是：事情是因3间老木房的产权归属而引起。原告与被告是堂兄弟，3间木屋位于洪安老街，双方各一半，从堂屋中间分。该房屋原是祖父龙运林出资修建，后由原被告的父亲共同继承，已有七八十年的历史。2011年3月，洪安镇政府决定征收洪安老街，张榜公布了各家的大致面积和补偿款，我家比原告多了10多平方米的平房，补偿款也多出一万多元。原告想要与我平分，遂找村、组、镇政府，后起诉到法院，秀山土家族苗族自治县人民法院于2011年12月9日做出（2011）秀法民初字第02556号裁定，驳回原告的诉求，维持了原状，这让其不服，另行寻找途径或上诉，而原告到期不上诉，也没有走其他合法途径，而是听信他人之言，强行侵占被告合法财产。并于2012年2月2日撕毁被告贴在门柱上的春联。被告找其理论，被原告辱骂，事后，被告到派出所报案，也未得到妥善处理，于是助长了原告的气焰，此后，原告又用大锁将被告的大门锁上，不让被告进屋对一些日常生活用品行使管理权利，而属于被告家中的堂屋一间半也被龙文平侵占。清明节前，被告为看老屋是否漏雨，3次不能进屋，2012年4月5日下午，终于见到原告，就问其要开堂屋的钥匙。原告坚决不给钥匙，锁门就是不让我进屋，并称此屋是他的，继而扑向我身前抓扯衣领，用右手打了我左边脸一拳，此事发生时，其舅娘在离我左边不到5米远的电线杆边，带着孙子看热闹，也未出面劝解。于是，我对其舅娘大声说："你看哈，老平先动手打我脸了哈。"其舅娘不作声，于是原告更是气焰高涨，索性用双手卡着我的脖子不放，用力卡紧，我见其行为是要置我于死地。于是我赶紧发出三声警告,原告手上更用力,我的气上不来。一急,基于人逃生的本能,右手就给了原告两拳,龙文平头耳部遭到攻击,受痛不过,放下卡我脖子的双手,抱着头倒地不动装死。综上所述,其行动之本意完全是有意识地来强行侵占我的房产,由于官司打输了,就转而听信其亲属挑唆,以违法行径强锁我房门,不让我进入自己的房门。他认为年纪比我大13岁就能任意地攻击他人,他人不敢把他怎么样,在农村普遍有这样的现象,但法律有哪一条规定,年纪大就可以随意侵犯他人财产、身体和生命?法律面前人人平等,正当防卫法规里面说得明白透彻,当国家公民的财产、生命受到严重侵害,紧急凶险时,任何一位国家公民都应出面动用一切手段来制止侵犯者的不法行为,甚至可能使侵害者死亡的,也不负任何法律刑事民事责任。被告当时的处境以及原告自始至终都在恶意地、违法地对被告的合法财产肆意践踏,对被告的身体生命随意地侵害,以各种违法手段来达到目的,就是要抢夺被告的房产,据为己有,这我能置之不理吗?当我的权益和生命处于生死存亡的紧急关头时,谁又能任原告把财产和生命取走?国家的正当防卫、紧急避险之法律手段是保护情况和我一样的合法公民的权益,并明文规定在正当防卫产生一系列后果后,不受任何责任的追究与赔偿。原告受到的伤害是极度轻伤,而被告在紧急避险后,并没有继续对原告采取其他致命打击手段,而是及时终止了对原告的伤害,因此,被告不对原告的受伤后果负任何法律以及任何赔偿责任,请求驳回原告的一切诉求。

在这份答辩状中,我们看到在法庭权威的这个场域中,国家的法律原则和民间的一般常理都被答辩人利用起来作为说服法庭自己无过的依据。比如被告承认农村普遍认为年纪大的可以任意攻击他人而不会受到反抗,所以他在刚开始与原告拉扯过程中并未出手。但法律讲究事实和证据,他又陈述了当时原告的舅娘在场的证据和自己逼不得已才出手的过程。而且被告一直强调的是造成原告人身伤害的原因在于原告自身,并运用法律中"正当防卫"的专业词汇来为自己辩解,证明自己并不应当承担任何责任。

接下来,法庭的工作是要通过法庭询问的方式来查验证据,同时也是一个多种渠道调解纠纷的过程。这起纠纷中,法庭的询问先后进行了12次。从法庭和当事人的对话中我们可以看到,在将近3个月的法庭调解中,原告、被告与法官共处一个场域中,在这个场域中既有作为国家权力代表的法律的展示,同时也有依照人情常理来做调解的民间习俗惯例的运作。这些询问主要包括对原告和被告的基本事实的查验(受伤情况、证人的询问、打人的具体情况),双方所列举的证据的查验。其中有一次法官向被告龙文均再次查验事实,这一段值得引出来进行讨论：

法官：你们是谁先动手的？
被告：龙文平先动手的。
法官：你们在这件事发生之后有相互协商怎么处理吗？
被告：没有。
法官：你们经私人解决过吗？
被告：没有，我们互相不大见面（关系不好）。
法官：你觉得你打到他受伤是对的吗？
被告：我当时是为了自卫，一时紧急也顾不上轻重了。
法官：那你不准备赔偿他一些吗？
被告：都是他自己的责任，而且他要的钱太夸张了，他本身是个五保户，怎么会有月工资2400，根本就是借机会骗我钱。
法官：我们可以做一下工作，让原告减少些赔偿请求。你是不是考虑一下调解？
被告：我回去跟家人商量一下吧。

在谈话中我们可以看到原告与被告之间之前没有经过私下调解，说明双方关系已经十分恶化，到了不得不上法庭的程度，还可以看到法官并没有直接判断当事人的行为对错，而是让被告自己来评判打人这种行为的对与错，法官希望被告人能够自己认识到把别人打伤要负责任。最后，法官以赔偿金额的多少来跟被告进行博弈，我们可以看到这里法官很像是原告的代理人在与被告进行协商，是对这起纠纷的一个调解过程。

直到最后一次法庭对话也就是开庭审理阶段，原告与被告都没有出现可以调解的可能。原告坚持要求被告赔偿自己所要求的人身损害赔偿一万余元，同时要被告承担诉讼费用。被告则坚持认为自己的行为构成正当防卫，不需要承担任何责任，双方僵持，各不相让。

当一起案件事实已经调查清楚，而且经过多次调解都没有效时，法庭便会综合各位法官的意见对案件做出判决，这种判决有时候也并非完全依照法规条例来进行，而是在依照法律的各项原则的基础上，还考虑到地方习俗惯例的方面。这里一个很重要的原则就是使双方的损失和受益尽量趋于均等，是一种补偿性的原则，这种补偿原则可以说是在法院这种国家权力机构强制之下，在当事人双方之间所履行的一种互惠原则。①

再看这起纠纷的最后判决。各位法官在权衡了双方的法律事实的基础上，并经过讨论，认为被告打人造成的人身伤害属实，应当赔偿原告，但考虑到原告与被告之间的矛盾早已有之，原告并非完全有理，讨论认为不应支持原告诉状中要求的赔偿数额。法院最后判决：被告龙文均向原告龙文平赔偿医疗费 3348.3 元、误工费 420 元、护理费 420 元、住院伙食补助费 168 元、交通费 80 元，合计 4436.3 元；诉讼费用由原告承担 125 元，被告承担 75 元。本纠纷就此结案。

二、延伸个案法：对此案例的分析

延伸个案方法又称为情景分析法（situational analysis），最早是西方法人类学家在菲律宾部落社会发现的一种将社会关系或社会情景考虑在内的纠纷调查和处理办法。作为一种研究方法论，延伸个案相当于一种以整体论来发现"事实"，确定"性质"和做出相应裁决的方法。② 其所搜寻的"事实"必须放在社会文化情境的整体中才能定性；必须与纠纷的"前历史"和可能"社会后果"联系才能定性；必须以地方的和超越地方的法律认识或规范信念为背景才能"想象"得出其"性质"和意义。

延伸个案方法能够有效地解释村民间的纠纷及其社会后果。"个案"可以视作一种个人或集体行动的延伸性"条件信息"。如果用皮埃尔·布迪厄（Pierre Bourdieu）的话来说，这种条件信息也可以称为"习性"。这些条件信息或习性以及其他历史时间下的结构性和或然性条件的交汇影响了特定行动者的行动，并从而影响村落社区建设之"现实"。比如朱晓阳在《小村故事：罪过与惩罚（1931—1997）》中写到云南小村人基于这种"背景"或"习性"，在强大的国家权力介入的 20 世纪 50 年代至 70 年代情形下，营造出以村落共同体为表征的生活世界。这种背景还影响了村民自治时期（1990 年以来）小村的社区复兴。③ 总而言之，对这些不同个案的阐释，显示出整体论的解释力。

延伸个案法关键在于过程研究，包括纠纷的前历史、纠纷本身和个案平息的社会后果，也要从特定社会关系或社会情境考虑来决定如何判决纠纷或考察

---

① 参见赵旭东《习俗、权威与纠纷解决的场域——河北一村落的法律人类学考察》，载《社会学研究》2001 年第 2 期。
② 参见朱晓阳《"语言混乱"与法律人类学的整体论进路》，载《中国社会科学》2007 年第 2 期。
③ 参见朱晓阳《小村故事：罪过与惩罚（1931—1997）》，法律出版社 2011 年版，第 39 页。

纠纷的前因和最终结果。这些原则正好是与禁止溯及既往、罪刑法定和重视外部事实的现代法制原则相反的。[①]

笔者运用这个方法来分析在边城居委会上获取的田野资料。笔者将"司法过程"当作"社会过程"来进行描述。这就要求这个个案在比较长的时间内的"延伸",在这个过程中,加入一些历时性分析来阐明历史事件对个案的影响。于是上文提到的案例分析就要求关注纠纷所处的社会情境的背景,纠纷发生之前双方当事人的交集,以及案件判决后对双方造成的后果和影响。目的是要解释在国家权力介入洪安镇村民的生活后,导致亲密关系在不同程度上被打破,这种国家历史与社区历史的交织融合是如何影响人们在国家法与习惯法之间选择解决纠纷的机制的,可以看到人们在国家法与地方法的推拉过程中的思想和行为的变化,同时在20世纪70年代末以后逐渐入侵的市场经济以及随之而来的城镇化、旅游开发等是如何重构当地社会构成从而影响人们对于乡情和纠纷的态度。最后利用这种分析可以帮助我们理解这个简单的民事纠纷对于国家法与习惯法关系的影响因素和为国家法在乡村实行的调整做出有益的启发。

首先,上文所提到的纠纷发生地就是位于洪安镇边城居委会所在地的洪安老街上中间坡顶位置,此处距离清水江和著名的"三不管"岛约300米,江对面就是湖南省花垣县茶峒镇,秀山县主导的旅游开发就在这里开始向镇上延伸。龙文平和龙文均所争议的房屋在这几年因为旅游开发即将被征用,整个争执过程就是在这个特殊的时期发生的。洪安老街其余大部分民房都被征用改为边城旅游开发公司的办公地或者旅游景点,居民或获取赔偿搬到其他地方,或搬到洪安镇上九龙坡村组,只有少数居民仍住在老房子里。整个老街上村民的原先相邻关系被打乱,各个村民各寻出路、住处。

从上述田野点的概况可以看出,尽管旅游产业在洪安镇不是支柱型产业,但政府正在积极地推行旅游开发,重庆市政府强行介入旅游产业开发的结果与对面的茶峒镇完全相反,这里的原先的村民构成被打乱,城镇化脚步也比对面的湖南要快很多。这些都导致乡情观念的淡薄,从布尔迪厄的文化再生产理论可以看出[②],洪安镇的居民在国家行政权力强力介入的影响下和城镇化进程的不可逆的环境下,社会场域发生了变化,他们逐渐走出以习惯法解救纠纷的习惯,但并非彻底丢弃习惯法和乡村习俗,而是能动性地利用各种纠纷解决机制,以自己的利益最大化为目标去选择习惯法或国家法。

---

① 参见朱晓阳《小村故事:罪过与惩罚(1931—1997)》,法律出版社2011年版,第39页。
② 参见萧俊明《布尔迪厄的实践理论与文化再生理论》,载《国外社会科学》1996年第4期。

其次，要理解龙文平和龙文均两堂兄弟纠纷的根源，要关注这次民事纠纷的前历史。从上文被告龙文均的答辩状中可以知道这两人本是堂兄弟，这次人身损害的纠纷也是因为之前的另一起官司引起的。据笔者对村民和当事人的访谈和获取的文字资料可知，龙文平和龙文均之前因为旅游开发即将拆迁洪安镇老街66号的3间老房子而发生争执并上诉至法庭。龙文平认为龙文均侵占了本属于他家的一间半房，要求法院确认房屋均归龙文平所有，并判处龙文均搬出房屋。龙文平认为自己家在1953年就已经获得《土地房产所有证》，龙文均一家只是在这里寄居。而龙文均则辩解说其父在1985年得到了一间半房的《宅基地使用证》。双方因此各执一词，直至上诉至法庭。法院于2011年12月做出民事裁定，认为龙文平的《土地房产所有证》和龙文均的《宅基地使用证》均是合法权属证明，同一标的物上出现两个权属登记，应当先由相关部门就该标的物的权属进行确认，于是裁定驳回龙文平的诉讼。此后，龙文平并未继续提出上诉，也未找相关部门进行房屋的权属认定，此案告结。4个月后就发生了上文所述的人身伤害的民事纠纷案件。

这里值得注意的是，原被告系堂兄弟，且长期居住在相邻的房子中，但对于房子的纠纷却没有经过任何有效的调解过程，而是直接上诉至法院去裁决。笔者从边城居委会的干部处了解到，两堂兄弟自从他们的父亲相继过世后一向不和，但也没有大的冲突，此次因为边城旅游开发要拆迁老房子，矛盾才激化的，居委会和镇里曾经多次试图调解，但双方都不让步。就笔者对周围居民和村民的访谈来说，大部分人是支持老房归龙文平家所有，而且龙文平也出示了多位街坊邻居的画押书面证明，并一直强调"龙文均没得这些，他还要抢我的房子"。可见龙文平是在乡间舆论支持下，但被告龙文均并不理会，于是龙文平在民间的权威场域里不能得到自己想要的结果后，自觉转向法庭的权威场域来声张自己所认为应当享有的权利；反过来，龙文均也是利用法律的证据来反对龙文平的主张。在这里，法律作为一种自我保护的资源被当事人双方调动起来，他们会根据自己的权利主张适当地修改自己的言辞，试图遵守法庭的游戏规则，努力使自己摆脱责任，获得权利。这在这两个相互关联的案件中都有所体现。

由两堂兄弟争房子的缘由来看，本来相安无事地生活在一个屋檐下的两个有着血缘关系的家庭在这一代发生争执的直接原因就是旅游开发征地，为了获取个人利益的最大化，本是相对和睦的亲戚之间发生了纠纷，这也是外界力量介入的后果。而且双方矛盾并非一开始就诉诸法庭，而是当事人在乡间秩序失效的情况下不得已而选择的方法。而一旦选择了法庭为争端解决机制，双发就开始自觉地寻求法律证据来证明自己行为的正当性，但又在辩护中掺杂了个人感情因素以证明自己的合理性,但法官只是根据法理做出裁决,这导致了纠纷并没有得到解决,反而在后面激化,造成了本文开头所述的人身损害民事纠纷的后果。

再次,要深入理解这两个关联的个案,不得不了解一下在起诉之前,双方所争议房屋的历史。尽管龙文平和龙文均各执一词,但从他们为自己利益说话的过程中可以整理出一条老房子的历史的主线。这间在洪安镇老街现为66号的房屋是3间木房。房屋是由龙文平和龙文均的祖父龙运林出资修建于1935—1945年的10年间,也就是说,此屋建于中华人民共和国成立前。在修此屋的时候,龙文平的父亲龙长青(老大)和龙文均的父亲龙长安(老三)都还年幼,因此无力参与房屋的修建。1948年龙长青及其妻子离开老家峨溶镇来到洪安老街居住,育有三子女,包括龙文均,其兄龙文昌和妹龙仙桃,龙文昌与其妻覃芳晓育有龙秀红、龙业二子女。1953年国家重新落实土地政策实行宅基地房屋产权管理政策,因为龙运林当时已经去世,所以房产证登记在龙长青的名下,但当时龙长青与龙长安两兄弟之间并没有分家立户。1965年,龙长青去世,1965年龙长安和妻子来到秀山县洪安镇,因无房居住,遂与龙长青妻子也即龙文平母亲商量暂时居住在老屋里,居住房屋为一间一拖(按:房产证为3间)。之后其一家人一直居住在此房屋中。龙文均四兄妹均是在该房屋中出生、长大、结婚、分家的。龙长安夫妇曾请人将房屋一分为二,龙文平母亲在世时也没有提出异议。1982年龙长安夫妇将房屋改成门面房,龙文平母亲和其兄也没有阻拦,2003年龙文均将房屋改成理发屋,也没有人阻拦。1985年此房屋在村组、政府的核查下,由秀山县人民政府颁给了龙长安《宅基地使用证》,其房屋有1.5间,建筑面积为30平方米,宅基地面积为45平方米。2005年,龙长安去世,龙文平及其母亲要求龙文均一家人搬出房屋,龙文均一家人拒不搬出,之后双方发生纠纷。龙文平和龙文均多次发生争吵,同时也经过村、镇多次调解。龙文平觉得,其父母的房屋在父母去世,其他继承人放弃继承权的情况下(覃芳晓、龙秀红、龙业已做出放弃继承声明书),该房屋应当由龙文平享有继承权并归其所有。

在争议房屋的历史以及在描述它的过程中所显现的复杂的人际关系中,可以看出老房屋是在国家行政权力的介入下才有了权属问题,按照村里人的说法,老屋本身就是龙文平父亲后来居住和翻修的,按照惯例当归于龙文平家,但1953年"土改"进行了宅基地房屋登记,归于龙文平一家,1985年又在国家土地政策变更下给龙文均也办理了《宅基地使用证》。按照法律规定,这两个均属于合法权证,所以这起纠纷才会产生。

有必要在这里介绍一下两个当事人的个人情况。当事人双方都是苗族,且是堂兄弟。龙文平今年60岁，自称是苗医，但并不识字。在他家老屋访谈的时候，他向我们展示过他的药草和治病的仪式以及咒语，并提出"神药两解"的说法，也就是苗药也要吃，普通医院的药也要吃，以达到最佳效果。从街坊和邻居口中了解到，老人并无固定职业，常年是"五保户"，而且嗜好饮酒，靠27岁的儿子和20岁的女儿照顾。龙文均今年46岁，是个体户，常年做些小生意，比如理发、卖小商品等。有高中文化，法律意识较强，笔者了解到他在与其堂兄争房屋的案件之前就曾在洪安镇位于319国道上的一处租房与人发生争执并告上法庭。而且龙文均因为人身损害而被法院判处赔偿龙文平损失之后，曾上诉至重庆市第四中级人民法院，还曾状告秀山县公安局、秀山县县长等。就街坊邻居和村里人的态度来说，大家似乎对龙文平比较支持，认为他比较可怜，虽然经常醉酒无正当行业，但和邻居关系都很好，且一直居住在老屋中，很多街坊都曾画押作证此屋属于龙文平所有，这些都表明了龙文平在社区内良好的人际关系。相反，尽管龙文均在法律语境下并没有占据劣势（拥有合法的土地所有权证），但村里人对他的看法，引用曾当了20多年的村主任的话来说就是爱搞事、比较狠。在村里人看来，依靠法律争取权利似乎就是爱惹事，而且被视为"狠"。据笔者对龙文均的了解，龙文均尽管喜欢利用法律手段解决问题，但他本人看来还比较温和，并不能用"狠"来形容。

按照村子里的人的观念，一个懂法并且愿意用法律解决问题的人会被认为是"爱搞事"，而他们事实上更支持的是乡间邻里关系紧密的龙文平。可见乡情观念在城镇化进程快速的洪安镇并没有完全消失，而是以一种隐性的形式存在，如果法院没有考虑到这一点，裁判或判决就不能真正解决问题，之前的打架纠纷就是很好的例证。如果法官在判决之前更多地考虑到社区的特征和乡风习俗，积极地在双方当事人之间进行斡旋、调解，结果可能会更好。

最后，描述一下人身损害民事纠纷个案的社会后果。据我所知，龙文均在被判处赔偿龙文平损失之后并没有服判，而是去重庆市第四中级人民法院上诉，最终仍然败诉，所以双方的矛盾依然没有得到解决。在笔者离开田野半年之后，就与当事人在网络上的联系了解到，2012年1月份龙文均再次来到老屋，结果遭到龙文平及其儿子和女儿的攻击，轻伤住院，其儿子被拘留，龙文平和女儿被处以行政罚款。龙文均在伤好之后继续运用法律武器上诉，双方的争执仍在进行中。

从整个事件的前历史和背景中我们可以看到，国家的力量的渗入在其中起到了很多潜移默化的作用。乡村城镇化的进程在中国农村的推行，带来了市场经济的影响。由于行政力量主导的旅游规划的实行，打乱了乡村原有的邻里之间亲密关系的社会结构，习俗惯例的效力因为原先亲密人群的分散而减弱，但又没有完全消失，在法庭权威秩序中依然时有显现。征地引发的利益纠纷也是现代化过程中乡村越来越多出现的矛盾，在这里，国家法律与地方习俗相遇，作为纠纷的当事人同时依照法律规则和风俗习惯为自己辩解，体现了国家权力因此而与地方权力的互动。法庭在处理此类纠纷时如何处理这两方面的关系是矛盾最终能否得到真正解决的关键。

三、前后两次纠纷的意义

从这起发生在两个同样当事人之间的纠纷的法庭解决过程和以延伸个案法详细讨论的描述中，我们可以看到，纠纷一旦从乡间到了法庭这一场域之后，国家的法律以及民间的习俗都会被当成一种自我保护的资源而被当事人双方调动起来。调解如果无法实现，法庭就会依照法律条文和习俗惯例来对纠纷进行最终的判决，从而使习俗中的互惠关系得到重新恢复，而法律在这里成了一种使这种互惠关系的恢复得以实现的强制力量。而在洪安镇这个案例中，法庭并没有很好地考虑到习俗，从而导致纠纷尽管在法律上得到一个最终结果，但引发的后续矛盾表明实际问题并没有得到解决。

这里就涉及国家法与习惯法的冲突问题。一般认为，中国的市场经济体系的确立需要得到现代化的法制建设的保障。但实际情况可能要比这复杂。苏力曾经指出，习俗惯例有时候实际上要比国家的强制法律更有利于交易的顺利完成，国家法律的制定如果尊重习俗的规则，反而会减少交易的成本，从而促进市场经济的完善。

然而，我们国家的法律体系由于特殊的历史原因，是在近几十年依照西方大陆法系的规则建立起来的，这样难免没有充分认识到民间的习俗惯例对于解决民间纠纷的重要作用。在中华人民共和国成立后到改革开放以前，很多民间的习俗和规定往往被定义为封建陋习而成为被剔除的对象。而随后在农村推行的乡规民约实际上是上级政府为控制村一级的社区而强行附加于各村落的法律规则的变体，并不能代表乡间的惯例。而实际上在传统乡村长期生活所形成的真正习俗惯例是由村民自愿设立或遵守的一些理顺村民之间的关系、解决纠纷、进行道德教育、互相帮助的规则，却逐渐随着国家政权向乡村的渗入成为一种政府行为。这种由政府改造后的"乡规民约"实际上已经失去了其最初的自愿性的特征，转而成为国家强制力约束个人行为的工具。但其真正起效用的时候并不多，比如就笔者在洪安镇访问过的村民，对于乡规民约，他们都觉得那是一纸空文，即使违法了，真正按照上面的规定处罚的很少。

当然，应该提到的是，在乡村的权力格局之中，随着国家政权向乡村的渗透和国家推动的市场经济在乡村的传播，村民与村民之间，国家与村民之间的以契约为约束的权利义务体系也在逐步建立。随之而来的依法治国的观念也通过各司法部门的法律宣传逐步成为乡村社会解决纠纷的主要依据。但现在在乡村出现的局面是：一方面作为国家权威展示和适用的法律制度及规则不断完善，但另一方面村民仍在为一起纠纷不能得到公正或合意的判决而鸣冤。从一定意义上来说，造成这种局面的一个重要因素是国家的法律观念与习俗惯例上对纠纷解决的理解之间的冲突。

那么在这个案例中，我们可以看到，从解决纠纷在乡间合理性角度来说，国家法的执行机关如法院应当充分考虑地方的习俗惯例，结合法律原则进行适当调整以使纠纷能够得到真正解决，而不至于发生其他附带的后果，如纠纷的扩大化和延续。

小 结

讨论这个个案的意义是什么？从法律多元性的角度来看，这个个案的历史让我们了解到过去几十年里国家的治权是如何进入乡村之中及其与乡村习惯法规互动的过程。通过这个个案及其延伸的后果可以看出，国家法治的疏漏和易变使其在基层实践之中为地方性秩序规范继续行使留下了空间，可见在这个个案中法庭权威并没有完全解决纠纷背后的矛盾。因此考虑到"情景"和纠纷的"前历史"来进行判决，对国家法的适当调试有利于社区的凝聚力的增强，而未考虑到这些往往会导致法律在乡村只起到表层效果，无法达到解决矛盾的目的。[1]

朱晓阳曾经提到"新福柯"式的全能国家权力——知识话语。[2] 这些话语讨论"权力关系"如何运作，得出国家权力全能控制的结论。它们将福柯的无主体/中介的权力（即强制关系）等同于"国家权力"，然后讨论"国家权力"在社会微观层次（包括对民间法规）的控制扩散，给人以国家权力控制社会的印象。他认为，如果不将新福柯的权力话语改变为"国家权力"或者某一主体的等同物来看的话，则比较容易发现国家建成和国家治理推进中其实有很多民间中介利用国家权力制度、规范和政策的空间。[3] 而从本章这个民事

---

[1] 参见朱晓阳《延伸个案与乡村秩序》，载朱晓阳、侯猛编《法律与人类学：中国读本》，北京大学出版社2008年版。

[2] 参见朱晓阳《小村故事：罪过与惩罚（1931—1997）》，法律出版社2011年版，第12页。

[3] 参见朱晓阳《延伸个案与乡村秩序》，载朱晓阳、侯猛编《法律与人类学：中国读本》，北京大学出版社2008年版。

纠纷个案来看，中国法制在乡村的推行应当适当考虑这方面中介的作用，去影响纠纷解决的机制，从而达到更好的法治效果。

很长一段时间内，国家总是想以建设法治国家来控制和治理中国社会，其目标远没有完成。其中一个主要的原因就是民间的法律空间无法消除。法律的多元形态以及其互动往往被解释成国家权力话语的渗透，并因此不考虑非国家组织和人的实际利益得失。当今国家依然在积极推动现代的法治建设。但这种构想是否能够深入农村社区依然是个问题。国家的意识形态随着政治的变更而不断变化，社会制度也因此而改变。这都相应地影响了法律在乡村地区的实施。但是这个个案所体现的纠纷解决的社会过程及后果向我们展现了地方性规范并没有在推行法治建设的过程中消失，而是以隐性的形象嵌入法庭权威场域中，如果不处理好这两种纠纷解决机制的关系，就不会真正达到苏力论述的"送法下乡"[①] 的目的。

[①] 苏力：《送法下乡：中国基层司法制度研究》，中国政法大学出版社2000年版。

第十一章 宗教信仰概况

一、洪安镇宗教概况

（一）文献资料中关于洪安镇宗教信仰的记载

1.《秀山县志》中关于宗教情况的官方介绍

据洪安镇人民政府收藏的1986—2005年的《秀山县志》的记载，在整个秀山有佛教和基督教。"据2005年统计……共有宗教神职人员4人，其中基督教副牧师1人、教长老1人、布道员1人、佛教寺庙住持1人。另有出家佛教僧尼10人。"显然，下文中将要提到的洪安镇的宗教人士都不在政府的认可范围内。同时，洪安镇没有一处政府批准开放的宗教活动场所。当然，在整个秀山也仅有4处（分别是凤凰山传灯寺、县城基督教福音堂、梅江基督教聚会点、里仁基督教聚会点）。那么诸如笔者亲身到过的这些观音庙，也都不是批准开放但是活生生存在的地方。

此外，县志里花了很多的文墨来介绍"宗教管理"这一部分。然而，关于秀山特别是洪安的宗教情况的介绍几乎没有。

2. 当地的文化人关于宗教信仰的民间记录

在洪安镇有一位名叫张忠献的老先生，是当地文联的退休干部，也是远近闻名的文化人。老先生退休之后为边城编了一本民间小传来记录当地的民风民俗，其中有一章是专门写"信仰崇拜"的，里面谈及一种名为"儒教"的信仰。它的信仰者最突出的表现形式就是"讲圣谕"。特别是对于老年人来说，他们信仰儒教，喜欢讲圣谕。

每天晚上在自家门前，架一高桌，桌上挂着红布帐，供一木牌，上书"圣谕"二字，讲"圣谕"的老人，穿着长袍马褂，头戴顶子帽，先将三个小茶杯倒满清茶，放好贡果，点燃清油灯，作揖参圣后，唱念道"弟子把神敬来，请神罗下天梯哟"后，走上桌旁高凳宣讲台，如讲书样开始讲起圣谕来。他一时讲，一时唱，绘声绘色，有板有眼，招来不少听众。所讲的圣谕的内容多是三纲五常，五伦八德，行孝行善以及其他劝文和民间传说故事，第一天没讲完，第二天继续，听众多是主妇、老年人和孩子。

显然，这种表演式的信仰习俗已经只停留在历史中了，幸好有当地的文化人记载在民间的文本中，留予后世想象和回味。

在这本小册子中还提到了一种拜祭傩神的人家驱逐瘟疫时的迎神赛会。还愿的人家，供有傩神（诸如傩氏公公娘娘的神像）。如果把傩神请进家了，就需要还愿。三年两还，如若不还，家庭就会不吉利。供有傩神的人家如经济有困难，还不起大愿必须还小愿，又叫勾愿一次。还愿有烛愿敬二十四诸天菩萨，有霄愿敬奉金霄银霄二女神，另一种叫傩愿，是供奉愿神。还愿以供奉傩神为主，统称傩愿。没有供愿神的人家，就不还愿。还愿者，事先请"地理"先生择定黄道吉日进行。堂屋正中摆一大方桌：桌上供傩氏公公娘娘穿法衣雕塑，像前设香炉、烛台、酒杯、贡果。堂屋两边挂神像，像前设香案，大门扎成禁门，钉上对联，贴上纸花，勾画龙凤图画，巫师白天举行法事，晚上扎台演傩愿戏，时间 3～7 天。在未进田野之前，边城这一区域留给笔者最初的印象就是沈从文先生笔下的同名小说《边城》里描绘的。该小说关于傩文化的记载充满神秘的意蕴而吸引人们前来探寻。然而如今的傩戏和傩神崇拜已然演化成当地旅游业揽客和吸引眼球的一种手段，作为一种被观赏被展示的异文化而失去了它原本的信仰和宗教意义。但是否它的痕迹就被磨灭了呢？还是说其实它随着时代的演变而转化了形式、换了包装而渗入当地的日常生活？这一设想可在下文对当地婚礼仪式的描述部分找到一些依据。

杠仙者，是妇道人喜欢的一种信仰和追求，为的是了解死去的人是否平安，家中有无灾幸。具体杠法是：仙娘（巫婆）烧香化纸，头蒙青丝帕，两眼蒙在帕内，在香烟上熏得流口水、鼻涕、泪花后，便痴迷了起来。她摇头晃脑、手舞足蹈，时而哼、时而走、时而跳，仙娘真入迷了。此时，出钱杠仙的人便可问话，你问什么，仙娘答什么。倒也有些奇怪，往往仙娘答得很让杠仙人满意。于是，杠仙便成了当地人追求思想平衡、寄托思念的一种神仙活动。

以上是张老先生对杠仙的描述，多少带有一些戏剧色彩。实则对于这一民间信仰活动的分析在下文中将会谈到。另外还有一种类似的"看水碗"。

不信则无，信则有。虽说是一种迷信，但谁也没法道破，因为它显得十分神秘，于是边城妇道人家形成了一种求解脱、访预测的习俗。操作是：巫婆烧香化纸，口念咒语，用一瓷碗装满清水，念念有词地比画着三炷燃香，在水碗上划来划去，这叫法水。然后，将初燃的纸钱放进水碗内，纸灰慢慢浸入水中，她便按客人提问回答。她可以胸有成竹地请你往水碗里看去，你会看到你要求得到的实物影子和人像。一般能准，但有一种说法，火焰高的看不见，火焰低的可见。据目睹者介绍，只能见到的是：似像非像，信不信让人自愿。

这一部分的描述更有说书讲相声的性质了。虽然如今已经被定性为江湖骗术的伎俩，但却在旧社会成了民众特别是妇人的一种信仰。

茶峒人对求神灵、菩萨保佑特别相信，也十分虔诚，于是，便形成了一道众人遵照的行动。他们敬神，又叫敬菩萨。在家里兴烧长香和短香。烧长香是一年365天日夜不断、天天不断，早上烧香叫烧早香，夜晚烧香叫烧夜香，先作揖烧香，神龛上香三炷，大门外上香三炷，烧香人必须先洗手后才燃香以表诚意，烧短香是正月初一到十五或过节时同化纸一块。

茶峒人敬神，除烧香化纸外，桌上必须摆上敬茶（新泡的茶）、敬酒和刀头以及其他荤菜和白米饭。饭菜、刀头上必须摆上筷子，敬请祖先先进餐过节。

除此以外，他们还喜欢敬庙神、敬高坡菩萨、敬土地、敬古树、敬水井等。在庵堂里饱吃一顿斋饭后，便能求得一时消灾免祸。

（二）洪安镇的宗教场所和宗教神职人员

1. 历史上曾经有过的寺庙、道观

历史上清水河两岸曾经出现过"三阁鼎立"的状况。以清水河为界，北面是观音阁，南面一西一东分别是绿荫阁和水门阁。观音阁（如今的观音庙）是如今仅存的一座庙。绿荫阁的旧址在如今拉拉渡的南岸。而水门阁以前也是一座小庙，位于下渡。

2. 现在仅存的观音庙

洪安镇有一座大庙，"文革"的时候大庙被推了。目前洪安镇贵塘村有一个观音阁，是一座小庙。小庙盖了大概8年了，是村民自发筹钱然后自己一砖一瓦盖出来的。但是现在也同样显得有些残破和寒酸。庙中有一人看守，也不是一直在庙中。一般来讲，除了佛诞日和观音生辰外，庙里几乎不来人。从洪安镇走到贵塘村，还要穿过一片庄稼地，再往山上走，才来到这个观音庙。推门可进，庙中供有两尊观音像。庙中有打扫痕迹，但是香火不旺。一进门看到

的是一尊弥勒佛像。弥勒佛背后是一尊财神像。财神像的两侧写着一副对联："生意兴隆通四海，财源茂盛达三江"。一路进到庙里面，拾级而上来到观音殿。观音殿较为干净整洁，供有两尊观音像。刚进门看到的是一尊女像观音，金色的闭着眼的合掌观音。一般来讲，普通人家信佛请观音进门是有讲究的。一般会请洒水观音而非合掌观音。因为前者是观音在恩泽信徒，信徒只要诚心供奉就好。而如果是合掌观音，那你在拜观音的同时，观音也是在拜你。但是一般人是承受不起这么大的恩泽的，怎么能够斗胆享有观音的参拜？这反而会折福的。因此家里不常请合掌观音，只是寺庙偶有。这尊观音被红布盖着。头顶一块红布用金色字从右至左写着"慈航普度"。面前堆放有假花、小观音像和还未用过的纸钱和香蜡。再往左走是一尊男像的观音，同样用红布装饰。上面写着"释迦文佛"。从观音庙出来门口还有一个供土地公的小神龛。这样一来的话，如此一个小庙就请来了各方神仙，男女观音、弥勒佛、财神、土地神都聚集在了一起，佑洪安洪福安康。这样一种群众智慧在看似荒唐的表象下也有它的巧妙性和合理性。特别能反映民见佛就拜、见神就磕头的实用主义宗教崇拜心理。既然各路神仙都凑在了一起，不是更为方便了吗？就像民间信众对于神仙的亲属圈逻辑的理解：为什么是这些神仙被安排在了一起，而不能是另外的神仙？什么样的一个排位和座次能够促使他们和谐相处而不发生矛盾冲突，保佑世人呢？这里面也是贯穿有当地人的理解和看待世相的思维逻辑的。

3. 宗教人士的生存状态

如果以城市化的工作状态来丈量观音庙的和尚的话，那么他们呈现出的完全是一种"兼职"的状态。但是如果联系到当地民情和生活节奏以及乡土社会对工作生活与信仰的态度的话，这也是不难理解的。笔者穿过玉米地庄稼小路走了半个小时来到观音庙时，恰逢唯一的和尚外出赶场（据附近村民说是这样）。传闻中这位主事和尚在当地较为有文化和威望。庙中的楹联都是他亲自书写的。曾经有一户洪安街上的妇女聊天时谈起过她自己会有烧香拜佛的行为，但是她的丈夫很反对这些，有一次，她就背着丈夫偷偷捐送一些经书给这个寺庙的和尚，还千叮咛万嘱咐笔者不要告诉她的丈夫。寺庙的香火并不旺盛，很少有人这样跟和尚往来。一般来说，也只有佛诞日和观音生辰会有较多的人前去参拜。平日里和尚就处于闲暇时打扫寺庙，独自一人时诵经拜佛、抄写经文的状态。

另外一个三王庙的道士们的生活又是另外一番图景。杨道士和他的徒弟们在管理三王庙的同时，更为重要的任务是主持当地的丧葬仪式。笔者在当地的一个月内所遇到的三场葬礼都是由杨道士带领的丧葬团队一手操办的。一位叫郑哥的"80后"丧葬从业人员告诉笔者，他们都是被师傅带出来的，并且郑哥说这是靠手艺吃饭的,并不觉得和其他工作有什么太大的区别,也不会觉得年轻人从事这样的职业有什么不适应,反而认为是对传统文化的一种保护,并且这在当地也是必须有人去做的工作。另外这份工作忙的时候特别忙,闲的时候也挺闲的,唯一让郑哥觉得不好的地方就是总要熬夜,不过他表示已经习惯了。

二、民间信仰

(一) 原始崇拜:神仙洞

每年的农历六月初六,这里的人们都会去八排村拜祭神仙洞。一般是一大早就有人包车前往,等车行到山腰,人再一路走上去。大概一共要花一个半小时才能走到神仙洞。神仙洞是一个巨大的洞穴,洞穴下面有水。一般来说,好不容易上山的人们都会接一些这里清凉的水带下山。洞里面摆放着祭坛。人们一年一度来到这里求神仙保佑,祈福许愿。这所反映的是最基本的原始崇拜和生殖崇拜。值得一提的是,每年拜祭之后,有一些信徒都会聚集在茶峒观音庙后面的一户人家一起吃饭。年年如此,已形成了传统。每年拜神仙洞的活动都要以这样一个聚会的形式才可告一段落。

(二) 民间传说中的图腾崇拜

在从拉拉渡到茶峒的码头上面有一个三王庙。这是方圆几里内香火最旺的一个庙宇。无论是茶峒还是洪安的人都会到这里来参加拜祭。

关于三王庙的来历,流传着这样一个版本,是庙里的杨道士讲述的:

早年茶峒大旱,龙王下雨缓解了旱情,为了谢恩,当地的首领把女儿嫁给了龙王。后来生了3个儿子。宋末明初之时,苗族起义,没人镇压得住,京城派来的人都被苗族杀了。3位龙太子镇压住了起义的苗族。进京受赏。得了美酒回程。过江之时和船公一同分享美酒。哪知美酒实为毒酒。皇帝怕他们势力太大,日后威胁皇权,遂欲将他们毒死。这样一来,四人均被毒死了。老大先喝,脸变为了红色。随后老二喝得比较多,脸变为了褐色。最后老三喝得最多,脸变为了黑色。如今的三王庙内供奉的三王,从左到右依次是黑色的老三、红色的老大和褐色的老二。苗族是不信仰三王公的。

在这个故事里,其实掺杂的是苗族和汉族的复杂情感。因此直到如今,苗族一般是不会在三王庙从事拜祭活动的。而汉族多是因为并不太了解三王庙背后的故事，而只是一种烧香拜佛的意识，便选取了地理位置较为便利的一座庙宇。

（三）祖先崇拜：拜家先

在洪安镇和茶峒镇都可以看到这样的一种现象，就是几乎每家每户的堂屋正中都放有一个神龛，上面竖写着"天地君亲师"5个大字。这是这里"拜家先"传统的表现。

祠堂是旧时家族祭祀祖先和议事的场所。祠堂是家族血缘的象征，也是族权的象征。家族通过各种活动，把具有血缘关系的族人联系起来，建立亲情，增强向心力和凝聚力，促进团结，促进社会和谐稳定。

堂号就是家族祭祀祖先或议事的厅堂或祠堂的名称。堂号也叫堂名，这个堂号也就成了一个家族或房支的徽号和象征。自宋代出现"祠堂"名称后，人们便把祠堂的名号叫堂号。堂号作为中国封建宗法社会的一个特殊产物，不仅是一个姓氏或一个家族及其支派的代称或标准，同时也因其历史悠久，内容极其丰富，进而引起人们的重视。国学界把姓氏历史文化（包括姓氏、祠堂、堂号、堂联等）列入国学研究目录。

堂号是族人设定的。堂号命名取材很广，可概括为两大类型。

第一类属地望堂号。包括郡望堂号和府、州、县、邑中望族以地名命名的堂号。以地望作堂号，旨在宣扬家族出自家声远扬的显贵门第，其中以郡望作堂号者较多。

第二类属自立堂号。凡地望堂号之外的堂号，一般叫作自立堂号。自立堂号取材非常广泛。或取之于祖先的名、字、号、官、爵、谥、功业、道德文章、嘉行懿德、居所、书斋名，或取之于帝王恩赐的堂名，或用名人赠的堂名，或用特定的事典，或取材于吉祥词语，或取材于前贤的名言，或用体现封建伦理纲常、道德规范的词语，或选用训勉后人积极向上的词语，还有用特殊地名、特定的事物标志等作堂号的。自立堂号也有不少为通用堂名，同姓不同支，甚至不同姓氏皆可采用，如务本堂、耕读堂、孝友堂等。因此，这种通用堂号在不同姓氏和家族中重复率很高。自立堂号旨在启迪后人、修身养性、弘扬祖德、光前裕后。

祠堂不仅有堂号，还有与之相应的姓氏堂联（或称"祠联"），堂联又称姓氏楹联，或称姓氏对联。堂联，就其内容而言，可分为两类：一类是联语具有姓氏特征，打上了姓氏烙印，具有专用性。堂联的姓氏特征，或显示姓氏郡望、堂号、开基始祖的居住地、家族迁徙的足迹，或寓有该姓氏的名人事典，或反映祖先的职官、道德文章、嘉行懿德，或宣扬家族历史上的重要事典，限一姓使用，他姓则不可用。如"齐卿世族，渤海家声"，这副堂联写的是高氏始祖齐国上卿高傒的事典和高傒二十五世孙渤海郡太守高洪家族的声望。卢姓虽然与高姓共祖，但下联郡望不同，故卢姓不能用此联。另一类是不具有姓氏特征的楹联。它具有通用性，尽管悬挂在祠堂里，也只能称一般通用楹联。如"欲高门第须为善，要好儿孙必读书"，"劝各房早完国税，教尔曹深听家规"等。诸姓皆可使用。二者只有第一类能称为姓氏堂联。

堂联是姓氏文化的重要内容之一，它是祠堂、宗庙、家谱必不可少的文化内容，书写、悬挂或镌刻在门槛、廊柱或墙壁上，庄重、典雅，体现了祠堂、家庙浓厚的文化内涵，堂联还可用作家庭的门联，布置家族活动会场，张贴于书房门、客厅等处。族人看了顿生自豪感，受到潜移默化的教育，客人或路人看了会默默赞许，顿生敬慕之情。堂联内容极其丰富多彩，堪称姓氏文化的瑰宝，是中国特有的一朵瑰丽的艺术奇葩。

据一位现在从事定做神榜的退休干部杨爷爷介绍："神榜又名神龛、神匾，是一种民俗文化，也是一种祖先崇拜。不仅有纪念祖宗的作用，并且可以装饰堂屋，有神榜的堂屋可以感觉到'有人气''闹热'，没有神榜的堂屋就让人感觉很冷清，而关于神榜也有诸多的讲究。"

神榜最上面有一个横置的牌子，从左至右写着"祖德流芳"，寓意祖先的美好品德流芳百世。

在下面左右两边是一对陪神对。一般是记载这个姓氏在历史上的重要人物的重要贡献。比如说姓田的人家就有一对特有的陪神对，其他人没有资格用。上联是汗马功劳麟阁古，下联是紫荆花发雁门堂。这一对对联是因为古时田姓人做出过突出贡献，由皇帝御赐的。姓文的人家也有特有的陪神对，上联是参博家声流芳远，下联是天祥裔龙世泽长。其中的"天祥"就是指文姓名人文天祥。不过，也有通用的陪神对，适用于任何一户人家。最常见的有如下三对：第一，上联是金炉不断千年火，下联是玉盏长明万岁灯；第二，上联是天高地厚君恩远，下联是祖德宗功师范长；第三，上联是愿国四时调玉烛，下联是祈家千载绍书香。

整个神龛体系被称为"家先"，也就是家里的祖先。正中间是"天地君亲师位"6个大字，也有写"天地国亲师位"的。这6个字的写法也是有讲究的："天不盖地，地不分家，君不开口，亲不闭目，师不戴帽，位不离人。""天"字的一撇一捺不能盖过下面的"地"字。"地"字的左边的"土"和右边的"也"要连在一起。"君"字下面的口要封口，寓意君王出言要谨慎，不能乱说话。"亲"（親）字右边上面的"目"字要开口，如果闭上了就有"六亲不认"的意思。"师"字左边上面的那一撇不能写。"位"左边的人字旁和右边的"立"要连在一起，是说位子上面要有人，要有接班人。这6个字的左右两边的小字也是从右到左的顺序。第一个字表明的是这个姓氏的堂号，也是传闻中这个姓氏老祖宗的发源地。比如"陈"姓就是颍川堂。杨姓有"弘农堂"，也有"关西堂"等。

神榜的字数也有讲究，大字是6个，小字是11个或16个或21个。一定要落在一或者六上面。这是因为"生老病死苦"循环，第一和第六都是"生"，即"一六逢生"。

神榜的规格，即它的高度和宽度同样有讲究。做神榜的老师傅有一把鲁班尺。不同于一般尺子仅有刻度，这把卷尺在刻度之上还有和这个刻度相对应的吉凶征兆。比如神榜宽60厘米，这个刻度所对应的就是"添丁""进宝"；高度是108厘米，对应的就是"顺科""添丁"。

甚至说一套神榜的价钱也是有讲究的。最便宜的是588元，然后788元、888元、1088元不等。但都要有个数字8，讨个吉利。

一般搬新房、娶媳妇、嫁女的，都会定做一个新的神榜。这边农历八月、九月定做神榜的人会比较多。

神榜贴"福"字不能像有些地方流行的倒贴福字，寓意"福倒（到）了"，但是做神榜的杨老师傅说："享福要享正福。享倒福算什么话？不过现在这个社会就是在享倒福。媳妇要说婆婆的。小的要管老的。这就是倒福。"

神榜一般是自家定做，但是这个福字可能就是至亲所赠。在这里，舅舅的地位非常重要，搬新家放在神榜下面或旁边的福字多是舅舅赠予的，这就和在重大场合诸如葬礼、婚礼也要由舅舅出面主持一样。

（四）人生仪礼中的民间信仰

1. 婚礼

洪安镇这边结婚当天迎亲也是要选良辰吉日的，这和一般婚礼并无差别。而这边特别的一个仪式就是"回喜神"了。在婚礼当天，在距离宴客餐馆不远处的岔路口，需要摆放一张小方桌，用于稍后进行的"回喜神"的仪式。风水先生石师傅正在做准备。桌子上的摆放：两小杯酒，一碗米，香插在米上，还有用红纸包着的120元或60元也插进米里，筷子插在猪肉上，猪肉上还撒了盐，两根红烛分别插在左右两块南瓜上，还有两捆拿红袋子绑着的木材。桌前地上烧纸。等接亲的队伍快到的时候，就要开始这个"回喜神"的仪式。不过其他人要离桌子远一点，特别是未婚的姑娘。据风水先生说一方面是站近了会把其他人的魂吓到（人有三魂：头魂、腰魂、脚魂），另一方面也会冲了新娘的喜。大致的流程为烧纸—点香—上酒—拜—念长咒。然后又有一个杀鸡拜祭的仪式。师傅念咒之后咬一口鸡冠，咬出血，然后抓住鸡把鸡冠上的血点蘸在桌子上。然后倒酒敬天，再由师傅喝下两杯酒，接着撒米，进而把用红纸包着的钱在火上绕一绕。新娘到的时候，就开始杀鸡，割鸡脖子，新娘打着一把红伞下车，先走到桌子旁边，师傅就把鸡扔过红伞，寓意着赶走一切不好的东西，不要让晦气的事物带入新房。这个时候年轻的未满20岁的新娘脸上会露出嫌弃和厌恶的表情。然后师傅把两捆木材分别交到新郎新娘的手中，他们要一直拿进屋，这就是"带材（财）进屋"。拿到木材之后他们首先要去到有家仙神龛的堂屋进行拜祭。这就是拜堂的仪式了，相比于城市里显得特别简单。随后就可以去到新房进行铺床等一系列活动了。

在这一天的分工中也体现出男女有别。围着回喜神的桌子帮忙的都是男性，除了我们这些女同学，没有一位当地女性在一旁；而在洗菜帮忙的都是女性。这也体现出神圣事物和世俗事物的男女有别。

新娘进屋之后，再是一男一女的送客进屋。等送客进屋之后，其他人才可以进屋。帮忙铺床的是一位"有福气"的婆婆。所谓的有福气就是要两夫妻都健在且健康，有儿又有女。在新床上整齐地堆着新的铺盖、棉被等床上用品，堆得很高。在旁边有两个篮子，里面装满了鞋子，大概有十多二十双，都是亲戚朋友送的，寓意就是送鞋子（孩子）。在四川话里，鞋子和孩子是同音的。

据当地人介绍，在接亲的时候，要由同岁的一男一女两个小朋友为新郎和新娘戴花。

下午的正席完毕之后，新郎还要和兄弟们喝酒，新娘就回房和亲戚朋友在一起，等待晚上闹洞房。

正席摆了40来桌，一直摆到了马路边上。室内不够空间就摆在马路边，也有宣告街坊邻里这家在娶媳妇办喜事的意味。据笔者观察，这里的婚礼与城市中一般所见在酒店举行的婚礼最大的不同是：前者对于新人的关注度明显低于后者。一般来讲，在城市酒店里举行的婚礼，会有较隆重的仪式是聚焦于两位新人本身的。比如回顾他们相恋的甜蜜史，比如相互表白许下誓言，比如拜谢双方父母，等等。而在这里，他们的拜堂仪式极其简单，回喜神之后，两位新人即进入安有家仙的堂屋进行拜堂。上香磕头不到两分钟的时间，这一流程就此结束，然后两位新人就可以到新房去铺床休息了。而大家对婚礼更为看重的似乎是婚宴。吃什么似乎比这家谁结婚、他们是否和大家分享了幸福更为重要。婚礼的喜庆要体现在热闹的吃喝上。而且新郎、新娘也并没有到各桌来敬酒接受祝福。

2. 葬礼

把尸体入棺之后首先进行的是请水龙王的仪式。水龙王分为井泉龙王和江河龙王。仪式一般是在清水河畔举行的，意思是要洗净死者在尘世中沾染的一切不干净之物，然后干干净净地进入极乐世界。这被道士称为洗净"陋淤"。晚上开始，一直要持续到第5天的法事被统称为"打绕棺"。翻译过来就是"超度亡魂"的意思。棺材上拿布盖上，上面写着"万古流芳"4个大字。棺材被摆在堂屋的正中。四周各放着一个牌位，分别是"东方青衣童子青帝将军位""南方赤衣童子赤帝将军位""北方黑衣童子黑帝将军位""西方白衣童子白帝将军位"。棺材上面还有一个牌位写着"中央黄衣童子统领将军神位"。牌位前都放有米、香、茶和供果。

整个流程下来需要两天的时间。第一天：开路（开辟五方光明道路）；请诸天菩萨（超度）——以证明死者的公德，解除他的罪孽；开方；站灯；散花；送神。第二天：扎进门。这样的法事是以佛教为主、道教为辅，停柩5天。

在入殓的时候还有一个埋人"下井"的讲究。"下井"的意思就是要"埋到土里"。埋下之后，用米在四个角分别写"富""贵""荣""华"，再用米在中央画八卦图。埋人归土时，还必须用母鸡跳井。如果这只母鸡可以抱窝，也就寓意着这个人死去之后，他的家族还是可以传递香火的。而且是先用米写字，再放鸡，鸡要啄米，鸡啄米啄得越快、吃得越好，就说明这个家族的后辈会越好。一般来说，长子要承担挖土的工作。手拿锄头到棺材头部去挖那里的土，挖三锄头，喊三声："爸！我替你盖房子。"（意思就是我来为你入殓，在阴间盖房子）第三次锄头挖下去之后就不能够再抽出来。前来帮忙入殓的人把事先挖井所用的"开山土"（也就是挖这个放棺材的井的第一锄头的土）洒在棺材上，然后盖土，即入土为安。不过死去的人如果未满16岁，就不用举行这些仪式。因为16岁以下就死去的人，被民间称作"化生子"，即还不能算作一个人，所以就不举行这些仪式。如果是父母、公婆健在的晚辈死去，也就是人们常说的"白发人送黑发人"的话，那么死者入棺的时候就要戴孝。因为孝还没有尽完，要去阴间继续尽孝。

第十二章 旅游发展调查

在 20 世纪下半叶，大众旅游的日益增多使得世界旅游业得到了快速发展，旅游也因此成了人们现代生活的一种重要休闲、娱乐方式。随着越来越多的人类学者投身于对旅游人类学的研究，由此推动了这一人类学新兴分支学科的发展。旅游人类学从严格意义上来说，是 20 世纪 60 年代才陆续出现的。关于旅游的定义，瓦伦·L. 史密斯（Valene L. Smith）的定义被认为是经典性的。他认为，旅游由休闲时间（leisure time）、可自由支配的收入（discretionary income）以及积极的地方认可（positive local sanction or motivation）3 个基本要素组成，而游客则是指离开家庭并以经历变化作为基本目的的处于暂时休闲状态的人。①

旅游人类学是人类学的一个学科分支，属于应用人类学的范畴。代表人物有纳尔逊·格雷本（Nelson Graburn），关注旅游行为所内含的符号意义的研究取向，以及丹尼逊·纳什（Dennison Nash），聚焦旅游的社会文化影响的研究。旅游人类学是对传统人类学研究的一种延伸和拓展，在更广泛的意义上，它也仍然延续着人类学对于异文化、对于"他者"的传统研究。

根据纳什的理论框架，旅游人类学的研究主要从旅游目的地、旅客和客源地 3 个不同的研究视角切入。相关理论包括新马克思主义政治经济学理论、仪式理论、"舞台真实"理论和赋权理论。相比起一些既得利益集团宣扬旅游对经济发展的积极影响，人类学家则更多地关注旅游发展对自然生态环境的破坏、对第三世界的国家和地区以及少数民族人口等社会群体社会生活的消极影响。目前，旅游人类学的应用研究主要体现在旅游规划的决策参与、社区参与旅游发展以及文化旅游策划与旅游资讯方面。

旅游人类学的新主题主要有三类。第一类是旅游与乡村都市化。旅游发展加速了人口结构的分化，推动了经济结构的多元化，带动了生活方式的都市化，促进了思想观念的现代化，旅游是旅游社区乡村都市化的外部动力。第二

---

① 参见周大鸣《文化人类学概论》，中山大学出版社 2009 年版，第 366 页。

类是旅游与民族文化传承。旅游使传统文化得以复归和保持，旅游社区的民族认同凸显，文化和自然资源的保护意识萌生，民族传统文化生存空间得以拓展。第三类是旅游与社区发展。旅游促使社区参与旅游发展，推动社区旅游，让社区居民成为发展主体，认识到社区居民是旅游资源的一部分，更是旅游业中主要的人力资源。

上述三类重点讲述了旅游发展对不同利益群体的有利因素影响，然而，旅游业的快速、良好发展态势的背后，旅游压力也逐渐显露出来。以笔者此次调查的古镇为例，古镇的旅游发展与古镇保护问题日益严峻。

首先，古镇面临的最大压力是游客客流量增加迅速，超过了古镇旅游允许的限度，并对古迹、建筑等造成了破坏。其中，垃圾污染和水污染尤其突出。

其次是过度商业化倾向。随着"黄金周"、小假期以及春节期间的旅游热潮的兴起，不少开发商把旅游资源作为拉动经济的重要增长点，在主要游览路线开设各类商铺以及现代感的装修设计及用材，导致建筑用途的改变和传统风貌的消退。具有地方特色的小本生意被不断膨胀的旅游业排挤着，使受保护街区的风貌日趋千篇一律。

最后是旅游开发与居民生活水平不同步。旅游业为古镇片区带来了巨大的经济效益，然而，原先在经济利益驱动下把发展旅游当作古镇保护的主要目的和动力，对于当地居民的生活质量却没有起到积极改善的作用，建筑老化、基础设施不全、水灾隐患等问题导致许多居民尤其是年轻人不愿住在老镇区而纷纷迁往新区或者大中城市。同时，居民自发的建筑整改也影响了原来传统风貌的延续。

一、景点介绍

（一）洪安老街

洪安老街是洪安镇的主要街道，始建于20世纪20年代。洪安老街占地面积为8万平方米，中华人民共和国成立前设有复兴银行和永诚、益和、复康和集丰四大商号，现在为镇政府所在地，人口为2650人。

洪安老街在20世纪30年代将商号辟为市场，是渝、黔物资运销中南地区的集散地，中华人民共和国成立前后均是洪安政治、经济、文化的中心。在G319国道修建之前，数以万计的茶油、桐油以及其他农副产品都由洪安老街经清水江运至湖南地区销售，再运回棉纱、布匹等轻工业品供应三省（市）居民，曾有"洪安市"之称。

洪安老街的民居是上百年的古建筑，房屋除了封火山墙是火砖建造之外，其余均为木质结构。吊脚楼、翘脚屋顶、木格窗花、旧时商铺均体现出深厚的民族建筑文化底蕴，其造型独特，土家苗寨风情别具一格。

（二）语录塔

语录塔修建于1966年，是为了宣传毛主席的经典语录而设。当年秀山的"文化大革命"从洪安开始，农业中学第一批学生最先写大字报"批斗"区工委，秀山县领导得知后，到洪安了解情况，却被学生们抓起来一起"批斗"。随后，"文化大革命"传遍整个秀山县。据说，当年想要过河的人必须先背几句毛主席语录，否则就不能过河，直到能背为止。

除此之外，语录塔其实还有另外一个功能，就是拉拉渡的售票大厅，语录塔上的洞就是售票窗口，当年的船票是2分钱一张。

（三）渝东南第一门

渝东南第一门位于G319国道洪茶大桥的西端，该门主要体现渝东南门户形象，于1988年10月建成。牌坊造型结构为钢筋，外砌大理石面砖，大门东面上书"渝东南第一门"，西面为"欢迎您再来重庆"。大门造型雄伟，气势磅礴，为洪安口岸的标志性建筑。

连接湖南、重庆的大桥，在中华人民共和国成立前是一座木桥，曾经被国民党烧毁，现在的桥是在木桥的桥墩上修建起来的。

（四）"一脚踏三省"景观亭

景观亭位于清水江的西岸，洪安大桥的西端南面，渝、湘、黔的结合部，可以观赏到两省一市交界处的秀丽景色。

（五）民族文化广场

"中国人民解放军西南服务团纪念碑"和高10米的"刘邓大军进军大西南纪念碑"坐落在民族文化广场，碑文分别记载着解放军入川解放大西南的光荣历史。

（六）陈列馆

陈列馆包括秀山党史陈列馆、二野司令部陈列馆和西南服务团陈列馆。门上的"泰山石敢当"是远古人们对灵石崇拜的遗俗，以有形的器物表达无形的观念，帮助人们缓解各种实际的灾祸危险以及虚妄的神怪鬼祟带来的心理压力，克服各种莫名的困惑与恐惧。镇物民俗文化具有神秘的俗信气息。

（七）二野司令部驻地旧址

二野司令部驻地旧址——复兴银行位于洪安古镇老街东端，洪茶渡口西面，为一楼一底四合院古式建筑。1949年11月6日，二野三兵团十二军一〇六团先头部队从湖南花垣直抵茶峒，洪安解放在即。为阻止刘邓大军入川，时任秀山伪县长李琛下令派遣民众自卫总队一大队田子霖带一中队120余人到洪安烧毁洪茶大桥（时为木桥），藏匿船只，占山据险阻击，妄图螳臂当车。解放军先头部队发起猛攻，击溃守敌，胜利进入川东南第一镇——洪安。刘邓首长在这里部署了解放重庆、成都的战斗和整个大西南的战役。因此，洪安成为解放大西南战役中十分重要的、至今保存完好的革命纪念地。

二、洪安镇的旅游开发

（一）项目概况

洪安古镇地处三峡风光—乌江画廊—凤凰古城—张家界精品旅游线上的重要节点，地处渝、湘、黔交界处，东与湖南省花垣县茶峒镇隔河相望，南与贵州省松桃县迓驾镇晚森村山水相连，因沈从文笔下的《边城》而扬名中外，有"洪安市"之称。古镇兴建于18世纪末，因清代于此设"洪安汛"而得名，曾是著名的商贸码头和商业重镇。1949年，刘邓大军进军大西南从洪安边城古镇入川，在洪安古镇设立司令部。重庆市政府于1998年1月批准洪安为市级试点小城镇，定位是边贸旅游、风貌特色镇。2002年4月洪安被命名为（重庆）市级"历史文化名镇"，现正申报国家"历史文化名镇"。这里民风淳朴，文化底蕴深厚。一年一度的龙舟赛是三省（市）土家族、苗族、汉族等各族人民进行文化交流的重要方式。

洪安边城旅游综合开发项目是重庆市旅游发展的重点项目，是秀山县"十二五"重点招商项目，旅游开发的综合优势明显，旅游发展的前景乐观。①

（二）区位分析

1. 旅游区位

洪安的三大旅游区位对未来的发展起到重要支撑作用，一是沈从文的

---

① 数据来源：《重庆市秀山县洪安边城旅游总体策划》。

《边城》让洪安与凤凰形成一种投射关系，能成为凤凰的姊妹镇；二是周边张家界、凤凰古镇、梵净山、乌江画廊、里耶秦城等精品景区密布，空间上看是处于精品景区的中心位置；三是洪安作为乌江画廊黄金旅游带东端的特色资源，作为秀山优先开发的精品资源，在旅游开发中能纳入县市两级政府的先行示范项目。

2. 文化区位

三大文化区位对未来的发展起到重要支撑作用，一是作为小说《边城》的原型地，历史中的美丽得以永久地沉淀在小说文字中；二是秀山作为土家族苗族自治县，秀山花灯、龙舟赛已成为影响力广泛的文化旅游精品；三是洪安位于湘西文化、巴渝文化、黔贵文化、荆楚文化的多元"文化沉积带"上，可供开发的特色文化资源丰富。

（三）重点旅游开发项目

1. 老街改造提升项目

洪安老街处于旅游活动的中心区，是洪安古镇唯一保存完好的古街道，宽阔斑驳的石板路展示了古洪安的繁华与沧桑。本次策划将洪安古街作为古镇观光的拳头项目，以参与性和体验性的展馆形式为主，在360米长的老街上重点恢复复康号米店、益和号盐栈、永诚号布行、集丰号油铺、二野司令部、厘金局、古镇钱庄、沽酒坊、船社、古镇饭庄、茶馆、烟馆。

2. "天下客栈"风情街项目

从高速公路出口到渝东南第一门沿原319国道（规划中此段道路将以隧道的方式实现直线连接）建设一条以石板铺路的天下客栈风情步行街，以"天下客栈"为主品牌，网罗古今中外经典的客栈形式，集于一街。风情街分三段：第一段从高速公路出口到象鼻吸水段用地条件较好，可在青石板步行街两侧设置两进式的仿古客栈；第二段从象鼻吸水到现有城镇边缘，沿洪安河南侧建一条吊脚楼；第三段在城镇内部319国道段，将现有的街边民居外观改造为渝湘黔边区风格，内部改造为古今中外的客栈。风情街高速公路出口处为规划区主入口门景区，洪安边城游客综合服务中心设在此，旅游大巴车及自驾私家车都停在此处，步行入镇；风情街"渝东南第一门"处为规划区的次入口门景区，经319国道从湖南方向来的客人可在此停车步行入镇，渝湘高速的客人也可经319国道由此入镇。

3. 清水江乡村美食风情街项目

从渝东南第一门到拉拉渡，沿清水江打造一条滨江吊脚楼式风情街，主打"渝湘黔边区乡村美食"品牌。汇集洪安已经具有特色优势的腌菜鱼，以及秀山种类繁多的特色餐饮，融合渝东南、贵州、湖南的特色美食，开发"一锅煮三省"等浓厚地方性乡村美食店。

4. 贵塘坝古镇综合开发项目

贵塘坝是打造《边城》原型地中规模最大的古镇区，也是纯粹的旅游功能区。该地块主要有四大项目：一是贯穿整个地块的四条风情街，以天下客栈、乡村美食馆、酒吧为主要业态，形成茶寮酒肆林立、再现当年边城物资集散中心的繁荣商业氛围；二是在风情街围合的三个相对私密的地块中，建设一批以渝湘黔千年商贾的院落布局为文脉根基的商贾小院和侠隐渔村，每个地块入口区域配套一个会所，既可作为旅游房地产对外销售，也可作为度假酒店经营；三是与"三不管"岛、翠翠岛呼应，建设大型花灯广场，作为古镇的中心广场和花灯表演场所；四是在通往峨溶温泉的方向建设一个武陵边场，作为规划区内的第二个次入口区，服务于从峨溶温泉方向来的游客。

笔者与张亚杰、郑谦等人在贵亚村向洪安镇的政法委书记——杨书记做访谈时，他也热情地向我们介绍了有关贵亚村旅游开发的各项事宜。据杨书记介绍，他现在就在自己的老家贵亚村开发农家乐旅游区，目前还处于初步阶段。

5. 文人圣殿项目

传承沈从文先生文学与治学精神，开发建设全国第一家沈从文先生文学主题纪念园，以经典重现为主要目的，以文学沙龙为常规形式，以交流创作为主题内容，汇聚天下文学爱好者，打造"天下从文者的圣殿别苑"。从视觉聚焦与公共游赏的需要出发，选址于"三不管"岛、翠翠岛。建筑以湘西风格为主，园内除展示沈从文先生的文学成就外，还要在书香飘逸的文学氛围中，面向全国非主流文学爱好者，形成沙龙式聚会、交友、创作场所，成为享誉全国的文学新圣地。一是以湘西风格为表现的主题园林；二是以沈从文先生为坐标的纪念殿堂；三是以文学类型为分区的规划布局；四是以乡土气息为特色的庭院风貌；五是以文学社团为组织的社会团体；六是以沙龙讲座为形式的学习平台。

6.《边城》系列特色小品项目

为了凸显《边城》原型地的旅游氛围，策划提出打造十大节点的特色小品：一是拉拉渡码头；二是沈从文"边城"题刻；三是税关广场及龙舟赛；四是花灯广场；五是语录塔；六是"一脚踏三省"界碑；七是鸡鸣三省亭；八是渝东南第一门；九是武陵边场；十是象鼻吸水。

7. 九龙山综合开发项目

配套古镇建设，开发一片山野休闲板块。与周边的凤鸣山、香炉山与大坡山相比，九龙山最具开发价值。在山腰处修建静心禅寺作为该地块的精神地标，突出"深山藏古寺"的"幽、静、深"的特点，融入禅宗思想，开发心灵旅游产品。配套建设钟鼓楼，钟鼓楼是湘西苗族地区通常具备的控制性节点之一，营造晨钟暮鼓的气氛，烘托出古镇幽静、古朴的环境，同时用于祈福。依托森林生态资源开发三个板块的半山别墅休闲地产：一是围绕静心禅寺周边开发静心别院，满足越来越庞大的中高端心灵旅游市场；二是利用秀山的茶资源优势，建设茶林意墅，配套茶坊会所；三是种植一片茂密竹林，形成景观组团，在竹林丛中，建设竹林人家，配套能体现竹海清幽、意境高雅的高端休闲中心，通过赏竹、玩竹、居竹、食竹，使游客亲身体验到竹文化的内涵，体现竹林的景观特色。

8. 水上游览项目

水上游览是洪安边城景区开发的重点内容，开发思路如下。

美化河岸：河岸两侧以自然生态为格调，形成以块石、草坪、亲水植物为主的乡野生态河岸，点缀若干大型水车、《边城》人物雕塑等景观小品，增加若干江傍游客嬉戏平台，增强河岸亲水空间的舒适性和观赏性。对清水江和洪安河进行彻底地清理，去掉河底锰矿黑渣，形成卵石、水草、游鱼相间的和谐河床空间。对水面进行适当技术处理，确保四季可游。

4种船：龙舟、漂流竹筏、鸬鹚捕鱼船、拉拉渡。龙舟作为上下岛、游江的主要交通工作及表演与竞赛工具。漂流从花灯广场至峨溶温泉。鸬鹚捕鱼船是表演与游客参与性的项目。拉拉渡是洪安的地标性景观。

7个停靠点：拉拉渡两侧、花灯广场码头、"三不管"岛、翠翠岛、衙门码头、"一脚踏三省"界碑、茶峒。

江中夜游：效仿漓江夜游产品，引入夜间灯光设计，形成江—岛—岸互动舒适的夜游产品。定期举办放河灯等传统活动，吊脚楼的花灯装饰与点点河灯相映成趣，为古镇的夜晚注入生机和乐趣。

9. 自驾车综合配套项目

自驾车游客是洪安边城景区的重点客源，要为这一群体设计一套完善的配套服务体系：一是配套完善的停车及车辆管理措施，在规划区内的主入口、两个次入口都设计有足够规模的自驾车停车位，并配有专人负责管理；二是在改道后的319国道旁设加油站并配套有汽车应急修理厂；三是在九龙坡及贵塘坝设计自驾车营地，为喜欢露营的客人提供便利；四是在洪安边城景区的客栈、餐厅设计中充分考虑自驾车客人的消费习惯；五是在洪安周边设置详细的洪安边城景区指示牌，以及周边张家界、凤凰古城、梵净山、武陵源等景区的指示牌；六是编制一份洪安边城自驾车导游手册，详细介绍洪安边城景区自驾车客人最关心的停车、加油、应急修理、营地、客栈、餐饮、周边景区等信息，在高速出入口及收费站免费发放。

10. 周边山体花园建设项目

九寨沟令人震撼的美在于水，也在于色彩多变的山体植物景观。借鉴九寨沟山体景观改造的成功经验，对九龙山、凤鸣山、香炉山、大坡山进行山体景观改造，优化树种结构，形成色彩层次分明、四季有景的大型山体花园。可选树种主要有：阔叶树有香樟、黄山栾、鹅掌楸、桂花、榉树、合欢、女贞、重阳木、苦楝、旱柳、法桐、乌桕、槭树、香椿、广玉兰、金丝垂柳、枫香等；针叶树有落羽杉、池杉、圆柏、湿地松、火炬松等；花木有碧桃、樱花、山茶、紫叶李、山玉兰、红玉兰、木笔、海棠、木槿、紫薇、金丝桃、紫荆、杨梅、香泡、蜡梅等；灌木有小叶黄杨、杜鹃、火棘、枸骨、法国冬青（珊瑚树）、迎春、连翘、南天竺、石楠、金钟花、含笑、月季（包括月月红）、红花继木、木绣球、棣棠、绣线菊、早园竹等；果木有樱桃、桃、杏、李、梨、石榴、草莓、葡萄、板栗、杨梅、枣、山楂、柿子等。①

（四）阶段成果

洪安古镇旅游开发总体策划自正式启动景区建设以来，经过半年时间，累计投入1.08亿元（其中，景区总体规划及设计费650万元，搬迁安置费1450万元，老街打造1100万元，"三不管"岛改造及装修费2750万元，爱国主义教育基地、廉政教育示范基地、竹林清风广场公益性投入450万元，景观工程投入600万元，公司管理及财务费用800万元，预留县城平凯"4号地块"拆迁安置费3000万元），基本完成竹林清风广场、万年台戏楼、"三不管"岛度假酒店、爱国主义教育基地、廉政教育示范基地、老街下半段等6个重要局部景点的打造。完成房屋修建1200平方米，房屋修复8700平方米，房屋外立面改造6200平方米，广场及步道改造1100平方米，布展面积3500平方米，强弱电管网下地工程1200米。自2012年6月份实施老街改造起，前后共有800余人参与洪安景区建设，仅"三不管"岛宾馆运营，就提供直接就业岗位120余个。②

（五）存在的问题

为了了解目前旅游开发存在的问题，笔者访谈了秀山县旅游局刘局长。

刘局长说："困难还是很多的。首先，秀山县旅游资源资质一般，跟周边

---

① 资料来源：《重庆市秀山县洪安边城旅游总体策划》。
② 数据来源：《洪安边城景区建设情况》。

的凤凰古城、张家界、武陵源、梵净山等比起来差很远；其次，由于距离这些著名景点很近，所以很难吸引到游客，我们的希望不高，短时间内的目标就是让游客能在洪安停留半天；最后，边城镇地跨3个行政区域，统一开发是很困难的事，我们现在只能说是努力加强与湖南那边的合作，不像三峡那样搞成恶性竞争，但具体合作还很困难。比如说吧，我们这边的土地批下来了，湖南那边的就未必。再比如，我们这边可以申请市内专项的一些资金来补贴旅游开发，湖南那边也许就搞不来。最简单的，统一规划的费用哪个政府来出就是个问题。所以我们现在搞的策划还主要是洪安这边，没有搞整体的。"

三、旅游开发对不同利益群体的影响

（一）边城旅游发展公司（旅游局）

旅游作为秀山县旅游局对洪安古镇制定的重点开发项目，笔者首先要介绍边城旅游发展公司和旅游局的关系。

重庆市边城旅游开发有限公司成立于2011年3月份，属于私人公司性质，但是行政权属归秀山县旅游局，在所有关乎洪安镇旅游开发各项重大事宜里，边城公司必须听从于旅游局，各项动向规划需经过旅游局的批准同意。公司里的很多高层都是从重庆市区请过来的。现在公司预计花10亿元来投资旅游开发。一期工程用掉了1亿多元，征地花了9000万元，酒店建设3500万元，还有老街的侧立面改造工程，老街的改造政府也出了一些资金（此处说明政府有关边城旅游的资金扶持说属实）。相比较而言，茶峒镇的旅游开发则与其不同。茶峒镇是由旅游局直接开发的，没有公司合作，因此开发起来比洪安镇更容易一些。

"三不管"岛目前属于重庆市的管辖范围，这个是2003年签署的协议。据了解，在20世纪二三十年代，清水江上游运木头下来，下游运盐上去，景象非常繁华。当时的民风是特别淳朴的。因为当时这里大部分商人都是秀山的，以前这里产矿比较多，几个老板都是开煤矿的，然后来湖南做生意，生意做大了以后，觉得在湖南做生意还是比较容易受到欺压的，毕竟是外地人，所以他们向洪安政府买了这块地，建了洪安古镇。

（二）酒店、餐饮等各类商铺、服务站

据笔者不完全统计，洪安镇主干道（洪安老街、G319国道）各类酒店、宾馆共计6间，餐馆16间，其他商铺（包括杂货铺、电器、日用品店等）共

百余间。由于数量较大，笔者仅对最具典型的各类商铺进行访谈。

1. 酒店

笔者从客房部经理谢先生处了解到，该酒店于 2011 年 10 月开业，酒店共有 46 间客房，86 个床位（没有加床服务）。平时 30% 的住客是散客，假日则有 50% 左右。主要是周围政府、单位人员入住。

酒店目前的经营状况良好，据营销部的杨经理说，酒店目前也正在扩大客源，然后后续可能会做一个差异化的酒店管理。目前这个酒店是四星级的，属于中高级别消费，之后可能会推出低价的民宿，大概 80～100 元，就在老街上，做成大众化的，适合学生和旅行团的住宿。现在重庆这边和湖南那边的游客接待量还是比较有限的，酒店还比较少，设施还不够完善。"三不管"岛度假酒店是非常正规的大酒店，每天的运作成本也很大，比如中央空调和各种人员配备。所以公司（指边城公司）想新增一些小型客栈，大约 50 个标间客房，这样可以容纳 100 名游客，接待大型旅游团都可以了，而且价格也比较合理。餐饮的话接待能力还是可以的，主要是住宿，因为酒店行业的审批手续还是比较麻烦的，一个是消防，一个是特种行业，还有卫生以及各种硬件设施，加上这里的旅游人员数量不是很稳定，因此普通百姓一般都没有开旅馆。

"三不管"岛度假酒店十分重视招商引资，利用各种促销活动、优惠手段来吸引顾客，尤其是回头客。笔者引用了《"三不管"岛度假酒店商务协议书》中为顾客（表中简称"甲方"）提供的合作优惠：

为了友好合作，甲乙双方经过友好协商，就甲方会议接待、住宿、餐饮、娱乐等消费项目达成以下友好条款，共同遵守。

乙方为甲方提供以下优惠：

（1）客房
- 免费停车，免费接收传真；
- 每间房送免费双人自助早餐，若增加早餐人数，按 28 元/人收费；
- 根据宾客的要求可快速办理入住及退房手续；
- 酒店有权保留价格的修正权及最终解释权。

（2）会议室
- 会场免费提供多媒体、音响、麦克风装置；
- 会场免费提供茶水服务；
- 如需提供纸、笔，按 3 元/套收费。

（3）餐饮娱乐

甲方在乙方餐饮部、娱乐部门消费，均可享受 8.8 折优惠价格，香烟、酒水、海鲜及宴席标餐除外。①

边城旅游公司负责招商的蒋经理说，旅游开发很大程度上解决了当地的就业问题，比如一些年轻人选择留在洪安，在酒店工作，或者做游船、餐饮生意。旅游公司的二期工程包括吊脚楼、房屋改造/修建，加油站旁边的公园建设。然而，良好的酒店经营状况与大规模的二期工程建设并不能说明边城公司已经扭亏为盈。当前面临的最大难题还是房屋收购问题，因为价格难以协商，房屋收购进程较缓慢。目前公司已经投入了七八千万元，还在亏损中。

洪安老街的另外一间旅馆则是位于拉拉渡口、"三不管"岛度假酒店对面的清水江旅馆。住房共有25间标准间，可以容纳50人。标准间有空调的80元一晚，没空调的50元一晚。房子是租的，每月上交租金1000元。来住宿的大多数是散客，一般酒店都能住满。一楼餐饮是早7点开始营业，到晚上7点，如果有客人则会适当推迟营业时间。

由此可见，作为洪安古镇两大住宿点，"三不管"岛度假酒店与清水江旅馆似乎形成了互补关系，酒店主要客人是政府、企业和单位，而清水江旅馆则更经济实用，通常为散客，如学生和自助游家庭。

2. 餐馆

位于拉拉渡口、毛主席语录塔旁边的清水江鱼庄，作为整条洪安老街的唯一一间餐馆，可以说占据了得天独厚的地理位置。

据李老板说，该店是3个月前（2012年4月左右）开始营业的，是他的第二间店，第一间在G319国道那边。餐馆一楼容纳人数为50人左右，共5桌。楼上是住房。

在店里工作的共有4人，有老板的亲戚，也有朋友。老板说来这里开店的原因就是这边开发了旅游业。生意还是不错的，每个月能有上万元收入，其中住房利润率有50%，餐饮的则是30%左右。老板觉得对这里不满意的地方是开发得太慢了，游客依然不够多，吸引力不够强。

位于G319国道上的青山羊肉馆营业了三四年了，来这里用餐的大部分还是本地人，游客较少。

而同样位于G319国道上的另一间大型餐馆——"渝鑫大酒店"的石老板是一位苗族人。据石老板说，他以前在花垣县开店，但是由于2008年金融危机，觉得生意做不下去了，就搬来了洪安镇开餐馆。这个餐馆已经开了3年多了，石老板是被这里旅游开发所吸引过来的。餐馆的营业时间是5：30～

---

① 资料来源：《"三不管"岛度假酒店商务协议书》。

22:00。来这里用餐的主要是外地人，旅行团来得非常多。这个餐馆是附近规模最大的一家，可以容纳近600人。当笔者问到政府是否重视这里的旅游开发时，石老板给出了肯定的回答。他说政府近期在修电站，还有开发小区。当时重庆到洪安的高速公路刚开通时，2010年国庆期间这段高速公路免费通行，来的游客特别多。不过，石老板说政府在做有关旅游开发的事项时，并没有征集当地居民的意见，只是将结果告示在公告牌。当问到国道改道是否会对他们有影响时，石老板认为不会有，因为他们主要靠旅游团。石老板说他们每天保证一二桌生意没问题，人均消费大概是30元。他们有在网站上打广告，为自己的餐馆做宣传。除了餐饮，楼上还提供住宿。但是住宿目前只能容纳20人左右，来住宿的人也很少，所以生意主要还是靠餐饮。

3. 杂货铺

笔者所调查的第一家杂货铺是位于G319国道和洪安老街交界处的一间规模较大的杂货铺，这间杂货铺的地理位置十分优越，规模大，种类较齐全（从食品到日用品都有）。与老板娘进行访谈时，较为内向的老板娘并不愿意多说，只告诉了笔者他们的房子并没有被政府征收，只有老街上的房子被征收，而老板娘认为旅游开发对他们的生意也没有什么影响。

笔者还和国道上其他杂货铺的店主进行了多次简短的访谈。有两间店铺都开了七八年了，都说收益比以前好，但是不知道月盈利有多少（店主不愿透露），只说够生活用。对于旅游开发的缺点，店主说政府在基础设施方面没有建设好，景点都是纯天然的，没有商业化，和凤凰相比差得多。这里没有认真打造，很多景点由于道路不完善而没办法去。另外一间便利店的营业时间是5:30~23:00，店主说两年前赶场搬到了上坡上，对生意有影响，因为以前赶场路过他们的店铺，但是总的来说生意还是要比以前好。店主认为这里的旅游环境不好，因为配套设施不行，没有办法留住游客。

4. 服务站

洪安镇的服务站主要有中国邮政局、加油站等。笔者前往G319国道上唯一的一间加油站（离洪茶大桥非常近），与其工作人员进行交谈。那里的工作人员一开始并不愿意与笔者过多交流，说有摄像头监控，如果看到闲杂人员在加油站逗留，他们会挨骂。但是在请求之下还是让我们进了办公室。

综上所述，通过对不同类型的商铺进行走访调查，笔者分别总结出了旅游开发对洪安古镇的有利影响和不利影响。

有利影响：收入增多；洪安镇尤其是景区的环境得到改善，人们环保意识增强；政府出台优惠政策扶持旅游业发展。

不利影响：由于旅游开发导致洪安老街房屋被征收，加剧了政府与百姓之间的矛盾；古镇的配套设施不完善，无法留住旅客；当地居民素质有待提高；旅游业发展较慢，游客较少。

（三）当地居民

1. 船工

（1）拉拉渡拉船师傅。拉拉渡归洪安镇政府所有，承包给私人老板。船月收入5000元左右，国庆等节假日11000元。船工（两人）月收入800元，工作时间是5：30～20：00。

（2）洪安镇船工：小杨。笔者坐在渡口与小杨（小周的丈夫）访谈，据他说，一般平时每天划两个来回，周末则三四个来回。若是碰上国庆等节假日，一天能划上十个来回，连休息的时间都没有。

除了合营的21艘船，另外有三四艘是自己单干的。自从旅游开发后，船工的生意还是不错的，一个月赚3000元左右。而在10年前，划一个来回（一小时左右）只有10元的收入。由此可见，旅游开发对他们收入的影响还是非常大的。

小杨说自己并非长年划船，他每年都会外出打工，但由于自己的职业比较特殊，是按摩师，因此冬季生意较好，而夏天生意较淡。因此小杨夏天则留在家里划船。

由于小杨一家的房子地理位置特别好，迎面对着清水江，笔者问到他们家是否有打算自己开店铺做生意。小杨说，打算明年看看，如果旅游更旺了，就和老婆留在家里开个吃鱼的小餐馆。

当笔者问到边城公司如何时，小杨说边城公司不好，因为他们想要收当地老百姓的房子，可是出的价格太低了，1平方米才给1000元，让他们搬去里面的山上住。

（3）杨大叔（50岁左右）。杨大叔说，当地人外出打工很多，大部分去福建、浙江，因此本地的留守儿童较多。旅游开发确实提高了收入，促进了商铺收益，餐饮业、观光业比以前发达了。但是他认为坏处更多，主要就是强制征地（300元/平方米）。杨大叔抱怨政府以极低的价格强制征收老街上的所有民宅，并且已经征收了大部分。

笔者针对这点，在老街挨家挨户进行了询问调查后，证实了90%的民宅依然属于私有，杨大叔夸大了政府强制征收土地成果。然而，这从侧面反映出政府与当地百姓之间存在的矛盾日益凸显，民怨增多。

2. 个体户

（1）"边城人家"杂货铺老板娘：钟大娘。据钟大娘介绍，她的店铺营业时间是 6：30～20：30，月收入大约 2000 元（纯利润），少则不足 1000 元。店铺有五六十年的历史，以前是卖肥料的。现在主要经营冷饮、竹帽、竹制编织品、皮蛋等特产。

（2）来往于茶峒镇、洪安镇的摩托车的士司机（以下对话中 M 为笔者，F 为摩托车的士司机）。

M：师傅您这摩托车是镇政府统一管理的吗？
F：不是的，是我们自己的。
M：那就是说您自己买了摩托车改装成这样就能拉客了吗？
F：是的。
M：那自己赚的钱全是自己拿吗？
F：是啊。
M：那您这生意应该挺好的吧，一个月能赚多少？
F：好的话一天能赚一两百，差点也有三四十，这里只有摩的，没有出租汽车。
M：那你每天都在这拉客吗？
F：天天都在的。

当笔者到了客栈门口，询问多少钱时，师傅说要 10 块，笔者心中暗暗觉得价格有些贵，但还是递给他钱道了谢。如果在上车前问价，应该会便宜一点，也可能是因为笔者是外地人。后来找机会询问了当地人，确实价格贵了不少（翻了近一倍）。

（3）G319 国道上的古镇宾馆的前台女孩。据了解，宾馆共有 32 间客房，有 40～50 个床位。平时宾馆的入住率大约是 60%，节假日的话则可以在 90% 以上。宾馆的价位如下：豪华标准间每晚 120 元，豪华单人间每晚 100 元，标准双人间每晚 80 元，标准单人间每晚 60 元，普通单间每晚 30～60 元。

宾馆已经有七八年历史了，以前来住的大部分是修高速公路的工人。现在游客逐渐增多，春节期间也有很多外出打工的居民回来住，有的是和伴侣，有的是和好友聚在一起玩耍。

前台女孩说，她每个月工资有 1800 元。自从通往秀山的火车开通以后，过来玩的游客比以前增多了，她认为洪安的发展空间还是很大的，但是政府换届对旅游开发有影响，现在有点搁置，政府人员不稳定导致开发变动大。比如以前要在大桥的另一侧再开一条路，但是现在就搁置下来了。

（4）卖李子的大叔。卖李子有 10 多年了，收入 3000 多元，少则 2000 元。

生意不错。

3. 无业人员

（1）洪安渡口处下游村民周小姐。小周是1990年出生的小姑娘，然而，她已经是一个将近两岁小女孩的妈妈了。据了解，小周是重庆黔江人，由于外出打工结识了现在的丈夫小杨（见上文"船工"个案二）。由于小周的丈夫和公公都是重庆这儿的船工，我便向她询问了一些船运营的事情。船工每天早晨8：00准时上班，下班时间分为两种，一种是到17：00，另一种是到15：30，然后是19：00～21：00。这两种班轮流倒。重庆渡口这里一共有21名船工，船都是船工自己的，要报海事局批准才能营业载客。政府规定了每艘船的载客人数不能超过六人。一般来说收费标准是10元/人，但如果6个人包一艘船，50元也是可以的。

小周认为旅游开发让他们家的收入有了提高，并且也让她萌发了自己开餐馆的想法。她与丈夫决定，若是旅游行情一直走好，他们就将家里的一楼改造成一个小餐馆。

（2）住在老街上的彭大娘。彭大娘有70多岁了，是土家族人，搬到洪安老街有四五年了。她所居住的房子有3层，共12个房间。边城公司想花30多万元收购，但是大娘不肯卖，目前和老伴、一个儿媳、两个孙女一起住。

小 结

洪安古镇作为一个新开发的旅游景区，已经悄然迈开了各项建设的步伐。每天踏着石板路从洪安老街的渡口走到尽头，笔者脑海中浮现的是昔日繁华的巷景与今日崭新的面容交相辉映。从不时看到游客经过可以得知，洪安古镇已经小有名气，不断地吸引着游客前来。然而，如果将洪安镇与清水江对岸的茶峒镇相比，旅游竞争力仍然相对较弱，更无法与凤凰古城、丽江古城等旅游开发十分成熟的古镇景点相提并论了。

可喜的是，与商业气息浓厚的热门古镇相比，洪安古镇则古色古香，韵味十足。旅游开发势必会在一定程度上对当地原有风情风貌造成破坏，如何在把破坏程度降到最低的基础上加快发展当地旅游业，是边城公司与旅游局所面临的首要问题。在访谈中得知，洪安古镇的定位是"红色旅游"与"高端旅游"，作为一座古镇，这样的定位无疑是十分新颖并且具有挑战性的。一期工程完成以来，当地人们普遍肯定了旅游开发对他们收入的提高、生活的改善做出的重要贡献。然而，如同笔者所料，更多人发出的是对旅游开发带来的各种不便和问题的不满声音。房屋被频繁征收、开发进程缓慢、游客数量稀少等问题摆在眼前，不同利益群体之间的矛盾也日益凸显。

从发展人类学的角度出发，笔者认为解决不同利益群体之间的矛盾最关键的步骤是政府承认居民是旅游资源的一部分，更是旅游业中主要的人力资源。在各项旅游开发的项目做决定之前，应当向居民公示公开，并征集意见。笔者认为，只有先满足了当地居民的利益需要，才能自下而上地推动洪安古镇的旅游向健康良好的方向发展；另外一个关键点则是居民自我参与意识的提高。

第十三章 留守儿童问题调查

一、留守儿童问题与原因分析

(一) 留守儿童的定义

随着我国现代化进程的不断加快,农村剩余劳动力开始大规模地向城市转移。由于受到诸多条件的限制,很多进城务工人员在自己进城的同时却无力解决孩子的进城以及将要面对的诸多现实问题,诸如恶劣的住房条件、高昂的借读费用、交通安全无保障等。于是,他们只能选择将孩子留在农村,并托付给其他人代为照看,最终形成了进城务工人员父母与子女分隔两地的局面。一个新的弱势群体——留守儿童由此诞生了。留守儿童是指农村地区因父母双方或单方长期在外打工而被交由父母单方或长辈、他人来抚养、教育和管理的儿童。这些留守儿童要么仅由在家的单亲(一般为母亲)看护,要么被留给了祖父母、兄弟姐妹、亲戚、邻居等父母之外的其他人代为照料,他们无法享受到家庭正常的抚养、教育和关爱,儿童权益受到了严重的侵害。不仅如此,由于存在家庭教育缺陷、健康和安全难以得到保证等问题,有的留守儿童从小就染上了诸多不良的社会习气,有的则因心理长期压抑而导致行为的偏差或性格的扭曲,部分甚至成为让人难以置信的一系列"恶性事件"的主谋或被害人,产生一系列留守儿童问题。

(二) 为何留守——留守的决定因素

农村留守儿童留守的原因是多方面的,从个体层面看,农村流动父母在城市中的职业特征和就业状态以及他们较低的经济地位决定了其很多子女的留守状态。流动农民子女在城市教育中所接受的不平等、低质量的教育也对其子女的留守状态起着至关重要的影响。从制度层面上来讲,20世纪90年代末开始实施的对流动儿童的教育政策以及政策设计与政策执行的巨大不平衡对农村留守儿童这个庞大的特殊群体的产生和增长起着催化剂的作用，农村留守儿童这个庞大的特殊群体的存在一方面折射出流动农民在城市中的经济和社会的弱势地位，另一方面也是在呼吁制度特别是教育体制的全方位改革。

1. 收入因素

根据调查，农村家庭最大的两项开支是农业生产资料和子女教育。农业花费是农村最主要的家庭开支，以桂塘村为例，一块4个人的田地一年大约要1000元，包括化肥、种子、农药和犁耕费用。一个小学孩子一年花费大约1000元，主要是花在午饭上，一般父母一天给孩子2～3元作为午餐费。上中学开支就较大了，只有镇上才有中学，生活费、住宿费对普通家庭来说负担太重。这些开支，对于人均收入仅1200元/年的村民来说是一个天文数字。我们对务农与务工的经济收入来做个简要对比。首先，农村传统农耕的经济来源：一是粮食作物收入，秀山县地处山区，优质耕地较少，产量少，粮食结余少。二是副业收入，副业收入主要靠养殖牛和猪。根据各户劳动力数量的不同，养殖规模有很大差别，经济收入也不同。我们以经济状况较好的某张姓人家为例，该户养了3头猪，1头留着过年，另外2头卖3000元左右，加上一些农产品，如蔬菜、鸡、鸭等拿到市场上交换，扣除种植成本，这一年的收入也就2000多元，除去成本和生活开支，剩下的已经不多。其次，外出务工的经济收入：外出务工的经济收入有很大差距，有的工作包吃住，有的没有，开支也就有了差距。工资收入普遍在1000元/月以上，好的有1500元/月。根据工种的不同，收入也不同。

访谈的一户龙姓人家，男的在广东一家家具厂打工，收入有1500元/月。还有一户杨姓人家，两个儿子分别在浙江和福建，大儿在浙江的羊毛衫厂，一个月工资1000多元，小儿子在福建煤窑挖煤，月收入3000元。收入差距较大，建筑业收入高于进厂的。就中等收入水平的务工者，扣除在外生活费用，一年能剩下的钱有5000元左右，相当于全靠务农收入的2倍，还有一部分务工者收入高于这个水平。经济收入上的差距已经很明显，在经济因素的驱动下，人们希望外出务工来改善家庭的生活状况。

虽然外出务工收入要高于在家务农的收入，但是打工的收入还是无法负担一家人都在城里的生活费用，务工的父母只好把孩子留在农村。

洪安镇的石凤川是洪安中心小学五年级的学生，父母都在外打工，他由80岁的奶奶照顾，奶奶说："他爸爸一个月挣着两千块钱，妈妈挣一千多一点，省着点拿回来还能花花，但要是把孩子接去他们那边念书是不可能的，要交什么借读费，一年要好几千，哪里交得起。他和他姐姐都想去爸妈身边，毕竟能跟爸妈在一起，但他们爸妈工作都不稳定，谁知道哪天又赚不到钱了，他们都得回来。但是因为城里花费太大,他俩也想过来,但他们只是说说而已,老二懂事,一想到爸爸挣钱不多,叹了一声说,还是在家里上(学)吧。"

一位回洪安探亲的打工母亲说:"我也叫过孩子过来上学,我跟她们说,你们想过来就过来吧,我们不在乎三百五百的,要不你们以后说不让你们来要怨恨我们的。她们不肯来,说这儿花钱多挣得少,怕我们挣的钱撑不住她们上学。她们说不怨恨我们。说实在的,如果孩子要在城里读书,我挣这点钱确实供养不起。"

很多家长把子女留守家乡归结为经济和收入的原因。他们说,"我们两个孩子都在城里上学我们负担不起,所以把大女儿送回老家","孩子带来照顾不过来","钱也不够花","把孩子都带过来上不起,小的孩子去年刚带来,大的三年级了,来这里怕环境不熟悉,耽误学习,住的地方太小","带过来经济上也跟不上","孩子在浙江的打工子弟学校读到小学毕业就回老家了,因为打工子弟学校没有初中,那边初中借读费太高,还有学校服装费等,我们上不起"。

很多农村打工者用"负担不起""经济上跟不上""钱不够花""挣钱太少""挣不到钱""供养不起"等跟收入和经济相关的词语来解释其子女留守的原因,充分说明农村打工者在城市较低的收入和经济地位是其子女留守的最根本原因之一。

2. 职业因素

通过调查,发现大多数外出务工人员在从事建筑业或在工厂工作,绝大多数人每天平均工作时间都在12小时以上,他们没有时间和精力照顾、管理和教育孩子是很多农村外出打工者把子女留在家乡的重要原因之一。以一位在皮包加工厂工作的母亲为例,她需要上午工作4小时,下午4小时,晚上还要做3小时,回到家要到晚上10点,职业特征和就业状况迫使他们不得不把子女留在老家。有些打工者的孩子一直留在家乡,有些孩子带到城市后又被迫返乡变成留守儿童。

留守的孩子们说:"爸妈工作忙,工作时间长,没时间管。他们天天在外打工挣钱,晚上回家时我们已经睡觉,早晨离家的时候我们还在睡觉,几天下来有时候跟我们也说不了几句话。也不知道我们每天在做什么,他们觉得城里的治安不及家乡好,还是把我们送回来放心。"

此外,外出打工的父母也把孩子留在农村的原因归结为农村的教育质量比城里的学校好,这是为什么呢?原来,他们所指的农村的教育质量比城里好有两层含义:一是流动农民所指的城里的学校并不是城里的公立学校而是那些大都没有被政府批准的打工子弟学校。流动农民视这些坐落于城市里并为他们的子女创造了学习条件的打工子弟学校为城里的学校,虽然这些学校为农村打工者子女提供了最基本的接受教育机会,但他们却普遍存在着教学管理不规范、教师流动性大和教学质量低的问题。

在访谈中笔者发现,一些打工者之所以把其随带学龄子女又送回老家变成留守儿童,很大一部分原因是这类学校的教育差。

洪安中心小学四年级学生张倩说:"我爸妈觉得打工子弟学校教育质量不好,我们在那些学校读书学到的东西太少,老师也没有教师证,老家的学校反而比打工子弟学校正规,教学质量有保证,课程也全面。而且将来我们参加中考还必须回户籍所在地,考试命题也是根据老家的课程设置的。所以还是把我们送回来念书了。"

从制度层面上看,义务教育的城乡分割是农村留守儿童群体产生的重要因素。在城乡义务教育分割的制度制约下,流动儿童教育政策设计的偏差与不合理以及政策设计与政策执行的巨大不平衡导致农村留守儿童群体数量的不断增加。政府相关部门对流动儿童教育问题的重视和关注大致始于20世纪90年代中期以后,一系列政策法规颁布的目的是全面贯彻落实义务教育法,积极解决流动儿童少年的就学问题。但是,由于长期以来中国的教育体制以及相关的教育政策法规是与城乡分割的户籍制度相联系的,一些对流动口子女教育的政策规定仍然没有也很难跳出户籍制度的制约,它的某些政策规定和条款不可能从根本上帮助解决流动儿童的教育问题,而且它对今天农村留守儿童这个庞大的特殊群体的产生起着催化剂的作用。

(三) 留守儿童对"打工"与"留守"的评价

通过调查,我们发现农村留守儿童对"打工"及"留守"生活的评价充满矛盾。从他们对打工的评价上看,一方面留守儿童对打工本身并不持肯定评价;另一方面,他们又高度认同父母做出的外出打工决策。从他们对留守原因的理解上看,一方面,他们绝大多数人都希望跟随父母到城市而不愿意离开父母自己留守家乡;另一方面,他们又对父母的留守决策持理解和支持的态度。从他们对个人留守生活的价值判断上看,虽然他们不愿意过留守生活,但他们并不认为留守生活只有消极影响和痛苦记忆。

1. 农村留守儿童眼中的打工

笔者从对洪安中心小学20名学生和洪安中学18名学生的访谈中抽取出一些重点问题,并对这些问题进行了整理。

问题一:你认为什么是打工?父母为什么外出打工?

从农村留守孩子们的回答可以看出,他们对打工本身的定义和父母为什么外出打工持双重评价的态度。一方面,很多孩子都对打工持一种否定评价的态度,他们用"受人剥削,迫不得已,受别人气,受苦挣钱"等字眼来描述和界定打工。洪安中学初三学生石丹玉告诉我们:"我讨厌打工,是它抢走了我的父母,是它让我享受不到同龄人所拥有的父母之爱,打工拆散了我和父母在一起的家。我现在拥有的家不是远方的那个家,也不是家乡的这个家,而是一个心家,一个在我和爸爸妈妈每个人心里的三口之家。一个不管分隔多远都不分开的家。"另一方面,在对父母为什么外出打工这一问题的评价上,留守儿童基本上持一种积极评价的态度,他们大多数人认为父母外出打工是为了让家人过上好日子、比别人家更富裕、比在家种地收入高,打工可以使他们有很好的前途、让他们上大学、让他们有更好的生活和学习环境,等等。由此可见,从个体利益上讲,农村留守孩子们无论如何也不愿意和希望父母离开自己外出打工,但是为了家庭的整体利益,他们充分理解和积极支持父母的外出打工选择。

问题二:父母为什么把你留在家乡?

在留守儿童心中,对外出打工父母做出的让他们留守的决定主要有三方面的理解:一是打工父母的工作特征决定了他们的留守状态;二是流动父母的经济状况决定了他们的留守状态;三是因为城市里的借读费迫使他们留在家乡。另外,有的孩子把留守原因归结为了避免城市人对农村人的欺负和歧视,认为父母之所以把他们留在家乡,是因为"他们怕我到那里不习惯,受城市孩子欺负","父母让我在家无忧无虑地生活,不在外面受气"。从孩子们的谈话中我们也可以看出,虽然孩子们被打工父母留在了家乡,但他们没有表现出对外出父母的抱怨和不满;相反,他们对打工父母的留守决策持积极肯定、理解和支持的态度。可以说,这种对父母留守决策的积极认同变成了农村留守儿童留在家乡的精神支柱。

问题三:父母外出打工对你有哪些影响?

孩子们都能客观地评价留守生活和父母外出打工对自己的影响,但显然负面影响大于正面影响。留守儿童的监护者农村流动父母双方外出打工后意味着留守儿童父母监护位置的缺失。那么,这些留守孩子跟谁生活在一起?由谁来关心、保护和照顾他们呢?访谈中我们发现,父母外出打工后,一般来讲,绝大多数留守孩子与爷爷、奶奶或姥姥、姥爷生活在一起。通常情况下,留守儿童需要搬到这些祖辈的家里,如果祖辈一直与他们住在一起,留守儿童就不需要搬家。有时候留守儿童要从自己的村庄搬到另外一个村庄去,如果这些老人需要照顾几个儿女的留守孩子,为方便照顾,孩子们一般都要搬到老人家里去住或者在那里吃饭后再回到自己家独居。也有一部分留守孩子是住校生,一般是两个星期才回家一次。据留守孩子们反映，寄宿是解决父母外出打工留守儿童问题的好办法之一。小学基本上全都是走读生，初中生才会住校。

2. 留守儿童被监护的方式

在父母外出打工后农村留守儿童有 4 种被监护方式。

第一种是隔辈监护，监护人是爷爷、奶奶或姥姥、姥爷，他们是留守儿童的监护主体。在访谈个案中，隔辈监护占监护者总数的 70% 左右，他们的年龄大都在 55 岁以上，年龄最大的 83 岁，最年轻的 52 岁。这些人绝大多数都是文化水平不高的人，文化水平最高的一个监护人曾经当过中学教师。

洪安中学初三学生罗文涛 3 岁之后父母一直在温州打工，他由爷爷奶奶带大，爷爷奶奶都没什么文化，但奶奶是个强势的人，做得不对就会被打，所以虽然父母不在身边，罗文涛学习成绩还是很好，他也一直很怕奶奶。去年奶奶突然病逝，妈妈才从温州回来照顾他和爷爷，也就是说，罗文涛被爷爷奶奶照顾了整整 10 年。

第二种是上辈监护，监护的主体是叔叔、婶婶、舅舅、舅妈、姑姑、姑父、姨妈、姨父、干爹、干妈。这类监护在笔者的访谈中所占的比例不是很大，约 25%，但是这种监护方式存在着监护权比较频繁流动的问题，也就是说，留守儿童的生活不像是跟爷爷奶奶或姥姥姥爷居住在一起那样稳定，他们有可能因为这样和那样的原因，如监护人也要外出打工或者被监护者与监护者本人或是跟他们子女之间存在矛盾冲突等原因而更换监护人。

第三种是同辈监护，监护者是哥哥、嫂嫂或姐姐、姐夫，这类监护者一般是年纪较轻，文化水平也较高，如果有就业信息或机会，他们随时都会外出打工。所以该类监护者也存在着监护权不稳定的问题。

最后一种是监护缺失，也就是农村流动父母外出打工后把监护权交付给了留守儿童自己，这类留守儿童往往除了要自己照顾好自己的生活和学习以外，还要承担起农业劳动力的角色，照顾好自家的农田。

（四）留守儿童的另类留守原因——逆向监护

我们在对农村留守儿童的访谈中发现，一些孩子把他们被留在家乡的原因之一归结为能够照顾爷爷、奶奶或姥姥、姥爷。一部分外出务工的父母把孩子留在家乡的原因是能让孩子给老人做个伴或帮帮家里的老人。虽然大部分的监护者能够给留守儿童在生活上提供一些支持和帮助，但是由于一些监护人年龄偏大、身体有病、生活不能很好地自理等，他们不但不能为留守儿童提供一些生活的照料，相反，留守儿童在洗衣、做饭、买药看病等方面要花很多的时间和精力去照顾监护人，这类对留守儿童的监护实际上变成了逆向的监护。

洪安中学初三学生周丽娟告诉笔者："爸爸打工走了，剩下我和奶奶两个人一起孤零零地生活，我告诉自己，这是我必定要经历的日子。因为家庭条件差，一年地里的收入也很少，我又要读书，花钱很多，爸爸的负担很重，所以不得不去打工挣钱。爸爸临走前眼含泪对我说要听话，留在家乡，要照顾好奶奶。"

留守儿童生活的逆向监护主要有两种情况：一种是阶段性的逆向监护，比如一些孩子提到爷爷、奶奶或者姥姥、姥爷患有肺病、哮喘、胃病等，到了冬天就容易犯病，不能出门，不能下地。这时照顾老人的重担大部分就落在留守儿童肩上，有时候为了照顾老人，他们被迫由在学校住宿变为阶段性的走读。

洪安中学初一学生李丽说："奶奶58岁了，身体不好。病得厉害的时候，连饭也不能做，我在家就我做，我不在就爷爷做饭。奶奶一年四季都吃药，冬天还要输液，这个时候我就要从学校赶回来帮忙。奶奶给我传授了不少的手艺呢，每到周末的时候，我会改善一下伙食，包些饺子吃，我也会多包些给同院住的大伯大娘也送些过去，毕竟在平时大伯和大娘也给了我很大的帮助。"

李丽的同班同学张兰说："我的衣服自己洗，回家也给姥姥、姥爷洗，太大的我就洗不动了，也去地里帮他们干活。我能锄地、拔苗，反正能做的就尽量做。"

另一种是长期和持久性的逆向监护，比如有的留守儿童的亲人长期患有慢性病，需要留守儿童持续性的生活护理。

龙艳芳是洪安中学初一的学生，她的父亲在外打工，母亲患有精神病。她告诉我们："爸爸出去打工后，家里的一切都由我一个人挑了起来。我早晨6点多起来给我妈妈做早饭，同时还要把妈妈的中饭做出来放在电饭锅里，因为我中午不能回家吃饭，下午放学回家第一件事情就是收拾家，然后开始做饭，伺候妈妈，去地里干活，等一切都忙完了，也就9点多了。一天天这样下来，我已经什么精神都没有了，学习也因此受到了影响。妈妈神志清醒的时候总会一遍遍地重复连累了我，不能给我做饭，不能给我做衣裳，还要我伺候她。妈妈心疼女儿的心情我理解，但是我一点也不觉得妈妈连累了我，这些都是我应该做的。"

留守儿童生活的逆向监护不但给他们的生活增添了很大的负担，而且给他们的学习带来了极大的负面影响。他们替代父母照顾老人的生活，在很小的年纪就过早地承担起成人的责任和义务，这一切对他们现在和将来的全面成长和发展都是很不利的。

二、留守的不利影响

在访谈过程中,笔者发现了很多留守给孩子带来的不利影响,这些正处在成长发育时期的儿童,在父母不在的情况下,面临一些基础性的生活问题。

(一) 日常生活质量下降

1. 伙食水平降低

父母外出打工后,农村留守儿童的伙食水平进一步下降,主要表现为食物吃的种类花样单一,只求填饱肚子,不讲究营养搭配。访谈中,很多孩子告诉笔者,爷爷、奶奶和姥姥、姥爷在生活上是很疼爱和关心留在家乡的他们,有了好吃的东西自己舍不得吃,都留给孩子。但爷爷、奶奶和姥姥、姥爷他们却不懂怎样真正照顾孩子。这些老人一生过惯了苦日子,自己经历了吃不饱穿不暖的年代,现在能够让孩子们吃饱饭,他们已经感到很满足。他们的生活观念很难改变,即使往家里寄再多的钱他们也舍不得花在吃的方面,就希望能多存一点钱。

2. 更加节衣缩食

调查显示,随着父母外出打工家庭经济能力的增强,确实出现了一些农村留守儿童花钱大手大脚、不知道节约的现象。但是,这只是极个别的情况。绝大多数留守儿童并没有因为父母外出打工,家庭经济情况好转而生活铺张浪费。相反,由于他们知道父母外出打工的艰辛和不容易而更加节衣缩食。很多留守儿童为了减轻父母的经济负担,会把父母给他们买衣服的钱或者伙食费或者零花钱节省下来作为下一个学期的学费。在访谈中,发现了不少这样的案例。

洪安小学三年级学生石贵凤告诉我们:"我知道我每个星期的饭钱来之不易,我也省吃俭用,别人吃雪糕冰淇淋我不吃,该买的买,不该买的不买,所以我每个星期都比别人花钱少。因为爸爸挣钱不容易,每一块钱都是父亲用那辛苦的汗水换来的,爸爸为了我拼命工作,我一定不会乱用爸爸用血汗换来的钱。我的衣服也都是大姨家的姐姐穿过的、送我的。我自己很少买新衣服,我要节约父母打工挣来的每一分钱。我从来都不会向爸爸妈妈开口要零花钱。如果想买些小零食,我就会从每周的伙食费中节省出一些。我不想多花爸爸妈妈的钱,因为他们赚钱太辛苦了。我们班有些和我一样爸爸妈妈在外地打工的同学很节省,每个学期能从伙食费中省出七八十元钱,作为下学期的学费。"

对于有些花钱不节约的孩子,留守儿童对他们持一种否定的态度。石贵凤说:"像我们这些父母在外面打工的孩子,都知道钱来得不易,都很节省。不过也有不节省的。我们班就有一个同学因为父母在外打工而花钱大手大脚的,有时候钱不够,还要向同学借,不知道她是怎么想的,太不懂事了。"

3. 家务负担明显加重

父母外出打工后,不管跟老人还是亲戚朋友生活在一起,用留守儿童自己的话说:"都有一种寄人篱下的感觉。"他们认为与别人一起生活是吃得不自由,住得不自由,干不干家务也觉得不自由。有时候,一些留守儿童通过尽量多做家务来获取监护人的满意,家务已经变成一些留守儿童生活中沉重的压力和负担。

洪安中学的龙秀梅与哥哥嫂嫂生活在一起,她告诉我们:"以前爸爸妈妈没有出去工作的时候,可以说,我天天除了学习和玩之外,什么事情都不用操心,回家有妈妈做好的现成饭菜,脏衣服只管往下脱,妈妈就会给我洗干净,根本不用我自己洗,至于收拾家、喂猪、做饭等家务活,更不会轮到我的头上。可是现在爸爸妈妈出去打工了,我的生活发生了很大的变化。以前我什么都可以依赖爸爸妈妈,但是现在很多事情我必须自己承担。哥哥嫂嫂虽然对我也不错,但还是感觉跟爸爸妈妈不一样。他们也很忙,不仅要照顾地里的农活,还要照顾年仅3岁的小侄子。所以每当周末回家后,我都会主动承担起收拾家、做饭、喂猪的活,有的时候除了洗自己的衣服,也会把哥哥嫂嫂还有侄儿的衣服都一起洗了。有的时候,我一个人干着活就会悄悄地流眼泪,不是因为委屈,而是总在这个时候,就特别想爸爸妈妈。好想他们回到我的身边。"

一些留守儿童也反映,他们有时候会因为帮助监护人照顾孩子、洗衣服、做饭等家务而延误作业。笔者认为,虽然做一些力所能及的家务对儿童来说是一件好事情,但是,如果这些家务一旦变成他们沉重的精神负担或者是学业受到影响,这对儿童的全面发展是非常不利的。

(二) 学业隐忧颇多

父母外出打工对农村留守孩子教育的负面影响是非常突出的。由于很多孩子长期见不到父母而产生的强烈思亲的感觉,导致他们上课注意力不集中,学习成绩滑坡;孩子在学习上得不到父母的督导而失去学习的自觉性和兴趣;监护人受教育水平所限,对留守儿童学习监护无力及其"读书无用"的观念为一些留守儿童旷课、逃学以及辍学提供了保护伞。农村留守儿童使农村义务教育面临着新的挑战。

1. 主观愿望与客观现实的冲突

流动农民外出打工的个体原因是非常复杂的。但是,很多农民外出打工的重要原因之一是为了孩子能有一个良好的教育。在问到父母为什么要外出打工的回答中，有80%以上的留守儿童的父母回答都是"为了多挣点钱，我要让他们上个好学"。流动父母和留守儿童自身的主观愿望都是"好好学习、上好学"。但是，这种良好的主观愿望却与客观现实形成了冲突。一方面，对于流动父母来讲，他们对留守子女的教育期望很高，很多人都提到希望将来孩子上大学，不走他们的打工路。对于留守儿童来讲，他们也希望用好的学习成绩来安抚在外打工的父母。但是另一方面，留守儿童却因为父母外出而不能专心学习，学习兴趣下降，学习成绩滑坡。我们在与农村留守儿童讨论父母外出对他们教育的影响时，很大一部分留守孩子都提到"上课时老走神，想和父母在一起的时候的开心事情"，"在学习上得不到父母的帮助和指导，上课注意力不集中，分神，光想他们"，"长期见不到父母很难过，因为思念父母而不能专心听讲，学习成绩下降"，"学习上得不到父母的帮助和督导，学习成绩赶不上别的同学，不愿意学习"，"贪玩，学习成绩不好，自己管不住自己"。

2. 监护主体对留守儿童教育的影响

流动父母外出打工后，90%左右的农村留守儿童与爷爷、奶奶或姥姥、姥爷生活在一起，他们是留守孩子监护的主体。这个群体的监护人普遍存在着年龄偏大、没有文化或教育水平低以及身体素质差的问题。由于他们大多数人中自身的教育水平所限和思想观念落后，对留守儿童的教育起着巨大的制约作用。

首先是来自监护人思想观念的影响和制约。爷爷、奶奶和姥姥、姥爷这个监护群体大多数是没有接受过任何教育，他们意识不到读书的重要性，反而认为读不读书一个样，他们没有读书一样也能过上好日子。所以，有些老人不但不对有些留守儿童不认真学习的行为进行监督，而且持包容和支持的态度，为一些留守儿童迟到、旷课甚至辍学提供了保护。

其次是来自监护人自身文化水平的制约。我们调查发现，留守儿童的爷爷、奶奶和姥姥、姥爷绝大多数都没有读过书，上过初中的只有几个。由于他们自身的能力所限，根本无法也不可能给农村留守儿童提供任何的教育支持和帮助。一位回家探亲的母亲说："把孩子留给老人带是迫不得已的事情，他们只能给孩子做做饭和洗洗衣服，根本不可能帮助孩子学习。如果我们在家，对孩子的学习肯定有或多或少的帮助和辅导。"

3. 农村义务教育面临的新挑战

根据学校的老师和校长们的反映，很多农村父母外出打工后，学生学费的支付能力确实增强了，但是，农村义务教育却因为农民外出打工而面临新的挑战。主要表现在三个方面。

一是有些留守儿童学习间断现象严重。由于留守儿童动态性留守的特点，农村学校对打工者子女义务教育阶段教育的连续性失去了有效的监控和管理。有些学生在"流出"——跟随父母到城市上学和"回流"——从城市又回到老家读书的过程中，存在着严重的学习间断性的问题，时间从几天到几个月甚至半年以上。虽然大部分家长在带孩子到城市前就为孩子落实好了学校，但有些孩子因为这样或那样的原因匆忙跟随父母到达城市后，由于很难找到合适的学校而辍学一段时间。还有一部分"回流"的学生回到家乡后也不及时到学校办理入学手续。

二是留守儿童复学比例低。据洪安中学的老师反映，有些留守孩子逃学或辍学后，因为学生父母在外打工，学校得不到家庭的配合，使留守儿童重新回归学校的比例很低。学生刚刚开始流失时，学校都到学生家里做劝导工作，帮助了一批辍学的孩子重新回归学校。但是，对于一些父母在外打工的逃学或辍学的学生来说，学校的工作就很难开展。家里的老人或者说管不了孩子，或者就让学校直接跟孩子的父母联系。因为绝大多数在外打工的父母根本就没有联系电话，再加上学校自身财力和人力所限，学校与一些逃学或辍学的学生家长的互动和联系形成空当，导致这些孩子在没有完成规定年限的义务教育时就彻底辍学。

三是留守儿童中留级生比例不断增加。据洪安中学初二一班班主任胡珍珍反映，一部分流动儿童"回流"到洪安后，跟不上学习进度和课程，学习成绩很差，只能变成留级生。笔者发现造成这种现象主要有两个原因：其一，大部分"回流"儿童在城市读书时就读于"非正规化"的打工子弟学校。这类学校虽然在社会转型阶段为农村打工者子女提供了最基础的教育机会，但是，他们普遍存在师资力量薄弱、课程设置不全、缺乏教学管理经验和教学设施差等问题，流动儿童的学习质量受到了影响。其二，据一些就读于城市的流动儿童家长反映，城里的教材和学制与家乡不统一，造成孩子回老家读书后只能留级。

留守儿童问题给农村义务教育和将来农村和城市劳动力素质提出了很大的挑战。一方面，外出打工的农民都是农村的精英，他们的教育水平一般都高于未外出打工的农民，但是，他们的子女却因为父母监护的缺失而在教育上受到很多负面的影响，使留守孩子中有很大一部分也许不会再像他们的父辈一样享受"农村精英"的称号。另一方面，随着我国城市化的快速发展，很多留守儿童也要继续父母的打工之路到城市工作和就业。如果他们在义务教育阶段的学习基础都打不牢固，将来很难适应工业化发展对劳动力素质的基本要求。

(三) 留守对于儿童性格的不利影响

根据我们对学校老师、学生和打工家长的调查情况来看，大部分留守儿童的性格和行为是正常的，与没有外出打工父母的学生没有很大的偏差。但是，在访谈中笔者也发现，在父母双方全部外出打工后，有一些农村留守儿童在性格和行为上在向极端的方向发展。孩子因为感到父母保护的缺失而变得胆小、懦弱、内向，缺乏与同伴和监护人积极的交流和互动，缺乏自信。农村留守儿童反映，一些不懂事的男同学还是容易欺负一些父母在外打工的男同学。这样的学生受了气也没有父母撑腰。如果父母在，家乡的孩子被欺负，他们的家长肯定会找到学校来。这些留守孩子受了欺负往往变得越来越胆小怕事，有些孩子常常会选择自己玩、少招惹同学的方式来保护自己。

洪安中心小学四年级学生姚鹏龙告诉我们："我很想爸爸妈妈的时候，有时候说，有时候不说，我怕奶奶也想他们。和同学也不说，我就放在心里，难过的时候，我就自己哭一场。我现在越来越觉得自己软弱，常常掉眼泪。"

姚鹏龙还告诉我们他的一个同学的情况："我同学出生后就不在他爸妈身边，所以他一直胆小，总是独来独往，性格有些孤僻、古怪，不太愿意跟人交往。"

可以看出，留守儿童表面上看起来都很懂事，很要强，不抱怨父母把他们留在老家，其实他们内心都很脆弱，把很多话都藏在心里。这样长期下去，对孩子的心理健康是非常不利的。

另一方面，孩子因为没有父母的约束而性格失常和行为失范，主要表现在脾气暴躁、任性、打架斗殴、打骂老师和同学，甚至是长辈。访谈中我们发现，监护人除担心孩子学习不好、吃不好、生病之类的事情外，最大的担心还包括孩子学坏、孩子不听话等。笔者在访谈中遇到的两个男孩令人印象深刻。

在"三不管"岛度假酒店附近，笔者的太阳伞掉在地上，被两个十来岁的小男孩捡到，笔者本以为他们会还，没想到他们却理所当然地说："给我们钱，伞才还给你们。伞是我们捡到的，就是我们的。你们一定有钱，不给钱不给伞。"跟这两个孩子僵持了半个小时，孩子觉得这次可能要不到钱，才把伞丢在地上不要了。后来笔者通过附近的居民了解到，这两个孩子都是留守儿童，由年迈的爷爷奶奶照顾，本来爷爷奶奶身体就不好，再加上家里没钱，没有人管他们，所以也不去上学，整天在外面游荡。"现在游客多，有时候他们也偷人钱包，有了钱就去网吧上网，晚上也不回家。他们爸妈一年到头只回一次家，爷爷奶奶又管不动他们，所以他们就成了这边的小霸王，谁都不怕，什么事都敢做。他们现在才10岁，等过几年长大了还不知道要干出什么事情来!"

从以上例子我们可以看出,留守儿童因为缺乏关怀与管教会出现性格和行为上的偏差,应当引起学校和整个社会的重视和关注。

三、解决留守儿童问题的对策分析

通过对洪安镇洪安中心小学与洪安中学的调查可以看出,农村留守儿童的教育问题已经成为当地一个比较严重的社会问题,应引起农村中小学校、各级政府和社会各界的高度关注。通过对近年来农村留守儿童教育典型方式的综合分析,笔者认为解决农村留守儿童的教育问题,应构建以政府为主导,家庭、学校、政府和社会共同努力的农村留守儿童教育体系。

(一) 构建完整的家庭教育体系

家庭教育是伴随人一生的终身教育,其与生俱来的天然性、亲子沟通的情感性、潜移默化的渗透性的特点,决定了家庭教育在人的成长过程中具有不可替代的作用。在儿童成长过程中,父母的爱与教育,犹如阳光之于幼苗是必不可少的。健全的人格发展离不开父母爱的呵护。良好的家庭教育是儿童健康成长的重要基础。因此,建立和谐良好的亲子关系、创造和谐的家庭环境,才能真正有利于留守儿童的健康成长。

1. 要建立良好的亲子关系,增进亲子沟通与交流,促进亲子之间的理解与信任

人们之间的密切程度是由人们之间的沟通的多少来决定的,要形成密切的关系,必须要有较多的沟通时间。留守儿童家长应努力创造条件,利用工余时间弥补家庭教育缺失对其子女造成的不良影响。良好的亲子沟通是一种无法代替的教育资源,也是孩子健康成长的关键,是将来他们踏入社会,影响其终身发展的重要因素之一。父母可以通过打电话、写信等方式经常与子女进行情感交流和互动,倾听子女的心声,询问他们的学习情况,关心他们的生活情况,积极鼓励他们的点滴进步,真正关心子女的成长,使他们能够充分感受到就算父母不在身边,父母给予自己的爱也不会少,父母心里依旧牵挂着自己。

2. 要改进家庭教养方式,提高管教质量

家庭教养方式是在父母与儿童的相互作用中形成并分化的,它是造成儿童社会化水平高低不同的重要原因之一。儿童通过接受父母的教育方式给他们的教育影响,学习传统的行为习惯并获得社会的价值观,并为将来的发展做好心理上的准备。我们在调查中发现,虽然大部分留守儿童家庭采用的是相对民主的家庭教养方式，但专制型、放纵型家庭也占一定比例，采用简单粗暴的管教方式的留守儿童父母或监护人是存在的。事实上，特定的家庭管教方式是儿童早期攻击和叛逆行为产生的重要原因。如果父母对子女早期叛逆行为管教不当，比如严厉惩罚，则会加重子女的叛逆或攻击行为。因此，留守儿童父母或监护人要慎重选择管教方式，尽量用肯定、支持、鼓励的管教方式，用更多的温情、鼓励来教导子女，惩罚的教育方式不能培养出理性、富有同情心的一代。

3. 要建立积极的亲子依恋关系

父母对孩子的爱具有极大的感染力，不仅能满足其生理上的需求和情感的饥饿，而且是孩子心理上的安全岛和快乐的源泉。儿童对爱与温情的体验是和对母亲的关系联系在一起的，儿童与母亲的关系决定了儿童是否能对世界产生信任感。因此，对于留守儿童的父母来说，应该意识到孩子拥有健全的人格和健康的身体是最重要的，在孩子成长过程中，应多给他们理智的关爱，爱而不溺、严而不厉，使其感受到家庭的温暖，激发其积极向上的愿望；尽量满足孩子的合理愿望，建立一种积极的亲子依恋关系，使孩子健康成长。

4. 要提高家长对家庭教育重要性的认识

家长应充分认识到子女教育的重要性，不能有"孩子学习成绩、思想品德的好坏是学校的事，家长只要给钱给物当好'后勤部长'就可以了"的观念。家长应该树立正确的教育观念和责任意识，对子女的成功的教育应是家庭教育、学校教育与社会教育相结合的教育。

5. 要改变家长外出的方式

我们从调查中发现，如果父母双双外出，则对子女的行为发展影响较大，但是如果父母有一方在家，则对留守儿童的影响在各方面都相对要小一些。而且有研究表明，留守儿童在小学阶段母亲最好不要外出，在初中阶段父亲最好不要外出。因此，我们建议，家长外出务工时，最好留一个在家监护孩子的学习与生活，保持家庭的完整性和家庭教育与影响的有效存在。如果不得不双双外出，则一定要加强亲子之间的沟通。

6. 要建立家长与隔代监护人以及学校的联系

如果无法避免父母双方都外出打工，则父母要加强与孩子身边监护人的联系，让他们从生活和精神上多关心孩子，采取严而不厉的方式，让孩子感受到身边依旧有亲人在关心自己。此外，要建立家长与学校的定期联系。留守儿童家长应主动加强与老师的联系和沟通，及时掌握子女的学习、生活和品行等方面的情况，让老师在学校教育方面关心鼓励孩子，让孩子乐于学习并养成自主学习的习惯。对子女在成长过程中存在的各种问题，也可以与老师共同协商解决。

(二) 构建完整的学校教育体系

农村学校应充分发挥对留守儿童的关心和监护作用。目前留守儿童的监护主体普遍存在年龄偏大、身体差和文化水平低的问题，对留守儿童的关心和监护起不到有效的作用。由于学生的大部分时间是在学校度过的，在父母监护缺位的情况下，农村学校应该充分发挥对留守儿童的关心和监护作用。

1. 建立农村留守儿童学生档案

目前，农村很多学校的学生档案内容并没有随着大量学生父母外出打工的现实而发生变动，还是继续沿用计划经济时期的档案模式。被访谈学校的学生档案项目是：学生姓名、性别、出生日期、家长姓名、家庭地址。由于学生档案没有关于父母是否在外打工的统计内容，有时候发生留守学生跟老师借钱或者生病等意外情况后，学校才发现孩子的父母都在外打工。所以，笔者建议健全农村学生档案和建立留守儿童档案，把学生父母是否在外打工，在什么地方打工以及父母的联系方式等作为一项重要的内容增加到学生的档案里。通过留守学生档案，学校一方面要加强对留守孩子的特殊关心和监护，另一方面要有专门的老师负责定期与留守儿童父母进行联系和沟通，帮助留守学生健康成长。

2. 开展对农村学校教师和管理者的特殊培训

目前大多数农村留守孩子为学龄儿童，在这些留守学生家庭功能不健全的情况下，学校应该承担起一部分为这些孩子提供一些直接有效的社会支持，帮助他们减少生活风险，提高他们发展能力的家庭功能。但是，目前大部分农村学校在这些方面的能力建设不够。所以，我们建议应该对农村学校教师和管理者进行特殊培训，并把这些培训的内容融入课堂教学。培训的重点主要包括两部分：一是关于提高儿童生活技能的培训。包括相关的安全、生活常识和信息、生理卫生以及心理健康知识等。另外，这些留守儿童是农村儿童中的弱势群体，很容易成为犯罪分子的侵害目标，因此，对教师进行提高儿童自我保护能力和意识的培训也很重要。二是开展一系列法律和法规知识培训。目前，国内和国际有很多关于保护儿童权利、促进儿童发展的法律和法规，例如《中华人民共和国义务教育法》（以下简称《义务教育法》）、联合国《儿童权利公约》等。但是，很多农村学校在这些方面都处于"盲区"。我们建议应该进一步加强对农村教育工作者法律和法规知识的培训，提高他们的儿童权利保护和儿童发展的意识。

此外，学校应提高对留守儿童教育问题重要性的认识。学校应把留守儿童的教育与管理作为学校的重要工作来抓，倡导教师承担起家长的部分责任，加强对农村留守儿童的关注与管理。学校还应为农村留守儿童成长搭建关怀平台。如开通亲情电话，为留守儿童和外出务工家长搭建交流平台；建立班主任与留守儿童家长定期联系机制，形成家庭教育与学校教育的互动平台；搭建留守儿童心理健康教育平台。其中，在搭建留守儿童心理健康教育平台方面，可采取以下措施：设立心理健康咨询室，对留守儿童进行心理辅导，及时发现和矫正留守儿童出现的心理健康问题；为留守儿童成长搭建活动平台，广泛开展有助于农村留守儿童身心健康发展的各类活动，引导留守儿童健康成长。

（三）构建以政府为主导的社会教育体系

与已经伴随父母进入城市的儿童相比，这些被父母留在农村的儿童更加弱势。如果说农民流动从城乡两个方向对中国的义务教育提出了尖锐挑战，那么，农村留守儿童问题提出的挑战还远没有引起应有的重视，相应的资源配置和制度调整都还没有提上日程。可以预见，中国农村劳动力的区域流动将是一个长期的社会经济现象，并且这个过程将与中国的城市化过程相始终。留守儿童也将是这个历史浪潮中的重要支流，换句话说，农村人口流动将伴随着一拨又一拨、一代又一代的留守儿童。为了减少伤害，政府应该积极地有所作为。从眼前看，必须重视已经成为"留守"一族的儿童的健康成长，包括生活关心、心理关怀、学校教育的特殊关注，等等，让他们的留守生活少一些缺憾。从长远看，要着眼于从根本上结束他们的留守生活。如同解决农民的根本出路在于非农化一样，解决留守儿童的根本措施是结束留守。因此，改善流动农民在城市里的就业生活环境，特别是改善流动儿童在城市学校就学的社会政策环境，是解决留守儿童问题的治本之策。

1. 加强对流动儿童教育政策实施过程的监督

为了逐渐解决由户籍制度壁垒所造成的城乡义务教育体制落后于社会需求问题，帮助更多的农村流动人口子女在城市就学，中央和各级政府制定和颁布了一系列的政策和法规。这些政策、法规对流动儿童，特别是农村流动儿童在城市学校读书起到了积极的政策干预作用。但是，由于缺乏相应的监督机制，很多城市学校在政策实施过程中明显存在着"上有政策下有对策"的问题。他们对外地孩子进入本地学校设置障碍，通过巧立名目、多收费、乱收费的方式，把很多流动儿童拒绝在城市学校的大门之外而变成留守儿童。要从根本上杜绝城市学校对流动儿童歧视性待遇和收费，确保流动儿童教育政策得到实施，各地政府特别是教育部门应该进一步加大对一些接收流动儿童学校的督导，对他们的工作进行定期和不定期的检查。对一些有条件接受流动儿童入学，但对他们入学通过多收费和乱收费的方式设置障碍的学校进行严厉的查处。只有这样，才能从根本上帮助改善流动儿童在城市学校就学的社会政策环境，帮助一些有条件携带子女到城市读书的农村流动父母解决孩子留在家乡的后顾之忧。

2. 打破户籍制度的束缚

政府应给予进城务工人员市民待遇，保护进城务工人员的权益。长期以来，进城务工人员备受歧视和不公正待遇的现象并没有发生质的改变。虽然政府的政策对他们越来越宽容，但一些城市居民和企事业单位对他们仍旧持一种排斥和歧视的态度，他们并没有在城市中找到归属感，一直是城市中的边缘群体。在访谈中我们发现，由于很多进城务工人员面临工作时间超长、工作环境差、劳动强度大、工资被拖欠和克扣以及收入低等问题，迫使他们把子女留守家乡。我国城市化的快速发展，使越来越多的进城务工人员能够长期在城市中沉淀下来，最关键的问题是要打破户籍制度的束缚，要给予他们市民待遇，保护他们的合法权益。应该继续加强对克扣和拖欠进城务工人员工资的单位和企业的查处力度，确保进城务工人员工资按时、足额发放。进城务工人员已经为城市的建设和发展做出了极大的贡献，城市政府应该像对待自己的市民一样对待他们。像城市下岗职工一样，进城务工人员也应该在税收、社会保障，特别是子女入学等方面享受优惠政策。城市政府要采取一切必要的措施，确保留守儿童跟随父母到达城市后有学上、上好学。只有这样，才能从根本上解决进城务工人员与其未成年子女长期"两地分居"的状况，使越来越多农村留守儿童结束远离父母的留守生活。

3. 实行留守儿童"寄宿制"

实施"寄宿制"是目前各地解决农村留守儿童教育难题的有效措施之一。学校实行寄宿制度能够克服监护人管理不到位的情况，达到对儿童的有效管理。用"寄宿制"的办法把留守儿童集中到学校统一管理，从宏观上讲，节省了分散管理的社会成本，提高了效率。留守儿童"寄宿制"的优势在于，可以帮助留守儿童改善生活照顾、促进个性发展、提高学习成绩、改变辍学倾向、培养道德情感和提高社交技能。目前，重庆秀山广大农村中小学普遍缺乏寄宿条件，特别是一些交通不方便、经济条件差的地方，初中都不能实行寄宿制度。政府应加大对农村教育的投入力度，改善农村学校的基础设施，增加师资的配备，实行农村留守儿童"寄宿制"教育。

4. 构建留守儿童权利保护体系

加强落实《义务教育法》的力度，确保每名农村儿童都能享受到良好的义务教育。净化社会环境，严惩违规经营的网吧、游戏厅等娱乐场所。加强社区综合治理力度，净化社会风气。严打教唆、怂恿、引诱青少年违法犯罪的邪恶势力，营造良好的社会教育环境，给农村留守儿童营造一个安全、舒适的生活和学习环境。在农村建立留守儿童权益维护中心，保护留守儿童的合法权益。农村留守儿童的合法权益遭到侵害的事件屡屡发生，尤其是农村留守女孩遭受性侵害的事件时有发生。社会工作者应通过非政府组织（Non-Governmental Organizations，NGO），向政府与社会求助，与维权的相关部门联系与配合，动用各种社会资源，争取和维护留守儿童的合法权益。

5. 推行"代理家长"制度

"代理家长"制度源于重庆市南川区鸣玉镇，政府动员当地社会上有爱心的人组成关爱队伍"一对一"帮扶孩子，"代理家长"行使家长关心孩子的职责。其最大特点是因地制宜，而且投入比较少，属于政府倡导的义务监护人制度。可以实行由乡镇政府牵头，学校、村民委员会、派出所及热心的退休教师等参加的"代理家长"制度。建立定期访问制度、与在外务工父母联系制度，了解农村留守儿童的学习、生活、健康、安全和心理状况，及时发现问题、解决问题。对农村留守儿童这个特殊群体承担起更多的教育、关心和保护责任，给家庭教育缺失的农村留守儿童营造一个温暖的社区环境。

（四）构建整个社会和谐、关爱的大环境

在目前这个快速转型的社会，社会环境越来越复杂，多种文化对孩子产生影响。要使孩子健康成长，光靠家庭的力量是不够的，需要社会各方面的参与，建立一个相互依托、优势互补的系统，才能发挥全面、积极的作用。在家庭功能缺失的情况下，强有力的社会支持往往是儿童健康成长的重要支撑。

1. 社会舆论引导

在调查中发现，很多村民认为"教育孩子是家庭的私事，孩子在成长过程中出现的问题主要是家长的责任，别人的孩子，我们不好去管"。这种观念在一定程度上成为解决留守儿童问题的障碍。因此，要维护留守儿童在家庭中的权益、帮助父母正确履行自身职责、呼吁全社会关注留守儿童及留守儿童问题，就要有一个舆论环境，大众传媒的作用就显得尤为重要。媒体要引导政府的有关部门、社会组织关心留守儿童、关注留守儿童问题，使留守儿童问题的解决能形成一股强大的合力。此外，媒体也应该为留守儿童的健康发展树立健康的舆论导向，要正视、理解留守儿童的生理、心理的特点与需求，采用多种方式引导留守儿童形成健康的人生观、世界观。

2. 发挥社区的综合教育功能

少年儿童的教育历来是家庭、学校、社区共同的责任。对于留守儿童来

说，父母短期、长期缺位的生活是不可避免的，在学校的时间也非常有限，大部分时间待在家庭和社区。因此，在家庭教育缺位的情况下，建立和完善农村社区教育就显得十分必要了。社区要净化社区环境，使孩子在文明的社区文化中受到有益的熏陶。比如，在社区成立课后活动中心，开展丰富多彩的文体活动，或者成立各种兴趣小组，或者参加力所能及的公益性劳动，既增强了留守儿童的劳动观念和创新意识，又丰富了他们的课外生活，也弥补了留守儿童放学后及节假日的教育空白。社区是一个人际关系十分熟悉的社会，也是留守儿童的主要社会活动场所，他们尽管缺少亲情，但是如果加强了农村的社区建设，社区也能使他们感到温暖。社区对留守儿童及其父母都比较了解，这对留守儿童的教育有很大的感染力和亲和力，同时社区又是监督留守儿童可能产生不良行为的最好场所。因此，应该大力加强农村社区建设，给农村社区以监护留守儿童的责任和权力。农村妇联、共青团等职能工作责任部门要把留守儿童家庭教育工作摆上议事日程，加强对父母和临时监护人的家庭教育指导，整合镇、村的资源，建立农村家长学校、家庭教育咨询指导站，发动志愿者担当代理家长、义务辅导员，关心留守儿童的思想、学习和行为习惯，让每一个孩子身心得到健康成长。

3. 发挥 NGO 和社会工作者在农村的作用

NGO 和社会工作者能够较长时间、有组织地在农村对留守儿童进行帮助与关怀，能够有效弥补政府、学校和家长对留守儿童关心上的不足，能够站在另一个角度看待留守儿童问题。因此，要积极发挥 NGO 和社会工作者在农村的作用。在帮助留守儿童的同时，要对其父母进行引导和教育，让留守儿童家长学会与孩子沟通以及教育孩子的正确方式，发挥父母对孩子独特的教育功能，以促进留守儿童健康成长。要把为留守儿童服务作为工作的重点，坚持不懈地为他们提供健康成长成才的环境。高度重视和关爱这类特殊困难的青少年群体，深化爱心助学行动，开展心理健康教育，想方设法为他们解决具体困难，帮助他们走出困境。

综上所述，留守儿童问题直接源自进城务工人员问题，而进城务工人员的产生是我国从城乡统筹的角度解决"三农"问题的必然趋势，农村的发展最终取决于能否成功实现农村剩余劳动力向非农产业的转移。农村留守儿童问题的解决，不仅要深化户籍制度改革，彻底打破城乡二元社会经济体制，给进城务工人员子女在接受教育方面以平等的国民待遇；而且要进一步发挥家庭、社区、学校、基层政府以及基层自治组织和社会群团组织的职能作用，切实解决目前农村留守儿童在心理、学习和生活等方面面临的诸多问题，使他们与其他儿童一样健康成长。

小 结

经过对秀山土家族苗族自治县洪安镇教育情况为期一个月的调研,笔者了解到,洪安镇设有幼儿园、小学、初中,秀山县设有高中和职业技术中学,形成了较为完整的教育体系,并以县、区、乡镇三级为基本单位,基本满足洪安镇的教育需求,能让孩子有学上、有书读。但同时也发现一些问题,如学生休学率高、留级率高、辍学率高、升学率低等,这些问题的产生与学生父母外出打工以及留守儿童多的现状息息相关。2004年,重庆市政府推出"百万劳动力转移就业工程",民工潮成为社会的普遍现象。重庆57%是农村人口,每年约有1/3外出打工,约620万人。大量青壮年外出,他们的孩子留在户籍所在地并长时间不能和父母一起生活,成为留守儿童。重庆的留守儿童有142.47万余人,留守儿童占本地儿童的比例为22.32%,位居全国之首。而在洪安镇,通过对洪安中心小学与洪安中学的调查,我们发现留守儿童所占的比例更高,约为40%,可见留守儿童问题已经成为当地教育发展的一个重要问题。

通过对洪安镇洪安中心小学和洪安中学的留守儿童、留守儿童监护人、学校老师与政府官员进行访谈,笔者有针对性地提出问题,对形成留守的原因、留守儿童对留守现象的评价、留守现象带来的影响进行了分析,同时结合洪安的情况与文献资料,提出了解决农村留守儿童问题的一些对策。

留守确实带来了许多问题,但要如何解决呢?笔者认为留守儿童问题直接源自进城务工人员问题,要想解决留守儿童问题就必须积极运用家庭、学校、政府与社会各界的力量。首先,要构建完整的家庭教育体系,建立良好的亲子关系,增进亲子间的沟通与交流,促进亲子间的理解与信任。其次,要构建完整的学校教育体系。再次,要构建以政府为主导的社会教育体系。最后,还要构建整个社会和谐、友爱的大环境。

第十四章　扶贫现状调查

一、洪安镇的贫困状况

洪安镇下属有一个边城居委会与贵塘村、贵亚村、三阳村、贵措村、美其村5个村，其人口分布见表14-1。

表14-1　洪安镇人口分布状况　　　　　　　　（单位：人）

年份 地址	2006	2007	2008	2009	2010
洪安镇	15451	15675	15894	16120	16467
边城居委会	2672	2710	2748	2791	2840
贵塘村	1830	1861	1900	1931	1969
贵亚村	2137	2173	2201	2227	2266
三阳村	3472	3527	3563	3616	3709
贵措村	2139	2166	2201	2231	2260
美其村	3201	3238	3281	3324	3423

资料来源：秀山县县政府资料。

洪安镇的贫困问题十分突出。由于缺乏严格意义上的镇级统计资料，从居委会干部那里得到洪安镇（包括下属村）的贫困人口占总人口的20%~30%。在洪安镇镇区，人们已经不再务农，一般从事零售、运输、餐饮以及旅游相关的产业，贫困人口多为孤寡老人以及丧失劳动能力的残疾人；在各个下属村，贫困的状况也各不相同。以下是部分洪安镇下属村及村民小组贫困情况。

（一）贵塘村

贵塘村是邻近洪安镇镇区的一个村庄。由于地理位置相应靠近核心镇，贵塘村的经济状况在5个村庄中属于上等。村庄的人以种植与养殖农业、外出打工、建造房屋、初级制造业（生产矿泉水、茶叶等）为生。由于地理位置上与洪安镇邻近，很多村民的就业问题都在镇上得到了解决，不少村民在洪安镇开设零售商店、餐饮店维持生计。由于经济环境相对较好，贵塘村村民外出打工人数较少，并且村上的贫困户人数总量上也相对较少。通过贵塘村村委会的一个文书，笔者了解到贵塘村一个贫困户的个案：

家中男人在盖房子的时候出意外脑部受伤，丧失了劳动能力，而妻子患有慢性病，因为家中两个主要人物无法参与正常的生产活动而陷入赤贫的状态。目前村中给予这个家庭每年1800元的最低生活保障，并在过年、过节的时候进行慰问。

（二）贵亚村

贵亚村距离洪安镇大概有20公里。不仅距离洪安镇较远，而且去贵亚村的交通非常不好，进村的一段路存在塌方且还没有修成水泥路。贵亚村的状况也令人担忧，贫困状态普遍存在。在村中调查所经过的房屋很多不是现代的砖瓦结构，有些贫困家庭还沿用了20世纪的木屋结构，抵御自然灾害效果极差。基础设施建设不足，且山丘环绕，缺乏灌溉设施，通电状况差，农业经济发展环境恶劣。当地人主要以外出打工、务农、修盖房屋等方式为生。一般外出打工的是年轻人，并且在实地的采访中，笔者了解到最早一批去福建打工的贵亚村村民是在约10年前，他们所从事的行业大部分为砖瓦生产、建筑业，通过几年的努力不仅改善了经济条件，还进一步带领自己的老乡外出务工。目前在福建很多砖瓦厂的工人都是贵亚村人。同时，留在贵亚村务农的大部分都是老人和妇女，他们大多从事种植苞谷或茶叶，或养殖土鸡、猪。贵亚村最贫困的家庭人均家庭收入不超过1000元，且发现越是贫困的家庭，孩子越多（最多的有4个孩子）。贵亚村人普遍认为打工是改变目前家庭经济状况的有效方法。

贵亚村某户家里有6口人，两个小孩、3个老人，主要青年劳动力为一对年轻的夫妇，这对夫妇的受教育水平比较低，均为小学未毕业，且抚养孩子和老人的压力大，小孩到现在都没有上户口（主要原因是出不起上户口的钱，每个孩子3000～5000元），家里种有苞谷、水稻，主要是自给自足，如果收成好了就会选择拿去卖。没有选择种茶叶是因为风险大，没有技术支持，且前几年种茶叶没有收益无法承担生活压力。所在的小组叫贵聋组，共有30多户200多人，扶贫项目以及资金的分配是根据跟村干部的关系而定的，"跟村干部关系好的话就可以评得上,跟村干部关系不好的话就评不上",因而就会存在家庭经济状况比较好的被评为贫困户,而家庭经济状况不好的反而评不上贫困户的情况。

(三) 平马村

平马村是由原平马乡以及其他村庄拆分整合而成的,共有3055人,其中农村户口为2800多人,有880多人外出打工,平马村的贫困户共有50多户(共155人)。在平马乡,摆脱贫困的最有效方法是家里的年轻劳动力外出打工,而陷入贫困最通常的局面是家里人生大病,还有的就是无劳动能力(包括孤寡老人)、家里孩子多但是要供孩子上学的家庭。目前平马村没有形成民间扶贫帮扶的机构,主要还是靠发挥党员的带动作用,主要原因是民间资金薄弱,人力物力资源匮乏,难以形成有效的帮扶机构。在平马乡,农民依靠种植稻谷、养殖牲畜以及种植经济作物为生,其中茶叶的种植规模最大(有600多亩地种植茶叶),有2/3的本地农民在种植。茶叶产业发展了5年,当时杨书记在平马乡任职纪委书记的时候就开始发展了。从目前的状况看,茶叶对于农民增收的效果还是比较明显的,2011年收茶叶的价格为300多元,2012年已经涨到了2000多元。茶叶刚开始的收益不是很明显,但是到种植茶叶5～8年,效益开始稳定,大概每亩可以收入2000多元。

(四) 溜沙村

溜沙村距离平马村并不是很远,交通状况比去其他村都要好。溜沙村有跳花灯(一种戏剧形式,演员身穿戏剧服装在桌子上跳舞)的民俗,并在秀山县作为旅游项目重点推广。因为距离平马村比较近,所以溜沙村也推广种植茶叶。溜沙村的特别之处在于:首先,它有着独特的文化传统与活动——跳花灯,从溜沙村到秀山县政府通过挖掘跳花灯这种传统文化使其转化为旅游吸引点,并大力包装宣传;其次,在发展与推广经济作物上,溜沙村比贵亚村要更成功。遍地可见的茶地与相对较好的基础配套设施,不仅有力地促进了农民增收,并且能在增收的基础上进一步发展村庄整体的硬件设施。

女,20多岁,已婚,老人在家务农,老公的妹妹在外面打工。目前在福建南安打工,是老乡介绍过去的。过去打工的大部分从事服装、鞋、石材等行业。平均下来3000元/月,比较忙的时候能赚4000～5000元。原来村里也搞过养猪,遇到了很多问题:资金不够,资金周转不过来,技术也不行,一生病就亏了。原来养猪规模最大的时候有一二十头,那年猪肉价格很高,结果生病都死掉了。所以打工只要直接出卖劳动力,没有什么风险。在外面打工后来年龄大了回来做一些小生意,勉强过得去。这边人大部分的思想都是出去打工回来建一栋房子。在家里务农是没有什么前途的,只有老人才会留在家里。现在的生活压力太大,竞争还挺激烈,干活少一点,支出就要超过收入。

从上述介绍可以看出,贫困程度在洪安镇各个村级单位各不相同,并且贫困本身的产生与多方面因素相关。首先,贫困地区地理位置相对偏远,道路交通状况差;其次,贫困地区自然生态环境恶劣,基础设施建设差,农业生产效率低且风险大;再次,贫困地区的贫困人口多与疾病、受教育程度或是养老有关,也就意味着贫困地区的人(包括非贫困人群)抵抗风险的能力极差,遇到上述情况就有可能陷入贫困状态;最后,打工与摆脱贫困的关系十分紧密,由于本地环境恶劣且匮乏发展的初始资本,因此打工这种无成本出卖劳动力获取生活来源的方式是最理想的。并且由于去发达省份打工所带来的较高经济收益,会进一步吸引周边的村民也加入打工的潮流,因而我们可以得到一个普遍规律:外出流动务工人口越多,则该地区的经济状况越差,这点可以在表14-2中体现出来。

表14-2 洪安镇流动人口情况 (单位:人)

年份 地址	2006	2007	2008	2009	2010
洪安镇	1280	1813	1990	2179	2293
边城居委会	133	153	205	304	348
贵塘村	136	164	205	218	234
贵亚村	401	464	473	489	499
三阳村	296	435	464	493	510
贵措村	163	313	318	325	335
美其村	151	284	325	350	367

资料来源:秀山县县政府资料。

由表14-2可以看出,由于三阳村与贵亚村的经济情况最差,因此外出流动打工人口数最多,贵塘村由于靠近洪安镇且经济发展状况相对较好,因而外出打工人口数最少。这有力地证明了贫困状态与外出打工二者之间的紧密联系。

二、冲出贫困的抉择——扶贫开发模式评估

总的来说，洪安镇的扶贫工作与项目都是在秀山县政府统一领导之下进行的，其主要主管单位是秀山土家族苗族自治县扶贫开发办公室，所进行的工作结合了国家政策与地方特殊性。在实际的调查中，所发现洪安镇扶贫模式如下。

（一）贫困线及贫困户最低生活保障

贫困线是国家为救济社会成员因自然、社会、经济、生理和心理等方面原因收入减少或中断难以维持基本生活而制定的社会救济标准。当家庭人均收入低于平均线时，国家通过直接拨款的方式进行救济。这种扶贫方式直接改善了贫困家庭的经济状况，是社会保障的重要组成部分。根据最新标准，2012年我国政府制定的贫困线是家庭人均收入低于2300元。以洪安镇为例说明贫困户的评选规则：洪安镇居民有5个组，每组经村委主持、民主评议选出贫困户，贫困户根据人口比例有配额，每月有800～1000元的补贴，评选每年都要进行，如果家庭经济情况好转的话要取消贫困户的资格。贫困户的比例大约为3/100（城镇户口）、6/100（农村户口）。

在田野调查中，笔者走访了多个村庄的贫困户与村委会成员，其中的一些贫困户接受过最低生活保障以及参与过政府扶贫项目。然而，通过这些贫困户对项目的反馈，笔者也发现了一些问题。

首先，统计贫困数据或是判定贫困家庭的工作比较难。确定贫困户的首要原则为家庭收入状况，而家庭收入由多种收入组成，包括资金收入和实物收入。一般资金收入比较好核算，但是实物收入等隐性收入比较难以核算。同时，为了争取贫困补贴，有些家庭会隐藏部分收入与收成。这就给评定贫困户的工作带来了一定难度。

其次，信息不对称性也影响了扶贫工作的公平进行。由于身处闭塞的社会信息环境，很多贫困户对国家扶贫政策并不知晓，一些贫困户符合贫困补助条件但是没有申请补助，如在走访中就发现很多贫困户对于贫困线不知晓，对于贫困补助金额模糊不清。另外，扶贫政策在一些村庄的宣传工作并不到位，一些村民对政策理解产生歧义从而催生了一些矛盾。比如在白马乡中，一个村民反映说几年前政府推广的家电下乡项目给一些贫困家庭免费更换电视机，但是第一批项目针对的对象是孤寡老人。一些有经济条件或是子女在外务工的老人也向村委争取名额，但因为不符合要求被拒绝。由于对政策理解产生歧义，这

些老人认为自己也有权利免费更换电视机,这就与村委产生了矛盾。后来村委通过多方面工作才解决了矛盾。

最后,乡村基层权力机构潜在的腐败对扶贫工作也有消极的影响。虽然贫困户的认定工作在规定上是要全体村民代表和村委会干部一起民主评议,但是部分贫困的村民在社会地位上也处于弱势,人微言轻,不足以维护自身权益;而村干部有时也会把贫困户的名额给自己的利益相关者(如自己的亲朋好友),这种做法极大地损害了扶贫工作的公正性,并在一定程度上造成社会矛盾。

(二)秀山县"万元增收工程"

"万元增收工程"是秀山县政府在2012年为加快经济发展、解决贫困就业问题所出台的一项重要举措,无论是投入力度还是宣传力度都比较大。

简要来说,"万元增收工程"涉及三个方面:农产品市场化与产业化,产学结合、提高产业科技含量,优惠的贷款与资金支持。

但是,当政策落实到基层的时候,实际表现的情况却有些消极。不仅政策的执行存在浮夸之风,而且从百姓的评价中负面的居多。虽然在走访下乡的时候随处可见到"万元增收工程促进和谐新农村建设"的大幅标语,并且在很多村庄每户人家门牌上都会贴上万元增收指标的标牌,但是所走访的村民一致表示这个项目水分居多,不切合实际。同时,在解决农村资金紧张方面,政府的工作也不尽如人意。在贵塘村走访的时候发现这样一个案例:

> 该村的一个农户想利用积攒的一点积蓄养牛,但是启动资金还差一些,于是就利用万元增收工程这个机会申请贷款,最后发现贷款不仅手续极其复杂,而且批复周期很长,到最后资金也没申请下来。

由此可见,"万元增收工程"虽然制定的目标宏伟,实施方法明晰,但是具体到执行的时候还存在着若干问题。由于缺乏确切的统计数字,无法对该工程所产生的实际影响力进行有效评估,但是通过走访抽样调查民意可以发现,"万元增收工程"还存在着"大跃进"式等若干问题,这些问题的存在,不仅浪费了行政资源,更关键的是,农民在这个过程中没有真正受益。

(三)农村社会自主扶贫项目

在实际的田野调查中,可以发现这样一个有意思的现象:比起政府,农村的贫困户认为村中某些有产业的富人对他们帮助大,这也就意味着,这些通过自身努力富裕起来的乡村经济精英通过在本地办企业的方式吸纳农民就业，同时也帮助一些贫困户解决经济困难。这个现象十分值得深思：为什么拥有公有权力和资源的政府反而没有农村中自发组织的企业或产业对于解决贫困问题更有益呢？下面，通过田野调查中的案例将给出这个问题的答案。

杨声文是洪安镇贵亚村人，没有什么背景，早年当兵，退伍之后进入政府系统。由于入党比较早，加上他灵活能干，很早就担任乡干部以及镇上的干部。九几年在云南大学的一次培训中，他受一名教授的启发，准备发展自己的企业以及事业。从此之后，他开始下海经商，到目前为止，其产业已经有相当的规模：包括一家茶叶加工厂，若干农作物基地（包括稻谷、水果、经济林等），若干养殖牲畜（猪、牛等），还有其他的一些产业。作为政府系统内部的人，杨书记具有相当的优势：他从政府的经济项目和扶贫规划中获取未来的产业导向，并在这个过程中抢占优势，他最早起家的茶叶产业就是在白马村任职的时候发展起来的。当茶叶产业获得成功之后，杨书记开始在他的家乡贵亚村买地，进一步扩大产业规模。目前贵亚村茶叶已经种植了3年，共种了100多亩，每亩的收入为3000～4000元。因为茶叶是初步阶段，还要2～3年的时间效益才能提高。村里还有两个茶叶示范田，整个茶叶的产业能发展30年左右。

值得一提的是，杨书记的目光十分长远，他并没有把自己的事业限于农业。在他的组织领导下，目前贵亚村村委已经开始酝酿农业观光旅游建设，虽然还没有上报政府，目前已经有大致的想法，但是具体可行的规划还没有形成，并且还有很多内外部问题没有解决，如资金来源问题（最大的问题）、交通建设问题、基础设施建设问题、村民素质问题、旅游营销问题、本地农民支持度、上级政府政策是否支持等问题。杨书记目前的想法是借助边城旅游的发展，把边城的游客吸引到贵亚村来，进行农业观光游览。目前的有利形势是贵亚村的村民思想还是比较开放的，大家对发展旅游事业的支持度还是比较高的。虽然洪安镇目前的旅游发展规划与贵亚村的旅游建设是分开的，但是洪安镇的旅游事业的发展有利于带动贵亚村的建设。杨书记初步的想法是成立贵亚村旅游合作社，通过多种入股方式，如林业证、土地证、现金等方式，但是这只是规划阶段，还没有落实到具体行动。同时，也还没有找到合适的旅游开发公司，由于整体规划没有完成且投资环境相对差，因此目前暂时没有旅游公司愿意参与这个项目。

经济精英在乡村社会生活中一直扮演着重要的角色，他们往往因为财富的增加，个人的社会地位也随之不断地上升，在基层政府中也会担任公职。他们是政府和农民之间的中间派：既可以联通政府，获取内部消息和政策优惠，又可以联络农民，反映民意。由于他们的发展很大一部分在农村，因而他们在解决农民就业与帮扶贫困户方面相对于政府而言有更为直接的影响力。由于行政上冗杂的手续与相对匮乏的资金，政府在进行贫困帮扶中只能起到社会再分配的作用，即将纳税人的钱对贫困户进行补贴；政府对于产业的引导和支持也只能起推进作用和间接作用，在这个过程中，政府只是"裁判员"或"观众"，而不是"运动员"，无法直接加入市场经济的竞赛中。农村中的经济精英则例外，他们是"运动员"，他们以自身注入的方式兴办实业，吸纳本地村民就业，同时会帮助贫困的农民摆脱经济困境，这其实是一个互惠的过程。经济精英通过上述方式发展了自身企业，增强了企业及个人的社会声望，社会地位会相应上升，社会影响力不断增强，从而名利双收；农民在这个过程中解决了就业问题，同时收入有所增加，贫困状况得到缓解，因而相对于政府的某些扶贫项目，乡村中的自主扶贫模式更具有优势。

三、反思贫困——洪安镇扶贫的未来之路

（一）反思洪安镇现阶段扶贫工作

1. 经济发展内在动力不足

想要解决贫困问题，根源在于经济大环境的普遍发展，没有大环境的改善，个别人的富裕对解决贫困问题是没有意义的。洪安镇目前亟须找到经济增长点，找到可以持续发展的产业依托，并统筹全局，将促进经济增长与农民增收纳入宏观规划。目前洪安镇所形成的产业规模都比较小，例如茶叶、土鸡养殖、种植业等，投入较多的是旅游业，已经兴办了一个旅游景点和"三不管"岛度假酒店，但是还没有形成成熟的规模。乡镇企业发展缓慢，龙头企业规模尚小、实力弱，很难起到带动作用，是洪安镇经济发展面临的重要难题之一。这些先期发展的产业需要资金、技术、市场以及政策的支持，否则对带动经济发展与农民增收毫无益处。

传统的农业经济格局没有突破，贫困村在产业结构上，长期处于以种植业为主，而种植业又是以粮食生产为主的单一产业结构。比如说最贫困的三阳村，政府推广的茶叶、土鸡项目还尚未覆盖，全村农民年老者从事种植业自给自足，年轻的劳动力都外出打工，不仅收入水平低，而且未来生活保障风险极大。除此之外，抵御自然灾害的能力也比较低，在各个村走访时发现，如果碰

到比较大的自然灾害，整年的收成都成了问题，生活将陷入赤贫状态，只有靠政府救济。

支柱产业培植难度大，贫困户受益有限，这也是束缚洪安镇未来发展的阻力。从整个洪安镇来看，除了上述所说的旅游业、茶叶种植业之外，洪安镇的其他乡镇企业均分布在轻工业（生活用品制造）、建筑业（水泥、砖瓦、木材等）、农产品加工业。这些产业很难形成规模，解决就业的人口也极为有限。在走访贵亚村、贵塘村和溜沙村时，仅发现不上规模的乡镇企业就有15家，其中有些企业甚至是家庭作坊的形式，仅能吸收5～10名工人就业，所发的薪水也比较低，大概也就是洪安镇农民平均收入水平，1500～2000元/月。管理水平低、资金投入不足、销路不明确等问题，始终在限制着这些企业的发展。

农业市场化程度低，农业增收潜力有限。洪安镇下属的农村，很多家庭都是自给自足的小农经济形态，农产品低质低价，商品率低，农民增收困难。以贵亚村为例，该村家庭所产的农业产品除了满足自身需求外，只能靠洪安镇和边城镇每个月的"赶场"（也就是传统意义上的集市）来进行商品交换，由于买卖双方都是农民，因而价格也非常低。同时，交通运输状况的不畅也限制着贵亚村进行高附加值农作物生产的积极性。

总而言之，农业产业化、培育成熟的乡镇企业以及市场环境发育不足，是目前限制洪安镇经济发展的主要瓶颈。

2. 农业科技含量较低，劳动者素质较差

众所周知，科学技术是第一生产力。农业的发展依靠农业科技的支持，贫困乡村农业科技的运用空间十分广阔，农业科技在贫困乡村脱贫致富中的作用潜力大。如果贫困乡村的农业得到发展，从而促进经济增长，那么稳定地解决温饱、贫困问题都不是一件难事。因而，提高劳动力的素质、普及科学技术相当重要。在前期的扶贫开发中，秀山县政府已经大力推广农业适用技术，给农户带来了实际的效益。据调查，洪安镇经济相对发展较好的乡村，如贵塘村、贵措村都在推广土鸡养殖、茶叶种植等农业技术。但是从全镇乃至全县的角度看，农业技术推广难以及技术人才短缺的问题仍然十分严重，例如，2011年洪安镇爆发过猪瘟，由于技术人员少，很多村没有及时获得防疫工作的支持，因而损失惨重。此外，由于家庭经济状况较差，很多农民家庭会压缩子女受教育的空间，导致农村子女受教育水平普遍偏低，只有初中文化水平。贫困问题的解决不应"授之以鱼"，而应"授之以渔"，提高农民文化素质和技术水平对于解决贫困问题非常重要。但是目前据了解到的资料，洪安镇对农民的技术培训、文化教育以及农业技术普及方面的工作仍然十分欠缺。

另外，人口身体素质差，脱贫致富无能为力。由于农村医疗环境差，专业医师欠缺，基本上所有的医疗资源都集中在洪安镇，所以有病难医的现象很常见。同时，农村生活卫生环境差，饮用水卫生标准也低，也很容易诱发疾病。当疾病发生时，对于经济基础薄弱的家庭来说，这意味着生活水平的降低，有些家庭甚至因为疾病生活陷入赤贫。在大部分洪安镇下属农村中，70%以上的贫困户都是家庭主要劳动力患有疾病并丧失劳动能力造成的，这对于社会保障不健全、收入水平低的农民来说，将是灭顶之灾。

3. 农民思想观念落后，传统文化观念束缚强

贫困地区的贫困文化，表现在人们思维方式上就是贫困人口思维方式僵化落后。陈旧的价值观念，不仅禁锢了贫困人口的精神，更不利于产生脱贫致富的内在动力。虽然随着时代的发展，以往农村的小农意识已经并不多见了，但是目光短浅、安于现状仍然是目前农村的通病。在贵亚村中我们发现不少的农户，通过3~5年外出打工的经历获得了一笔资金，回来之后就兴建了新的房屋，然后就继续在家务农，其子女上完初中之后也外出务工，这就形成了一个恶性循环：打工—盖房务农—子女打工，等子女长大后又重复上一代的老路，在这个过程中家庭经济并没有得到真正的发展。这种单一的思维方式，既不利于扶贫开发措施的落实，也不利于对外开放。

另外，农村中的陋习与不良嗜好的存在，也影响着农民进一步摆脱贫困。人情礼节、逢年过节大操大办所造成的铺张浪费在农村并不罕见，在一些村庄，我们甚至发现有些家庭不肯供孩子继续念书，却在婚丧嫁娶上面花费了很多钱财。这种贫穷的"高消费"，既强化了贫困农民畸形的消费观念，又严重浪费了贫困人口极其有限的财力，影响其生产的维持和扩大。另外，打麻将等赌博现象在洪安镇也很常见，且有时赌资超出承受范围，一天输掉一个月的收入这种现象时有发生，有些甚至出现了丈夫外出打工、妻子用丈夫挣的钱在家里赌博的不良现象。这些不良的习俗及嗜好，一方面浪费了钱财，败坏社会风气，另一方面会从深层次上影响贫困村的经济发展和贫困户脱贫致富。

贫困文化是洪安镇人民传统文化的消极方面，对于整个村镇的脱贫致富产生了严重的制约作用。这些消极作用是深层次的，它们的存在与发展有着相当深远的社会历史背景，因而彻底革除这些旧思想也并非一件易事。

4. 扶贫项目难以切合实际，扶贫项目评估水分多

对扶贫开发工作的验收和其效益的评估，既是对前阶段扶贫开发工作的总结，也是对贫困人口在扶贫开发中受益情况的科学分析，从而达到判断贫困人口是否脱贫、为下一阶段扶贫工作的开展做好充分的前期准备。扶贫开发工作的验收是一项政策性和科学性兼备的工作，十分讲究实事求是，反映民情。然

而，秀山县各项扶贫工作的开展，其不少扶贫工作验收和扶贫项目评估水分十分多，有些甚至有过场走秀的嫌疑。在溜沙村，重庆市政府的领导在当地考察了"万元增收工程"实施状况。然而，据村民反映，在视察前村干部就把村上的贫困户"控制"起来，市领导所走访的路线都是家庭经济状况较好的家庭，从而掩盖了扶贫工作中存在的问题。不切实际、不了解民情，扶贫工作最基础的是群众工作，如果这项工作没有做好，任何扶贫项目都只能是纸上谈兵。

5. 扶贫投资项目选择的非经济性比较明显，经济效益差，贫困户收益少

扶贫开发工作的实质，就是通过发展经济使贫困地区和贫困户稳定地解决温饱问题，进而摆脱贫困。这个扶贫策略确立有理论假设，即贫困地区具有资源优势，具有以资源优势为依托发展区域经济的潜力。发展经济是贫困地区和贫困户增收的基本途径，开辟这个途径的基本方式是扶贫项目的选择。它有两个基本的选择取向：一是流向贫困户，鼓励贫困户开发种植业、养殖业等贫困人口普遍能从事的各类产业；二是扶贫地区改善基础设施和发展集体经济。这两种扶贫方式一般都需要项目资金的注入，并要确保产生效益并主要流向贫困人口。然而，由于扶贫投资是国家财政支出的，具有无偿性的特点，缺少成本和风险因素考量，所以在投资项目的选择上有时并不取决于项目本身的可行性和必要性，更多的时候取决于一些非经济因素，如扶贫部门的活动能量、领导的意志甚至是某些政治需要。这样的投资项目选择忽略效益优先的原则，缺少科学论证，其结果一方面诱发扶贫主体急功近利的短期行为，往往容易造成投资项目本身出现"形象工程""面子工程"，使贫困资金的投入远离贫困人口；另一方面，扶贫资金利用效率低下，贫困人口受益少，有些甚至出现"烂尾"的现象。同时，在洪安镇，一些扶贫项目（例如"高山移民"工程、旅游业促增收的工程），有些因为"政绩"因素搞浮夸，有些则不考虑实际情况，当扶贫单位和扶贫项目脱钩时，扶贫项目就垮了。这种现象的出现对扶贫工作是极为有害的，应通过民主监督、行政指导以及长期效益评估的方式来避免。

（二）科学建构洪安镇扶贫开发模式

1. 扶贫开发应由行政行为转化为市场行为，行政行为推动市场行为，市场行为引导行政行为，以市场行为为导向

少数民族贫困地区的脱贫致富从根本上依赖于经济的增长，这种经济增长是一种高质量、高效益的经济增长方式，而不是单纯地追求产值、速度和产品质量的经济增长方式，因此就必须在扶贫开发中坚持以市场经济为导向，这是由市场经济的本质决定的。传统的救济型扶贫是"输血"式扶贫，无法使贫困地区再生"造血"功能,难以形成内部的经济活力,即便暂时解决了温饱,也无法稳固持久,一旦停止"输血",便又"失血"贫困,难以真正脱贫。实施扶贫开发,就是在政策导入的推动下,依靠资金和人力技术等生产要素的投入和优化组合,以市场为导向,培植新的经济增长点,使其成为带动区域经济发展产生强大作用的"增长极",带动区域经济发展,使贫困人口脱贫致富。

要正确认识和处理扶贫开发和市场经济的相互关系,对把扶贫开发由政府行为转换为市场行为具有重要意义。这两者是对立统一关系,从对立上讲扶贫开发强调公平,市场经济体现效益,这两者统一是在社会主义市场经济大背景下,我们既要追求效益,又要兼顾公平,两者要互补互进。洪安镇乃至秀山县的扶贫开发必须适应市场经济规律的要求,把扶贫攻坚纳入市场轨道,唯有借助市场经济的发展才能使洪安镇真正摆脱贫困,从贫困落后的阴影中解放出来。同时,又不能消极适应市场经济的效益原则,要正视洪安镇贫困的现实,积极争取各方面力量帮贫济困,实现社会公平,解决贫困人口温饱问题。洪安镇长远意义上的扶贫策略,要侧重于为其建立、发展健全的市场经济创造各种条件,使脱贫致富和市场经济建立同步实现。具体来说,要优化投资环境,创造条件,立足本地资源优势,面向市场需求,选准开发项目,扶持"龙头"企业承贷承还扶贫资金,组织农民进行规模开发,建立集中连片的生产基地,实行产业一条龙(如茶叶产业链生产、加工、营销一条龙),农工贸一体化,形成区域性支柱产业,带动千家万户脱贫致富,促进社会财富的增长。

2. 扶贫开发应由外在扶持向内在"生发"转变,真正立足资源优势,实行科技开发,走高新农业产业化道路

回顾洪安镇扶贫开发的历程,可以发现这样两个问题:一是救济式扶贫并不能真正解决贫困问题,相反,它在长期基层政府运作的影响下反而成了一种政策性优惠,宁愿保存贫困县的行政资格来获取国家资金的注入;二是政府鼓励和引导的产业发展,由于相关条件的匮乏(技术、资金等),很多扶贫项目总是"善始不善终",从而陷入"贫困—扶持—好转—再贫困"的怪圈,虽然经济状况在不断改善,但是与东部发达地区的发展差距却越来越大。因此,应转变观念,真正立足于洪安镇的资源优势,依托科技开发,闯出一条高新农业产业化扶贫道路。

洪安镇可开发的资源还是比较丰富的。洪安镇旅游资源极其丰富,作为重庆通往中南地区的重要门户,洪安镇素有"一脚踏三省"之称,拥有沈从文的"边城"湘西文化、"红色文化"以及魅力小城镇的旅游文化,可开发的空间还很大。目前,洪安镇已经和边城旅游文化开发公司进行共同开发,已经修建、改造了一条古街，并且和边城镇也达成了共同开发的协议，虽然产业规模不算大，但是发展前景不可估量。另外，作为典型的山地丘陵地区，山地资源的开发利用是洪安镇农民脱贫致富的必然选择。山地资源开发要依托自然资源优势，对资源要进行系列性、批量性、规模性的开发生产，形成商品率高，产前、产中和产后经营服务配套，以及开发、生产、市场相对稳定的资源开发利用体系。为此，首先要以市场为导向，通过一定的中介形式，把分散的、个体的、小规模的农户经营纳入专业化、大批量的商品生产轨道，把农业产业开发同扶贫开发结合起来，通过产业开发加快扶贫开发进程。洪安镇在山地资源运用上主要体现在茶叶种植、土鸡与土猪推广、绿色植物种植等项目上，这些项目开发的引导者各不相同，有政府、民间资本和自发组织的农民，这些扶贫产业的发展状况在洪安镇各个村各不相同，产业之间的成长也存在差异，总体上来说，产业化、规模化还需加强，外来资本还需不断投入，才能真正为促进社会经济的发展和贫困问题的解决做贡献。

3. 扶贫开发要从以物质资本的直接投入为主导向脱贫主体实现自身发展为主的方向转变

在洪安镇贫困开发和经济发展中，以汉族、苗族和土家族为主的群众是脱贫致富和社会经济发展的主要对象。洪安镇的贫困落后，归根到底是人的科学文化素质的落后。

脱贫主体的发展，应该是洪安镇少数民族贫困地区经济发展的归宿点，这是由经济发展的目的性决定的。而脱贫主体实现发展的本事体现在是少数民族群众科学文化素质的提高。所以，扶贫开发重在扶"智"，重在提高包括少数民族在内的广大农民的科学文化素质。扶贫开发在加强物质性扶贫项目建设的同时，更应该重视人力资源的投入，大力发展贫困地区的基础教育、成人教育、职业教育，提高劳动者的科学文化素质和劳动技能。

应该看到，物质资本的直接投入对于像洪安镇这样经济基础薄弱、资金短缺、财政困难的少数民族贫困地区来说，具有重要的意义，它有利于暂时缓解当地的财政困难，也有利于带动当地经济的发展。但是，这种作用的发挥，取决于发展主体潜能释放，而最终取决于发展主体的科学文化等素质的提高。在扶贫开发实践中，确立的项目要善于经营管理，争取的资金要善于利用，引进的先进设备、工艺要吸收消化，否则，这些物质资本的直接投入就难以发挥应有的效益，脱贫致富就难以形成"内在"长远的发展。在洪安镇调查发现，贫困农村地区农业适用技术难以推广，与农民科学文化素质低有直接的因果关系。因而，在加强劳动者素质、提高科学技术利用率方面，洪安镇任重道远。

4. 扶贫开发实现由分散个体扶贫向集团扶贫转变，整合社会资本，加快扶贫进程

随着长期扶贫工作的开展，分散的个体扶贫所存在的不平衡性和力度的有限性日益暴露出来，无法从根本上激发贫困村的发展活力。因此，在市场经济下，扶贫力量要集中起来，实行集中的集团扶贫。这种集团不是几家单位的简单组合，而是按照市场法则组建农业产业化集团，这种产业化集团的作用有：

（1）以产业化集团企业组织为龙头，带动洪安镇生产要素的合理流动和优化组合，有利于把潜在的资源优势转化为商品优势和经济优势。

（2）可以吸引外部资本要素流入，为洪安镇经济发展注入活力。

（3）对贫困农民发挥综合帮扶作用（如资金、就业机会、解放思想等），减少分散、重复的现象，提高扶贫效益。

（4）有利于洪安镇产业结构调整，塑造新的市场主体，进而推动洪安镇市场化进程，增强洪安镇农民脱贫致富的能力。

要实现集中优势，需要上级政府部门的大力政策支持，要在政策上鼓励洪安镇的扶贫开发尽早尽快完善市场经济运行机制，例如组建农业、旅游业股份制公司等，政府要在这些方面给予政策倾斜。具体地讲，首先，要制定优惠政策，大力推动各种非公有制经济，特别是个体经济、私营经济和股份制经济的发展；其次，在洪安镇特别贫困的农村，可以试行放开资金转移的各种方法，允许采取灵活多样的投资方式吸引资金，允许在一定范围内风险可控的贷款，使有限的资金投入资源开发和支柱产业中，从而保证产业集中的高效运作；最后，树立科技扶贫的观念，集中利用洪安镇所能利用的科技要素，并以此为可靠的资本要素，联合企业实体，组建农业产业化集团，走出一条高效农业产业化道路，发挥企业集团在扶贫攻坚方面的龙头作用。

第十五章　社会经济调查

一、旅游经济

（一）政府与企业的关系

在实际的运作过程中，政府与重庆的一家旅游开发公司合作，共同发展边城项目。在整个合作过程中，政府仅仅起到了一个引导作用，提供了一些政策优惠，具体的操作全是边城公司完成的。当地政府欢迎这种有实力的大公司来开发旅游，毕竟政企要分开，政府不可能花大力气来搞旅游，用钱的地方很多，本来秀山的财政就不是很充裕，就算充裕，政府也不可能花钱来搞旅游。但是政府的指导和扶植也是必不可少的。边城旅游公司方面旅游部经理 L 的回应也印证了这一点。摘录我们的谈话如下：

Z（笔者姓氏首字母，以下不特别注明）：您能简单介绍下边城旅游开发公司与政府的合作吗？

L：我们属于政府招商引资的那种，政府的优惠政策和帮扶是肯定的啦，我们与政府的合作非常紧密。

Z：您能举几个例子吗？

L：比如说免税退税政策；再比如说银行贷款，我可以明确地告诉你，政府给我们免了3年的贷款利息；基础设施建设也基本挂靠政府。

Z：你能具体说吗？

L：修路啊，包括国道改道啊，也有修建堤坝之类的，管网建设也有，都是政府负责的。还有游船的统一改造，等等。

Z：那咱们主要做了些什么工作啊？

L：修缮吊脚楼，统一风格，我们第一阶段的主要工作还是放在了主街。第二阶段还要继续修建一些新的吊脚楼，在加油站附近我们还规划了一个主题公园。第三阶段，我们要在"三不管"岛的600亩空地上建设酒吧度假区。

Z：那咱们现在有几座房子呢？

L：11间吧，差不多。我可以告诉你，其中有3间是政府以低价给我们的。

Z：也算是一种变相扶持咯？

L：是这样的。

Z：我在旅游局那里得到的数据是，边城公司计划投入10亿资金，那么现在大概已经投入了多少呢？

L：七八千万。

Z：我很好奇贵公司的盈利模式。

L：炒地皮。我们先收购旅游区内的房屋，等这边旅游开发起来，名气大了，我们就把民宅开发成店铺，转租或者出售。另外，门票也是将来的收入来源之一。我们也会搞一些大型游船等项目。

Z：听您这么说和旅游地产类似咯？

L：差不多，和凤凰那边是一样的。最终目的是搞旅游地产开发，不过我们现阶段是不盈利的，可以说是亏损的，主要工作还是一些旅游配套设施的建设。①

此外，以1月份边城旅游开发公司旗下的"三不管"岛度假酒店餐饮部签单情况为例（见表15-1），也可以推断出政府和边城公司的关系不一般。

表15-1 "三不管"岛度假酒店1月份餐饮部签单情况　　（单位：元）

时间	外部签单单位	签单金额	签单总金额	内部签单	签单金额	签单总金额
2012年1月	旅游局	7021	41821	邱总	3960	26213
	洪安镇政府	21231	—	华宇园林	22253	—
	机关事务所	4162	—	康元	806	—
	秀山电力公司	3624				

资料来源："三不管"岛度假酒店内部资料。

（二）旅游开发与当地居民的关系

由于涉及拆迁、征地等具体的利益问题，可以说，居民不论是与开发公司

---

① 引自2012年7月23日《田野日志》。

还是与政府之间的关系都是相对紧张的。同时,由于现阶段开发的速度较慢,经济发展很难满足当地居民的要求,其生活条件也没得到切实的改善,可以说,这是旅游开发前期所必然要面临的问题。

但用发展的眼光来看,伴随着旅游区的开发和建设,社区人口的职业构成发生了变化,主要体现为非农产业的劳动力的增多。变化最明显的是妇女从农业劳动中脱离出来,她们开始经营旅游工艺品、旅游的食宿接待服务、摆卖农副产品等。旅游给社区居民带来了一些直接就业的机会。①

然而,在土地问题上确实存在利益纠葛,老百姓觉得价格不合理,在访谈杂货铺老板的过程中,笔者得知:洪安街上只卖给了边城公司四五座老宅子,只有10%,大部分都不卖。木质的1050元/平方米,砖瓦房1490元/平方米。一座房子大概30万元,村民们都嫌少,很少有人愿意卖。而开发公司又觉得价格高,笔者曾经问过边城公司旅游部经理他们最大的困难是什么,得到的回答是土地价格太高,导致成本攀升太快。

可见,这里面存在着这样一个悖论:旅游公司觉得成本过高,在是否继续大规模投入的问题上犹豫,同时守着土地、房子的人又觉得开发速度太慢,他们很难享受到旅游开发带来的红利。于是引出了另外一个问题:土地被征收的农民转行搞起旅游业后并没有获得比以前更高的收入,从某种程度上说,在经济层面上改善并不明显,补偿款少的情况下,民众觉得自己在整个博弈的过程中吃亏了,因为他们曾经赖以生存的土地和房子没了,出去打工反而是最佳的选择。与此同时,笔者发现双方的沟通不够也是一个很大的问题,容易产生分歧和误会。比如说,批发店的老板以为开发九龙坡是他的创想,实际上这早已在总体开发规划内了。民众之所以觉得补偿款低,是因为他们有一种对未来的巨大恐惧感,他们不了解边城景区将来会怎样,他们担心一旦房屋和田地被占,他们就失去了谋生的本钱。政府、边城公司应该和民众多做沟通,给他们讲清事情的前因后果和目前遇到的困难,让他们了解整体规划和资金落实情况。这样一来,阻力会小很多,得到的支持也会更多。

当然,事情不是只有消极的一面,也有积极的一面。比如说旅游开发确实带动了当地私营经济的发展,提高了就业率。为此,笔者曾专门采访过边城旅游开发公司市场部经理和秀山县旅游局副局长,他们的回答很相似,大致是说旅游究竟对当地经济的发展贡献有多大是很难拿数据来衡量的,因为得出诸如就业岗位这类数据就是不太可能的。严格说,杂货铺的个体户不能算是旅游经济的,但实际上我们知道如果不是旅游开发,他们可能就没这个机会,所以这

---

① 参见周大鸣《文化人类学概论》,中山大学出版社2009年版,第373页。

个是很难界定的,因为"旅游"这个概念太宽泛,连他们"三不管"岛度假酒店能否算到旅游相关项目里,都很难讲,原因是它也可以划归餐饮类。虽然无法用确切的统计数据来表现旅游开发对经济发展的影响,但可以确定的是,旅游开发确实对拉动当地经济发展、提供就业岗位做出了不可磨灭的贡献。

据笔者田野调查后发现,从事与旅游有关的个体户数量不断攀升,以洪安街为例(见表15-2),在旅游开发前几乎只有民宅,很少见到店铺、旅店或者餐馆之类的建筑,但现在有很多类似的地方。

表15-2 洪安街店铺统计情况

湘西大染坊(手工艺品)	古镇修复管理办公室
武陵民俗文化研究基地 湖南省书法家协会创作基地 重庆秀山县作家协会创作基地	刘邓大军进军大西南陈列馆
富盛小憩(旅店+餐馆)	益和记望栈(旅店+餐馆)
万丰杂货铺 边城人家(杂货铺)	富康记米店
复兴银行	"三不管"岛度假酒店(宾馆+酒店)
三省怡家	游客接待中心
圆梦客栈(旅店+餐馆)	翰林轩
集丰油铺	无名氏(旅游纪念品店)

资料来源:田野调查所得。

可见,旅游开发确实为当地居民带来了许多机会。此外,"三不管"岛度假酒店也提供了相当一部分就业岗位。该酒店的雇员除去少数经理级别的以外,雇用的几乎都是本地人。有来自对岸边城镇的,比如茶楼的女服务生N,她家在茶峒镇开了一家中国联通的门店;也有来自洪安镇的,比如网管小M,笔者在去平马村调查的时候就曾到过他家。除此之外,甚至连客房部经理都是洪安镇本地人。

综上所述,虽然旅游开发一定程度上在经济层面帮助了当地居民,但在调查的过程中,笔者对旅游开发的不充分有切身体会,当地人戏称边城旅游为"一日经济",事实上确实如此,这还是理想的,其实称"半日经济"更为妥帖些。游客一般跟随旅游团到这里,两个小时就可以玩个遍,旅游资源并不像规划中提到的那样丰富,大多数只有一个初步的模型,并没有内核和丰富多彩的表现方式。多数游客只是买瓶水,或者一些纪念品,当然也有一些留下来吃饭的，而住宿的就很少了。

(三) 旅游经济的"第三条路"

这"第三条路"既不是政府主导的，也绝非普通老百姓自己可以操持的，而是政府官员以私人名义，但动用了一些行政资源来搞旅游开发。可是村民们对他们的评价褒贬不一，有的通过种植茶叶发财的村民就特别感谢他们，比如笔者在采访平马村的村支书时，他就说当年杨书记在他们这工作的时候，大力推广茶叶种植，帮助当地村民实现增收。也有人对此颇有微词，本来该分发给村民的树苗、经济作物的种子和牛羊的幼崽等，杨书记等人凭借自己的权力全都转移给了自己人，其他村民都没有份，而且在对集体土地的承包价格上，也有不少村民认为政策的制定明显有利于杨书记等政府官员。

从以上关于洪安镇旅游经济发展状况的论述中，我们得知，旅游对当地经济生态的影响，按照旅游人类学的标准来评判，主要体现在以下几个方面。

1. 旅游发展推动了经济结构的多元化

旅游社区在人口结构分化的同时，其经济结构也从以传统农业为主转变为以农业和非农产业共存的结构。农业经营方式从传统农业向外向型、商品化和现代化农业转变，第一产业实现了多元化发展的同时也促进了第二、第三产业的发展。旅游业虽不是绝对的主体经济，但其推动了农业内部结构的分化，同时使农业经营方式也发生了变迁，逐步迈向商品化和机械化。游客的到来，给居民提供了销售农副产品的机会。社区经济结构的多元化带来了村民收入总量的增加及收入构成的多元化。

2. 旅游发展带动了生活方式的都市化

频繁的主客互动，使社区村民的衣食住行和休闲生活迅速向都市生活转变。传统饮食开始迎合游客的胃口，外来食品开始进入当地人家庭。住房面积越来越大，年轻人向往电视、空调等高档家电。虽向往都市的豪华舒适，但为了发展旅游，村民们（政府）理智上还是选择传统建筑。生活质量得到改善，基础设施和娱乐设施的建设也丰富了当地人的休闲活动。[①]

旅游开发无疑正在逐步迈进，旅游给当地居民经济生活带来的影响也越来越突出。但这种粗放式的发展方式还是值得人类学者反思的，究竟政府和开发商的角色扮演得是否成功；民众能否真正从这个过程中受益，还是又演变成另一种形式的劫贫济富式的财富再分配；旅游开发对经济形态的影响有多大，优势、劣势又各是哪些，这些都值得我们在今后的跟踪调查中探讨。

---

① 参见周大鸣《文化人类学概论》，中山大学出版社2009年版，第374页。

二、国道经济

（一）概况

毋庸置疑，交通要素在这一经济模块中扮演了至关重要的角色，由于毗邻G319国道，公交车站也坐落于此，洪安镇中心主要的经济收入还有赖于公路运输，因此餐馆和旅店是主要的经营模式。也由于交通便利，各村的村民也愿意到镇上来赶场或者添置些东西，所以沿G319国道一线放射，已然成为洪安镇中心的商业街（见表15-3、图15-1）。可以这样说，盘活洪安经济的不仅仅是人们对于旅游开发的预期，也有交通要素的影响。应该说有些店铺是在搞旅游开发之前就已经有了的，所以它们瞄准的顾客不是游客而是驾驶员和乡下的村民。

表15-3　G319国道店铺统计情况

洪安电动车经营部	信合宾馆
家家（贵）屋	重庆农村商业银行
余家牛肉老面馆	九阳专卖店
腾飞百货	海尔专卖店
格力电器	宏源日杂百货
东昇影碟店	梦芭蕾内衣
潮流造型中心	红平床上用品
荣贵小吃店	时尚丽人
农副产品药材收购部	专修汽车电路电器
边城特色牛肉面	边城宾馆
古镇宾馆	渝湘黔边贸批发部
农资惠民店	宏运建材
中国移动特许经营店	乐华专卖店（电器）
边城五金优惠店	中国移动特许专营店
边城批发部	金城摩托
边城印象婚纱摄影	洪安长途汽车站

（续上表）

渝客隆（餐饮、副食）	中国石油加油站
六一宾馆	渝湘园火锅店
中国移动	济世堂（中医按摩）
青山羊肉馆	人和居鱼庄
洪安派出所	边城通信
洪安邮政局	好运来鞋店
中国移动特许经营店	数字 E 家
洪安批发部	大家（岗）不锈钢装饰
喜庆精品店	边城灯饰
黔龙阳光地产接待中心	金德管业
广成餐馆	中国联通专营店
正强电器售后部	昌野药店
正强液化气供应站	海信专卖店
柒零家园洪安生活超市	铃木摩托
天翼中国电信专营店	人寿保险有限公司
秀山县禹通乡镇供水有限公司	洪富超市
渝洪餐馆	渝鑫大酒店
服装加工厂	农副产品、药材收购部
俏佳人美容馆	边城装潢
龙门鱼庄	粮站批发部
摩托车销售维修店	边城门窗
洪富液化气供应店	古韵门业
时运通电动三轮车专卖店	九龙老鱼庄
昌野药房	红事香纸店
渝湘黔老鱼馆	桑乐太阳能
洪安鱼馆	海昌电器
重庆边城特色鱼馆	洪安老鱼店
国家电网	森州电脑

（续上表）

老龙电工	富民门窗
农机补贴产品经销店	渝东灯饰城
便民店	辣鱼村
东荆门窗	金鑫窗帘
摩托车维修店	

资料来源：田野调查所得。

图 15-1 G319 国道店铺

（二）代表店铺访谈摘录

1. 加油站

该加油站是在搞旅游经济前就有的，大概 8 年了。高速公路修好之后，虽然对旅游有益处，但走国道的车少了很多，加油站受影响很大，收益下滑明显。

2. 长途汽车站

这以前除了汽车站，什么都没有，现在搞旅游开发，才有了街上这些店铺。旅游对他们的生意有帮助，节假日游客还是很多的。这个车站有 10 年了。

3. 五金店

该五金店是这边开发旅游后新搞的，主要是瞅准了旅游经济对这个地区会有带动效应。但收入很一般，也就够补贴家用。

4. 中国移动特许专营店

卖手机主要得看月份，春节前后买的人就多。主要是周边村子和镇上的人买。不同的人需求也不同，从一两百元到数千元的都有（据笔者观察主要是以山寨机和国产机为主,如金立、华为等)。多的时候一个月可以卖五六千元,一年店租一万元,再刨除工人工资,大概能赚个七八万元。G319上卖手机的店铺很多,竞争很激烈。店主之前不是干这个的,但他干这个跟旅游的关系倒不大,手机不是针对游客卖的。

5. 杂货铺

店主夫妇干这个有20多年了。这条街上的五金店和电器专卖店是很赚钱的,大概一年能净赚10万元。他之所以不干这个赚钱的营生,是因为他没人家的经验,人家至少也干了10年。这些店铺以前也有,都是些基本行业,啥时都需要。路边建筑风格之所以一致,是因为政府搞的路政工程,政府统一辖区内高速和国道附近的建筑风格。洪安镇这边是苗族、土家族风情,过了这里就是别的风格了。这个是政府给修的,不要他们的钱。政府为每户平均花费3万元。

6. 青城羊肉馆

老板的家集住宿、餐饮、停车为一体,据他说,多的时候一天的毛收入能有3000多元,平均下来一个月也能有个五六万元的毛收入,刨去工人工资等成本,还能有个两万元左右的纯收入。收入很可观,比一般外出打工的挣得还多一些,不过很辛苦。每天晚上要12点钟才打烊,而清早6点钟又要开门,而无论客人何时进来,老板都要亲自下厨炒菜,唯一的好处就是比较自由,累的时候可以关门歇两天。老板之所以这么辛苦,是因为要供自己的女儿上学,由于是县重点学校,花销很大,光生活费一个月就要1000多元。

综上所述,作为重要的一种经济形态,国道经济确实提供了许多就业的机会,也为居民带来了可观的收入,不过同性质店铺很多,比如通讯类的,就有7家之多,一定程度上削弱了利润。而且这种经济发展模式有其局限性,只能沿国道放射,辐射范围有限。可以预见,如果未来旅游经济能够大踏步前进,按照规划,国道改道,这条街成为真正的旅游商业街后,两侧的店铺将迎来发展的机遇期,显然店铺老板们心里也都是这么盘算的,但目前还是摆脱不了交通因素的影响。

三、集市经济

(一) 概况

和茶峒镇的集市不太一样,洪安镇这边这两年才开始搞,所以无论是规模还是人流量都无法和江对岸的茶峒镇同日而语。边城那边自古就是一个汇集十里八乡的大集市,有历史传统在,而洪安这边单纯是靠政府拉动的,这也是一个区别。总而言之,集市经济不过是一种初级的市场交换形式,商品多为农家自产,以农副产品为主,较为封闭,对外交流少。

(二) 两地对比

1. 洪安镇集市

之前虽说有心理准备,知道这个集市不大,可也没想到有这么小,10分钟不到都转上一圈了。主要产品种类有蔬菜、水果、服装等,可谓麻雀虽小,五脏俱全。这个集市刚建成投入使用两年(见图15-2),正因为如此,为了吸引更多的商家,小的摊位是不收取任何费用的。即便是规模大的摊位,费用在笔者看来并不高,一米长的摊位还能放一辆小型货车,也只要16元,这在笔者曾经实习的地方(天津市华明商贸中心)要50~100元。至于收入,笔者问了一位卖小百货的摊主,他坦言一天(他所谓的一天也就是一上午,因为下午集市就基本散场了)在这里能挣个七八十元。可见人流量并不大,这与笔者的实际观察也相符。事实上,留守的人本来就少,又怎么能奢望集市有很多人呢?另外,这些摊贩基本都是各个集市都串的,至少边城和洪安这两头是要跑的,后续还有待进一步深入观察。

图15-2 洪安镇集市

2. 茶峒镇集市

新集市于2009年建成,固定摊位有三四百户,占地约60亩,面积虽然大,但因为集中的原因,管理相对容易。收费情况如下:一般只有一个筐子的摊位只收1元;稍微大点的,如油炸摊子收2元;再大的5元;卖生肉的摊位大概15元。固定的摊子则是按年收费的，离马路近的一年1000元，远的600元。开"湖南省非税收入"的收据。也有些人不愿意交，有时候也会出现抱怨和争执，但是最后都会交，因为如果执意不交，管理人员是可以没收东西的。据了解，茶峒镇这边的集市一般是在花垣县上进货的。

通过以上的对比，我们可以看出：

第一，费用问题。针对小的摊位收费方面，两边基本都差不多，几乎都是免费或者只收取很少费用，目的是吸引商户。但大的摊位就不同了，洪安这边大的摊位本来就少，和茶峒那边不具有可比性。

第二，两岸的商户基本都是到处赶场的，所以除了茶峒镇上的固定摊位外，那些流动摊位都是一批人，所以商品的价格基本一致。

第三，封闭性。如前所述，除了那些专业的商户，对于大多数农户而言，他们既是买家又是卖家，把自家的农副产品卖掉再去买自家不生产的商品，基本上还是小社区内自给自足的这么一种状态，对外联络较少。而农产品迟迟卖不到好价格，也严重削弱了他们的购买力，买的几乎都是生活必需品。其实有关这点，笔者觉得和卡尔·波兰尼所描述的"家计"概念部分类似。在此，经济组织的样式是一个封闭的群体。尽管形成了一个自给自足的单元式家庭、村落或者庄园等非常不同的统一体，但"家计"原则本身是不会改变的，即为满足群体成员的需要而生产和贮藏。对交易或市场的需要并不比对互惠或再分配的需要更大。① 在这里，市场似乎被淡化成一种符号，基于差序格局的互惠和再分配似乎更加重要。

第四，"团体格局"的兴起。现在农户是家户经营，随着生产中的科技化、机械化、产业化程度的不断提高，农户们实物或劳务上的需求也日趋多元化，单纯的义务或礼物性的互惠交换已不能满足这些要求，便出现了村庄内的市场交换，这也表明，原先在血缘或姻缘关系基础上确立的"差序格局"已不能容纳新的生产力，自然而然就出现了讲求互利、平等与合作的"团体格局"。②

结合费孝通的观点来看，乡土中最基本的关系还是"差序格局"，"自家人的范围是因时因地可伸缩的，大到数不清，真是天下可成一家"。③ 在这种情况下，馈赠是占主要位置的，但随着生产专门化和市场经济的兴起，乡土社

---

① 参见［英］卡尔·波兰尼《大转型：我们时代的政治与经济起源》，冯钢、刘阳译，浙江人民出版社2007年版，第46页。
② 周大鸣：《文化人类学概论》，中山大学出版社2009年版，第125页。
③ 费孝通：《乡土中国》，人民出版社2008年版，第28页。

会也做出了自己的调整，渐渐符合费孝通关于"团体格局"的定义：他们常常由若干人组成一个个的团体。团体是有一定界限的，谁是团体里的人，不能模糊，一定得分清楚。在团体里的人是一伙，对于团体的关系是相同的。① 随着旅游经济的发展和集市贸易的兴起，原来的差序格局确实如前文所讲，局限性太大，因此诸如商会、行会、农业互助组织等补充形式的出现，为繁荣当地经济做出了不可磨灭的贡献，同时它们的出现也在潜移默化地改变着当地的民风民俗。

四、农业经济

（一）概况

洪安镇下属各村的农业状况基本符合这样的描述：很多农民把动物作为生产的工具，比如耕田工具，并以它们的粪便作为肥料。水稻种植者用牛来犁耕未开垦的水田，牛耕使这边水田里的水和土壤在种植前混合到一起。很多农民在耕作前，把动物作为耕犁土地和耙掘土地的工具，从而开垦出一片片农田。人们常常把耕作工具套在动物身上来帮助人们完成耕种活动。农业从业者因为掌握了水资源的调配，所以能够事先安排耕种活动。由于灌溉后的田野是各种植物和动物组成的一个特殊的生态系统，其中有很多微生物，他们的排泄物是天然的肥料，所以，灌溉能增加土壤的肥力。②

由于土地的永久使用性，农民们可以在一个地方定居。居住在大型、稳定的社会中的人们和其他定居点之间的距离较近。人口的增加和人口的密度的扩大增加了个体与群体之间的接触和交流。人们需要投入更多的精力去处理人际关系，包括彼此之间的利益冲突。比如协调土地利用、水资源的分配、劳动力利用和其他资源利用之间的关系。③ 的确如此，在数次的下乡访问中，笔者曾经见到就灌溉水源和土地纠纷等问题吵起来的，可见协调资源的调配问题确实很重要。

但是，农业发展的背后也存在一系列的问题，首先，农业经济的发展越来越走向专业化，比如种植一种或几种作物，但砍伐树木重点种植几种作物的做

---

① 参见费孝通《乡土中国》，人民出版社2008年版，第28页。
② 参见［美］康拉德·菲利普·科塔克《简明文化人类学：人类之境》，熊茜超、陈诗译，上海社会科学院出版社2011年版，第116页。
③ 参见［美］康拉德·菲利普·科塔克《简明文化人类学：人类之境》，熊茜超、陈诗译，上海社会科学院出版社2011年版，第118页。

法大大破坏了生态多样性。① 其次,由于工农业的剪刀差和充分的市场化等复杂问题导致在社会分层方面,社会成员自然地被划分为两大类:一类是那些有资源和能力参与到市场交换中的人,包括大大小小的资产持有人和拥有职业市场认可的劳动能力的在职人士;另一类是那些被抛出市场之外,既没有资源也没有能力的社会下层,包括没有收入和积蓄的老年人、无家可归的流浪者、没有能力重返就业市场的失业者,等等。前者是市场交换的直接受益者,而对于后者而言,市场交换无疑是一个噩梦。②

(二) 农民收入情况

1. 生产

笔者运用访谈法结合"撒豆粒"法来说明洪安镇的农业生产情况。下面请看在此过程中生成的表15-4、表15-5:

表15-4 洪安镇贵亚村投入、产出对比　　　　　　(单位:分)

项目	投入	劳动强度	风险	产出
苞谷	3	3	3	2
水稻	3	5	4	3
茶叶	5	4	5	5
外出打工	1	4	1	3

注:评分区间0~5分。

表15-5 洪安镇平马村投入、产出对比　　　　　　(单位:分)

项目	投入	劳动强度	风险	产出
苞谷	4	5	5	2
水稻	5	4	3	3
茶叶	3	3	4	4
外出打工	1	2	1	5

注:评分区间0~5分。

(1) 打工的成本主要是背井离乡这一感情因素,打工者丧失了照看子女、

---

① 参见[美]康拉德·菲利普·科塔克《简明文化人类学:人类之境》,熊茜超、陈诗译,上海社会科学院出版社2011年版,第118页。

② 参见周大鸣《文化人类学概论》,中山大学出版社2009年版,第328页。

孝敬老人的机会，当然交通要素也要考虑。但这点是很难从以上表格中体现出来的，上表主要考量的是单纯经济投入。

（2）外出打工的劳动强度也是因人而异的，不同的工种劳动强度是不同的。

（3）茶叶的产出是不稳定的，据杨书记的弟弟介绍，茶叶的一般寿命为30～40年，前5年基本看不见收益，后30年收益和产出呈递增的趋势。高峰时产出能保持年均7万～8万斤，保守点也有4万～5万斤。种植茶叶主要集中于洪安镇、峨溶镇和平马乡［现撤乡改为平马村（见图15-4），隶属于洪安镇］三地。

（4）茶叶的风险主要在于其周期长，不确定性大，价格受市场因素影响较大。

（5）水稻和苞谷的风险主要集中在水源上，本地2011年干旱就出现过颗粒无收的现象。

（6）采访样本主要集中于3组，大概20人。

（7）评分区间：0～5分。

（8）访谈对象为一组，共6人。

（9）苞谷劳动强度大是因为至少要施两次肥料。

（10）苞谷的风险大是因为无论是风灾还是旱灾都能令其颗粒无收。

（11）苞谷投入大是因为肥料种类多、价格高，一般的作物只需肥料100多元，而苞谷前后则需要600～700元。

图15-3　平马村

(12) 外出打工劳动强度大是因为他们的工种为建筑工，体力消耗大。

从以上资料我们不难得出结论，外出打工和种植茶叶相对收入比较高，但考虑到风险的因素，外出打工无疑是最佳选择，这也是村里只有留守儿童和老人的原因。有意思的是，农产品的投资与收入比明显违背了经济学的常识：高风险，高收益；低风险，低收益。由于干旱、洪涝、大风等不确定因素和化肥等成本的上升，导致种植农作物不仅风险大而且成本高，而收益却反而最小。这就给农民的生存带来了巨大的困难。

结合访谈资料，笔者认为：单靠种田来维持生计是远远不够的，出去打工是必然的选择。于是乎，这样的一个怪圈就形成了：年轻人外出打工，老年人在家务农，孩子让老年人带；等年轻人老了，他们回家盖房，自己种田，由于经济条件所限，让自己的孩子再出去打工，然后循环这个过程。由于贫困，笔者在这些访谈对象的脸上看到的只有无奈而不是希望。尽管这几年旅游开发和茶叶种植让村民的生活改善了一些，但毕竟只是一小部分人，大多数人与这条利益链无关。目前社会各界的关注焦点都集中在"北、上、广、深"这些大城市，以为中国的现代化已经步入尾声，仿佛发达国家也不是遥不可及的事情，但真正来到普通农村，发现情况根本不是这样。农民们完全没有摆脱靠天吃饭的宿命，一切符号化的事物似乎都离他们很远，面朝黄土背朝天的生活依旧没有结束，唯一改观的无非是给轮回的过程加入了诸如打工、春运这样的新鲜元素。

2. 再分配

现代国家一般通过税收和社会福利制度来对社会财富进行再分配。政府把一部分社会财富以税收的形式集中起来，再以公共服务、社会保障和社会福利等形式分配到弱势群体手中。那些缺乏市场竞争力和市场价值的弱势群体如果无法从国家的分配机制中获得生存资料，只有死路一条。在这个意义上，以社会保障和社会福利形式出现的国家再分配与其说是为了维护社会公平和正义，不如说是对弱势群体的集体收买。①

就洪安镇下辖各村而言，再分配机制主要是以扶贫项目、养老金项目等形式运作，但在本来就杯水车薪的扶助过程中却充斥着不公因素的影响，为村民本已黯淡的前途蒙上了一层阴影。

前文提到过的经济作物的种子和牲畜就是一例。笔者曾在贵亚村询问过村民政府有没有相关的补贴政策。农村小哥的回答很耐人寻味："有的，不过到我们这没有了。比如说政府免费给我们一些种子或者是山羊，村里面就说一头

---

① 参见周大鸣《文化人类学概论》，中山大学出版社2009年版，第326页。

羊好几百,养死了我们要赔,哪个敢养嘛。最后都便宜干部们了,我们都不敢养,他们一分钱都没出,就都归他们了。"可见国家的政策是好的,但在具体执行的过程中,有的干部利用手中的行政资源使自己在扶贫过程中实现利益最大化,反而忽略了普通村民的需求。

又比如说平马村某老伯的事例更说明了话语权的作用,干部们有权力评定到底谁是贫困户,而往往贫困户都是他们自己的亲戚朋友。按照村民老伯的叙述,别家的砖木房都开始享受国家政策整修了,而他家住了20多年的木房子却还没享受到政策。老伯想去县里上访,村委会得知后才决定帮助他家。另外,截至笔者调查之时,家电下乡政策还没有惠及老伯家,唯一算得上享受的则是一台村干部亲戚赠送的已经坏了的黑白电视机,而真正家电下乡给的彩电分给了黑白电视机的原主人。如果说上述问题主要是分配不公,那么养老和教育问题则主要是资金比较少。

笔者在贵塘村前村委会主任家做访谈的时候得知,对于村民的补助为:没有地的农民,并且男的年龄超过60岁,女的年龄超过55岁的,政府每月给补助80元,除此之外就没有了。但笔者都清楚一个月不到100元钱意味着什么,养老肯定是不够的。有工作的还好,比如说老村长,每月有几百块钱退休费。对于大多数没有正式工作的老人们而言,则只能靠儿女打工寄回来的钱艰难度日。

对贫困学生的帮助也不像想象中的那样巨大,如平马村某农妇所言:"国家政策有是有,得是单亲或者父母双亡的家庭才行,也只是免掉学费和书本费,可是你也知道其他费用也不少啊,所以说很难的。"现实似乎也只能让她的孩子们复制母亲的打工之路,补贴家用。哪怕是条件稍好的溜沙村,D大婶的情况也好不到哪里去。"每个月的花费很大,光是给大女儿每月的生活费就要500块。所以啊,她现在上高中我能供得起,以后上大学就不一定啦,但即便是借钱,我也要供她读,因为读书可以改变她的生活。"她坦言道。可见读书对于贫困山区的孩子们而言确实不是一件容易的事情。

综上所述,洪安镇各村的发展基本是停滞的,外边世界轰隆隆的工业化、城市化进程似乎与其无关。它还是过它的面朝黄土背朝天的农耕生活,靠天吃饭,自给自足,与世无争。但与过去的区别在于:一方面,就农家来说,市场化以前,原用不着花钱买东西过日子,现在变成处处要用钱才行,而农产品偏偏不卖钱,其痛苦实为前所未有①;另一方面,年轻人外出打工,到那些全国最发达的地方,通过比较,他们对自己家乡的贫困落后有了更为直观的认识,

---

① 参见梁漱溟《乡村建设理论》,上海人民出版社2011年版,第327页。

可悲的是，他们有改变命运的想法，却很少有途径能帮助他们实现。到头来还得回到这片土地，拿起锄头，亲眼见到自己的后代复制着这个无比熟悉却又毫无希望的故事。

对此，笔者有几点设想。第一，把土地所有权还给农民。一方面，出去打工的人可以通过土地的转让获得合理的补偿，作为其在大城市立足的资本；另一方面，留在村庄的人可以利用购置的土地实现规模化农场式的生产，提高效率和产量，加快农业现代化进程。第二，放宽户籍制度，让去大城市打拼的并且有能力的人留在那里，这是改变他们命运，让他们不再重蹈覆辙的关键的一步。第三，给打工者的子女提供平等的受教育机会，很大程度上教育的不平等才导致了最后收入的不对等，只有给农村孩子们高质量的教育，他们才有可能走出家乡，并最终回来改变家乡。

总而言之，在城市和乡村之间应该架起一道桥梁，让从乡村出来的老年人能够落叶归根，也让农村的年轻人有机会到城市拼搏实现自己的理想。工业化要建立在农业现代化的基础之上，否则我们的现代化进程就是不完整的，也是有缺憾的。应该让农村人和城市人一样共享改革的成果，否则任何意义上的美化都掩盖不了"一群人剥削另一群人"的实质，而这都不过是"工农业剪刀差"的借口。

小　结

在梳理了4种主要经济模式后，笔者得出结论：旅游开发在短时间内并没有使该地区的经济产生显著变化，外出打工仍是主要谋生方式，农业由于其自身价值偏低的局限性，导致它并不能保障农民的基本生活。因此，再分配机制在这里就显得尤为重要了，但可惜无论是基数还是公平性都不尽如人意。开发旅游似乎是唯一的救命稻草，但由于三方之间沟通交流不够，导致积累了一定的矛盾，给旅游的进一步开发蒙上阴影。从另一个角度看，洪安镇的旅游资源确实吸引力不够，很难与同地区的凤凰古城和张家界竞争，因此开发旅游的难度也是非常大的。最终这个地区的经济发展还是要靠国家宏观政策的调控，首先，逐渐放宽城市的准入机制；其次，分配高质量的教育资源给乡村学生；再次，金融保险的发展和科学技术的引进也至关重要；最后，还得放宽土地流动政策，让有实力的农民经营起大的农场，实现规模化经营。

总之，在现有经济发展模式下，洪安镇只不过是打着旅游开发的旗号的一个普通中国村庄而已，它与别的地方并没有太大的不同。尽管如此，笔者通过这一个多月的近距离观察，对这个地方的发展还是充满信心的，即便道路曲折，困难再多，但凭借当地人民勤劳肯干的作风和积极进取的态度，笔者仍然相信他们能够与政府、边城旅游开发公司配合好，以旅游促经济，以工业化带动农业现代化和城镇化，最终实现经济的繁荣与发展。

第十六章 医疗健康调查

一、公共医疗及卫生

一个区域的公共医疗情况与当地的经济、政治、文化、社会息息相关。十八大将关注民生置于一个至关重要的地位,而公共医疗不容忽视。公共医疗的成熟与稳健是与人们健康切身利益挂钩的,也是一个地区经济的衡量标准。重庆市洪安镇的公共医疗情况呈现怎样的状态呢?在本章中,笔者将展开描述。

(一)洪安镇公共医疗总体情况

洪安镇公共医疗卫生情况为:一家洪安中心卫生院、3家药店(两家昌野药店、一家桐君阁药店)、一个生殖健康服务中心、一家老年人及儿童保健中心、一家植物医院、一家牲口医院。

在笔者前往县政府进行情况了解时,获得了这样一份洪安镇关于医疗卫生的五年计划的文件,大致内容如下:加快村卫生室建设,建设标准化村卫生室5个,实现镇村卫生工作一体化管理。计划免疫、妇幼保健、健康教育和公共卫生工作全面推进,杜绝公共卫生突发事件的发生。开展爱国卫生运动,卫生单位(卫生村)的创建和农村改水改厕工作深入开展,努力巩固市级卫生镇创建成果。加强城乡医保服务工作,规范、提高村级卫生站服务能力。建设健康洪安,确保城乡医保参保率在95%以上,就医服务满意率在90%以上,全面建立居民健康档案,努力提高人民群众健康水平,到2016年年末,人均期望寿命达到72岁。

1. 洪安中心卫生院

镇里的唯一一家医院——洪安中心卫生院成了洪安镇居民看较大病的主要场所(大多数的居民关于去哪里治疗疾病,都有如下的描述:大病就去镇上医院看,要是镇上医院看不了,就只有去秀山县看了,不过路太远,不方便。小毛病直接去药店看,买点药就行)。该医院不大,共有3个楼层。一楼主要是药房、收费室、五官科、输液室、放射科、西医门诊、检验科、预防接种、医生值班室、中医门诊、超声科、中医理疗；二楼主要是住院部、妇产科、手术室；三楼是行政办公室。在调研的一个月中，为了了解公共医疗的情况，笔者数次到该医院进行各方面的了解。先后与该院院长、一位女医生、一位男医生进行过各方面的详细了解，包括医院整体情况、医疗体制改革、医院盈亏、医患关系、镇上的大小疾病等，有些内容涉及下面具体要讲的章节，在此不再赘述。通过与他们的聊天，笔者了解到，该卫生院共有9位护士、10名医生，行政人员都由几个医生承担了，并没有专门的行政人员。

来这边看病，过程极为简单：首先是在挂号区域挂号，然后就在医生值班室看病并交钱，需要做化验的再由值班室的医生开单并带过去化验，最后交钱拿药。在笔者的田野调查中，发现这些医生都仅仅是上过中专而非正规学校毕业的学生，更不用说是本科文凭了，更多的是靠经验看病，单凭这一点，我们就能了解到该医院的医疗情况，而这也代表了洪安镇整体较为落后的公共医疗水平。

2. 药店

药店有3家，且各药店的老板，笔者都曾与其一一聊过天。店老板除了一家昌野药店是中年夫妻自己经营的外，其余两家店都是父辈传给自己子女的。他们都是中专生，通过自学以及父辈的教育，都逐步懂得了常见病的诊治，大多都能治疗小毛病。

3. 老年人及儿童保健中心

笔者也前往了镇上唯一一家老年人及儿童保健中心，去的那天，老板正好从贵州来了一位好友，他俩共同商量一些新的药材与理疗手法。这家保健中心是由一位67岁的爷爷开的，主要为老年人及儿童实施针灸、推拿等传统治疗。

4. 植物医院

镇上仅有一家植物医院，店面很小，仅八九平方米，但生意却很好，来往顾客络绎不绝。这边所有人家种的植物所需要的药都在这里买，有增产的、有防虫的、有打虫的药。

5. 牲口医院

其实，称其为牲口医院有些不妥，事实上是一户民居，开这家牲口医院的是一位中年人，他以前读的就是畜牧专业，大专生，有资格证书。目前主要是卖猪、牛、羊的饲料，以及负责给猪、牛、羊打针，猪牛经常容易得流行性感冒，根据猪牛羊的大小以及生病的程度，收10~20元不等。

以上，基本涵盖了整个洪安镇的公共医疗情况，小镇上的居民对于生病进行正规治疗的态度总是那样的一致，一言以蔽之："小毛病去药店，大病去镇中心医院，再不行就去秀山县的大医院。"

（二）医疗体制改革

对于该地的新农村合作医疗（简称"新农合"），笔者先后调查了代表官方的镇医院的院长及医生、镇政府人员，并且在与各种职业的居民聊天的时候也都会提及，他们也都提供了不同的说法及态度。

在与镇中心医院的院长及医生聊天时，关于"新农合"，他们说："自己每年在账户里面交30元钱，但这个钱还是自己的，大病报销70%，其余的需要自己交，小病的话不报销，一般需要几十块钱。"

当笔者问及是不是湘西这一块都如此的时候，他们告诉笔者，相邻的茶峒镇与他们不一样："他们那边大病只要花100元，就可以住院，自己不需要花任何其他钱了，因此也就造成很多居民花100元就要求住院，从而导致医院床位不足"，"政府在看病惠民这一块确实做了不少工作，药的价格几乎就是进货价，不信你看看进货价药单（边说边拿给我看），而且大额的报销制度为患者解决了很多问题，现在生个孩子，自己也只要给一百多块钱了，其余的都是政府拨的款"。

看来，"新农合"政策的推行确实为老百姓做出了贡献，但事实上老百姓真实的感受是怎样的，这还得往下看。

在这里，先插一段笔者与茶峒镇卫生院院长关于茶峒镇的"新农合"情况以做对比。院长是一位非常年轻的三十出头的小伙子，提及"新农合"，他做了如下的解说："新农合解决了看病难的问题，住院费自己只要花费100元，其他都由医院包下，生孩子的话，剖腹产自己最多花费1500元，自然生产最多花费700元。这些比以前好多了。"

当与院长告别后，笔者又去到茶峒镇的村委会找到村委会主任，进一步了解当地的"新农合"落实情况，主任杨奶奶说："事实上，在半年前，确实是这样落实的，但后半年来，由于政府拨款都用完了，村民前去医院看病还得自己掏钱了。"

还是回到重庆市的洪安镇，当笔者在与镇上的居民聊天的时候，他们讲述了自己对"新农合"的看法："一般我们有个小毛病的，根本不去医院看，去药店拿点药，即使小毛病去医院，也才几十块钱，不可以报销的，据说生大病是管用的，但谁也不想去报这个销啊。"

简单的几句话也确实说得在理，小病不好报销，也没有人希望生大病报销70%。笔者没有和那部分确实受惠的家庭聊过天，也就没有办法记录下他们的真实感受。但是，70%的报销费确实为一个家庭节约了不少的看病费。

（三）医患关系

医患关系是指"医"与"患"之间的关系。"医"包括医疗机构、医务人员；"患"包括病人、病人的家属以及除家属以外的病人的监护人（有时称作"患者方面"）。医患关系是医务人员与病人在医疗过程中产生的特定医治关系，是医疗人际关系中的关键。著名医史学家亨利·西格里斯（Henry Ernest Sigerist）曾经说过："每一个医学行动始终涉及两类当事人：医师和病员，或者更广泛地说，医学团体的社会，医学无非是这两群人之间多方面的关系。"这段话精辟地阐明了整个医学最本质的东西是医师与病员的关系。现代医学的高度发展更加扩充了这一概念，"医"已由单纯的医学团体扩展为参与医疗活动的医院全体职工，"患"也由单纯的求医者扩展为与之相关的每一种社会关系。医患关系在医疗活动中由技术性关系和非技术性关系两大部分组成。非技术性关系是指求医过程中医务人员与病员的社会、心理等方面的关系，在医疗过程中对医疗效果有着无形的作用。那么，在洪安镇上的镇中心医院里，医患关系如何呢？院长认为："在过去，因为经济条件不好，总是会有经济纠纷。现在，医患关系由于经济因素产生纠纷少了很多，主要是患者个人观念上产生的纠纷，他们总认为一来医院，身体必须马上好起来，但这种观点往往和事实是冲突的，这就造成了和医生之间的对立，医患关系就开始紧张了。""其实，我们这边的医患纠纷有个很大的特点，就是'来得快，去得也快'，民风剽悍，但又不是完全不能理解，心里着急总会声音高点，我们也能理解，要是与他们说明白了，也就很快好了。但要是真的有啥大的纠纷，那得找上面县里的卫生局调解了，但一般都不会闹到那种程度的。"

在笔者与镇上居民闲聊时，他们对医院的说法褒贬不一，有人会说："只知道赚钱，不管病人的死活。"有人却会说："还可以吧。"

医患关系的紧张在今天的中国已是不可小觑的事，随着一件件令人痛心的医患关系事件的发生，医患关系不得不令人注意。在洪安镇上，当地人所说的医患关系的"来得快，去得也快"，在当地人的话语里，可以概括为以下几点：一是熟人社会，镇上人不多，家家户户基本上都认识，看病总能找到些熟人，也就很难发生比较大的紧张的医患关系；二是当地中年人外出打工，收入提高，使得家中的老父老母有些积蓄，家庭经济的部分提高，使得经济纠纷少了很多；三是性格直接，急脾气，但又不属于蛮不讲理型的，因此，当误解与心急时就会口不择言，但又容易马上转变。

(四) 医院盈亏情况

"我们医院都是亏本运转的，上面政府拨款很少，而且现在'新农合'又可以报销，基本上，我们没办法盈利，药的售出价格也和进货价格差不多，所以医院里面也买不起新的仪器，上面说要置办新的仪器得等很久，也就不了了之了。""工资上头也只拨下来工资的60%～70%，医院还要有发工资的压力，基本上医院都是亏本经营的。"这些都是医院医生和笔者聊天中的话，虽然没有办法检验其可靠性程度，但是多少也能说明为什么医院无法请到专门性的医生、仪器为何损耗较为严重却迟迟未更新等问题。

(五) 妇产科

民国时期，县里没有妇幼保健机构，仅县卫生院配有助产士，中华人民共和国成立后，县卫生院在20世纪50年代设有妇产科，各区卫生所配有专门医生，之后才逐渐设立专门的妇产科。

中华人民共和国成立后，针对妇女经期、孕期、产期、哺乳期、更年期（简称"五期"）的生理特点，全县采取各种保健措施，加强"五期"卫生指导，推广新法接生，实行女工产假。20世纪50年代，开始对劳动妇女工作实行"三调三不调"同时，大力提倡妇女一人一巾，一盆一水，使用新式月经带和卫生纸，广泛展开妇科病检查。如今，妇幼保健站定期为镇上妇女进行妇科疾病的检查，通过调查访问，洪安镇卫生院的妇产科远近闻名，甚至有湖南茶峒镇及附近贵州的妇女到这里生产，现在这里的医疗水平接近零婴儿死亡率。

二、地方性疾病及妇科病

(一) 关于地方性疾病

地方性疾病是指具有严格的地方性区域特点的一类疾病。全国各省、自治区、直辖市都有不同的地方病发生，有的地区多达6种，受威胁人口多达4.2亿人。地方性疾病主要发生于广大农村、山区、牧区等偏僻地区，病区呈灶状分布。地方性疾病在一定地区内流行，年代比较久远，而且有一定数量的患者表现出共同的病征。地方病分为化学性地方病和生物性地方病。化学性地方病又称生物地球化学性疾病。人的生长和发育同一定地区的化学元素含量有关，出于地质历史发展的原因或人为的原因，地壳表面的元素分布在局部地区内，呈异常现象，如某些元素过多或过少等，因此，当地居民人体与环境之间元素交换出现不平衡，人体从环境摄入的元素量超出或低于人体所能适应的变动范围，就会患化学性地方病。

那么，在洪安镇上，地方性疾病情况如何呢？中华人民共和国成立前，县内常见传染病和地方性疾病有伤寒、麻疹、天花、霍乱、痢疾、疟疾、麻风病等。清代，无防疫设施，疫病流行时，死亡者相当多。民国初期，民政、警务部门兼管卫生防疫，开始实行预防接种。民国二十八年（1939），县设卫生事务所开始预防接种牛痘苗及注射霍乱、伤寒混合疫苗。自20世纪50年代开始，县卫生院设置防治室，开始培训防疫人员，并给当地人接种牛痘疫苗，后来灭了天花，霍乱也不再发展。直到现在，婴儿出生就开始随着年龄增长接种各种预防疫苗，从此洪安镇就有效地控制了各种传染病和地方性疾病的发生与流行。

1. 鼠疫

鼠疫是一种存在于啮齿类与跳蚤的一种人畜共通传染病，并借跳蚤传染给各种动物及人类，其最初反应为跳蚤咬伤部位附近的淋巴腺发炎，这就是腺鼠疫，经常发生于鼠蹊部，少发生于腋下或颈部，受感染的淋巴腺发炎、红肿、压痛且可能流脓，通常会有发烧现象。它是由鼠疫杆菌所致的烈性传染病。所有的鼠疫，包括淋巴腺病等不明显的病例，皆可引起败血性鼠疫，经由血液感染身体各部位，包括脑膜。肺的次发性感染可造成肺炎、纵隔炎或引起胸膜渗液。次发性肺鼠疫在疫情的控制上特别重要，因为其痰之飞沫传染是原发性肺鼠疫及咽鼠疫之来源。更进一步的人与人之间传染可造成局部地区的爆发或毁灭性的大流行。未治疗的腺鼠疫其致死率为50%～60%，很少出现短期而局部的感染（轻微鼠疫）。鼠疫杆菌曾于肺鼠疫病人的无症状接触者喉咙中培养出，未经治疗的原发性败血性鼠疫及肺鼠疫致死率100%，现代医疗已可显著降低腺鼠疫的致死率，及早发现及治疗亦可降低肺鼠疫及败血性鼠疫的致死率。当地一位德高望重的老爷爷向笔者介绍了他所亲身经历的鼠疫事件。

我是1931年出生的，就在1938—1940年，在我们这里爆发了鼠疫，这个病发病相当快，主要由这么几点原因造成：一是洪水泛滥；二是阴雨绵绵、无日光，极为潮湿；三是加上其他病种导致人的抵抗力不行；四是吃得太差，没有营养，饥饿不饱。这些原因是比较主要的。发病是开始的时候腿上长一个小包，然后蔓延到小腿肚子上，再往后不加以治疗，人就死了，死亡率在40%～60%，当时周围死了好多人呐，那时候我还小，不懂事，不知道这个是什么，现在想想真的是很恐怖的。我们当时家里还好，没有人得这个病，躲过一劫。

再往后，我们这边就不再出现鼠疫了。

2. 水肿病

水肿病是指因感受外邪，饮食失调，或劳累过度等，使肺失宣降通调，脾失健运，肾失开合，膀胱气化失常，导致体内水液潴留，泛滥肌肤，以头面、眼睑、四肢、腹背，甚至全身浮肿为临床特征的一类病征。

同样还是告诉笔者鼠疫流行病情况的老爷爷再次告诉笔者："在1958年洪安镇有大病。至1960年，三年自然灾害，由于大家吃不饱，导致水肿病在当地流行。水肿从眼睛开始，继而蔓延到头面、四肢、腹背，甚者肿遍全身，也有先从脚开始的，然后再蔓延到全身。轻点的人眼睑或脚那边浮肿；重的话全身都肿了。感到胸闷心悸，呼吸十分困难。这也是很恐怖的，当时因为无法治疗，也死了不少人。"

3. 湿疹

湿疹是一种常见的过敏性皮肤病。湿疹一词通常泛指一系列持久和续发的皮疹，以发红、水肿、瘙痒和发干为表征，可伴有结痂、剥落、起泡、开裂、出血或渗血。愈合后的病变区域有时有暂时性的变色，但疤痕却很罕见。

在今天，问及当地居民，尤其是妇女时，他们总会说如今比较多的流行病是湿疹，由于当地气候比较潮湿，再加上这里的妇女洗菜、洗衣或洗其他东西都离不开清水江的水，都会穿着拖鞋踩在水里，并用手将菜、衣服等其他东西浸在水里，每天反反复复，加上水又不干净，导致了湿疹的发生。

发生湿疹，不同的人会采取不同的方式去对待，有的妇女会去药店，找药店的药剂师开点药膏，自己回家涂抹；有的会去医院，找医生治疗，但这种情况较少；还有一部分人，会在赶场的时候找民间摆摊的医生进行治疗。提到这里，笔者想插一段在赶场时和一位民间治疗湿疹的医生聊天的部分内容。

赶场时摆的摊，摊上摆满了用我们平日里喝完的一次性塑料瓶装的黑色的液体药，他自称主要治疗各类风湿，通过拔罐和针刺相结合进行治疗。他说："这里面的药都是我自己在山上采摘来的，有三十几种药呢，这个是不能告诉你的。药方在我们家里已经传了几代人了，都是传男不传女的，这里的人容易得风湿，因为他们总是用冷水洗澡，身上的毛孔开了，脏的东西容易进去。这个治疗主要是先用针刺，放血，再进行拔罐，然后抹上我这个药就好了，100元直到治好为止，此外，这个还可以治疗扭伤等，针刺是很管用的。"当时聊天的时候，他正在给一位老阿姨治疗，他所说的针刺，是拿一根银针，也未见他有任何的消毒措施，就开始放血治疗，老阿姨说有点疼，但还是忍着，希望早点将风湿治疗好。我看完了治疗的全过程，包括放血、拔罐、涂抹药物，尔后，老阿姨花了50元又买了他的瓶子里的药，说是打算回家自己抹药。类似这种民间摆摊治疗的还有很多，如拔牙、治疗各种疑难杂症等。其真正的效果也只有被治疗的人心里明白。

4. 支气管炎

支气管炎是指气管、支气管黏膜及其周围组织的慢性非特异性炎症。临床上以长期咳嗽、咳痰或伴有喘息及反复发作为特征。慢性咳嗽、咳痰或伴有喘息，每年发作持续3个月，连续2年或以上，并能排除心、肺其他疾患而反复发作，部分病人可发展成阻塞性肺气肿、慢性肺源性心脏病（COPD）。急性支气管炎通常是由病毒或细菌感染引起，可以持续数天或数周。慢性支气管炎并不一定是由感染所致，可以是慢性阻塞性肺病的一部分。

医院的医生告诉笔者："在这里的老人，较容易得这个毛病，主要有两个原因：一是气候中空气较为浑浊；二是由于吸烟导致的。这里的人喜欢自制旱烟，两个原因的综合，就导致了支气管炎疾病的沾染，支气管炎患者常有咳嗽、咳痰、呼吸困难、喘鸣（呼吸短促）、鼻塞、畏寒、发烧、胸部疼痛，有时疲劳乏力。得了这个毛病，人会很难受。但往往这里的老人较多有这个毛病。"

（二）妇科疾病及妇女更年期保健

子宫颈癌是妇科最常见的恶性肿瘤之一，是指发生在子宫阴道部及宫颈管的恶性肿瘤。当地居民以及卫生院的医生告诉笔者，由于女性对自我保健方面知识的欠缺，导致该癌症出现率较高。得这个疾病，主要由于女性生孩子较多、不注意个人卫生以及性生活紊乱。在过去，坐月子期间的保健以及女性日常卫生保健知识的缺乏导致发病率居高不下，值得医院及相关部门的关注。

此外，在生殖健康服务中心的工作人员告诉笔者，洪安镇如今越来越重视对妇女更年期生活状况保健的宣传。专业人员会针对更年期妇女开讲座或者到家中进行宣传，例如，告诉更年期妇女什么是更年期，怎么顺利度过更年期，更年期常见症状，更年期妇女避孕措施等。

如今的洪安镇在地方性疾病以及妇科疾病包括妇女更年期的调适期间都有或多或少的干预，不再出现那种类似鼠疫、霍乱的大型高致死率传染病，在这一点上，还是很不错的。但是，癌症的发病率近几年来逐渐增加，"新农合"中对大型疾病的福利也的确起到了不可小觑的作用。

第三编 综合研究

第十七章 武陵山区三县经济社会发展比较
——以湖南花垣、贵州松桃、重庆秀山的政策为例[①]

湖南湘西土家族苗族自治州花垣县（以下简称"湖南花垣县"）、贵州省松桃苗族自治县（以下简称"贵州松桃县"）、重庆市秀山土家族苗族自治县（以下简称"重庆秀山县"）都地处武陵山区，奇山秀水，山水相连，物华天宝，人杰地灵。以苗族、土家族为主的少数民族聚居地，有着相似的气候地理条件、历史经济环境、文化传承渊源。中山大学人类学系周大鸣教授形象地描述这里是"行政管理的边缘，文化交流的中心"。因此，三县在经济社会综合发展方面具有较高的同质性，但也保持着各自的产业特色与发展优势，尤其是改革开放以来，以政府为主导的经济社会发展模式逐渐得到强化，有组织、有计划的增产方式成为当地发展的巨大引擎。政府在经济社会发展中占据关键地位，扮演了重要角色，政府的角色定位、执政理念和管理水平直接关系到各县发展的前途与命运。政策体现了政府在经济社会发展中的定位和决策，因此，从政策分析的角度来看行政力量的影响以及地区经济社会发展状况，是一个十分独特的切入点。结合近一个月的田野调查资料，笔者打算从政策分析角度来解读三县经济社会发展的共同点与差异，以飨读者。

一、三县基本经济状况比较

湖南花垣县2012年经济社会发展较快，据政府统计，2012年，全县GDP 59.2亿元，财税总收入6.5亿元，规模工业增加值高达29.49亿元，固定资产投资18.87亿元，城镇居民人均可支配收入15467元，农民人均现金收入4354

---

① 资料来源：相关政府文件、政府网站及县志等。

元。花垣县享有民族区域自治、扶贫开发、西部开发、中部崛起、武陵山片区扶贫攻坚、大湘西开发等优惠政策。2003 年以来，连年出台 1 号文件支持工业发展，建成四省（市）边区发展条件最好的工业园区，电解锰行业横向整合、电解锌行业纵向整合以及锰、铅锌矿山整治整合获得巨大进展，一批锰锌精深加工等新型工业项目启动建设，正在致力打造百亿锰产业、百亿锌产业。花垣县先后被评为"全国最具投资潜力中小城市百强""全国最具区域带动力中小城市百强""湖南省县域经济强县"，经济社会发展潜力巨大。

贵州松桃县是 1956 年国务院批准成立的 5 个苗族自治县之一，位于贵州省东北部梵净山东麓，地处湘、黔、渝两省一市交界处。全县 3409 平方公里，有 28 个乡镇和 509 个村（居）委会，总人口达到 73 万人，其中以苗族为主体的少数民族，占全县总人口的 68.1%，属于典型的"老、少、边、穷"县。松桃县矿产资源较为丰富，有锰矿、硅矿、铅锌矿、钒矿、大理石、磷矿、石煤、石材等具开发价值的矿产资源 20 余种，其中，锰的远景储量多达 1.2 亿吨，占全国总储量的 1/8，钒矿、硅矿储量均超过 1 亿吨。同时又是国家页岩气先导区之一，初步探明储量在 1.2 万亿立方米以上。近年来，松桃县立足资源优势、区位优势和少数民族地区政策优势，坚持把加快推进城镇化作为突破口、新型工业化作为主攻方向、农业现代化作为重要手段，集聚内力，释放活力，加快统筹"三化"同步推进，促进县域经济加速发展。2012 年，全县地方生产总值实现 49.4 亿元，比 2011 年增长 16.5%，三次产业结构比为 31：32.7：36.3，财政总收入完成 6.1 亿元，比 2011 年增长 44.2%，一般预算收入完成 3.2 亿元，比 2011 年增长 70.3%，完成全社会固定资产投资 39.8 亿元，比 2011 年增长 88.1%。城镇居民可支配收入和农民人均纯收入分别达到 12996 元和 3680 元，比 2011 年分别增长 20.1% 和 24.5%。2012 年，地方生产总值 60.14 亿元，比 2011 年增长 15.1%。分产业看：第一产业增加值 18.36 亿元，增长 9.0%；第二产业增加值 20.05 亿元，增长 16.5%；第三产业增加值 21.72 亿元，增长 18.9%。第一产业增加值占地方生产总值比重为 31%，第二产业增加值占地方生产总值比重为 33%，第三产业增加值占地方生产总值比重为 36%。全县财政总收入 7.32 亿元，同比增收 1.31 亿元，比 2011 年增长 21.9%。

重庆秀山县 2012 年社会经济发展继续保持平稳速度。据县政府 2013 年工作报告显示，2012 年秀山县地区生产总值为 106.1 亿元，增长 11.4%，三次产业比重调整为 14.4：48.8：36.8；社会消费品零售总额为 36.7 亿元，增长 14.5%；规模以上工业总产值为 49.8 亿元，增长 3.5%；固定资产投资完成 94.7 亿元，增长 37.2%；地方财政收入完成 16.1 亿元，增长 22.9%；地方财政支出完成42.6亿元，增长24.2%；城镇居民人均可支配收入、农民人均纯收入分别实现19177元、5861元，分别增长14%、14.7%。

从上面三县经济社会统计数据可以看出，这三县的经济发展都较好，即使面对经济危机，也依旧发挥自己本县独特资源优势，保持经济社会平稳发展。三县比较来看，GDP最高的是重庆秀山县，其次是贵州松桃县，最后是湖南花垣县。从人均收入来看，重庆秀山县最高，其次是湖南花垣县，最后是贵州松桃县。

二、从旅游与环保政策看地区发展

近代文学大师沈从文老先生当年描述的边城就处于湖南花垣县、贵州松桃县和重庆秀山县三县交会的地方，这里有着丰富的人文旅游资源，三县也都把发展旅游业看作未来经济增长的一个亮点，立足于各自的县情，发展旅游产业及开展生态环境保护建设。具体来说，三县在目标定位、投资力度、旅游管理和生态保护方面还是存在不小的差异。

湖南花垣县积极推进边城景区旅游设施配套建设，组建景区管理机构，加大对景区的保护和开发力度，近期正在做沿河步行街民宅的"穿衣戴帽"工程，对房屋外观进行复古改造，每间房屋耗资3万～5万元，最多的达到8万元。

7月的一天里，笔者恰巧遇上了湘西州新任州长带领部分州县领导实地考察边城镇的旅游开发和生态保护工作，州县领导一行走访了镇旅游公司码头、沿河步行街、百家书院、翠翠岛等景点。据一位随行的工作人员介绍："州里计划投资1亿元，力争把边城打造成继凤凰古城之后的又一大旅游品牌。但是边城旅游开发存在一些实际困难，比如景区规模较小，地处三省（市）交界，如何开发、建设、管理，尚有大量问题不易解决。"这也足以证明州县政府对边城旅游开发工作的重视。县政府为了保护清水江的生态环境，还出台政策禁止当地百姓炸鱼，以免破坏本已脆弱的渔业资源[1]。

调查期间，笔者还亲赴一个叫莫老村的苗寨调查，村里历史最悠久的一栋古宅已经成为危房，墙体出现了深深的裂纹，房屋还有较大角度倾斜，亟须政府出资保护修缮。眼前，政府似乎更愿意关心景区内的事情而忽视了对当地文物资源的保护。

贵州松桃县则力争打造成张家界—凤凰古城—梵净山黄金旅游线和铜仁旅

---

[1] 说明：贵州上游和湖南下游已修建的水坝对清水江的自然生态系统影响很大。

游经济圈的连接点、休闲驿站。围绕苗王城、欧百川故居、云落屯悬棺、寨英古镇、桃花源、潜龙洞、苗王湖等生态旅游资源，树立丹霞民族文化优秀旅游城市品牌。同时，加大对苗族传统刺绣、蜡染、紫袍玉带石雕刻等民族特色技艺的保护力度。贵州并没有一味打造边城旅游品牌，而是避开与湖南和重庆争夺这个"金字招牌"，将自己定位为湖南—贵州旅游线路的枢纽，但在生态环境保护工作方面曾有一些纰漏。据笔者采访的一位湖南籍船工讲，贵州松桃县因为处于清水江上游，前几年少数无良企业向清水江大量倾倒锰矿渣，导致水质污染严重，危及两岸百姓的日常饮水安全和渔业资源的可持续利用，后由国家做出重要批示，才使清水江的污染治理得到了根本好转。

重庆秀山县则把旅游业定位为新兴战略性支柱产业来培育，力争建成武陵山区民俗生态旅游高地和旅游枢纽型门户。加快洪安边城景区开发，全面修复边城风貌，积极申报国家历史文化名镇，全力创建国家 5A 级景区。适时启动峨溶温泉、川河盖高山草场、交溪渝黔大峡谷及隘口伏龙洞等潜在景点开发，抓好特色村寨保护与发展。兴建一批酒店、农家乐等度假设施，扶持旅游产品开发，推动地域特色文化与旅游业的深度融合，强化渝湘黔无障碍合作，实施旅游大营销大发展战略。

以洪安镇为例，县政府在关于《重庆市秀山县洪安边城旅游总体策划》中写道：

秀山县正在着力调整经济结构和转变发展方式，突出抓好"一城两园、三大产业、四件大事、五个秀山"等重点工作，加快"武陵之心、边城示范"建设进程。具体发展分为：第一阶段：2011—2013 年，规划及建设启动年。到 2013 年，接待游客 20 万人次，旅游收入 1 亿元。利用 3 年左右的时间，完成招商引资工作，完成土地整理和部分基础设施建设工作，启动核心项目的建设，形成初步的吸引力和一定的接待能力。第二阶段：2014—2016 年，全面建设年。到 2016 年，全镇床位数达到 2000 张，接待国内外旅游者 40 万人次，旅游收入 2 亿元。用 3 年左右的时间，全面推动建设新概念古镇，形成丰富的旅游产品和完善的休闲度假接待设施，完成全镇基础设施的主体框架，基本建成《边城》的原型地。第三阶段：2017—2018 年，品牌建设年。到 2018 年，全镇床位数达到 3000 张，接待国内外旅游者 80 万人次，旅游收入 5 亿元。用 2 年左右的时间，延伸拓展，优化网络，纵深开发，形成集合效应带动全县乃至乌江画廊旅游发展，成为重庆最有代表性的新概念古镇，成为沈从文笔下"湘西世界"中最值得一去的旅游目的地。正式启动景区建设以来，累计投入 1.08 亿元，包括景区总体规划及设计费 650 万元，搬迁安置费 1450 万元，老街打造费 1100 万元,"三不管"岛改造及装修费 2750 万元,爱国主义教育基地、廉政教育示范基地、竹林清风广场公益性投入 450 万元,景观工程投入 600 万元,公司管理及财务费用 800 万元,预留县城平凯"4 号地块"拆迁安置费 3000 万元。

重庆秀山县早期的旅游主要依托"毛主席语录塔""刘邓大军进军大西南陈列馆"为代表的"红色"旅游项目,近两年来才开始大力开发边城旅游。重庆秀山县也是三县中旅游开发力度最大的,制定了旅游规划"三步走"战略,资金到位比较及时,配套基础设施建设初具规模。湖南花垣县的旅游开发基础较好,保留了大量民国时期的老民宅,沿河少数民族特色的吊脚楼,国立茶峒师范学校旧址等建筑。虽然当地的旅游产业起步较早,但是政府关注更多的是当地的矿业经济,没有积极推动旅游产业的规模化经营,如今已经明显感觉到重庆的后发追赶态势。贵州松桃县虽然地处边城景区的大范围内,但是可供开发和利用的旅游资源有限,当地一带的地理环境使其难与湖南和重庆竞争。所以,贵州松桃县定位为张家界—凤凰古城—梵净山黄金旅游线和铜仁旅游经济圈的连接点、休闲驿站,不失为明智之举。

发展旅游产业和生态环保建设,虽然不如发展工矿业的利润大,对地方 GDP 的贡献较小,但它却是绿色循环经济,是可持续发展的增长方式,是保护青山绿水的工程,也是造福子孙后代的事业。政府官员是选择政绩鲜亮、指数飘红、官运亨通,还是选择"功在当代,利在千秋"的民心工程,体现了其个人的理想信念和价值取向,关系到个人利益得失与人民群众福祉的取舍,两者相互矛盾还是有机统一的辩证关系,值得三县政府深刻思考。

三、从经济政策看地区发展

(一)三县婚姻圈的流向

笔者所住旅店的赵老板一家就是两地联姻的典型,赵老板是湖南人,老板娘是重庆人,20 世纪 80 年代,老板娘嫁到湖南。据老板娘介绍,重庆在成为直辖市之前,生活水平比较低,人多地少的问题尤为突出,一个家庭里平均每人几分地非常普遍,而当时的湖南相对富裕,一来人口密度没有重庆那边高,二来工商业比较发达,农业、手工业、运输业、零售业都比重庆好。所以很多重庆妹子背井离乡来到湖南做媳妇,湖南的姑娘则很少嫁到对岸的重庆和贵州。当年赵老板家的经济条件很普通,家里也有兄弟姐妹,主要以农业为生计方式，生活没有现在富足。现在，赵老板在清水江边开了一间3层楼高的旅店，一楼的部分空间用来做榨油的生意，家里还有一条木游船，赶上游客多的时候，光是当船工一天都能赚上600元。

特别是20世纪90年代以后，重庆、贵州的姑娘越来越少嫁到湖南这边了，更多的是本地青年男女结合，也会有一些本地的年轻人到县外发展，其中包括出去读书的大中专学生、经商致富的有钱人，他们的婚姻大多选择在其工作居住的城市。外来的打工者极少能够娶到当地的媳妇，要么是带着配偶一起来打工经商赚钱，要么是在此工作几年后回老家成亲。

现如今，婚姻圈很难有一个相对固定的流向，而是呈现多元化的取向。在本地内部循环，或者向外延伸，基本上是随着财富、资源、权力的流动而变化，表明现代人更加理性务实地选择自己的婚姻，淡化了性别、职业、地域的差别，婚姻不再是联系三地的重要纽带了。表面上看配偶的选择、婚姻的流动与政府并无直接关系，其实政府却在背后发挥了不可忽视的引领作用。那就是政府制定因地制宜的经济政策，切实把当地的经济搞活了，百姓生活水平提高了，自然成为吸引青年男女强而有力的后盾。

(二) 创业书记的象征时代

湖南边城镇的杨书记，曾在部队从事文职工作，服役13年半，后转业到地方做镇里的党委副书记，后因不满上级领导的人事安排就提前退休了，每月领取2000多元的退休金。1998年开设了一家制作神榜牌匾的门店至今，老人的儿女均有自己的职业，只有老伴时常打打下手，也没有招收徒弟和短工。制作神榜是一件工艺性很强的工作，刻画字体、切割字模、刷漆上油、安装牌匾等一系列工序，强调手、眼、耳、鼻的密切配合。比如切割字模是在高速旋转的电动钻头下完成的，稍有不留神手指就有被割断的危险。衬板的清漆有着强烈的刺激性味道，判断清漆的干湿程度，只需老人闻一闻气味，用手指轻轻触碰漆面就知道了。据笔者估算，老两口的家庭年收入接近10万元，在当地应该算是收入中上等的富裕家庭了。

重庆洪安镇政法委杨书记家，最开始办茶厂一天仅能挣到数十元，到后来每天数千元的营业额，最多时能达到1万元。茶厂一年的毛收入118万元，利润30多万元，扣除人工水电等成本，自己还能赚10多万元。杨书记的茶厂不仅雇用当地的工人提供每人每天50元薪酬，而且大力推广茶叶种植，帮助当地村民实现增收。除此之外，还有养牛场和果园，种植桃子、荔枝、栗子、李子、无花果、枇杷等。这两年家里还添置了一辆皮卡和一辆尼桑天籁轿车。今后还准备以120亩茶田为基础搞农家乐，让游客自己采摘，在师傅的帮助下自己炒茶叶，再帮他们包装来销售。中长期还规划建度假村，游客可以住传统民居，可以自己摘菜吃，还可以自己耕种，饮食也基本都是原生态绿色食品。

两位杨书记，一位是通过个人的技艺开设店铺，属于个体经营，利润虽高，但是规模有限，个人创业致富；一位是利用已有的社会资源开办茶厂、果园、养牛场等多种项目，搞私营经济，服务当地村民，集体和个人都得到实惠。

两位杨书记都是当地备受大家尊重的人物。既存在经营项目、管理特长、社会网络等多方面的个体差异，也跟当地人大胆创新的致富观念、敢闯敢为的拼搏精神、适度宽松的经济环境有关，尤其是在这种少数民族地区，政府完全成为地区经济发展的主导力量，而不再以传统的贸易因素、族群因素左右当地的经济发展，这两位"创业书记"就是两地经济政策下创业成功的典型案例。

（三）支柱产业政策的比较

婚姻圈和官员创业的个案分析，是三县经济政策调控下的产物，但是还缺少全面的观察和审视。下面笔者就三县政府具体的产业政策进行梳理分析，涉及农业、工业、服务业等支柱产业。

1. 农业政策

三县均加大了对农业和农村发展的支持力度，推进强农惠农政策的规范化和制度化，构建新型工农关系和城乡关系，培育具有地方特色的产业项目，打造地区品牌和开展产业化经营，促进当地农民大幅增产增收。

贵州松桃县的第一产业比重在3个县中占比最大，接近地方生产总值的1/3，尤其是在2013年2月被列为第二批国家农业示范区，进一步加强了农业作为当地支柱产业的重要地位。当地政府十分注重春耕生产工作，积极做好农资供应和市场监管工作，预防和打击假种坑农伤农事件的发生。引导回乡农民工抓好农业生产，减少土地撂荒。

重庆秀山县的第一产业比重次之。当地政府主要以培育农业龙头企业、专业合作社、加强农产品加工基地、出口示范基地和新农村现代商品流通服务体系建设，提高农产品优质率和商品率为主。县政府还下大力气举办以土鸡、金银花等为代表的特色农产品的文化旅游节，为的就是让当地农产品走出去。

湖南花垣县的第一产业的比重最小，只占地方生产总值的近10%。注重农业产业结构调整，在稳定粮食生产基础上，继续抓好龙潭金溶片综合产业化开发、大塘坪片区柑橘千亩标准园等农业开发示范建设，大力发展望城蔬菜基地和排吾片区万亩茶叶基地建设，出台专门的政策扶植和打造湘西黄牛特色品牌。

2. 工业政策

湖南花垣县的第二产业占地方生产总值的比重最大,重庆秀山县次之,贵州松桃县最小。湖南花垣县依赖以锌锰矿生产、冶炼加工业及锌锰深加工的新型工业为主的第二产业,发展势头迅猛,成为拉动当地经济的核心产业。重庆秀山县逐步改善"一锰独大"的经济结构,非锰产业产值已经占据工业总产值半壁江山。加快引进规模以上工业企业,加大引入科技创新机制,力争做强做实第二产业。贵州松桃县则进一步依托锰系列加工大企业和新能源企业,促进规模以上工业企业的快速发展,未来将加强锰矿、钒钼矿、页岩气的开发与利用,加快现有产成品下游产业链开发,提高附加值,增大工业总量。三县对锰、锌矿业及相关产业的依存度十分高,高污染高能耗则成为影响当地生态环境保护的头等难题。

3. 服务业政策

三县都非常注重完善交通、水电、工业设施基础建设,着力打造地区性的工业园区和物流园区,积极引进各类企业与高新技术,开发多种经营项目,调整产业结构,转变一直以来高污染高能耗的经济增长方式。其中,重庆秀山县工业园区的建设已经初具规模,经济效益显著,给当地发展带来了较多商机。在一定程度上讲,这与近年来国家加大对重庆地区的财政支持力度,给予更多的优惠政策有关,也与当地政府针对科技、人才、资本等要素引进与扶持所采取的具体措施密不可分。

但是,三县在工业园和物流园的建设上都采取"大干快上"的策略,强调自身的区域性竞争优势,似乎是在地方保护主义壁垒之下推动经济发展的不二选择,实则是比较严重的重复建设,造成国家大量资源的闲置与浪费。

四、从社会管理政策看地区发展

(一) 社会治安与政府工作作风

社会治安是衡量一个地区百姓生活安全感与幸福感的最重要指标之一,是检验地方政府的服务意识与工作作风的风向标。据笔者的调查发现,湖南花垣县茶峒镇的网吧,常有大量的未成年人出入,也没有家中成年人的陪同,网吧经营者根本没有查询网民的身份证件,更别说身份证登记了。绝大多数未成年人都是打网络游戏,与异性聊天,看影视作品,长时间泡在网吧里,吃睡都在电脑桌上解决。这一群体多是三五成群聚集在一起,留着标新立异的发型,有人还佩戴夸张的首饰,也有人不停地"喷云吐雾",很多网民是骑着无牌无证的摩托车过来。经过笔者近一个月的观察，从来没有看到文化监管部门、公安部门、镇政府等机关的工作人员检查网吧的经营情况，网吧的管理完全处于一种"真空"状态。为此，笔者还特意访问了一家网吧附近小超市的老板，他的父亲以前是当地的村支书，他和老婆主要靠销售日常生活用品及食品和超市货架旁两张台球桌的经营收入生活，收入还算可观。据他介绍：

> 门口这间网吧长年都是这样的，包括镇上其他几间网吧也都大同小异，这些未成年人平日里游手好闲，打起架来六亲不认，动刀子不是什么稀奇的事，连很多成年人都不敢管。当地的无牌无证摩托车泛滥，相比之下，重庆洪安镇那边的交通秩序管理则非常严格，多数执法人员也不敢徇私枉法，抓住违法者就重罚甚至没收非法车辆。当地有一种说法是，自古以来，湘西一带民风彪悍，从不轻易受人欺侮，民国时期更是匪患猖獗，打打杀杀不得消停。中华人民共和国成立后，当地的民风民俗虽逐渐好转，但是或多或少还有一点"江湖豪气"的残留。

笔者去过清水江对面的重庆洪安镇调查过，在两省市交界附近的洪安镇汽车站附近的交通有些混乱，个别客运班车随意停靠在路边，还有一些搭乘短途客的"摩的"哥，但是镇里的交通秩序确实比湖南这边好很多。重庆秀山县构建专群结合，警民联合，人防、物防、技防结合的基础防控网络、重点防控网络和专项防控网络，应该说还是成效显著的。

贵州松桃县迓驾镇的车辆不及湖南和重庆的多，虽然也会看到一些非法上路的车辆，但是总体感觉不会太差。这可能得益于县政府大力推进技防系统"天网工程"的建设，安装了大量视频监控摄像头，设立了三级监控报警中心，完善了公安三台合一报警服务台。监控系统的投入与使用对路面监控起到的作用是立竿见影的，只要政府相关部门想处罚违法行为人，真可谓"铁证如山"。

(二) 赶场与政府管理水平

武陵山区乡镇的赶场是当地百姓日常生活中非常重要的组成部分，品尝当地特色风味小吃，购买蔬菜、肉食、水果等食品，购置衣服、鞋帽、洗漱器皿等生活用品，烧蛋、算命、摇卦等民间宗教活动，还有商家、顾客、朋友等熟人社会相聚功能的展演，其意义内涵之丰富是其他生产生活场景不能替代的。

贵州松桃县迓驾镇和重庆秀山县洪安镇的赶场都热闹非凡，很多村民一大早就驱车或步行来赶集，商家不遗余力地叫卖，集市上穿梭着来来往往的行人，笔者也享受着其中略带点点新奇的喜悦。看到沿街两侧多是样式相同的建筑，连颜色都是那样深浅一致，可见这应该是当地政府大力推动的"杰作"。选定场址、大力兴建、营造集市、适度管理，昔日的赶场因为政府的介入变得人流量更多、贸易更旺、规模更大。相比较而言，湖南花垣县的赶场则冷清许多，为何会出现冰火两重天的景象？经过笔者的访问才得知，虽然新的农贸市场环境更加干净整洁，管理也更加规范有序，但似乎很多百姓不大满意，抱怨政府强行关闭原来的集市，在G319国道旁新建的集市因为与多个行政村距离较远，又处在山坡上，给百姓出行带来极大不便，客源损失严重，很多小贩都感叹生意大不如前。

此外，同样是面对集市的选址、引导及行政管理，湖南的茶峒镇与贵州的迓驾镇和重庆的洪安镇收到了截然相反的效益。如何做到倾听民意，接通地气，完善群众利益诉求表达、矛盾纠纷排查调处等机制，从源头上防止和减少社会矛盾，都是为官执政者必须面对的。

农贸市场的个案很大程度上源于政府的决策机制不健全，民主作风不扎实，以一厢情愿代替民声民意，得不到百姓的理解与认同。当然，湖南花垣县政府开展的整顿和规范市场经济秩序，严厉打击非法经营、制售假冒伪劣、哄抬物价、欺行霸市、非法传销等不法行为，也是政府必须履行的职责和义务，政府的管理水平要想收到"叫好又卖座"的效果，确实需要一些管理的技巧和智慧。

五、从政府网站审视地区发展

随着信息技术的快速发展，互联网给人们的生产生活带来了极大便利，促进了信息的传播、流通与交换，网上冲浪、电子商务、网络政务等新事物已经进入寻常百姓家。绝大多数县级以上政府开设了自己的官方网站，展现了政府工作的透明度和开放度，体现了政府的工作效率和社会效益，也是服务普罗大众并接受公众和媒体监督的重要窗口。笔者主要将三县政府官网公布的有关政策文件及披露的重大信息作为研究对象，调查分析的结果如下：

湖南花垣县政府及职能部门对外公布花政发文件79份，花政函文件352份，花政办函文件744份，花政人文件54份，花政通文件100份，花政办发文件195份。还有《2011年政府工作报告》《2012年政府工作报告》《花垣县国民经济和社会发展第十二个五年规划纲要（草案）》。

贵州松桃县对外公布各类政府文件共45份和政府职能部门文件共19份。笔者专门对县政府文件按年份进行了分类，2005年2份，2006年13份，2007年3份，2008年0份，2009年8份，2010年4份，2011年0份，2012年9

份，截至2013年4月6份。还有2010年、2011年《政府信息公开工作报告》，《2012年政府信息公开年报》。

重庆秀山县对外公布各类政府文件共608份，最早的一份是2007年的《秀山县委办、政府办关于进一步加强维稳安全工作的紧急通知》。还有2008年、2009年、2010年、2011年《秀山土家族苗族自治县人民政府工作报告》。

综合比较，湖南花垣县的政府文件披露最规范，数量最多，信息化程度最高，在一定程度上能够实现外界对政府工作的监督；其次是重庆秀山县，未对公布的政府文件分类，按照时间的倒序排列文件，但基本涵盖了经济、教育、社会管理、文化建设、生态环境保护等方面内容；贵州松桃县政府披露的文件数量最少，使外界对政府的政策和法规性文件知之甚少，更谈不上有效监督政府依法行政，在网络信息公开方面来看，政府工作透明度非常低。三县都有在官网首页设置网上办事专栏，但大多不具备在线办理业务功能，只是一些办事流程介绍和相关资料的下载服务，与网络政务的要求尚有较大差距。其中湖南花垣县和重庆秀山县在官网首页还有涉及招标采购和安全生产等重大事项披露的专栏，而贵州松桃县则散见于政府通知公告当中，让百姓难以抓住牵涉民生和政府工作的重要资讯。

小 结

笔者经过一个月的田野调查发现，三县的经济社会发展取得的成绩令人瞩目，但是仍存在地区发展不平衡、地方保护主义、贫富差距扩大、群众的满意度不高等问题。在高度融合与激烈碰撞的全球化背景下，三县之间的距离拉大了，融合的速度变慢了。从前是民间交往多，官方往来少；现在更是隔膜多于合作，"老死不相往来"。

应该说，武陵山区三县形成的三角地带在我国中西部地区比较常见，非常具有代表性和典型性，笔者尝试用人类学的方法作三县经济社会发展政策比较研究，旨在帮助政府和公众加深对当前经济社会发展状况的了解，从不同的视角阐释当地社会的功过得失。进一步探索推动县域经济可持续发展的机制，引导地区整体竞争力的提升，形成中西部地区各少数民族互惠共赢的发展格局，将此作为此项研究深入挖掘的后续目标。

综上所述，从三县经济社会发展政策比较来看，行政力量的影响还是相当大的。不同省份行政的影响导致了方针政策的差异，从而社会经济发展水平也会差异很大。因此，研究处在省际交界的不同县区的社会经济发展水平，需要重视各省的行政力量影响和社会经济政策。

第十八章　茶峒、洪安妇女生活调查

本章主要讨论的问题是：在现行的中国社会中，不同的经济社会背景情况下，女性是怎样形成不同的婚恋观和家庭生活观的，这些观念又是怎样指导女性的日常生活并且对当地的其他方面产生深远的影响。本章以调查地的田野访谈为基础，从不同的口述史中抽离出当地的共同概念，并且以此为模板，反思现代社会所出现的种种婚姻家庭的问题。

一、调查缘由及基本家庭情况

（一）缘由

从古至今，人们对婚姻都有着各式各样的定义与解释。无论是影视作品所展现出的一夫多妻的婚姻，还是从课本上看到的"群婚""交换婚""对偶婚"诸多名词都让我们不难看出婚姻在整个社会生活中重要性。民间更是有"男大当婚女大当嫁""老婆孩子热炕头""男怕入错行，女怕嫁错郎""干得好不如嫁得好"等诸多俗语，由此可见，婚姻的重要性影响到人们的生命周期，体现出人们的生活质量和人生追求。对于女性来说，尤其在中国传统观念里的婚姻是非常重要的一部分，甚至已经从某些方面成了评价一个女性一生的标准。这也意味着，在传统社会痕迹浓重的地区，进行婚姻的研究势必要以女性作为主体对象。这样便于我们更好地了解婚姻家庭对女性一生的影响，也可以解释男权社会中女性的觉醒和女权主义"抬头"的可能性及其意义。

就人类学角度来说，对于婚姻的研究可以上溯到摩尔根那个时期。不过，最初人们并不将重点放在婚姻的作用，或者说职能上，人们更加关注婚姻的种类。在当今一夫一妻为主体的中国社会中，研究婚姻种类的具体意义开始衰退，本章就将重点放在婚姻对女性一生的影响上面。

婚姻，有其较为简单的定义，即嫁娶的事，或者说是男女结合的事。百度百科的解释是：婚姻的一般概念为当时的社会制度所确认的，男女两性以永久生活为目的的结合。当然,这里把同性婚姻排除在外的同时,也有点人们通常所说的"不以结婚为目的的恋爱都是耍流氓"的强制要求的味道。谁规定两个人结婚的时候就一定要以永久生活为目的?又有解释说婚姻是为当时社会制度所认可的,男女两性互为配偶的结合。强调两性、配偶身份及"婚姻是家庭产生的前提"。这个解释就较为通情达理,其实婚姻就是两性的结合,当然,从结婚原因、结婚过程到结婚目的甚至到婚姻终止都不可避免地伴随着种种功能和影响。这种功能或者说影响,才是人们在日常生活中最为看重的,也是对人影响最深的。所以我们可以从人类学的视角来探讨一下婚姻的功能。根据《文化人类学》所讲,婚姻的功能有:①性的满足;②为繁衍后代提供适宜的条件;③经济互助;④保持社会群体的稳定;⑤增进不同群体的联合。这5点既可以作为婚姻的功能,也可以解释为人们结婚的原因,再深入讨论下去,就会发现这也是婚姻对人们生活各个方面的影响。只是在这里面,唯一没有被提及的就是爱情,而爱情,或者说两情相悦恰恰为世俗所渲染,成为人们结婚的重要原因之一。

既有违背,就有问题值得深思。不符合功能而产生的婚姻要怎样维持?符合功能需要的婚姻一定长久么?女性在这种已有模式的制度下又有怎样的喜乐哀愁呢?

(二) 基本家庭情况

比起其他的传统社会,该地的大家庭已经鲜有,分家的现象居多。核心家庭为主、大家庭较少这一现象越来越普遍。但是,就一般情况来说,在大家庭中和婆婆生活在一起的居多,特别是男方家境殷实,仍然和女方家住在一起的也并不少见。也有些家庭的居住方式有些奇怪,虽然两人已有孩子,但是都说因为工作原因无法带在身边,孩子和爷爷奶奶一起住,夫妻二人住在一起。也有孩子和妈妈一起住在娘家,丈夫虽然结了婚还是和妻子分开住在各自的家庭,只为工作方便,二人一般周末相聚。至于丈夫在外打工,妻子一人或者和婆婆孩子留守在家的更不在少数。一般都不是独生子女,勉强可以做到兼顾两方老人,而且老人本身年纪并不大,可以自理。数量同样蔚为可观的是夫妻双方都外出打工,只有孩子和老人在家里。老年妇女们通常聚在一起相互聊天打牌,有的依然工作,有的则依靠子女寄钱生活。

镇子的两性分工也非常明显,基本符合"男逸女劳"的状况。由于镇子上留下来的年轻人都是家庭条件比较好的,所以都有一定程度的好逸恶劳的习性。孩子多由老人家带,如果家中有生意的话,妇女一定也会在生意中充当重要的角色。也有很多家庭,男性早年也许有工作,但是日益懒惰,反倒是女性坚持工作，无论是在镇上打工还是自己在家开店。家务都由女性一力承担，女性让男性做家务会被视作不贤惠的表现。但是家里的决策主张都由男性做出。

二、妇女生活状况

（一）妇女的成长以及受教育过程

因为妇女年龄不一，年纪偏大的妇女除了回忆不清晰以外，还存在年代久远以至于与现代脱节的情况。所以笔者选取了较为年轻的一组进行访谈。

A女士的家就住在湖边，坐拉拉渡过河后的第一家就是A女士的家。A女士家中三姐妹，妹妹是大学生（不过也有人说不清楚A的妹妹是否考上大学）。因为自己房子的地理位置比较好，A女士依靠做游客生意能有不错的收入。和其他人不同的是，A女士的手里总会拿着一本简装小说，和笔者聊天的时候也会时不时地翻阅。据A女士自己回忆，读初中时在校成绩还不错，只是父亲突然生病，姐姐又嫁人了，家里的收入一下子垮了。A女士的爸爸是船工，船工在当地也是比较有稳定收入的，很多家庭甚至只靠船工一人的收入生活。所以A女士选择了辍学，先顶替父亲开船，后来又去花垣做生意，进而开了如今的店面。虽然她也认为读书的时光简单而快乐，不过现在也承认书读得好不一定过得好，对自己的现状很满意。与该地早婚早育的普遍现象不同的是，A女士今年27岁，并未嫁人，近期也没有嫁人的打算（关于A女士的婚姻问题下文还会提到）。

唐妹妹今年17岁，初中毕业，在洪安镇"三不管"岛度假酒店上班。辍学两年，曾经外出打工，但是最后觉得还是在家附近比较理想（关于唐妹妹的其余生活状况后文还会提到）。唐妹妹认为自己不是读书的那块材料，初中的东西听不进去。并且喜欢玩耍，不爱学习，强迫也没有用。正如唐妹妹的弟弟，今年正上小学四年级，她也认为弟弟读不下去，因为成绩不好，不聪明。谈及日后是否有读书的打算，唐妹妹说，最多再上个职业高中吧，她并不打算再上正规高中了。李梦是唐妹妹的好朋友，与唐妹妹外出打工的经历不同，她一直在读书，虽然成绩并不优异，但是因为父亲是船工中比较有影响力的，所以坚持供女儿去县里读高中。李梦也希望父母5000元的赞助费不会白费，自己能够好好读下去。但是唐妹妹则认为，这个高中是买来的，她并不认为意义有多大。她觉得人过得好并不依靠学历来说话。

刘姐姐今年21岁，已经怀孕。由于家中距离不远，而且看店面是个清闲的差事，因此怀孕了仍在上班。她也有外出打工的经历，听到笔者是大学生时，刘姐姐很羡慕，也多次让笔者讲述大学里的故事给她听。刘姐姐拥有高中学历，由于第一年考学失败，因此放弃了继续读书的打算。现在想起来，仍有一些遗憾和后悔，但是已经当妈妈的刘姐姐说自己没有继续读书的打算，因为客观条件不允许了。

谈到学历问题，唐妹妹曾给笔者介绍过"三不管"岛度假酒店的一个女性领导，说她能力很强，但是只有小学学历，后来自己又考了中专。按道理来说是符合"英雄不问出身"的当地思维，可是唐妹妹也说，女人太强了不好，她读到中专当领导，现在还说自己没结婚有男友，其实谁不知道那是她老公，不知道说自己未婚是不是为了和老总搞关系方便。笔者继续追问为什么认为该领导与老总有关系时，唐妹妹也说不出个所以然，只是说："不信你问那些人，她们都知道，要不是搞关系，为什么别人来上班只是领班或者经理，她就是主管。"由此可以看出唐妹妹并没有认为高学历是这位女领导在职场先人一步的必要条件。

由此可知，当地妇女对读书和文凭并没有渴求，只是认为是锦上添花而已，并且对学历较高的女性还会有一定的负面看法，所以导致当地平均文化水平并不高。

（二）妇女的工作经历及对工作的态度

由于该地经济发展速度有限，所以年轻男女多外出打工。打工的年龄虽不一样，但是集中的年龄区间多在15～18岁。外出打工的地点集中在县城和沿海经济发达城市。谈及外出打工，虽然看法不一，但是总体都感觉：工作太过无聊，并且上班时间长，过于辛苦。而且工资并不高，至少在打工地生活的话并不算宽裕，而且远离家乡，无人照顾，心灵上不免孤单。

唐妹妹打工回来后在幼儿园上过班，一个月600元，但是要早出晚归，照顾小孩，工作辛苦。因为年纪原因，不能去找其他工作，母亲在"三不管"岛度假酒店有一些关系，所以来这里看门面。每天不管卖多少钱都要上交给"三不管"岛度假酒店，每个月的工资数目却是固定不变的，所以她对工作并没有太大的热情。每天在酒店吃饭，省下一笔支出，虽然工作无聊，但是对薪酬待遇都比较满意，并没有换工作的打算。

刘姐姐的经历和唐妹妹相似，但比较不同的是，刘姐姐因为怀孕而无法继续工作。她认为上班虽然轻松，但是没有意思，而且做多久都是别人的，始终不踏实。由于公公是镇上的老师,自己现在也有一些积蓄,因此决定生孩子以后就自己在家开办幼儿园或者做别的买卖,不来上班了。上班有太多拘束,比如规定了时间,比如不能做自己想做的事情,自己做生意就自由,她还是比较向往自由和无约束的工作。

杨姐姐上班的情况就不同于以上两种。她在茶楼做服务员,相貌和身材都比较好。她婆婆家里有自己的生意,所以决定辞职回家帮忙,因为回家帮忙的话每个月不用交生活费给婆婆。婆婆不喜欢她在外面做事,尤其是服务工作。婆婆认为这是不好的,或者是不检点的行为。杨姐姐本身也不想出来工作,原来家中开办中国联通充值卡的代理店,生意不错,自从边城旅游发展后,生意逐渐不行,婆婆又不愿意给自己零花钱,自己没有钱穿衣打扮,想要贴补娘家也没有资金,所以出来打工。杨姐姐的婆家属于相对富裕的人家,拥有房产、田地,所以儿子并未出去工作。在笔者临走的前几天,杨姐姐在写辞职信,说自己还是回家做好了,这里轮班的制度也让她有些受不了,更为重要的是在家帮忙,可以学习接管家中生意,公公婆婆虽然年纪不大,但是只有一个儿子,以后肯定要把生意给杨姐姐看管。

总体来说,当地女性认为在家上班比在外工作好。做自己的生意比给老板打工好。当地女性都是十分顾家的,认为自己应该并且必须为家庭服务。工作并不是最重要的,人生价值还是要通过家庭和睦来体现。

(三) 妇女的恋爱过程

在问及已婚妇女为什么嫁了现在这个男人时,她们大都会以"缘分吧""这都是命啊"等字眼回答笔者,并不能给出一个清晰而准确的答案。当问及她们觉得什么样的男人比较好的时候,她们也通常说只要为人正直、孝顺父母就很好,勤奋就更好了。当问及最初怎么在一起时,当地妇女也都抿嘴一笑说"看对眼了呗"。

除了熟人介绍的婚姻观念以外,当地人更为欣赏自由恋爱,甚至比都市人更加开放地认为两个不熟悉的人通过了解便能走在一起,如上文提到的杨姐姐就是通过学习上网和老公认识的,并且也愿意大方地讲出来,觉得并没有什么不好。在笔者采访的过程中,有一位卖菜的大妈 B,B 女士在谈到儿子与儿媳相识相恋的过程时也说,两人是网恋,在网上认识然后恋爱,最后走进现实。B 女士也认为这并没有什么不对或者不好,而且她认为自己的儿媳妇能够天天在家带孩子,顶多是和同村其他的留守妻子聊天,并不经常外出,家务也做得十分勤快,对这点十分满意。这与都市人对网恋或者一见钟情的看法差距较大。

关于爱情观,唐妹妹则有自己的一套看法。她认为男人心疼老婆最重要,只要男人心不变,女人辛苦一点也是没什么的,男女终究是不平等的。据她自己讲,在上小学的时候就有高年级的学生,也是堂哥的好友对她进行追求。她也并不认为早恋是一种非常大的禁忌,爸妈不同意的话,两个人私下交好就行了。不过到了初中,家里虽然不赞成恋爱,但是也不会过于反对。唐妹妹说自己和初恋感情很深,在一起3年,但是中间经历了3次分手。后来自己又发展了一段网恋,网上有许多的好朋友都知道她们的恋情。不过后来分手也是因为这个男人在网上的前女友回来找他了。虽是虚拟恋爱,唐妹妹却谈得很投入,但是她自己也分得清虚拟和现实的差距,她能够接受自己在网络和现实世界各有一个恋人。与此相像的是雷先生。雷先生很爱自己的太太,两人在一起8年后结婚,雷先生现在是医院收费的管理员。他坦言,自己不会离婚,但是在网上和别的异性经常聊天属于正常现象,老婆也不会在这方面约束自己。

唐妹妹的妈妈,我们称她为唐妈妈,认为还是恋爱自由好,当然,只要不要太无拘无束、出大差错就行。家长介绍只是一个桥梁,到底合不合适得孩子自己判断。并且举了身边的一个例子,人物是自己的上司曾主管,因为是父母介绍结婚生子,所以对自己的妻子并不像其他男人那么嘘寒问暖,甚至在酒店还与其他的女性员工打情骂俏。这一点让很多人都觉得不满意,他老婆最近刚生完孩子在家坐月子。

当然,为了能够完整地表达当地女性的择偶观,笔者还特别采访了一些男性,希望从他们口中的择偶婚恋观来与当地女性形成对比,进而突出女性在这一方面的特点。

石先生是当地的公务员,大学毕业后回本地工作,由于边城镇要建成旅游区,当然要有房屋建筑的"穿衣戴帽"工程,因此石先生从花垣回来监管工作。和石先生一起做这项工程的还有郑先生,两人是大学同学,郑先生是凤凰人,至今未婚。石先生坦言当地的男人身上都有一定的匪气,但是由于这是历史原因形成的,因此很难改变。自己的妻子是父亲挑选的,由于父亲临终时的遗愿是这样的,并且妻子虽然不是貌美天仙的那种,但是贤惠持家,因此石先生也颇为满意。谈到自己以后是不是会有婚外情时,石先生也毫不避讳地说自己不会刻意,但也不会回避或者克制婚外情的发生。问他喜欢什么样的女性时,他们将关注点放在外貌上,比如身高160厘米左右、丰满圆润、娇柔妩媚的女性更容易获得他们的青睐。当然,他们也注重心灵的契合,喜欢善解人意的姑娘。

从中我们可以看出,男性对于婚姻的态度较女性来说更无所谓。

石妹妹是唐妹妹的好友,是苗族姑娘,今年才20岁,喜爱玩耍但不与生人过多交流。她本来可以在外面继续打工,但是由于爹妈担心她嫁到外面,因此把她接了回来在酒店上班。唐妹妹说,她们的父母都不希望自己的女儿嫁得太远,毕竟希望能够经常相见。因为少女成熟较早,远嫁的例子并不在少数,如果嫁到大城市的话还算命好,不能嫁给富贵人家的话,问题就变得比较复杂。唐妹妹说镇上有个姐姐C女士,笔者经常见C女士从唐妹妹店铺前走过,虽然已过而立之年,C女士仍然清秀白皙,亭亭玉立。但是与其他经常路过话家常的女士不一样的地方是,C女士打个招呼就走远了。据唐妹妹所说,C女士曾经嫁到贵州一个很穷的村子里面,老公不仅没钱而且很黑,就连C女士本人在生产完看着自己的孩子都说出了"我第一次见到这么丑的孩子"这种话。当然,这段婚姻并不长久,当初无奈结婚也是由于C女士已经怀孕在身,不能打掉孩子,所以即便在男方家彩礼少得可怜的情况下还是结婚了。婚后不久,C女士就偷偷跑回来,不管老公怎么派人来找,C女士的哥哥弟弟以及父母都不准C女士回去,之后不久两人离婚。现在C女士还未再嫁。就当地人的观念来说,嫁得近一点可以允许贫穷一些,但是远嫁一定要很富裕才可以接受。但是对于娶远方的媳妇来说则比较无所谓。通婚圈的建立并没有十分明确,毕竟笔者经常来往的只是洪安和茶峒两个镇子,由于两个镇子属于不同的省,跨省婚姻在户口迁移以及孩子日后考学都有一定的手续要办理,因此洪安镇和秀山县其他镇的联姻多过和茶峒镇。

总体来说,当地女性的择偶观是比较模糊的,她们往往将重点放在命理上。除非已经嫁人了,才会逐渐意识到自己所嫁的男人有哪些不好。比如上文提到的唐妹妹的妈妈,就曾提及年轻时有多个老师追求,如果答应的话日子不会像如今辛苦。但是男人有钱就变坏的思想也深深植根在她们的脑海里,所以并没有刻意要找物质条件好的男生。但是远嫁的话,就比较注重对方的条件,认为自己的家乡好,外出远走总是颇辛苦。

(四) 妇女的家庭生活

这部分主要对妇女的日常生活做一个整体的概述,突出她们在家庭中的职能,因为家庭不仅是横向展开的,更重要的是家庭间的纵向关联。无论是对上一辈的侍奉还是对下一辈的养育都是婚姻生活的重头戏。另外,该地对两性之间的忠诚行为是怎样定义的，这一态度很大程度上决定了婚姻的质量，婚姻的质量对当地发展会造成重要影响。

　　唐妈妈，39岁，名黄琼瑶。原来是秀山农村的人，后来在洪安上班的时候认识了小唐的爸爸，两个人比较有眼缘，所以在一起结婚生活。21岁时生下了女儿小唐，又过了9年，生了一个儿子。但是5年前，老公在外劳作时不慎摔伤，腰脚都有问题，所以唐妈妈那时向亲戚借了很多钱。为了还账，唐妈妈经常打各种工，甚至在沙场做过苦力。唐妹妹那时也到了读高中的年纪，唐妈妈想继续供其读书，由于唐妹妹早熟懂事，懂得贴补家里，因此自己坚持选择出来做事，于是夫妻二人尊重孩子的决定，让她来上班。后来因为觉得女儿在幼儿园工作辛苦，就把她招进了店铺看门。
　　提到女儿，唐妈妈很满意，说她挣的钱全部给家里，直到自己认为经济条件可以了，才会让女儿自己留一部分钱，打扮自己。女儿小时候就比较厉害，男生都打不过自己的女儿。自己也想继续送女儿读书，但是还要看女儿自己的意思。儿子相对而言就比较像自己，忍让平和，不记仇。但是唐妈妈却认为这并不是一件不好的事情，因为如果男孩不懂得这些，过于招摇的话，以后会惹祸上身。这边并不缺少年轻人进公安局的例子。所以她对儿女的性格都比较满意。
　　怀孕的时候，唐妈妈也有担心。因为婆婆重男轻女的思想比较严重，如果第一胎生的是儿子，就可以不用再生第二胎。但就自己来说，她还是喜欢女儿，因为唐妈妈说自己从18岁起就比较喜欢打扮，不管别人怎么说。那时候在农村，很多人认为化妆是不好的，会认为你化妆并不是给自己看而是想要勾引别人，但是唐妈妈却不这样想，所以她也愿意把女儿打扮得漂漂亮亮的。她嫁给自己的丈夫，有儿有女也算知足。
　　说到和婆婆的关系，唐妈妈说婆媳在一起只住了半年，后来自己就搬出去住了，原因是自己和大嫂的性格并不是特别投机。自己和大嫂虽然同在一个屋檐下，但是都互相不搭理。论及女儿的婚姻，唐妈妈认为女儿现在太小，结婚还是有点为时尚早，所以会告诉女儿不许耍朋友，但是女儿同学当中也有相当一部分已经结婚，女孩子嫁得太早确实会被人说闲话，认为女孩子在家里待不住，但是也只是一段时间，真正抚养孩子时，也不会有太多人指责。
　　说到自己的婆婆，唐妈妈说自己的婆婆话多，而且会在大街上好像是开玩笑又有认真的成分向自己索要钱财，甚至会直接翻自己的钱包找钱，对此唐妈妈颇为反感和尴尬。

当地的生育观念较之传统的重男轻女的观念有一些变化，比如对女儿的重视，并且由于生男孩以后娶媳妇要承受非常大的经济压力，所以生儿子也成了一把双刃剑，甚至成为不敢多生的原因。

（五）出轨、避孕和孩子教育

由于当地的留守家庭较多，妇女在家和老公在外发生婚外情的概率都应不小，那么当地人又是怎样看待这一问题的呢？

谭大姐说现在洪安也有离婚的状况，不过大部分都是因为男性有钱了，变心、花心，女性忍不了了才会到离婚这一步。笔者询问谭大姐有没有两个人结婚许久还是没有孩子的状况？谭大姐说："有，一般两人都会去医院检查一下，看是哪一方的问题然后再进行治疗。"这时笔者打断了谭大姐，询问有没有这种情况，两个人都是正常的，只是不想要孩子而已，谭大姐说应该没有，不要孩子，就没必要结婚啊。结婚就是为了一起抚养孩子，老的时候有盼头。如果两个人结婚许久都没有孩子，要么就去看病，要么就离婚。孩子对于婚姻来说不仅仅是保障，甚至成了必要条件。

谈到关于孩子的教育问题时，笔者很诧异，她说："孩子不分聪明与笨，只分努力与不努力。"虽然也找了人来给儿子补课，但其实对儿子的期待并不高。更为重要的是，她认为女儿哭是不好的，所以多以打骂为主。谭大姐也说会努力供孩子读书，但是教育方法上她就显得无能为力，只是觉得自己运气好，女儿爱学习，仅此而已。

杨姐姐家里条件原来应该是不错的，因为她讲到茶峒一般如果生了两个孩子后都要求必须结扎，但是由于父亲原来和计生部门关系较好，因此自己不需要结扎，但是小儿子没有户口，如果想不结扎就有户口的话需要花钱。她说生了第一个孩子后就要带环，自己带环后副作用比较大，月经会晚来10~20天，结扎一般以女性为主，男性结扎会被瞧不起，但是结扎手术较痛。她对于茶峒男性的评价就是"土匪"，他们爱好逍遥的生活，喜欢和女性"调情"，但是如果自己的老婆和妹妹被欺负就会为她们出头。

杨姐姐与老公感情较好，公婆关系的恶化曾经一度让杨姐姐走向离婚的危机，但是后来还是回归家庭。当地也有离婚的例子。40多岁开诊所的医生和附近做羽绒服的女子暧昧相恋，与妻子离婚，不过房子、两个儿子都归妻子，但是儿子上学的钱以及日常生活费也由丈夫负担，而且医生还要养小三，所以比较艰辛。也有因为丈夫好赌，妻子与其离婚，丢下4个女儿离开家庭的。另一个例子是因婆媳关系离婚后，女人嫁给一个包工头，为其生下儿子，生活现在比较幸福，第一个儿子已经上高中。也有卖电器的想离婚，但是由于老婆不分到 100 万家产则不离婚的。25 岁以上的女性比较难找对象，笔者认为早婚早育的影响是持续的，25 岁以上的女性在当地人的观念里只能找二婚的。

提到老公会不会有婚外情，唐妈妈认为男人主要的任务就是在外面挣钱，如果挣不到钱，就算天天在自己面前也没有用。只要老公不把这个女人领入家中，不让自己亲眼看到两人亲密，不管别人说什么，自己都不会相信，也觉得不重要。因为男人有钱就一定会变坏，这也不能怪别人勾引，有的是自己男人有问题，有的怪自己没有吸引力或者对老公不够好，有的则认为也许那是第三者维系生活的手段，所以只要男人能够对家庭负责，挣钱供养家庭和孩子，别的都不是特别重要。

同样的问题也问过了原来采访过的服务员，她们认为男人只要不太过分，不造成面对面的尴尬，其实她们都可以忍受。同样的问题问过在边城卖服装的 E 女士，E 女士也坦言无论别人说自己的老公如何出轨，她都不会相信，除非亲眼看见。

同样，石先生和郑先生也认为男人出轨并没有什么问题，而且他们会认为如果男人能有一个情人，反而从另一个方面证明男人的能力。他们也不会认为自己兄弟的女人有什么问题，哪怕她是出轨的女人。但是他们不能允许自己的女人出轨，一旦发现，不管什么原因，不管她为家付出了什么，都只有离婚这一条路。

三、发现的问题以及原因

（一）当地早婚早育的情况比较普遍

我国的法定结婚年龄为男 22 周岁、女 20 周岁。如果按照这个标准的话，当地属于比较明显的早婚早育。按照当地的习俗，两人只要确认恋爱关系，并且得到大众的认可后，就可以正式地居住在一起，当地人也不会有过多指责。更为重要的是，男方一般都会娶女方，只是在女方怀孕后再结婚的情况比较多。当地早育的例子创下了全国之最，12 岁的未婚妈妈就出现在当地。

一个 14 岁正在读初二的女生，在社会上认识了一个男青年，大她 10 岁左右。由于年幼无知叛逆，加之男性对她经常施与小恩小惠，因此女生就认为这个男性真心爱她，不顾家人的反对，和男子在一起并且生下两个孩子，谁知道这名男子曾经坐过牢，现在又坐牢了，两个孩子由婆婆抚养，女孩今年 17 岁，在外打工，每个月还要寄钱回家，日子颇为艰辛。

笔者在对洪安镇医院的妇科医生采访后得知：一年大约有400人来进行生育，他们来自洪安镇以及周边的省区。少数民族政策是：可以生两个子女，年满24岁后允许生两胎（如果不满4年就到达28岁的话则不需遵守），不仅少数民族可以，汉族也可以。政策上，每个孕妇生产由国家出300元、新农村合作医疗报销400元，基本生产（顺产）花销在报销后只需支付200～300元，剖腹产则花费较多，一般3000元左右。

严院长为医院二把手，据他说，十三四岁在外打工读书时就同居的现象有发生过。据妇科医生介绍，孕妇一般都以25岁以下为主，19～21岁也较为普遍，畸形儿和堕胎情况较少，每天接生数量也不稳定。只要在医院出生，就可以开出生证明，或者满半年可以上环，开避孕证明，上户口。

当地女性的月经初潮时间，医院给出了具体数据，为12～13岁。这可能是体检所得到的数据。

关于茶峒镇的相关情况，我们采访了妇产科大夫张医生。张医生，26岁，女，妇产科大夫，在茶峒镇医院工作3年，之前有在花垣县工作两年的经历。据张医生介绍说，十七八岁的产妇并不少见，15～16岁的也有一些，一年大约有七八个。2010年为一个怀化的女孩接生，14岁。因上网认识某位男性与父母吵架后跑出来，和现任的丈夫在一起。怀孕后生下孩子，还曾和张医生抱怨老公打自己。女性的黄金生育时间是18～27岁。19～21岁的产妇最为集中，在笔者等待张医生看病的过程中，有不同的产妇前来问诊。很多女性甚至不知道自己的怀孕时间和上一次来月经的时间。也有很多女性明明刚生完不满一年，但是又怀孕了，这些对女性的健康都是不好的。但是早育也有一定的好处，一般早育的妇女在产后各方面的恢复上都比年长的女性有巨大的优势。但是由于农村妇女对戴避孕套不熟悉，间隔不久就再度怀孕了。进行检查的妇女中，只有一人是由丈夫陪同，孕妇年仅16岁，两人未婚。女方两个月没来月经，才知道怀孕了。其余的除了有一个是婆婆陪同产检外，都是自己来进行产检。婆婆陪同产检的孕妇已处于临产阶段，但是镇里面普遍都是要生的时候才送到医院，因为经济原因，提前住院的产妇很少，婆婆还提出打催产针。但是张医生建议再观察一段时间。因为当地很多人都是生孩子后才结婚，所以很少人有准生证，根据国家政策，准生证能享受的报销在1500元左右，当地却只能报销300元。

那么，早婚的原因是什么呢？F的妈妈在F尚且年幼的时候就和别的男人跑了。F的父亲支撑一个家庭太不容易，不放心女儿出去打工，又有儿子的婚事要操心，所以F早早嫁人，一是为家庭减少支出，二是可收到一笔可观的彩礼来缓解父亲的压力。由此可见，经济压力是其中的一个原因。

除了经济的压力外，社会的压力也不小。如果女孩子到了一定年纪，已不在外读书或者打工，那么就会有人上门提亲，这就是熟人社会的必然。大龄女子不结婚会被人议论。刘姐姐和唐妹妹都认为前文提到的未嫁大龄女是因为性格有缺陷，要不然不应该嫁不出去，或者是女方家里出了事情耽搁了。

黄小姐21岁，家里有妈妈和一个10岁的妹妹。爸爸在今年2月份去世。黄小姐在旅馆对面卖一些装饰品，如扇子、草帽、簪子等。黄小姐是居民户口，家里并没有田地。黄小姐的妈妈现在也有一家店铺，依据买卖的情况到吉首进货。黄小姐在读书时期认识了一个男朋友，家是吉首的，家里做砖厂，也有田地，男友本身在建材公司上班，比较勤劳。两人本来打算今年结婚，但是由于黄小姐父亲去世，黄小姐舍不得母亲，因为结婚后就要和男方一起居住，而且母亲也不希望黄小姐太早出嫁，自己操持生意进货出摊都比较辛苦，所以两人的婚事就搁置下来。

但是根据当地的习俗，如果父亲死了，当年不结婚的话就要再等3年，黄小姐比较喜欢现在的男友，因此她陷入了迷茫。之前笔者一直探讨早婚早育的问题，由此可见，这是由一定的家庭生活状况所决定的，如果黄小姐的爸爸还在，估计结婚不成问题，如果妹妹已经有18岁，可以劳作，结婚也不是问题。所以早育的另一个意义也凸显出来，两个孩子不要相隔太久出生，可以在父母都还在世时分担义务。黄小姐的爸爸有4个兄弟，现在都出来做生意，从杂货铺到移动营业厅，都开在这个镇子上，家庭经营不同的种类，免得引起冲突。黄小姐每天的生活以出摊为主，比较无聊，虽然不是十分辛苦，但是也会感到疲惫。有时也会期待下雨，下雨的时候就能够有正当的理由去休息，去找男友或者和朋友出去走走。

另如上文所说，当地娶亲需要一笔钱，对于当地男性来说，晚婚也象征着缺少钱财，更为重要的是，外出打工的目的就是挣钱，如果挣不到钱的话不仅代表家底不行，也证明自己能力有限。因为男性一般选择年纪比自己小的女性结婚，女性会相对更早结婚。既然已经付了彩礼，肯定要完成帮助男方家传宗接代的任务，所以很多人在确定结婚的时候肯定也要确保有孩子，所以早育的情况就不奇怪了。更为重要的一点是，既然需要为男性传宗接代，那么就要确保在自己能够不耽误工作的时候尽快生出男孩，所以时间是保障之一。另外，不难注意到，当地的养老体系发展十分有限，老人的养老金不能保证基本生活。在确保孩子有能力养活自己之前，自己要能够自力更生，所以早育成为不得已的选择。

既然提到父母介绍，当然也要符合父母的逻辑观念。比如，父母为什么会接受孩子的早恋状态？虽然早熟已成为大趋势，为什么早婚早育在当地如此明显？关于这一点，笔者认为和历史背景有关。据石先生介绍："20 世纪 90 年代左右，由于当地部分私人持有枪支的人不在少数，因此社会治安并不稳定。十四五岁的少女在放学回家的路上经常会被本地流氓、混混成群围追，受到不同程度的骚扰，所以很多女生除了洁身自爱以外，只能选择'认大哥'这一行为来进行自我保护。这种风气虽然现在已经过去，但所带来的滞留痕迹影响依然明显：妇女对男性的态度较为开放，男女之间的性行为不会像传统社会一般严谨。"

2005—2008 年，各种矿厂在此遍地开花，人们的经济收入随之大幅度上涨。仅挖矿工人的收入每月就可高达 1.5 万元。经济的发展也导致了某些不良现象的出现，如"嫖娼卖淫"活动的兴起。虽然边城镇在矿上打工的人数不好统计，但由于地域原因，这种现象造成的后果之一就是当地人觉得男女之间"打牙祭"的行为并不奇怪。

（二）当地人堕胎率比较低

据两个镇子的医生介绍，如果没出现残障婴儿的话，一般都不会堕胎和流产。除了当地的生育成本之外，当地的生命观也是非常值得研究的。

唐奶奶今年 76 岁，她和唐爷爷原来都是平马村的人。两人家里距离并不远，只隔了一道沟。唐奶奶姐妹 6 个，还有一个弟弟，其余都是姐姐。唐奶奶自己称年少时在家并不做事，虽然父母都是务农人员。十几岁时，唐奶奶参加了儿童团，在那之前，唐奶奶就和唐爷爷因为居住距离近就已经相识，据唐妹妹说，是唐奶奶主动追的唐爷爷，在部队和唐爷爷在一起就不分开。唐爷爷在部队是一个小领导，和唐奶奶同岁。两人正式接触是在中国共产党的儿童团里，那时每天的生活就是开会和玩耍。两人认识一段时间后确定了恋爱关系，领了结婚证以后就在部队摆了酒席，没有嫁妆，也没有聘礼。

在日子比较拮据的时候，唐爷爷在部队当兵，曾经拿钱到家里让已经怀孕的唐奶奶去医院打掉孩子，即现在唐妹妹的爸爸。唐奶奶因为心疼自己的骨肉，舍不得打掉，等到唐爷爷再次回来的时候孩子已经出生。唐奶奶认为孩子是生命，不能随便抛弃，所以即便在今日也不赞同打胎的行为。但是当时，确实有很多人因为养不起孩子而打胎，加之没有计划生育的政策，人们根本不懂得如何有效地进行节育避孕措施。

人们普遍这么认为生育孩子的成本比起带来的回报，还是回报大于投入。养孩子虽然面临着教育问题，但是在某种意义上来说这只不过是多一个人吃饭而已。加之对孩子教育水平的要求不高，那么整个支出就更少了。更重要的是，与当地的信仰有一定的关系，即人们认为堕胎是违背神的旨意的，或者更为简单地说，人们认为孩子无故被流产，那么这个流产的妇女一定是另有居心的。而且当地流产也需要办理多方手续，在乡土社会里，这类不好的事情最忌讳的就是人尽皆知，所以人们一般都会将自己的孩子生下来。

（三）当地离婚率比较低

虽然择偶观比较混乱，但是当地离婚率低却是当地又一个特点。洪安镇每年最多有一户人家离婚，而边城镇在最近才有一户人家离婚。正因为如此，这件事情变得妇孺皆知。原因也非常简单，男方是镇上最有钱的商人，在外面有了第三者，并且第三者怀孕了。更为夸张的是男方把第三者带回了家中，矛盾升级导致离婚。女方当然也有过错，男方在外打拼，女方在家唯一的任务就是打麻将，不关心男方的同时为公婆孩子做的也相对有限。矛盾到了不能调解的地步就选择离婚。一直没有离成的原因是男方的财产较多，双方在财产分割方面达不到统一。

不难发现，在结婚初期，女方都会收男方家一笔彩礼，男方家还会为女方准备房子，女方如果有哥哥或者弟弟，家中的房子肯定要给结婚后的兄弟居住。所以一旦离婚，没有固定收入的妇女就会面临生存的问题。孩子给别人会舍不得，自己养育的话，经济又不允许，进退两难。在这种类似聘娶婚的形势下，女方当然永远处于被动地位，婚姻不管开始或者结束都掌握在男方手里。

正是由于离婚率低，才会有舆论传出。如果一个人离婚，尤其是女性离婚的话，虽然老公有一定的过错，但是妻子不能容忍也是一个很大的错，证明这个人本身有一定的问题。这样的女性如果在附近再婚的话也会成为非常大的问题，所以离婚后不远走会非常孤独，这也是人们不愿意离婚的原因之一。更为严重的是，离婚会将不好的影响带给孩子。正如上文所说，如果妈妈离婚的话，那么家里除了少个人照顾外，更重要的是，如果这个妈妈有女儿的话，舆论会对这个女儿本身产生一定的非议，这种名声会让她在嫁人的时候受到比较大的压力。

当地的娱乐方式单一有限，这虽然不能构成当地离婚率低的原因之一，但是我们可以得知，在当地熟人社会的大背景下离婚不仅意味着舆论谴责，再婚更意味着要远嫁或者远娶。这对离婚率也许有一定的影响。另外，当地人很多都有借助网络认识新异性的习惯，这也许是缓解婚姻矛盾的一种方式。他们认为网上的不一定是真的,就算见面也都不会因此影响正常生活,从某种程度上说,网络对当地婚姻的稳定性也许是有帮助的。因为笔者所采访到的网络使用者都与认识或者不认识的异性联系颇多,但也都自认为婚姻稳定并且不干涉对方的现实生活。

(四) 当地妇科疾病比较多

1972—1978 年,全县实施结扎手术 90 例,上环 195 人,使用其他避孕方式 5981 人。1972—1978 年,全县实施结扎手术 21619 例,用避孕工具 911 人。

1959—1961 年,发现子宫脱垂患者 1620 人,普查 4240 名已婚妇女,受检率 61.7%,发现外阴斑、子宫脱垂、子宫糜烂、阴道壁膨出等症 3792 人,占受检人数 89.4%,1978 年则占 39%。

由此可见,当地妇科疾病多发。其实早育对妇女身体的影响比较大。医院的妇科病房每个月都要接待 40~50 个病患。她们多患阴道炎、卵巢囊肿病症。由于女性生育孩子后,处女膜完全破裂后,阴道松紧度也发生了变化,因此妇科病随之而来。更为重要的是,妇女再生第二胎时并不能严格遵守 4 年后再次生育的规定,身体还未恢复便继续生育,这实在不利于女性健康。另外,产后带环也会造成妇科疾病的发生。

除了生理原因,心理原因也是妇科病多发的原因之一。虽然当地民风开放,但是妇女对在自身的疾病方面也有一定的羞耻感。正如杨医生所说,来看妇科病的人较少,因为是熟人社会,所以熟人推荐治疗较多,亲自来医院诊断的人较少。领取避孕套也是比较隐私的行为。

张医生也说:"由于早育,女性妇科病较多,加之不注意个人卫生、经期同房等原因,很多妇科病即便治疗成功,也经常复发。在节育方面,会给一些妇女带环,由于环的种类不一,身体较弱的女性会有一定程度的不良反应,多数情况是由于女性在带环之前就没有搞好个人的卫生。"

边城镇周院长认为,妇科疾病不是单纯地依靠国家投入就能解决的。目前在镇医院生孩子,个人支付 400 元左右就可以解决问题,但是持有结婚证生子的产妇只占到 3%。产妇年龄集中在 23~26 岁。妇科病以宫颈炎和阴道炎较为常见,集中在十八九岁和二十八九岁的妇女之中。人们对医院的不信任,或者对生理卫生知识的不了解等,都是导致妇科病多发的原因。

而且上文提到当地的一些嫖娼卖淫现象比较猖獗,加之当地人对婚前性行为并不反对,性生活的多元化可能也是妇科病多发的原因之一。笔者看到各式各样的发廊,根据当地人所说那就是比较低消费的卖淫场所。笔者到锌矿厂进行工人走访,了解到他们月工资 1000~2000 元,有人则称 1500 元,食堂一餐3.5～5元即可。并且实行轮班制，厂区内工人着装多以工作服为主。而且枯燥无聊的生活让他们少有乐趣，这也成为他们寻找妓女的原因。

除了早婚早育和民风开放外，很多得了妇科病的妇女会选择烧蛋解决病情，而不是去医院看病。从本质上来说，除了不相信医生外，还因为不好意思对医生袒露自己的隐私。这种做法也在一定程度上耽误了妇科病的治疗。

小　结

在无人控制的"三不管"时期，舆论压力就像法律一样捆绑着人们，如果不能让人们从这里慢慢脱离出来，那么许多问题很难得到解决。一个镇子就是一个小型社会的缩影，并不是政府的几条政策、法规就能够对此有明显的提高和改善的，笔者认为想要改善茶峒镇妇女的生活状况，除了种种手段必备以外，最重要的是时间以及经济发展带来的觉醒。

人们普遍认为教育水平的提高是推动女性晚婚晚育的重要因素之一，因为教育带来的是女性地位的显著变化。洪安镇妇女受教育程度普遍不高，甚至认为孩子读书是依靠天分而不是后天教育。

中华人民共和国成立后，女权运动就没有停止过，妇女以各种形式、各种手段所做的反抗一浪高过一浪。近年来，女权主义主要朝着更加注重从电影、文学作品中逐渐走进实践。诚然，女性的地位确实有比较大的提高。但是我们所看到的结果并没有如那些理想的女权主义者所期待的那么好，社会依然存在把嫁得好作为衡量女性一生是否成功的重要标准的现象。很多女权主义意识的持有者也在踟躇和迷茫，到底路在何方？反观洪安镇和边城镇的女性生活，我们不难发现，也许她们仍有许多缺陷和不足，也许她们的一生在很多类似笔者的女性看来过于简单平淡。但是从某种意义上来说，那未尝不是一种成功和幸福。从本质上来说，除了极端的女权主义外，中国女性所要求的不过是自我的实现和家庭的和睦。当两者发生分歧的时候，一方很难坚定不移地把重点一直放在事业上。太辛苦的或者太成功的中国女性始终不及那些教子有方、贤良淑德的女性更受称赞，这是历史的遗留问题，我们不能逃避。

所以中国女性在这个转型时期更多的是需要在保护自身的同时学会妥协，学会从妥协中走向成功，单方面的要强和激进行为都不能从根本上取得胜利，女性的胜利也许不需要从家庭开始，但是不能错过这重要的一步。

第十九章　茶峒、洪安留守妇女和老人的调查

一、调查概况

茶峒镇下设25个村、2个居委会（分别为小桥居委会和河码头居委会），笔者在调查期间寄住在茶峒北门客栈，位于清水江江畔，与重庆洪安镇隔江相望。茶峒镇所辖的两个居委会居民属城镇户口，25个村的村民属农村户口。居委会居民沿江边和公路居住，多为个体小商户（如餐馆、客栈、小超市、服装店、旅游纪念品商店、网吧等）的经营者，依赖旅游区的发展和周边居民的光顾。笔者此次调查的范围主要集中于湘属边城镇隘门口、水井两村和渝属洪安镇平马村、溜沙村。隘门口、水井两村临近笔者居住处，距离近年开发的茶峒镇旅游景区较近，但其位置的尴尬处也在于此，既无法像茶峒、码头两个居委会居民那样沿清水江和旅游景区做买卖，又无法通过务农来获得经济收入，因此隘门口、水井两村村民中的青壮年多外出打工，留守老人和留守儿童数量极多。隔江相望的洪安镇平马、溜沙两村位置较偏僻，笔者需乘坐小巴前往两地，两村村民的住宅多沿乡村公路而建。通常情况下，农户自家拥有1～2亩的田地可以耕种，但是务农的风险较大，如遇旱涝灾害，则可能导致颗粒无收的局面，因此两村村民做出的家庭理性决策多为丈夫外出打工，地区多集中在福建、广东、浙江等沿海发达地区，从事行业多以建筑业和制造业为主，妻子则留在家里从事农业生产、照顾老人和抚养孩子，因此平马村、溜沙村的留守妇女密度较大。

笔者本次调查的意图在于近距离观察留守家庭中的留守妇女和留守老人的生活态并进行记录，因而选取隘门口、水井、平马、溜沙4个村子作为主要走访地。本篇报告分为两个部分，即留守妇女、留守老人，记录这部分群体的生活状态、所面临的问题以及困难。

二、留守妇女

留守妇女通常指因丈夫长期外出务工而留守在家庭中的农村妇女。由于城乡二元社会结构和体制的壁垒仍然存在，进城务工人员迫于经济压力无法实现"举家迁移"，因此广大农民进城务工实现劳动力转移的同时，部分家庭成员留在农村。在这一部分群体中，留守妇女所面临的压力最大。由于丈夫的长期缺位，她们承担着本该属于夫妻二人共同担负的压力，如抚养子女、赡养老人等责任，同时承受着由于丈夫缺位而带来的精神上的负担。

笔者集中走访花垣县茶峒镇隘门口村和水井村两个村落，平日极少见到中青年，问及原因，所答皆是"都出去打工了"。与属重庆市管辖的洪安镇溜沙村、平马村相比较发现，清水江南岸的边城镇水井村、隘门口村的留守妇女密度相对较小，而隔代居的留守老人和儿童密度较大，反之，洪安镇溜沙村、平马村留守妇女及老人儿童的密度均较大。

笔者同时了解到，近年来，茶峒镇政府大力发展旅游业，使原本位于清水江南岸隘门口村的集市搬迁到半山上，因此原本很繁华的集市经济被打乱，许多自立门户的个体小商业因此而倒闭，这也构成了隘门口村、水井村大量青年外出打工的原因之一。

而重庆洪安镇的溜沙村、平马村位置相对闭塞，有大量可耕地，因此村民理性选择结果通常是丈夫外出打工，妻子留在家里抚养孩子、赡养老人、务农。以溜沙村为例，全村3000余人，外出打工即有近900人。留守妇女群体的产生是多方面因素共同作用的结果：一是城乡二元化导致进城务工人员不得不与家庭相分离；二是农村传统的"男主外女主内"性别分工模式观念的主导作用；三是农村家庭理性决策的结果。

人多地少长期以来一直是中国农村社会经济发展的一个主要限制性因素。由于农村人口的自然增长和耕地面积的绝对减少，土地越来越显得不够种，不仅不能提供必要的现金收入，而且在某些地区甚至不足以提供全年所需的口粮。但是人多地少是农村长期存在的状况，仅作为推动农民外出的一个因素，还不足以使上千万乡土观念深厚的农民离乡背井，到一个完全陌生的环境中生存。农民大规模外出的主要原因在于农业劳动收入边际效益递减的推力和城市生活的拉力。

城市生活的拉力表现在方方面面。一是相对于农村来说的高收入和令人向往的生活方式。广播和电视的逐渐普及使村民们足不出户便可知天下事，电视里播放的新闻节目和生活片、都市人的生活状态鲜明地展现在村民眼前。这些扩大了农民的视野，开阔了其眼界，又使其观念得到更新。同时，村里人外出致富返乡盖楼的示范作用更加激发了农民外出的愿望。二是表现在城市对于廉价劳动力的客观需求。一方面，城市基本建设投资急剧增长，劳动力需求旺盛；另一方面，体现在近年城市第三产业和非公有制经济发展较快，而城市资深劳动力供给不足，加上重、苦、脏的劳动岗位不受城市青年待见，因此为农村流动人口进城从事经济和劳务活动提供了机会。

由于城市生活成本高，农村家庭通常无法实现举家迁移，因此多数选择让中青年男性外出务工，妻子留守家中照看孩子和老人，或者是夫妻二人共同外出务工，孩子留给家中老人照看。在本章中，笔者记录这些留守妇女的生活状态，并认为这一部分群体承担压力之重，内心之苦闷，身体之劳乏，所面临的种种困难与压力亟须得到应有的关注。她们的故事饱含心酸和曲折，却不乏生命的铿锵有力，她们终日辛勤劳作，经过酷暑烈日和风霜雨雪的洗礼，她们黝黑的脸颊后都有一段动人的歌谣，需要仔细聆听，方能感悟到歌谣里美妙的旋律。

常态的婚姻关系应当是夫妻两人同住一个屋檐下，共同承担责任与义务，若是夫妻各自生活在迥异的环境中，无法进行面对面的沟通与交流，两个人的关系恐怕需要非常辛苦地经营方能维系下去。通过走访与调查，笔者发现外出务工丈夫与留守妻子之间的非常态关系发生了具有共性的悄然变化。

1. 夫妻二人长期分居，聚少离多

湘、渝、黔三省（市）交界处至今还保留着早婚的习俗。女孩十七八岁便可出嫁，因不到法定结婚年龄便邀请亲朋好友先办酒席，婚礼结束后夫妻二人便有了事实婚姻，等到双方到了法定结婚年龄后便去民政局领取结婚证。笔者走访了洪安镇溜沙村、平马村留守妇女，经调查发现，多数情况下，丈夫是在结婚后选择外出务工。随着新家庭的成立以及孩子的降生，家庭开支逐渐增大，婚姻与家庭给男性带来的责任感和压力使他们选择进城务工，妻子则留守家庭照顾老人和孩子。丈夫每年回家次数与其务工地点密切相关。在省内务工的男性回家次数明显高于省外务工男性。经走访发现，此地区的男性多数到外省务工，以广东、福建居多，平均每年回家一次，即春节期间回家。因此多数留守妇女与丈夫长期处于分离的状态。

2. 电话成为外出务工丈夫与留守妻子沟通的主要渠道

因无法与丈夫面对面沟通，多数留守妻子选择通过打电话的方式与在外务工的丈夫保持联系。多数情况下是丈夫主动联络妻子，频率多数保持在至少每周一次。

通过打电话，分居两地的夫妻双方保证彼此了解对方的状况，消除担心以及减少不信任情绪。电话即成为夫妻间情感延续的补偿性工具。打电话这个过程实则成为夫妻间模拟对方在场的仪式，妻子通过与丈夫在电话聊天填补丈夫缺位的孤单感，并且通过表明自己对丈夫的关心让丈夫明白自己一直在履行妻子的责任；而丈夫倾听妻子诉说家中琐事亦抚慰其在外务工的劳累以及城市生活的压力，并且保持与妻子以及家庭事务的同步性。夫妻间的通话或许没有都市恋人之间你侬我侬的甜言蜜语，但是朴实的问候以及直白甚至粗糙的话语足以成为二人的精神慰藉。这种声音上的互动形式既是夫妻情感的润滑剂，又是夫妻二人各自压力的舒缓渠道，在某种意义上削弱了夫妻分居两地的空间距离感。

由于两地分居，夫妻二人无法在日常生活中照料彼此，互相之间难免存在许多担心，主要集中在对丈夫的安全状况、健康状况上面，极少留守妇女担心婚姻出现第三者。因为外出务工男性的就业多数以建筑业和生产业为主，而这两个行业的危险系数都很高，尤其是建筑业，因此留守妇女平日与丈夫的电话里的担忧多是最朴素的关怀，关心丈夫的身体健康状况。"男人在外面赚钱不容易，当然心疼了"，"想过去找他，但家里有老人、孩子，走不开"，"没办法，总得有人出去赚钱"。当问及两人的婚姻质量有没有因丈夫外出务工而变差时，多数留守妇女却并不认为二人婚姻质量下降，反而是丈夫外出打工为家庭带来的可支配收入增加，留守妇女觉得两人的婚姻质量提高了。

笔者走访的洪安镇溜沙村和平马村两村的留守妇女多数对外出务工的丈夫表现出极大的信任。一则以丈夫年龄大且没钱为依据，认为丈夫不会出轨；二则认为丈夫生性忠厚老实，赚本分钱，不够用来动歪心思。

都市里的异地恋常常是危害情侣关系的头号杀手，然而笔者却发现，在农村，进城务工的丈夫与留守在家中的妻子之间，这个"杀手"其实不太"冷"。

3. 情感与柴米油盐的无奈调和

就走访的留守家庭来看，多数留守妇女均表达了一个观点，即与丈夫的长期分离并不是她们的意愿，而是为了生计不得不采取的策略。与丈夫之间的感情（既包括两人之间的爱情，也包括夫妻间相互依赖的亲情）在没有经济来源的现实情况下是无法维系的，因此丈夫外出务工是家庭经过深思熟虑后做出的理性选择。潘允康曾说："就中国家庭中的夫妇关系而言，一直有一对基本矛盾：感情和柴米油盐。解决的方法之一是把柴米油盐之类的事务上的合作减少，使夫妇间偏重感情协调、趣味相投；另一个方法是把感情方面的要求撇开，偏重于经济上、事业上的合作。"留守妇女与外出务工丈夫正是选择了第二种方式来经营婚姻。各自发挥性别优势，男人选择在外打工赚钱养家，女人选择留守在家照顾孩子、老人和务农来补贴家用。

根据亚伯拉罕·H.马斯洛（Abraham H. Maslow）的人类需求层次理论来看，留守家庭的产生似乎也是一个家庭理性选择后的必然产物。马斯洛认为，人类的需求是分层次的，由低到高分别是：生理需求、安全需求、社交需求、尊重需求、自我实现需求。生理上的需求是人们最原始最基本的需要，如吃饭、穿衣、性欲、住宅、医疗，等等，是最强烈的不可避免的最底层需要，也是推动人们行动的强大动力。社交需要也叫作"归属与爱"的需要，是指个人渴望得到家庭、团体、朋友的关怀、爱护、理解，是对友情、信任、温暖、爱情的需要。社交需要比生理需要更高级、更细微、更难以捉摸。由于传统农业特别是种植业的收益低下，同时受农产品供给品种结构不适应市场需求，不可控因素如自然灾害的影响，导致农业发展不景气，农民抛田弃耕。在农民的收入构成中，来自农业的收入只占小部分，而来自非农业和外出的收入占了很大一部分。如果仅靠原有的从传统农业中获得的收入，他们甚至不足以支付日常的生活、孩子上学费用以及各种人情往来费用，为了满足马斯洛人类需求层次理论中的最低级需求——生理需求，即满足生存的最基本需求，农村家庭做出理性决定，即外出务工，到城市里寻求更高的薪资待遇以满足基本生存需要。尽管因此而带来的家庭成员的长期分居并不是理想状态，但是这是不得已而为之的选择。对于"夫妻双方分居，丈夫外出打工为家庭带来更多可支配收入"和"夫妻同居一个屋檐下，但是无法赚得维持基本生活的收入"这两个选择，绝大多数家庭会选择前者。

家庭经济收支情况是衡量农村留守妇女生存状况的重要指标，它对其婚姻、幸福感、子女教育、精神生活等方面都有重要影响。通常，家庭收入越高，相应的生活水平越高，反之，则低。从笔者调查的情况看，男性外出务工对提高家庭经济收入和改善家庭经济状况具有极为重要的作用。笔者总结出留守妇女家庭经济状况共性特点为以下三个方面。

(1) 丈夫外出打工的收入是家庭增收的主要途径，多数留守妇女认为丈夫外出务工后家庭经济条件明显改善。笔者随机抽样调查的洪安镇平马村、溜沙村各三户人家家庭收入如表19-1所示。

表19-1　洪安镇平马村、溜沙村家庭收入情况抽样调查

调查地	调查家户编号	丈夫在外务工时间（年）	务工地点	从事行业	年收入（元）	占家庭总收入比例（%）
平马村	1	3	广东	制造业（纺织厂）	25000	85
	2	6	广东	建筑业	30000	90
	3	2	福建	建筑业	28000	87
溜沙村	4	3	浙江	制造业	19000	78
	5	5	广东	制造业	20000	80
	6	5	福建	服务业	20000	83

资料来源：田野调查所得。

（2）家庭日常生活开支和子女教育是家庭支出的主要部分。表19-2是上述六户留守家庭各项支出占总支出的比例。

表19-2　洪安镇平马村、溜沙村家庭各支出占总支出比例的抽样调查　　（单位:%）

调查地	调查家户编号	家庭日常生活开支	子女教育开支	购买农业生产资料开支	看病开支	随礼开支
平马村	1	53	20	13	7	7
	2	44	13	13	19	11
	3	50	13	19	6	12
溜沙村	4	50	9	21	14	6
	5	50	21	14	8	7
	6	44	17	17	11	11

资料来源：田野调查所得。

笔者调查发现，家庭日常生活开支、子女教育开支、购买生产资料开支、看病开支、随礼开支是平马村、溜沙村留守家庭开支的主要项目，其中，家庭日常生活开支所占比例最大，子女教育开支及购买生产资料开支其次。家庭中孩子就读小学、初中即属义务教育范畴，则教育支出比例较小，所调查的平马村1号家庭家中长子目前读高中，因此教育支出比例较大。

(3) 农业生产是留守妇女主要从事的产业。洪安镇平马、溜沙两村的可耕地面积相比较于茶峒镇隘门口、水井两村要大得多。溜沙村全村种地面积约300亩，主要作物有茶叶、苞谷和水稻。经营农田的人多为老人和没有外出务工的妇女。农业生产带来的收入并不可观，赶上灾年，便面临颗粒无收的风险。尽管生活艰辛劳碌，但多数留守妇女满足于当前的生活，对未来的期待也很保守。"等他那边赚够了钱就回来，盖个房子然后种地"是多数留守妇女的想法。

4. 一个人撑起的家：留守妇女的家庭地位在逆境中提高

在很长时间以来的中国乡土社会里，沿袭着与传统农业文化相适应的"男主女从"的传统夫妻关系模式，丈夫为家中的主要角色和支配角色，妻子为次要角色和服从角色，在家庭重大事情上，如农业生产安排、经济投入等方面，丈夫具有决定权，而妻子的职责是服从和执行丈夫的决定。此外，妻子主要负责全家人的生活安排，如洗衣、做饭等。丈夫的角色具有外向性特征，为家庭创造的价值是得到认可与肯定的；而妻子的角色具有内敛性特征，其为家庭所创造的劳动价值通常不被承认。这种主从分明的家庭分工模式和家庭权力结构由于世世代代受到两性的认同，长期以来有效地维持着家庭的平衡。然而，当前大量的男性进城务工的情况打破了农村家庭传统的角色模式。丈夫的缺位和流动改变了以往的家庭分工模式，留守妇女的家庭角色发生了转变。

从笔者调查的情况来看，留守妇女在家庭中的角色开始由次要角色向主要角色转变。首先，这个角色的转变是从参与家庭决策开始的。以前夫妻双方都在家时，重大事情都是丈夫说了算，妻子只要服从和执行丈夫的决定就行了。但是当丈夫外出打工后，妻子成为家里的主要决策人，当有事必须要做出决定时，留守妇女开始尝试自己做决定，参与家庭的决策。其次，丈夫外出务工后，妻子对家庭的经济贡献日益明显，因此妻子作为家庭主要角色的地位得到进一步体现。过去，妻子对家庭的经济贡献是躲在丈夫背后的，是通过丈夫的贡献来间接体现的，她们对家庭的贡献是隐形的。丈夫外出打工离家后，使那些过去由丈夫的劳动来体现的贡献现在由妇女来完成了，她们的劳动和贡献成为显性的贡献。

同时，妻子作为家庭新主角的出现并不意味着男性在家庭地位的下降或丧失，男性依然是家庭的主要角色，家庭中出现了两个主角并存的局面，这在很大程度上改变了家庭决策的方式。妻子和丈夫同时作为家庭主角，在分工上仍旧存在差别，妇女作为主角的作用，更多地体现在家庭生活和家庭开支上，而在家庭投入与产出方面，特别是一些对技术要求比较高的领域，还是以丈夫做决策为主。

5. 无法排解的孤单感——个案分析

笔者在茶峒镇水井村结识了一位留守妇女，那天笔者路过她家门口，她正与一位缠头巾的奶奶坐在门口纳鞋底。见到笔者便热情地招呼笔者进屋坐。其家中情况如下：丈夫在上海某服装厂务工，月工资4000余元，每年春节回乡一次；两人共育有4个孩子，均为女孩，大女儿12岁读五年级，小女儿4岁；两人均是外乡人，老家在贵州迓驾；两人十余年前结识于苏州，相识两年后结婚，婚后该妇女与丈夫共同在外打工，3个女儿出生后由其外公照看，直至2006年，该妇女从外地回乡，并在水井村安家；居住房为二层砖房，无地耕种；家中大女儿、二女儿、三女儿均上小学，小女儿年幼，在家由该妇女照看。

笔者遇到的这位留守妇女为人热情好客，与笔者相聊甚欢，于是留笔者吃饭。笔者欣然答应并且与她一起在厨房里忙了起来。此时天气闷热，正是傍晚四五点钟，家家户户百姓的饭点儿，空气里弥漫着浓烈的辣椒的味道。这里的辣椒不似北方肉肥而心空的甜椒，湘西百姓餐桌上那一抹绿是细而尖、子多皮薄而色青的辣椒。味道自然是辣得真切爽口。也有厚红椒，夺目的艳红色便装点了各色菜肴。这位留守妇女也有辣椒一般的性格，热情爽快，聊到开怀时放声大笑，训女时却也会声色俱厉。晚餐除了少不了的辣椒以外，笔者还注意到一样不可少的蔬菜——苦瓜。按理说，苦瓜味道极苦，小孩子是不会主动吃的，小孩子喜欢的当然是有如糖果的香甜。这位留守妇女做了一道菜，即将苦瓜与辣椒同炒，苦瓜切片辣椒切丝，猛火炒。经询问才知，这种皮相皱皱巴巴颜色却青翠的蔬菜是她家餐桌上的"常客"。边城地处三省（市）交界，重山环绕，伏天既热又闷，辣椒虽说能驱体内湿毒，却着实不能为这炎炎酷暑减去些许火气，这时候，苦瓜的好处便凸显出来了。苦瓜虽然味道似乎不受人待见，却有清热消暑养血益气的功效。食法也多样，除了她那天做的一道"辣椒炒苦瓜"，也可与鸡蛋同炒，素荤搭配，也平衡了人体的营养需求。

那道辣椒炒苦瓜的味道着实让笔者难以忘记。席间跟这位留守妇女的对话配着这辣椒与苦瓜的混合味道让笔者几度欲落泪。笔者短暂的停留或许给她带来了一些欢乐和陪伴，可是漫漫长夜，炎炎酷暑，萧瑟深秋，年复一年，一家人团聚的日子屈指可数。笔者无法想象那些陪伴她的孤独那些悲伤的情绪她要如何忍受、如何排解。似乎只有苦瓜懂她，她爱苦瓜或许就是因为那浓浓的苦味正与她的心境不谋而合。似乎吃着苦瓜，咀嚼着苦味，才能让她觉得平日里也有看孩子成长的欣慰，期待与丈夫团聚的慰藉。笔者不忍心抬眼看她黝黑的脸庞上渗出的几抹细纹，那是岁月的痕迹，里头藏着的是浓浓的思念与等待，在夕阳的余晖下，这一切显得如此静谧却又有伴着滚滚汗珠的苍凉。

三、留守老人

(一) 留守老人的生活常态

1. 场景A：在边城镇卫生院

笔者在茶峒镇卫生院与副院长访谈中了解到，当地老人所患的常见老年病为心脑血管疾病、风湿关节病、糖尿病。由于医疗改革尚不深入以及医改前出现的医患关系不和谐现象，当地老人多数不愿到卫生院就医。2012年随着镇政府和卫生院对医疗卫生知识的普及宣传以及医改的深入，该地医患关系有明显改善。笔者多次走访卫生院了解情况，发现卫生院里的住院病人多为老年人，多数有子女在身边照料，也有少数留守老人独自住院进行治疗，靠老伴照顾。

笔者从卫生院医护人员处了解某这位留守老人患胃病，正住院治疗，所幸病情并不是很严重，但是因为高龄，治疗期较长。笔者见到这位老人时，他正卧在病床上，眼睛望向窗外，许久都没有动一下。笔者觉得这样的孤独背影让人很心酸。老人此时的所思所想是什么，其他人无从得知，但笔者觉得那一定是某种深深的思念和忧虑。他或许是在想，儿子现在在做什么，孙子长了多高，他们在远方是不是一切安好。又或许他是在想，自己的病什么时候才会好转，会不会给老伴给家里带来太多负担。一切都包含在那个孤单的背影里、那深切的凝望里。

2. 场景B：在隘门口村一户家庭中

笔者见到这位留守老人时，他正与孙女在院子里玩耍。这位老人的脸上尽显岁月斑驳的痕迹，印刻在额头与眼角的皱纹细数着无情岁月的沧桑。孙女的一颦一笑是孤单老人唯一的慰藉，为之操劳、为之奔波或许能让老人单调无味的生活多一些盼头和念想。可是依照中国传统"养儿防老"的说法，老人是多么希望儿孙都环绕膝下，言笑晏晏，可是天伦之乐在如今的中国乡村很少见，辛苦劳碌了一辈子的老人到老了还要替儿女照顾孙辈，在传统的乡土中国，儿女本应扮演奉养老人、抚育孩子的角色，如今他们的缺位使老人的负担明显地加重了，不但如此，老人还要忍受对儿女的担忧、惦念之苦楚，内心的凄凉与孤独无从诉说。笔者与这位留守老人的访谈过程持续了大约两个小时，期间老人数次起身照顾顽皮的小孙女，言语细腻温柔，眉目间尽是珍宝似的疼爱。或许，老人是把对子女浓浓的牵挂与惦念都化作对眼前孙辈的疼爱，他孤独却深沉地爱着。笔者不忍心长久注视老人的佝偻背影和蹒跚脚步，那是怎样的一幅画面，比破碎山河更叫人绝望。

（二）留守老人的经济负担和子女赡养关系

中华文明悠悠五千年，儒家思想在中国产生了巨大的影响，养老作为儒家思想核心之一"孝"文化的一部分，早已成为一种内化了的道德衡量标准。"孝敬父母"之美德一直被人们所遵从和颂扬。在生活方式比较单一、生产力水平低下的传统农业社会里，男人作为整个社会正常发展的主要生产力，在这个大的环境下，"养儿防老"的观念深入人心，与西方家庭相比，中国的传统家庭有着更强的凝聚力和更多的天伦之求。然而，自20世纪80年代以来，工业化和城市化进程不断加快，城市户籍制度松动，民工潮大为兴起，传统意义上"父母在，不远游"的思想逐渐被人们淡忘，受城市经济拉力的影响，大批农民涌入城市，将老人留在家中，传统意义上的家庭养老模式受到严重挑战。

农村劳动力转移为社会经济快速发展、城镇化水平提高带来了动力，是农村物质财富增长的有效手段，同时，也改变了农村家庭在规模和结构上的布局。从某种意义上来讲，子女的外出是原有家庭模式的一种形式上的缩小以及空间结构上的分离，这种布局必然导致家庭养老功能的弱化。在当今社会，农村养老保障制度刚刚起步，而传统养老方式却已经迅速弱化，这二者之间难以达到平衡的话则会对农村留守老人的生产生活带来巨大的影响。子女物质财富的增加未必能使老人们的生活质量得到显著提高，他们的精神状况更是少人问津。子女到城市务工，客观上虽然增强了对老人养老的经济支付能力，但同时也导致了一定程度的家庭关系的松弛和血缘关系的淡化，留守在家的老人生活上难以得到照料，精神上寻找不到依托。

笔者所在田野点的老人多为替子女抚育孩子的隔代居留守老人，也有少数空巢老人既没有子女在身边，也没有孙辈需要照看。笔者经过走访与调查，得出如下结论：

（1）子女外出务工后，留守老人在居住方式上逐渐出现隔代化和空巢化的现象。

（2）子女外出务工后，留守老人的家务负担和农务劳动负担都有所加重，而且在生活和经济等方面面临着种种困难，在日常照料上受到影响。

（3）目前，大部分留守老人在生活上都能够自理，患大病的留守老人多数能够得到亲人照料。照顾患病老人的主体是配偶、同住的子女和在邻近乡镇工作的子女。

（4）留守老人在面临经济生活等各方面的困难时，对政府的依赖性并没有增强。政府在针对留守老人的帮扶工作方面目前仍旧很薄弱。

（5）子女外出务工后，留守老人经济条件有所改善，不仅表现在子女给老人养老费的比例高于留守子女，而且给养老费的数目也高于留守子女。

（6）子女外出务工导致留守老人的孤独感增强。

（7）留守老人并没有因为子女的外出而威严下降，外出务工子女的忠孝观念并没有发生明显变化。

笔者经过为期一个月的走访与调查，深切地感受到留守老人的无奈与孤独及对生活中的种种不确定因素的担忧。在与政府干部的沟通中发现，政府在解决"386199"部队①的问题并没有全面投入，或者说投入得很少。当地政府的工作热情几乎全部在发展当地旅游业却同时没有将可以带动就业的措施考虑进去，而由于经费不足的原因，使照顾补贴留守老人的问题遭到忽视。笔者根据当前问题提出如下建议：

一是加强对空巢和隔代居家庭的留守老人的关注。

二是加快对农村大病重病医疗保险建设。调查发现，在农村，老年人得了大病之后，还有相当一部分老年人自己出钱看病，农村老年人没有被社会保障覆盖，农业收入十分有限，因此，加快老年人大病重病健康保险，对改善老年人的生活质量会起到很大作用。

三是政府社区应该积极主动地干预留守老人的生活，采取切实可行的措施，帮助子女外出务工的留守老人解决生活困难、经济困难，以提高他们的生活质量。

四是重视老年人精神、文化生活，积极筹建该村老年人协会，发展真正意义上的农村老年人协会，加强农村娱乐文化建设。可以让老人做一些手工艺品制作以补贴家用，也可以通过发展社区性的文化娱乐活动增加老人与外界社会的接触和沟通，以朋友、邻里之间的感情交流来弥补因子女外出带来的亲情的欠缺。为老年人开展丰富多彩的精神、文化生活提供物质和场所支持，实现老有所乐、老有所为。

五是政府应当引导农村剩余劳动力实现就地转移，促进县域经济发展。本地非农产业对农村劳动力有独特的吸引力，因为本地文化具有同一性、归属感，并且可以兼顾打工与务农，降低生活成本。因此，如果县域经济和乡镇经济能够较快发展，即可实现更多的农村劳动力就地转移，不仅可以进一步促进

---

① 补充说明："386199"（38代表妇女，61代表儿童，99代表老人）部队是广大农村留守妇女、儿童、老人这一特殊群体的代称，是在中国城市化过程中，农村大量男性青壮年劳动力外出打工后，在中国农村自然而然形成的最庞大的队伍。

县域经济的发展，同时有利于农村青壮年在打工的同时兼顾农业生产和照顾父母、子女，从而形成良性循环。

六是外出务工的子女应该尽量多与父母联系，多利用现代通信工具与父母联络，关心父母的身体健康以及精神健康状况，帮助父母缴纳医疗保险费，尽可能多给父母生活费，保障父母的医疗来源。

小　结

为期一个月的田野实习，笔者第一次作为一个"参与式的观察者"观察、记录边城地区留守家庭的生活常态。因为时间有限以及笔者本人的经历、阅历和学识有限，本报告内容和观点尚有待斟酌。笔者经过慎重考虑后，选择"386199"部队作为调查对象，在周大鸣教授、程瑜教授的指导下，进行一个月的田野调查，收获颇丰。学识上的丰富是本次田野实习所给予我的知识能量，其间学到的与人相处、与人沟通的能力是生活能量，这些都将使笔者受益终生。笔者最感激的当属此次田野实习期间所感悟到的人之善良本性，所收获的不只是良师益友，还找寻到了一颗属于自己的充满了悲悯情怀与正能量的心，让笔者行走在大地上多了一份底气、勇气与正气。在此，笔者再次致谢。

结语

第二十章　行政之边缘，文化之中心[①]

纵观全书，尽管研究主题多样，涉及经济、家庭婚姻、旅游、宗教、教育等方面，但茶峒镇和洪安镇所显示出的地域特色、民族特色和文化特色是十分显著的。周大鸣教授曾这样形容："尖山似笔倒写蓝天一张纸，长河如诗传颂边城百般情。"并提出"行政的边缘，文化的中心"的核心思想。在此，笔者想从地理、民族文化、民族关系、婚姻、贸易等方面论述这一提法。事实上，"行政的边缘，文化的中心"，在茶峒和洪安具有十分丰富的内涵。本书所有调查报告都是围绕着这一核心理念来论述的，通过田野调查，从社会生活多个方面进一步论证和深化了这一学理上的核心理念。

以往的研究，往往重视行政中心地带，却忽视了行政的边缘地带，或者即使研究行政边缘地带，也普遍认为，行政的边缘地带，往往处在政治、经济和文化的边缘，中心的辐射力不足，导致中心与边缘之间的不对等关系。

颜俊认为中国的民族地区主要分布在地理上的边远地区，自然环境的制约、计划体制的束缚、市场经济的马太效应以及人口问题等造成了民族地区的经济增长、社会发展、形象地位和思想观念的边缘化，而边缘地区具有异质性、中介性、前沿性、公共性、关联性和层次性等，通过加成效应、协和效应等发挥边缘效应的作用，促进边缘地区的发展。[②] 在政治学、经济学的框架中，所谓的"中心"与"边陲"的讨论，往往被置于现代国家体制及资本主义体系下进行思考。一直以来，人类学对中国及周边国家、周边地域、周边少数民族的研究往往从儒家、华夏等中原或者中心的角度来分析问题。然而，由于"从周边看中心"视角的缺失，往往不可避免地带有民族中心主义和文化中心主义的偏见。"中心与周边"在不同历史和空间的背景下有着

---

① 说明：本部分引用参与田野调查同学的访谈资料。
② 参见颜俊《边缘效应在民族地区可持续发展中的应用》，载《乐山师范学院学报》2006年第12期。

不同的含义。①

而关于边界的研究，目前学界所关注的多为族群边界，涉及族群认同、族群建构和族群关系，并没有过多关注行政边界上的族群关系、中心与边界以及边界上文化的互动、生产与再创造。

而最近几年，周大鸣教授把田野调查点聚焦在行政边缘地带上，通过边缘地带的文化来反思中心边缘理论，并且发现尽管边缘地带远离行政中心，但是有着极其丰富的文化，边界上的族群之间相对缺乏对行政的认同，而更多的是族群互动与多元文化之融合。他认为，这种行政边缘地带的族群互动，甚至同一个族群的内部互动都非常频繁，并且提出一个观点，即"行政的边缘，文化的中心"，其实大家来这里就可以看到，处在边界上的边民，他们对省的概念不是很重视，相反，"赶集"做生意之类的经济活动使他们跨省的交流极为频繁，在实际生活中，他们是属于一个文化圈的。②

为什么说茶峒、洪安是"行政的边缘，文化的中心"呢？这一带被笔者称为文化边城，在当地人看来，一个"边"字代表了边缘的、远离行政中心的意义，从地理位置和行政力量来看，茶峒、洪安一带历来远离行政中心的影响，在不同行政边界和地理文化单元碰撞中，产生了多元的、独具特色的族群文化。从文化角度来说，它却不是边缘的，反而是传统与现代、中心与边缘的互动，具有不同于行政中心地带却有着同等地位的文化中心。

一、从"三不管"岛说起

茶峒，位于湖南省湘西苗族自治州花垣县西面，与重庆、贵州接壤。接壤处有一条流经黔、渝、湘三省（市）的大江，即清水江，其上游位于贵州境内，与贵州的木材经济息息相关③，下游经重庆洪安及湖南茶峒，最后与沅水汇合，流入洞庭湖。边城镇位于清水江下游东岸，与洪安镇隔江相对，可搭乘渡船相互往来，也可以走茶洪大桥，交通非常便捷。在洪安镇的北部，即为贵州区域，因此边城茶洪大桥处也被称为"一脚踏三省"。

翻阅沈从文的《边城》，我们可以复原20世纪初期边城的情况："由四川过湖南去，靠东有一条官路。这官路将近湘西边境到了一个地方名为'茶峒'的小山城时，有一个溪，溪边有座白色小塔，塔下住了一户单独的人家。这人

---

① 参见麻国庆《永远的家：传统惯性与社会结合》，北京大学出版社2009年版，第36—49页。
② 参见周大鸣、龙晔生《侗族研究的新视野——周大鸣三省坡访谈录》，载《民族论坛》2013年第8期。
③ 说明：中山大学人类学系张应强教授对此做过相关的研究。

家只有一个老人，一个女孩子，一只黄狗。小溪流下去，绕山岨流，约三里便汇入茶峒大河。人若过溪越小山走去，则只一里路就到了茶峒城边。溪流如弓背，山路如弓弦，故远近有了小小差异。小溪宽约二十丈，河床为大片石头做成。静静的河水即或深到一篙不能落底，却依然清澈透明，河中游鱼来去皆可以计数。小溪既为川湘往来孔道，限于财力不能搭桥，就安排了一只方头渡船。……渡船头竖了一枝小小竹竿，挂着一个可以活动的铁环，溪岸两端水面横牵了一段废缆，有人过渡时，把铁环挂在废缆上，船上人就引手攀缘那条缆索，慢慢地牵船过对岸去……"

时隔几十年，茶峒和洪安的变化十分大，但是"三省交界"的地理特色却依旧十分明显。只有来到边城，才能切切实实感受到"一脚踏三省"的内涵。在渡口，沈从文所描写的拉拉渡还在，只是拉渡人换了而已。

在茶峒，"三不管"岛是一个十分独特的地方。"三不管"岛四面环水，位于清水江和洪安河交汇处，由两河长年累月冲积而成，面积5400平方米。根据历史记载和村民的表述，"三不管"岛以前是村民解决争斗和纠纷的地点，如果村民发生纠纷或者争执的话，通常会到"三不管"岛处理。而解决的方式通常是武力打斗，打斗的过程中往往会有人受伤甚至被打死。但是，即使有村民被打死，打人者也不会受到处罚。"三不管"岛之所以叫"三不管"岛，是因为当时湖南、贵州和重庆3个省（市）交界处的及其附近的村民都是赶同一个场，遇到纠纷或者宗族发生矛盾，防止村民大规模地打群架，一般都会去"三不管"岛上单挑，这样旁边没有人煽风点火，矛盾和纠纷就会很快解决，这样也不会影响大家的生意。因为"三不管"岛地处湖南、贵州和重庆三省（市）的交界，故三省（市）都不承认对其的管辖权，因此在岛上发生的一切事情，三省（市）的政府都不大处理。即使在岛上打死人也不会受到官府的制裁。当然，中华人民共和国成立后，这种局面便改变了，但是作为三省（市）交界处的"三不管"岛依旧处在国家行政力量控制的薄弱之处。和村民访谈得知，在2000年以前，"三不管"岛上设有赌馆，为周边的村民提供赌博的场所，那时候岛上十分热闹，有不少来自三省（市）其他县市的人来赌博。后来，"三不管"岛由重庆市政府征收后改作度假酒店。据村民的说法，当时"三不管"岛由一个大老板花了1000万元买下并经营赌场。后来在2010年政府因发展旅游业的需要以1280万元买回此岛，并在岛上修建了豪华的酒店。

二、三省通婚：族群的互动

婚姻是人类学的经典课题之一，婚姻在人类的繁衍发展中起着重要的作用，可以说，没有婚姻就没有人类社会。① 美国人类学家威廉·A.哈维兰（William A. Haviland）给婚姻下的定义是：婚姻是社会认可的一个或多个男人（男性或者女性）与一个或多个女人（女性或者男性）的关系——相互之间有持续的性接触的权力。② 婚姻的缔结与社会文化紧密相关。婚姻具有经济互助、社会群体的维持等功能。

通婚圈也与人类社会文化和自然生态息息相关。人类学关于通婚圈的研究也不少，这里不再赘述。茶峒地处三省（市）交界，尽管属于湖南管辖，但是与贵州、重庆的联系十分紧密，其中，表现在婚姻则在通婚圈上，茶峒、洪安的省际通婚十分频繁和常见。上文所述开旅店的赵老板与其妻子的婚姻就是一个典型的案例。

尽管时至今日，婚姻圈呈现多元化的取向，淡化了性别、职业、地域的差别，婚姻不再是联系三地的重要纽带了，但是三省（市）间的通婚依旧是比较频繁的。通婚伴随着文化的传播、族群的互动和文化的交融，因此，边城、洪安等处在三省（市）交界处一带的社会文化具有许多共性。

三、赶集：跨越边界③

"逢人问墟市，计日买薪蔬。"湘西的商业活动最早起源于集市贸易。自古以来，这里就有传统集市贸易，人们通过墟场赶集，互通有无。在陆路不发达的古代社会，水运具有无可比拟的优越性，成为远程贸易的主要运输方式。位于沅水、澧水、酉水、武水沿岸码头的"赶场"叫"水路场"，茶峒是当时清水江有名的"水路场"。茶峒处于三省（市）边界之地，自然成为当地人赶集的重要去处。当地人把"赶集"说成"赶场"。来此赶集者，多的时候达到数万人，最少时也有几千人。当时船舶往还，木筏穿梭，定期开市，村民以有换无，商品经济十分活跃。从历史资料和对村民的访谈来看，清水江沿边城北上，直达洞庭湖，是当时湘西、渝东南及黔东北连接湘东地区乃至全国的主要交通要道。到清朝初年时，茶峒的商业活动已经具有较大规模，往来船只络绎不绝，集市十分热闹。在这时，茶峒依靠水路运输和"赶场经济"逐渐发展壮大起来，居住村民越来越多，"场"也越来越大，销售商品日益增多。据相

---

① 参见周大鸣《文化人类学概论》，中山大学出版社2009年版，第155页。
② 参见［美］威廉·A.哈维兰《文化人类学》，翟铁鹏、张钰译，上海社会科学院出版社2006年版，第227页。
③ 说明：本部分引用参与田野调查同学的访谈资料。

关史料记载，当时茶峒过往船队很多，这些船队主要是将当地的桐油、药材、木材运往下游的常德等商埠，然后返程运回洋油、洋布等商品。很多拥有船只的村民在运输货物的时候，发家致富，并且带动越来越多的村民加入到商品贸易中。依靠码头货运，茶峒的商业贸易得到了进一步发展，逐渐发展成为湘西四大名镇之一。

从历史资料来看，茶峒镇是往来三省（市）重要的贸易中心，又是运输川黔土特产、货运的水运码头和交易中心，一度被称为"小南京"。据历史资料记载，茶峒镇的集市文化可追溯到乾隆十六年（1751）。集市不是每天进行的，而是每逢五天举办一场，民间称之为"赶场"或"插花场"。通过"赶场"，村民进行各类商品交换，包括粮食、家畜、农产品、生活用品、服装布匹、农具、药品等各类物资。据村民说，民国和抗日战争时期，受局势影响，茶峒集市萧条，"赶场"活动锐减甚至被迫终止。改革开放后，茶峒镇政府恢复了"赶场"，每逢农历的初五、初十举办一次。赶场从早上5点摆到下午5点，周围三省十八乡的人都会过来赶场，影响力非常大。据市场管理部门说，现在茶峒一年"赶场"的税收可达4000万元。

中华人民共和国成立后，茶峒市场日趋活跃。1951—1953年，赶场日达上万人。重庆和贵州的粮食、油脂、五倍子等农副产品大量涌入茶峒，每次赶集售卖的粮食达到百余担，油脂百多桶，木材数百根，棉纱上百砣。据1953年普查，茶峒市场上有纯商104户，从业187人，资金40.97万元；摊贩70户78人，资金11.89万元；饮食业11户、22人，资金1804元。但到"文化大革命"期间，受到政治运动的影响，个体商户被取缔，"赶场"受到限制，商品交流受阻碍，因此整个茶峒镇市场和商品贸易陷入萧条状态。

党的十一届三中全会后，中国进入改革开放新阶段，伴随着农村经济政策的放开，茶峒镇市场进入新的鼎盛时期。1983年，新建供销大楼，整修街道，新建具有民族和旅游特色的"茶峒农贸市场"，占地3850平方米，有场棚121间，摊位200个，改变了过去赶场交易日晒雨淋的状况，方便了远近客商。1985年，个体商户发展到238户，上市农副产品由1980年的190多种扩大到360多种，市场成交额达175.6万元，比1979年的39.54万元增长3.4倍。供销社的商品零售额达549万元，比1980年的206万元增长1.67倍；供销社收购的周边边境农副产品总值达46.40万元，起到了沟通湖南、重庆和贵州等边界地带的物资交流的桥梁作用。

隘门口村的村民分为两部分，靠近河边的人家多是以种植业为主的农民，收获粮食后进行粮食买卖。而街内的人家多是赶"转转场"①,并且有自己的商铺。

赶场时人们根据抓阄来决定农贸市场固定摊位的位置,而流动摊位一般是摆在街道两边的住户的门口,固定摊位1000元/年,流动摊位10元/天。赶场的人非常多,从而促进了茶峒镇当地经济的发展。人们在赶场的日子里走亲访友,进行各种娱乐活动,带动了餐饮、住宿等各个行业的发展。市场的繁荣使很多外地经商者前来投资,而没有劳动能力或者没有时间、精力经商的住户则通过出租自己家的房屋来获利。

"场"不仅仅是作为物资交换的场地,还具有其社会功能。首先,赶场是信息的互通,克服以往没有电话等沟通手段所带来的问题。其次,人们通过赶场来拜访亲友。再次,人们在赶场的时候进行各种娱乐活动。如在以前电视机没有普及的时候,"场"上会有录像厅播放录像,人们在赶场的时候也出一点钱看电影,村民说当时人们只要交五角钱就可以观看一场电影,录像厅多是有钱人家买来电视和VCD进行播放的。最后,赶场也是男女青年认识和交往的重要场所。附近村民青年男女通过赶场也可以相互认识,甚至谈婚论嫁也在"场"上发生。当时茶峒的整体社会经济较好,很多贵州、重庆的女孩子都喜欢嫁给边城的男人,来提高自己的生活水平,赶场给了青年男女结识交往的机会。

20世纪80年代,苗族人通过赶场认识对象,称为"赶边边场"。那时候女人只有一套新衣,是绣花的,一条丝帕,一个银项圈(最重的有一斤银),一个手圈(是由两根银条绞在一起做的),一个银戒指,一对银耳环,一条银围链,一个银簪子。新衣服在家不穿不洗,赶场时背着新衣,穿着家常的衣服。进入市场之前,男女青年便在水井边或者小河边洗澡洗脸,然后换上新衣服进入市场。男人穿的是便衣,但也比较讲究,打赤脚。看到合适的就撞一下或者踩一下女人的鞋子以表示喜爱,如果合适,下午男人就跟着女人走。女人一般都是结伴去市场,男人是一个人去市场,回去的时候男人跟在喜欢的女人后面,而女人的女伴跟在男人后面。路上人们会念山歌,但是不唱。到了寨子之后,如果男女青年互相觉得不错,他们就会约下次赶场的时候再见面。从这些习俗来看,也体现了当地人的淳朴和热情。②

---

① 补充说明:指不停地赶往周围地区的集市——茶峒和龙潭逢五、逢十赶场;雅江、迓驾、民乐是逢四、逢九赶场;团结、毛沟逢一、逢六赶场;洪安逢二、逢七赶场;峨溶、和平逢三、逢八赶场,在赶场天的营业额会远远高于平时的营业额。

② 资料来源:根据与茶峒居委会的付爷爷的访谈资料整理而成。

赶场里的烧蛋①对理解地域流动十分有意义。烧蛋主要是治病，特别是小孩受了惊吓、不爱吃饭，或者有腿脚酸痛的症状都可以烧蛋医治。来烧蛋的人大多是妇女，年轻妇女带着自己的小孩来，还有一些新生儿，年轻妈妈也不顾孩子的哭叫，让奶奶给小孩做法通灵；一些年老的妇女来为自己或者自己的家人烧蛋。

茶峒镇、洪安镇的集市并不只是本镇的人来赶集，周边三省（市）的村民都会来集市赶集。处在行政边缘地带的人们对本省的中心区域认同远远低于处在边缘地带的三省（市）交界处。不论是边城的村民，还是洪安的村民，都与周边的集市联系紧密。这些集市跨越了行政上的省级边界，人的社会交往频频发生，带来了物的流动，伴随着族群的互动、文化的传播和文化的交融与创新以及各族人民的友好往来。正因为如此，茶峒和洪安等处在行政边缘的三省（市）交界地带的社会文化具有不同于行政中心区域的特质。

四、"一锅煮三省"：饮食文化的多元化

茶峒镇和洪安镇不仅在地理位置上具有特殊性，而且文化也十分有特色。体现在饮食上则最为重要的是被称为"一锅吃三省"的特色菜。这道菜的最大特色是结合了重庆、贵州、湖南三地的味道，据当地人介绍，此菜之所以取名为"一锅吃三省"，是因为作为这道菜主要食材的辣椒、鲜鱼和酸菜分别产自重庆、湖南和贵州。鱼肉鲜嫩无比，鱼汤则略带酸味，豆腐上有些许小气孔，尝一口同样是满嘴的酸辣味，因为这道菜是需要一些火候的，时间久了，豆腐就吸收了鱼汤的味道。

饮食人类学的研究表明，一个民族的饮食文化与当地的自然生态和社会文化密切相关。地处三省（市）交界的茶峒镇和洪安镇，属于所在行政省级区域的边缘地带，在这里，各民族和各族群的人群互动、社会关系网络的发散、文化的交流与融合以及创新十分频繁。因而，不论是湖南省的茶峒镇，还是重庆市的洪安镇，都具有湖南、贵州和重庆的特色。换句话说，这里是三省（市）文化碰撞和融合的典型样式。

而被称为"一锅吃三省"的特色菜，则是窥视地处边界地带的边缘区域文化多元与共生的良好媒介。从菜的构成来说，涉及辣椒、鱼和酸菜，而这三类主要的食材则分别来自不同的3个省（市）。这道菜从原材料的采集到烹饪再到消费，经过了多重的程序和物的流动以及饮食文化的互动。比如说，来自

---

① 补充说明：当地独特的风俗和民间信仰，一个蛋代表的就是一个人，可以是自己，也可以是帮其他人烧蛋。烧蛋者会通过烧出来的蛋来看要求烧蛋的人的身体状况，也有为自己家牲畜烧蛋的。

重庆的辣椒，种植在重庆，然后收购之后被运送到湖南售卖，加上来自湖南的鱼、贵州的酸菜，经过来自不同省份的人的烹饪，最后被多民族、多省份、多族群的人消费。

五、行政之边缘，文化之中心

周大鸣教授在此次田野调查的指导中，曾评价茶峒镇是"行政的边缘，文化的中心"，此评价正是从地理、行政和文化方面入手的。尽管茶峒镇距离湖南省行政中心长沙市路途遥远，自古以来汉族、苗族、土家族在此混居，是中央王朝的边缘地带，然而，也正是因为它地处偏远，民族组成复杂，因此形成了别具一格的文化奇景，具有自成一格的文化气质。各民族文化的融合，如码头文化、赶集文化，在这三省（市）交界的特殊土壤中默默历经着世事变迁，体现了文化多样性与族群的互动。

茶峒镇与洪安镇及贵州南部等行政边缘地区的关系不能被忽视。它们在行政上虽然分离，但在文化上则显然是近亲。它们有着相同的语言、类似的民俗、共享的婚姻流动。

茶峒镇和洪安镇虽地处三省（市）交界，位于行政边缘和地理的边缘，却是商贸和文化的中心和交融点。茶峒的文化具有鲜明的文化性和独特性，这里既融会贯通了苗族、土家族、汉族等民族文化，又具有鲜明的地方文化特色。这里既是苗族、土家族、汉族3个民族文化的交汇处，也是湖南、贵州、重庆3个地区文化的结合地。不同的民族文化、不同的地域文化在这个地方交融，使其具有文化的多元性，同时它的生计模式也是多种多样的。

这3个地方的人民通过经济贸易、通婚联姻等多重方式在各个层面的生活中互相联系与交融。与此同时，这里也是苗族、土家族等少数民族与汉族进行多民族杂居的地方。因此，行政的边缘对应民族文化的多元和族群互动的频繁，在嵌入性和混合性中发展出茶峒镇和洪安镇甚至整个以茶峒为核心的处在边缘地带的三省（市）交界地区的特色。

追溯到历史时期，茶峒镇与周围乡镇的联系就十分紧密，人员流动定居也时有发生。据当地人介绍，早在20世纪30年代，茶峒镇这边有各种繁重的苛捐杂税要被官府征收，而一些大户人家不满这种状况，也不愿再忍受如此苛刻的税务，于是毅然搬离到江对岸的洪安镇开始在主街上建房，重新成家立业。于是，重庆的洪安镇便在这样的历史背景下逐渐发展壮大。在村民中，持这种说法的人占了大多数。

宗教和民间信仰，也和其他社会文化方面一样，在茶峒镇和洪安镇体现出这里特有的地理位置和文化交融所印刻的痕迹。在这里，社会文化的交流并没有被行政区域的划分所产生的行政界线所阻隔。在这里，经常可以看到洪安镇的居民过河来到茶峒镇烧香拜佛，也有茶峒镇的村民前往对岸的洪安镇烧香拜佛，甚至这两个镇的村民跟随着、共享着相同的"赶场"周期。

土家族、苗族聚居于茶峒镇，茶峒镇位于湖南湘西土家族苗族自治州花垣县域西北地区，西与贵州省的松桃县和重庆市的秀山县接壤，素有"一脚踏三省"之称。这样特殊的行政位置导致了边城镇行政边缘的特点，其社会体系也深受边缘性的影响。一方面，"尖山似笔倒写蓝天一张纸"，茶峒镇落址于群山环抱之中的丘陵地区，面朝渝东的凤鸣山，左依黔东北的九龙山，右傍湖南香炉山，前临清水江，群山环抱的地势为其提供了天然的屏障，在这样山水相依又与外界相对隔绝的地理空间中，其社会发展具有封闭的特性。另一方面，"长河如诗传颂边城百般情"，随着历史的发展，来自不同地区的汉族人进入土家族、苗族聚居的腹地，人群多样化，使茶峒镇发展成嵌入式社会区域，形成了以地缘、血缘、业缘为纽带的相对独立的地理文化共同体。改革开放后，茶峒镇经济得到复苏，水路没落，公路兴起，虽然老街区仍以传统的手工业、商业为主，但新镇区也出现了主要以现代商业和工业为主的局面，呈现出"新老并存"的空间格局。茶峒镇虽是群山环抱的丘陵地区，但社会经济不断发展，生计模式便未局限于农业种植，而是以商业为主，商业发达吸引了来自不同地方不同族群的人群进入茶峒镇，汉族人进入了土家族、苗族的腹地，形成了复杂的汉人嵌入式社会。这样一个行政边缘、商业发达、人群多样化的社会环境构成了边城镇土家族人、苗族人和汉族人出生和成长的社会文化空间。

茶峒镇土家族、苗族地区经济社会发展至今，虽然不断汉化，却依然在其地域空间内形成区别于其他民族甚至其他地域土家族、苗族的共同语言、共同心理和民族传统文化，最主要的原因便是边界上的文化交流以及文化的代际相传。正如王明珂所说，反而是在族群边缘，族群特征被强调出来。因此，从这一点来看，我们应该重视边界的文化研究，尤其是处于行政边缘地带的边界研究。

综上所述，笔者认为，"行政之边缘"，一方面是从相对于行政中心的控制力与影响力来说的，这是与中国历史发展紧密联系的结果，另一方面，也与地理位置有关。而"文化之中心"，则是受多方面因素影响导致的。

首先，是全球化的影响。尤其是进入21世纪以来，全球化的浪潮席卷世界各个角落，地处边缘地带的茶峒和洪安也不例外，它们卷入全球化世界体系中。文化的交流和碰撞越来越频繁，省与省之间的联系也日益紧密。通信技术的普及，电视、手机等进入普通百姓家庭，在很大程度上促成了茶峒和洪安地区脱离边缘的位置。

其次，是交通的改善。历史上，茶峒、洪安地处边界地带，交通相对落后，人与人之间的往来也相对贫乏。自从国家实施"镇镇通""村村通"工程后，经过十几年的道路建设，茶峒、洪安两镇的交通状况大大改善，水泥路铺到村子，村民出行也方便了许多，从茶峒到县城、市区或者省城都有汽车相通，茶峒、洪安之间的联系也日益紧密。这很大程度上得益于交通条件的改善。

再次，是旅游业的带动。随着边城地区打响民族文化旅游牌子，借助沈从文《边城》一书，近年来，旅游业发展迅速。旅游业的发展，带动了全国各地的人员的流动，以及思想观念、生活习惯和文化的交流与碰撞。多元文化在这里交汇，并使原本地处三省（市）交界边缘地带的边城地区成为全国热门的旅游点，受到了众人的关注，从边缘走向中心。

最后，是传统文化的保存与传承。从田野调查中可以发现，茶峒和洪安地区的民俗文化保存得较好，甚至比其他地处中心地区的传统文化更具有历史谱系。从民间宗教信仰、婚姻、传统教育等来看，都可以清晰地发现，在茶峒和洪安地区，具有悠久历史的文化依旧保存完好，并且呈现出多元文化交融的特征。

综合田野调查资料和文献资料，笔者认为对"行政之边缘、文化之中心"的理解及研究需要关注以下几点。

1. 突破地域和空间概念，研究时应持有边界与中心互换视角

茶峒虽然在地理位置上地处边缘，但却是文化和经济活动的中心。分析区域文化时要时放在时空综合的角度与理解，不仅要分析区域的区位特征和地理因素，也要注意文化、经济特征。如举办赶场、当地的宗教活动时边城具有重要的集散意义，不再是边缘地区，而成为当地经济、文化活动的中心。在本书中就有对当地赶场文化、经济的细致研究。

2. 重视边界地区对比研究

在研究时不应只重视地处地理中心地区的研究，还应重视对地理边缘位置社区和城镇的研究。茶峒地处三省（市）交界处，湖南、贵州、重庆3个不同省（市）在此交界，其文化的形成、发展具有一定的特殊性。同是一条河，两岸却隶属于不同的省市，河两岸发展的模式、发展政策有何不同？三省（市）的政策、文化差异又是什么？三者的文化是如何互动的？以及边界地区的文化特征是如何形成的？特征又是什么？本书不少文章是对三省（市）的对比研究和相关政策分析，例如关于"三不管"岛旅游政策分析、三省（市）

经济发展政策分析、旅游业分析等内容。

3. 重视区域特色经济和文化现象的重要性

茶峒镇多元文化并存,如旅游业、赶场文化、民俗文化等。无论是搞旅游开发,发展旅游产业,还是保护传统文化,或者是发展特色经济,都应该重视行政边缘地带上的区域特色经济和文化现象的重要性。重视跨区域和超越行政边界的限制,从更大范围和更广的历史文化视野来理解边缘地带的边界文化和边界经济。

4. 对边界地区文化分析的综合视角

在研究区域文化时除了采用传统的历史分析法外,还应重视区位分析法,即对同一地区同一文化事项做不同地区的对比分析。不仅要和中心区域进行对比,还要和同处边缘地带的不同行政边界的区域进行对比。

5. 三省(市)交界与"三民共享"——多民族认识观分析

茶峒不仅是三省(市)的交汇处,更是土家族、苗族、汉族等民族的聚集地。在日常生活和交流的过程中,3个民族不同的文化观念是如何形成的?它们是如何对话的?3个民族对同一文化的看法和认识有何不同?原因是什么?同一文化是如何被不同民族认识和使用的?不同民族间是如何建立既不同又可同享的文化模式的?(如上文提到的烧蛋、算命、苗药的使用)。这些都是十分有意义的问题,值得我们继续深入探讨。在三省(市)交界处,我们更能看到多民族、多族群的文化互动和文化融合以及文化共享。

6. 边界之下的小传统与民间文化的意义

茶峒和洪安地区远离地理的行政中心,众多的民间故事、民间信仰、民间医药知识对当地人的生活造成巨大影响。如人们生病时首先不去医院看病,而是采用"神药两解"和"土药结合"的方法来治疗("神"指烧蛋、算命等迷信活动,"土"指偏方、服用民间中草药、看民间医生等治疗方法,"药"指服用医院开的药方和去医院治疗)。同样为花钱治病,人们宁愿选择偏方、民间甚至是迷信的方式来治病,也不愿首先去医院治疗,只有在病重或使用过民间治疗方案后才去大医院,或者采用将医院治疗与民间结合的方式,形成了民间方法为先、公共医疗次之的医疗习俗,被人们甚至是有知识、有文化的人广泛接受。"神药两解",这看似平常的医疗行为,却体现着公共医疗、官方政策与民间文化的对立和互动的复杂关系。因此,在研究边缘地带的社会文化时,我们不应该忽略边界视域下的小传统与边缘文化的多元性和生态适应性。

参考文献

一、期刊

[1] 戴凡, 保继刚. 旅游社会影响研究——以大理古城居民学英语态度为例 [J]. 人文地理, 1996 (2): 41—46.

[2] 保继刚. 颐和园旅游环境容量研究 [J]. 中国环境科学, 1987, 7 (2): 32—38.

[3] 弗雷德里克·巴斯. 族群与边界 [J]. 高崇, 周大鸣, 李远龙, 译. 广西民族学院学报（哲学社会科学版）, 1999, 21 (1): 16—27.

[4] 曹加平. 农村留守儿童心理发展问题及策略思考 [J]. 教育科学论坛, 2005 (10): 69—72.

[5] 曾梦宇. 湘渝黔边区"锰三角"发展的思考 [J]. 沿海企业与科技, 2007 (9): 81—83.

[6] 陈安国, 杨阳. 全球化语境中的中国政府执政能力探析 [J]. 理论探讨, 2005 (4): 114—117.

[7] 陈建军, 姚先国. 论上海和浙江的区域经济关系 [J]. 中国工业经济, 2003 (5): 28—33.

[8] 陈能幸. 旅游人类学视野中的民族社区文化——以云南省丽江古城为例 [J]. 浙江旅游职业学院学报, 2009 (4): 17.

[9] 陈清华, 陈普, 孔春芹. 民族医药中"神药两解"现象的思考 [J]. 中国民族医药杂志, 2010, 16 (10): 51—53.

[10] 陈少华, 马勇琼. 农村"留守儿童"心理问题探析 [J]. 玉林师范学院学报, 2006, 27 (4): 178—180.

[11] 董国辉. 经济全球化与"中心—外围"理论 [J]. 拉丁美洲研究, 2003 (2): 50—55.

[12] 董国胜, 董沛涓. 白族的防灾减灾理念探讨 [J]. 广西民族大学学

报（自然科学版），2009（Z2）：158—160.

[13] 董海宁. 社会化结果：留守儿童与非留守儿童的比较分析 [J]. 中国青年研究，2010（7）：31—35.

[14] 董晓萍. 民间信仰与巫术论纲 [J]. 民俗研究，1995（2）：24.

[15] 段成荣，周福林. 我国留守儿童状况研究 [J]. 人口研究，2005，29（1）：29—36.

[16] 郭三玲. 农村留守儿童教育存在的问题、成因及对策分析 [J]. 湖北教育学院学报，2006，22（6）：86—88.

[17] 郭永芳. 对农村留守老人养老问题的探讨 [J]. 生产力研究，2009，1（8）：33—34.

[18] 郭玉坤. 民俗旅游与民族地区经济发展 [J]. 西南民族大学学报（人文社会科学版），2005，26（4）：138—140.

[19] 何安明，刘华山. 农村留守老人自我和谐与幸福感的关系 [J]. 中国老年学杂志，2012（3）：61.

[20] 侯爱民. 近十年亲子关系与儿童行为关系研究综述 [J]. 滨州教育学院学报，2000，6（3）：37—38.

[21] 黄耀明. 农村留守妇女生存现状的个案研究——以福建省漳浦县为例 [J]. 2009（11）：133—137.

[22] 贾宝军，叶孟理，裴成荣. 中心—边缘模型（CPM）研究述评 [J]. 陕西理工学院学报（社会科学版），2006，24（1）：4—11.

[23] 柯力. 近代中国女性婚姻家庭地位的变化及原因分析 [J]. 福建师范大学学报，2010（4）：126—130.

[24] 雷春芳. 转型时期的民间信仰、现状与思考 [J]. 世界宗教文化，2011（3）：11.

[25] 李利. 人类学的婚姻研究 [J]. 社科纵横，2010（7）：51.

[26] 李玲，陈春泉，刘冰清. 传统民俗旅游资源开发与保护 [J]. 经济纵横，2008（12）：22—24.

[27] 李娜，杨云娟. 发展型社会政策视角下的留守儿童问题 [J]. 青年探索，2009（6）：67—71.

[28] 李楠，杨洋. 广东农村留守妇女生存现状、问题及对策 [J]. 河北大学学报（哲学社会科学版），2008，33（4）：54—60.

[29] 李振堂. 农村社区解决留守老人问题方略探析 [J]. 山东社会科学，2012（4）：9.

[30] 刘丹萍. 乡村社区旅游业早期从业者研究——元阳梯田案例之启示

[J]. 旅游学刊，2008，23（8）：45—51.

[31] 刘宏燕. 文化旅游及其相关问题研究 [J]. 社会科学家，2005（S1）：430—433.

[32] 刘允明. 关爱农村"留守儿童" [J]. 乌鲁木齐职业大学学报，2006，14（3）：87—90.

[33] 刘振礼. 旅游对接待地的社会影响及对策 [J]. 旅游学刊，1992（3）：52—55.

[34] 刘正萍. 试论中国当代家庭观的演变对家庭产生的效应 [J]. 兰州学刊，2011（7）：69—72.

[35] 刘志扬. "神药两解"：白马藏族的民俗医疗观念与实践 [J]. 西南民族大学学报（人文社会科学版），2008，29（10）：14—21.

[36] 刘祖云. 社会转型与社会流动：从理论到现实的探讨 [J]. 华中师范大学学报（人文社会科学版），1998（5）：4—9.

[37] 龙开义. 壮族的民间信仰与民俗医疗 [J]. 青海民族研究，2007，18（2）：110—114.

[38] 卢成仁，徐慧娟. 文化背景与医疗行为：一个少数民族社区中的新型农村合作医疗 [J]. 医学与哲学（人文社会医学版），2008，29（1）：51—52.

[39] 罗忆源，柴定红. 半流动家庭中留守妇女的家庭和婚姻状况探析 [J]. 理论月刊，2004（3）：103—104.

[40] 马力，杨柱. 论殷人疾病观念及其对医学发展的影响 [J]. 南京中医药大学学报（社会科学版），2008（4）：198—201.

[41] 莫瑞，辛格，林敏霞. 批判医学人类学的历史与理论框架 [J]. 广西民族学院学报（哲学社会科学版），2006，28（3）：2—8.

[42] 申葆嘉. 国外旅游研究进展 [J]. 旅游学刊，1996（2）：48—52.

[43] 宋力夫，杨冠雄，郭来喜. 京津地区旅游环境的演变 [J]. 环境科学学报，1985，5（3）：255—265.

[44] 孙九霞，保继刚. 社区参与的旅游人类学研究：阳朔遇龙河案例 [J]. 广西民族学院学报（哲学社会科学版），2005，27（1）：85—92.

[45] 孙九霞. 社区参与旅游发展研究的理论透视 [J]. 广东技术师范学院学报，2005（5）：89—92.

[46] 孙鹃娟. 劳动力迁移过程中的农村留守老人照料问题研究 [J]. 人口学刊，2006（4）：14—18.

[47] 汪宇明. 核心—边缘理论在区域旅游规划中的运用 [J]. 经济地理，

2002, 22 (3): 372—375.

[48] 王东平, 彭建强, 闫震. 子女外出务工对留守老人经济供养的影响 [J]. 安徽农业科学, 2009, 37 (26): 1275—1275.

[49] 王凯, 鲁西奇. 论旅游业可持续发展战略的切入点和实施途径 [J]. 热带地理, 2003, 23 (1): 71—74.

[50] 王璐, 田殿山. 农民工子女教育: 社区教育新功能 [J]. 青年探索, 2008 (2): 66—68.

[51] 王小龙, 兰永生. 劳动力转移、留守老人健康与农村养老公共服务供给 [J]. 南开经济研究, 2011 (4): 21—31.

[52] 王艳波, 吴新林, 严梅福, 等. 农村"留守孩"现象个案调查报告 [J]. 青年探索, 2003 (4): 7—10.

[53] 王玉琼, 张薇, 黄玉理. 论古镇旅游开发中的资源保护问题——以雅安上里古镇为例 [J]. 成都大学学报 (社会科学版), 2007 (2): 62—64.

[54] 吴承红, 蔡澄, 邰启扬. 农村留守儿童的心理问题及其解决策略 [J]. 教育探索, 2005 (12): 100—101.

[55] 吴光玲. 关于文化旅游与旅游文化若干问题研究 [J]. 经济与社会发展, 2007, 4 (11): 161—163.

[56] 吴惠芳, 叶敬忠. 丈夫外出务工对农村留守妇女的心理影响分析 [J]. 浙江大学学报 (人文社会科学版), 2010, 40 (3): 138—147.

[57] 吴霓. 对解决农村留守儿童教育问题的建议 [J]. 河南教育 (基教版), 2006 (5): 11—12.

[58] 肖洪根. 对旅游社会学理论体系研究的认识——兼评国外旅游社会学研究动态 [J]. 旅游学刊, 2001 (6): 16—26.

[59] 萧俊明. 布尔迪厄的实践理论与文化再生理论 [J]. 国外社会科学, 1996 (4): 49—50.

[60] 闫敏. 旅游业与经济发展水平之间的关系 [J]. 旅游学刊, 1999 (5): 9—15.

[61] 杨素苹. 关注农村留守儿童 [J]. 基础教育参考, 2004 (7): 37—38.

[62] 叶敬忠, 王伊欢, 张克云, 等. 父母外出务工对留守儿童情感生活的影响 [J]. 农业经济问题, 2006 (4): 19—24.

[63] 叶敬忠, 吴惠芳. 丈夫外出务工对留守妇女婚姻关系的影响 [J]. 中州学刊, 2009 (3): 130—134.

[64] 叶敬忠, 杨照. "代理家长"能为留守儿童带来春天吗 [J]. 中国

社会导刊，2006（8）：26—27.

[65] 叶敬忠，王伊欢，张克云，等. 对留守儿童问题的研究综述 [J]. 农业经济问题，2005（10）：73—78.

[66] 叶涛. 关于民俗旅游的思考 [J]. 东岳论丛，2003，24（3）：137—139.

[67] 于晓蕾. 中国农村留守儿童现象浅析 [J]. 人口与经济，2009（1）：9—10.

[68] 詹一之. 一本大有益于农村精神文明建设的著作——评《农民婚姻——四川农村婚姻研究》[J]. 社会，1991（10）：47—47.

[69] 张春玲. 农村留守儿童的学校关怀 [J]. 教育评论，2005（2）：37—40.

[70] 张德山. 农村留守儿童心理健康状况与对策 [J]. 现代教育论丛，2006（3）：19—22.

[71] 张建育，贺小华. 留守儿童心理健康状况与人格特征关系 [J]. 中国公共卫生，2008，24（8）：932—933.

[72] 张佩国. 人文天地：民间法秩序的法律人类学解读 [J]. 开放时代，2008（2）：118—128.

[73] 章尚正. "政府主导型"旅游发展战略的反思 [J]. 旅游学刊，1998，13（6）：21—22.

[74] 张晓珊，向魁文. 浅议湖南省花垣县边城茶峒旅游资源开发 [J]. 湖南林业科技，2008，35（5）：78—80.

[75] 赵旭东. 习俗、权威与纠纷解决的场域——河北一村落的法律人类学考察 [J]. 社会学研究，2004（2）：74—84.

[76] 马贤余，冯丁丁. 法律人类学研究综述 [J]. 思想战线，2010（2）：25—27.

[77] 周大鸣，龙晔生. 侗族研究的新视野——周大鸣三省坡访谈录 [J]. 民族论坛，2013（8）：5—11.

[78] 周大鸣，秦红增. 参与发展：当代人类学对"他者"的关怀 [J]. 民族研究，2003（5）：44—51.

[79] 周大鸣. 动荡中的客家族群与族群意识——粤东地区潮客村落的比较研究 [J]. 广西民族学院学报（哲学社会科学版），2006，27（5）：13—20.

[80] 周福林，段成荣. 留守儿童研究综述 [J]. 人口学刊，2006，3（60）：337.

[81] 周宗奎，孙晓军，刘亚. 农村留守儿童心理发展与教育问题 [J].

北京师范大学学报（社会科学版），2005，1（187）：71.

[82] 朱海忠. 农村留守妇女问题研究述评 [J]. 妇女研究论丛，2008（1）：81—85.

[83] 朱晓阳. "语言混乱"与法律人类学的整体论进路 [J]. 中国社会科学，2007（2）：106—117.

二、著作

[1] 杜赞奇. 文化、权力与国家：1900—1942年的华北农村 [M]. 王福明，译. 南京：江苏人民出版社，2008.

[2] 费孝通. 生育制度 [M]. 天津：天津人民出版社，1981.

[3] 费孝通. 乡土中国 [M]. 北京：人民出版社，2008.

[4] 费孝通. 中华民族多元一体格局. 修订本 [M]. 北京：中央民族大学出版社，1999.

[5] 克利福德·格尔兹. 文化的解释 [M]. 纳日碧力戈，等译. 上海：上海人民出版社，1999.

[6] 克利福德·吉尔兹. 地方性知识——阐释人类学论文集 [M]. 王海龙，张家瑄，译. 北京：中央编译出版社，2000.

[7] 甘枝茂，马耀峰. 旅游资源与开发 [M]. 天津：南开大学出版社，2000.

[8] 何光璋，孙铜，张希钦. 中国旅游业50年 [M]. 北京：中国旅游出版社，1999.

[9] 胡飞. 中国传统设计思维方式探索 [M]. 北京：中国建筑工业出版社，2007.

[10] 黄淑娉，龚佩华. 文化人类学理论方法研究 [M]. 广州：广东高等教育出版社，2004.

[11] 金述富，彭荣德. 土家族仪式歌漫谈 [M]. 北京：中国民间文艺出版社，1989.

[12] 金耀基. 从传统到现代 [M]. 广州：广州文化出版社，1989.

[13] 梁青岭. 现代婚姻社会学 [M]. 北京：社会科学文献出版社，2009.

[14] 梁思成. 中国雕塑史 [M]. 天津：百花文艺出版社，1997.

[15] 梁漱溟. 乡村建设理论 [M]. 上海：上海世纪出版集团，2006.

［16］凌纯生，芮逸夫. 湘西苗族调查报告［M］. 北京：民族出版社，2003.

［17］刘豪兴. 农村社会学［M］. 北京：中国人民大学出版社，2008.

［18］刘善述. 湘西苗民革屯史考［M］. 北京：中国文联出版社，1999.

［19］刘芝凤. 中国土家族民俗与稻作文化［M］. 北京：人民出版社，2001.

［20］楼庆西. 中国古建筑二十讲. 插图珍藏本［M］. 北京：生活·读书·新知三联书店，2001.

［21］玛丽·道格拉斯. 洁净与危险［M］. 黄剑波，卢忱，柳博赟，译. 北京：民族出版社，2008.

［22］马凌诺夫斯基. 文化论［M］. 费孝通，译，北京：华夏出版社，2002.

［23］康拉德·菲利普·科塔克. 简明文化人类学：人类之镜［M］. 熊茜超，陈诗，译. 上海：上海社会科学院出版社，2011.

［24］W·理查德·斯科特，杰拉尔德·F. 戴维斯. 组织理论——理性、自然与开放系统的视角［M］. 高俊山，译. 北京：中国人民大学出版社，2011.

［25］丹尼逊·纳什. 旅游人类学［M］. 宗晓莲，译. 昆明：云南大学出版社，2004.

［26］那仲良，罗启妍. 中国人的居家文化［M］. 北京：新星出版社，2011.

［27］彭兆荣. 旅游人类学［M］. 北京：民族出版社，2004.

［28］沈从文. 边城［M］. 太原：北岳文艺出版社，2008.

［29］石启贵. 民国时期湘西苗族调查实录［M］. 北京：民族出版社，2009.

［30］苏力. 送法下乡：中国基层司法制度研究［M］. 北京：中国政法大学出版社，2000.

［31］孙九霞. 旅游人类学的社区旅游与社区参与［M］. 北京：商务印书馆，2009.

［32］涂尔干，马塞尔·莫斯. 原始分类［M］. 渠东，汲喆，译. 上海：上海世纪出版集团，2005.

［33］涂尔干. 宗教生活的基本形式［M］. 渠东，汲喆，译. 上海：上海人民出版社，2006.

［34］王继庆. 中国乡村旅游可持续发展问题研究［M］. 哈尔滨：黑龙江

人民出版社，2008.

[35] 王凯. 中国县域旅游发展理论与实践研究［M］. 西安：西安地图出版社，2006.

[36] 王振复. 中国建筑的文化历程［M］. 上海：上海人民出版社，2000.

[37] 中国湘西自治州宣传部组织. 湘西读本［M］. 长沙：湖南人民出版社，2011.

[38] 熊培云. 一个村庄里的中国［M］. 北京：新星出版社，2011.

[39] 熊晓辉，向东. 湘西历史与文化［M］. 北京：民族出版社，2008.

[40] 秀山土家族苗族自治县县志编纂委员会. 秀山县志（1986—2005）［M］. 北京：方志出版社，2011.

[41] 杨慧，陈志明，张展鸿. 旅游、人类学与中国社会［M］. 昆明：云南大学出版社，2001.

[42] 杨选民，杨昌鑫. 文化人类学的湘西文本：土家族苗族历史文化研究［M］. 长沙：湖南出版社，2010.

[43] 卡尔·波兰尼. 大转型：我们时代的政治与经济起源［M］. 杭州：浙江人民出版社，2007.

[44] 董鸿勋. 永绥厅志［M］. 宣统元年（1909）刻本.

[45] 游俊，龙先琼. 潜网中的企求：湘西贫困与反贫困理性透视［M］. 贵阳：贵州民族出版社，2001.

[46] 张辉，厉新建. 旅游经济学原理［M］. 北京：旅游教育出版社，2004.

[47] 张振江. 三都水洞水族［M］. 北京：知识产权出版社，2012.

[48] 钟敬文. 民俗学概论［M］. 上海：上海文艺出版社，1998.

[49] 周大鸣. "自由"的都市边缘人——中国东南沿海城市散工研究［M］. 广州：中山大学出版社，2006.

[50] 周大鸣. 凤凰村的变迁［M］. 北京：社会科学文献出版社，2006.

[51] 周大鸣. 文化人类学概论［M］. 广州：中山大学出版社，2009.

[52] 朱晓阳，侯猛编. 法律与人类学：中国读本［M］. 北京：北京大学出版社，2008.

[53] 朱晓阳. 小村故事：罪过与惩罚，1931—1997［M］. 北京：法律出版社，2011.

[54] 朱晓阳. 延伸个案与乡村秩序［M］. 北京：北京大学出版社，2008.

三、学位论文

[1] 方晓勤. 中国县域旅游经济发展模式研究 [D]. 北京：北京交通大学, 2009.

[2] 冯敏. 秀山土家族家庭研究 [D]. 北京：中央民族大学, 2006.

[3] 廖美暖. 西部地区农村留守妇女家庭观研究——以广西田东县思林镇坡塘村为例 [D]. 桂林：广西师范大学, 2008.

[4] 吕书奇. 中国农村扶贫政策及成效研究 [D]. 北京：中国农业科学院, 2008.

[5] 王晓辉. 农村现代化进程中家庭观念的转变 [D]. 通辽：内蒙古民族大学, 2008.

四、报纸

[1] 李菲. 全国约有5800万农村留守儿童 [N]. 新华社, 2008 - 02 - 28 (A07).

[2] 周睿. 70万留守儿童上学需走一小时 [N]. 重庆晨报, 2008 - 02 - 28 (021).

后　记

　　本次田野调查，一行共 24 人，其中老师 2 名，学生 22 名，由中山大学人类学系的周大鸣教授、程瑜教授带队。从广州出发，在历经 16 小时的火车后，小组全员到达湖南省湘西自治州吉首市。在吉首大学度过一天的短期田野培训后，乘坐汽车来吉首市花垣县茶峒镇，并入住茶峒镇北门客栈。

　　2012 年 7 月 6 日至 8 月 6 日，我们在湖南湘西土家族苗族自治州花垣县茶峒镇隘门口村和重庆市秀山县洪安镇开展了人类学田野调查。具体的进程是，在入村的第一个星期，带队老师组织同学们对全村进行一次普查，进入每一户村民的家中，获得和掌握每户村民家庭的基本状况。后面 3 个星期则根据同学们具体的研究兴趣和我们写作一个村落民族志所需要的基本素材，大家分工合作，确定具体的研究方案，并实施调查。

　　在指导老师和各位同学的努力下，田野实习组顺利完成了预定的实习目标，培养了学生的实地调查能力。同学们在老师的指导下，也相继完成了近 35 万字的田野调查报告和一些关于乡村民族志的影像资料。通过后期不断讨论和修改，报告最终以 36 万字呈现在大家的面前。而今，参与调查的同学大多继续升学，部分同学走向工作岗位，在工作上也表现出人类学学生特有的潜质。他们是：2009 级人类学系本科生陈达理、丁梦迪、胡全、蒋锐、冷雪卉、李旸、毛晴心、莫世琼、秦华晨、唐铎、杨丹虹、杨洋、杨云鄂、张亚杰、张莹，硕士研究生郑谦、陈媛媛，博士研究生邵峰、廖子宜。感谢田野调查组的各位同学的辛勤工作和努力付出，相信这次田野调查会让大家受益匪浅！也特别感谢时任花垣县纪委书记刘鸿彬、茶峒镇镇委书记谢军等同志的协调安排，感谢北门客栈的赵老板一直精心照顾我们全体调查人员的生活！当然最需要感谢的是隘门口村和洪安镇全体的村民！你们的淳朴善良给我们全体调查人员，尤其是即将走入社会的青年学子们上了人生中重要的一课。